書物の日米関係

リテラシー史に向けて

和田敦彦

新曜社

目次＊書物の日米関係　リテラシー史に向けて

第二章　蔵書の記憶、蔵書の記録　コロンビア大学の日本語蔵書史から…………72

第三章　戦時期日本語教育と日本研究　言語士官という兵器…………99

第六章 日本の書物をどう扱うか 分類と棚をめぐる葛藤

終章　書物と場所、読者を問うこと　はじまりに向けての結語……………303

装幀——虎尾　隆

凡例

・組織や人名などの英語の固有名は、本文では適宜日本語に訳した名称を用いることとした。人名の原綴りについては、索引に併記することとした。

・組織や制度などの英語の固有名について、本書で用いた訳語、および略号は巻末に一覧表のかたちで示すこととした。

・注記では、英語で書かれた文献は英語で、日本語で書かれた文献は日本語で書誌を記すこととした。

・本書では一般刊行物以外の記録文書（手紙、報告書、メモ、パンフレット類）を多く用いている。注記では、出版事項のかわりに、これらには制作者や作成年月日とともに、所蔵機関、部署名を付すこととした。

・記録文書の類については、タイトルや年代のないものは［　］で著者が補足した。また、著者名のない文書類には、著者名として、その文書を制作、または所蔵している大学や機関名を［　］で付した。

序章　日本の書物・イン・アメリカ
——蔵書史から見えてくるもの

1　日本参考図書館

日米開戦の前年である一九四〇年、全米各地の大学や図書館に、小さなパンフレットが送られてきた。[1]その英文のパンフレットの表紙には「Japan Reference Library」、すなわち日本参考図書館という名前が掲げられており、図書を積んだトラック、移動図書館の写真がかかげられていた。本部はニューヨークの西一六丁目一二五番地となっているので、ユニオン・スクエアのすぐ東側のブロックあたりに位置していたことになる。この図書館は、全米各地からの求めに応じて出向いてくれるという。ニューヨークの州内という話ではない。西海岸であろうが、南部の都市であろうがかまわない。そして後に見るように実際にこの図書館はそうした都市へと出向いてもゆく（図1）。

この移動図書館は、日本についての図書、特にカラフルな絵や写真のある印刷物、さらには映像資料や幻灯スライドをも含めて三〇〇〇点あまりを搭載していた。図書はほとんどが英語で書かれたものであり、特に日本についての研究者などでなくとも十分に楽しめるものであった。視覚的な素材は充実しており、日本の建築、絵画、彫刻、庭園などを紹介する六〇〇枚の幻灯資料を備えていた。とはいえ、その一方で基本的な参考文献、辞書や

図1　日本参考図書館　パンフレットに用いられたこの写真は、米議会図書館の坂西志保文書に収められている。Courtesy of The Library of Congress, Asian Division, Washington, D. C., USA.

図2　日本巡回図書館　事務所はロサンゼルスとニューヨークにあった。移動用のトランクが、そのまま書架の形をとるように工夫されている。Courtesy of Northwestern University Library, University Archives.

目録も備えており、一般の利用者であれ、より専門的な研究者であれ、ともに使えるようにデザインされていた。

求められればやってきて、五日から一週間ほど滞在してくれる。しかもこのトラックは、搭載している書籍や幻灯、写真類のアイテムを用いて、いつでも簡単な展示会を行なえるように事前にデザインされていた。日本の出版、印刷文化についてのちょっとした展示や、展覧スペースに応じた企画も適宜可能だという。また、研究者や学生たちに対して日本についての質問、情報などを提供し、これら日本の図書やアイテムを手に入れるための相談にものってくれる。そして驚くべきことに、いっさい料金は必要ないというのである。希望や問合せは、先にあげたオフィスにいる、この図書館のコンサルタント、ヘルムート・リッパーガーが受けることとなっていた。(2)

この図書館は、後に見るように翌年七月には閉鎖されるので、活動期間自体はきわめて短かった。にもかかわらず、シラキューズ大学やプリンストン大学、ミシガン大学など、各地を回って非常な好評を博している。また、遠くは西海岸のサンフランシスコにまで出向き、米国図書館協会（American Library Association: ALA）の全国会議にまで顔を出し、行く先々で大小さまざまな学校や図書館を訪れていた。反応もよく、プリンストン大学は翌年も来て欲しいと要請しているし、オマハ大学、オハイオ州立大学、シカゴ大学といった各地の大学からも来訪希望がよせられていた。(3)

さて、いったい誰がこの図書館を企画したのだろうか。そして誰が、どのように図書を準備したのだろうか。ここに搭載されていた日本についてのアイテムは、いったい誰が提供していたのだろうか。また、無償で行なわれていた図書館の活動は、どういった資金で動いていたのだろうか。そもそも、こうした移動図書館自体が、どれほど一般的なものだったのだろうか。

日本関連の文献を積んだ移動図書館を海外で活動させる、という発想は、必ずしもこの日本参考図書館が最初ではない。一九三〇年代には、日本の鉄道省の外局である国際観光局や国際観光協会によって海外向けの日本巡回図書館（Circulating Library of Japan）がつくられている。この時期は国際観光への関心が高まり、海外観光客の日本への誘致についての活動も本格化してくる時期にあたる。当時、国際観光局は日本を紹介する『日本案内記』、『日本の魅力』、『神社参拝手引』といった英文の小冊子を多数刊行していた。これらもこうした活動の一環である。[4]この国際観光局の日本巡回図書館のパンフレットの方は、ノースウェスタン大学に残されていた。後の章でふれることとなるが、戦前から日本語資料の収集を行なっていた数少ない大学の一つである。この日本巡回図書館のパンフレットによると、頑丈な六個のトランクに二〇〇冊の日本についての英文の図書がおさめられており、そのトランクがそのまま書架として展示に用いられるようになっていた[5]（図2）。しかし、これらはあくまで一般人向けにデザインされており、規模や内容からいえば冒頭にかかげた日本参考図書館には遠く及ばない。また巡回図書館は、北米に古くからある日本語蔵書に関する歴史史料のなかではほとんど出てくることはない。これに対して、日本参考図書館は、先にあげた各地の日本語コレクションにその痕跡が残っており、はっきりとした影響を与えていることがうかがえる。

2　北米日本語蔵書史について

本書では、日本語の書物が、いつ、どのようにしてアメリカ合衆国に流れていったのかを歴史的に追ってゆくこととなる。現在、米議会図書館（Library of Congress）には約一一五万点の日本語図書があるが、それ以外にも大規模な日本語蔵書を抱える大学図書館は少なくない。一〇万冊以上の日本語図書をかかえる図書館を、蔵書数とともにかかげておく（図3）。また、蔵書量とその位置については、巻末の「米国日本語蔵書マップ」を参考にしていただきたい。こうした蔵書ができてくる背景には、それぞれの大学がかかえる戦前からのさまざまな歴史があり、かかわってきた多くの組織があり、日本の書物が引き起こす多様な問題の歴史がある。誰が、どうや

	中国語図書	日本語図書	韓国語図書	合計（冊）
米議会図書館	979,978	1,149,363	246,173	2,375,514
カリフォルニア大学（バークレー）	439,945	356,968	71,078	867,991
ハーバード・イェンチン図書館	641,656	288,726	124,971	1,055,353
ミシガン大学	387,358	287,408	18,686	693,452
コロンビア大学スター東アジア図書館	369,661	273,522	64,482	707,665
エール大学	444,129	246,687	10,214	701,030
シカゴ大学	399,690	203,458	48,604	651,752
スタンフォード大学	274,758	178,204	0	452,962
プリンストン大学	461,527	177,032	16,877	655,436
カリフォルニア大学（ロサンゼルス）	268,449	167,805	42,777	479,031
コーネル大学	362,904	140,539	9,089	512,532
ワシントン大学（シアトル）	253,894	132,957	83,748	470,599
ハワイ大学	147,921	122,643	58,097	328,661
ピッツバーグ大学	232,024	114,168	5,170	351,362
オハイオ州立大学	156,803	102,345	4,864	264,012

図3　米国内の日本語図書館　日本語図書を10万冊以上抱える図書館、およびその日本語、中国語、韓国語図書の冊数。東アジア図書館協会の公開している2005年度の統計データに基づく。

って日本の図書を探すのか、難しい日本の著者名をどう読むのか、どう表記するのか。そもそもそのようなやっかいな言語の図書をあつかうスタッフをどうやって育てるのか。その予算はどこが、どういう目的で提供してくれるのか。

一言でいえばアメリカ国内で、いかに日本語蔵書ができてきたのか、という歴史を追うこととなる。中心となるのは、日本語図書館を多く抱える大学図書館である。ではいったい、なぜこのような調査をするのか。このことを説明するには、やはり具体的に特定の蔵書ができた経緯を論じてみるのがいちばんよいだろう。そこで、冒頭にあげた日本参考図書館について、導入として論じておくことにしたい。蔵書史からみればごく小さな一コマ、たったの二年に満たないこの図書館の歴史をとおしてさえ、この時期の日本に関する書籍をめぐる広範な人や組織のかかわり、日本語の図書に関係するやっかいな問題の数々、さらにはその周囲の国際的な緊張関係や、人種的な確執までもが深くかかわっていることを容易に示すことができる。これら多くの人や組織、国家の関係が幾重にも重なり合った張りつめた時代のなかを、文字どおり「走り抜けた」この移動図書館を導きの糸としながら、海外の日本語蔵書史から見えてくる問題を示してゆきたい。その後で、各時期の蔵書史を描き出す章へと展開してゆくことにしよう。

しかし、その前に、こうした研究がこれまでどのようになされているのかを素描しておく必要があるだろう。これまで、米国内の日本語蔵書史についてはどのような研究がなされているのだろうか。実際のところ、こうした研究は多くはない。むろん各大学の図書館は、それぞれに蔵書の成立ちを紹介するための文章を多かれ少なかれつくってはいる。これについては各大学の蔵書史史料の一つとして後の各章で適宜ふれることになるだろう。また、日本語コレクションをかかえる図書館が、さまざまな学内、学外資金を獲得するために作成される資料は、その蔵書の歴史や意味、他大学との比較や図書をめぐる全国的な状況の記述を含む場合も多く、参考となることも多い。

複数の大学の日本語蔵書を対象として、歴史的な背景を交えた調査を行なっているものとしては一九三五年刊行の高木八尺《さやか》の調査が早い。これは太平洋問題調査会からの要請で三ヵ月間、北米の大学を調査してまわった成果だが、それ以前に出ているエドワード・カーターの報告とともに、当時の日本学や日本研究の状況を伝えている。高木の報告では、あわせて各大学の日本語蔵書についてもページがさかれている。(6)

また、必ずしも蔵書史といった観点からではないが、過去に全国規模で行なわれた調査は、その時点の蔵書情報を知るための貴重な歴史史料となる。ロックフェラー財団の支援で国際文化振興会図書館の福田直美が行なった全米の蔵書調査は、一九六三年に出ているが、二〇大学の蔵書調査を行ない、蔵書だけでなく、図書予算や図書の分類方式まで各大学の情報が調べられており、この時期の貴重なデータとなっている。(7) 海外に向けた数々の日本研究の書誌作成で知られる彼女は、国際文化振興会（後に国際交流基金）を退職後、メリーランド大学を経てミシガン大学のアジア図書館に移る。そして、一九八一年に、やはり全米の日本語蔵書についてのデータを含んだ調査報告をまとめている。この調査は、日米友好基金によってなされた図書館支援の一環として行なわれ、ミシガン大学の日本研究所（Center for Japanese Studies）から出されている。調査対象の大学ごとに情報の多寡はあるものの、各大学の日本語蔵書ができた経緯や、蔵書について書かれた文献についての書誌事項も含んだ便利な冊子となっている。(8) また、直接蔵書にかかわるわけではないが、七〇年以降はアメリカ国内での日本語能力や日本学研究についての豊富な調査データを含んだ日米文化交流会議（ＣＵＬＣＯＮ）による調査報告や、国際交流基金の行なってきたこの種の調査も出されており、リテラシー史をとらえるうえでの有効な史料となる。(9)

日本だけではなく、東アジア・コレクションを対象に行なわれた、歴史情報を含んだ全国レベルの調査としては、Ｔ・ツェンが一九七〇年代にまとめた一連の成果が重要となる。(10) 特に七六年に刊行された東アジア・コレクションの現状についての調査は、現在と過去の統計データを多数含んでおり、今日でも北米の蔵書史を論じる場合の基礎データとしてしばしば用いられている。(11) ただし、基本的にアンケート調査によっているので、これらの数値はあくまで目安としてとらえるべきだろう。(12)

各大学の日本語コレクションや、それを含む、東アジア各コレクションで出してきた目録も、その時代ごとの蔵書を知るうえでの有用なツールとなるし、折々に刊行されてきたアジアや日本についての文献情報を集めたガイド、レファレンス・ブックからも、蔵書史をうかがうことができる。(13) また、比較的最近では日米友好基金に向けて九一年に準備されたＤ・ペルシェクの報告があるが、古い時期の情報についてはこれまでのデータがそのまま用いられている。(14)

とはいえ、これらの調査は、いずれも日本語の蔵書史を明らかにするというよりも、主要な目的は蔵書の現状と今後について分析するための調査である。したがって、各蔵書の歴史については、統計的なデータ以外、必ずしも十分な注意が払われているとは言い難い。また、こうした性格上、これら調査はほぼすべて、蔵書史に関するかぎり、二次史料をもとにしたものとなっている。つまり、各図書館が日々作成し、蓄積してきた日本語図書の収集、受入れやその扱いについての膨大な一次史料については、ほとんど触れられることがない。というよりも、そもそもそのような史料が、いったいどこに、どれだけ残されているかさえも、これらの調査からはうかがえないし、そのような調査記録さえないのが現状である。ちなみに、海外の日本語蔵書史としては、主にヨーロッパにある古典籍のコレクションについてではあるが、ピーター・コルニッキの広範な調査データが作成されつつある(15)。

これが私がこの調査をはじめた時の状況だ。ではどうすればこうした蔵書史についての基礎的な史料を集められるのだろうか。各大学は、そうした過去の日本語の蔵書についての史料、手紙や報告書、日々作成される文書類をどれだけ、どのような形で残しているのだろうか。そしてどれだけ公開されているものなのか。

3　蔵書史を知るための基礎史料

これらの疑問を解決するもっともシンプルな(だが同時にもっとも手間のかかる)方法は、それぞれの図書館一つ一つに直接出向いてスタッフの話を聞き、大学の保管文書をチェックしてゆくことだ。そして私が行なったのはこの作業であり、労力はかかるものの、結果的にはもっとも効果的な方法となった。そして大学に残された過去文書をそれぞれの大学で調べる作業は、それぞれの日本語図書館についての過去文書の全体的な構造を理解するうえでも、また、日本語コレクションをかかえてきた各大学それぞれの内部事情を理解するうえでも非常に役に立った。

日本語蔵書史を明らかにしてゆくうえでの基礎的な史料とは何だろうか。これは各大学によってそれぞれなので一概には言えないが、特に以下のようなデータが役に立つ。

・アジア図書館や日本コレクションの創設に関する当時の文書類（書簡、報告書など）
・右記の図書館、部署の作成した年次報告書、またはその原稿
・右記の図書館、部署、蔵書について書かれた論文、記事
・日本語図書の寄贈・交換・購入に関する文書類
・日本語図書の受入れ記録
・日本語図書の蔵書目録
・日本語学コースや日本学科の創設・増設に関する文書類
・日本語コレクションにかかわったキーパーソンからの聞取り
・上記の人物の著作やオーラル・ヒストリー

これらの史料がすべて残っていれば言うことはないが、そのような大学は存在しない。各大学に残されているのはこれらのうちの限られた数種類であり、また時期的にも部分的にしか残っていない場合も多い。また、日本語図書の扱いは各大学でまちまちなので、作成される史料も異なる。

ではこれら史料はどこに、どのような形で見つけることができるのか。大学の日本語図書館やアジア図書館にゆけば見つかるだろうか。二〇年前、三〇年前といった過去の文書類に関する限り、若干の例外を除いて、こうした部署では見つけることはできない。

調査対象とした大学のほとんどでは、図書館の過去文書は、大学の他の部署の過去文書と同じく、そのコレクション担当の司書ではなく大学アーカイブズのアーキビスト（文書史料の整理・保存・管理、およびその方策について広く責任をもつ専門家）の管轄となる。アーカイブズは記録史料を扱う専門部署である。図書館で日々つくられている文書は、一定期間をすぎたものについては、一括して大学アーカイブズに送られ、アーカイブズでは、大

学の歴史にとって重要と思われる史料を選別し、人物や部署、項目によってファイリングする。各アーカイブズでは、これらの史料の目録やガイド（Finding Aid）が、詳しさや分類の仕方は異なれ、印刷物またはオンラインで提供されている。ここから、これまで述べた文書類を探すこととなる。

しかしながら、現実にはこれほど単純ではない。どの文書をどの程度アーカイブズに引き渡すかは大学によって異なる。アーカイブズの管理体制が不十分なので過去の文書をあえてアーカイブズに渡さない、という大学部署もあれば、図書館スタッフが退職とともに文書ごともってゆく場合、処分する場合、あるいはアーカイブズではない別の倉庫に保管するケースもあった。特に日本語コレクションや中国語コレクションを束ねるアジア図書館長レベルで作成された文書類は、比較的アーカイブズに残っていることも多いが、日本語コレクションといった特定セクションの長がつくる文書まで残されているケースはまれだ。また、後にふれるが、ハーバード大学のイェンチン図書館（Yen-ching Library）やスタンフォード大学のフーバー図書館（Hoover Library and Archives）のように、大学のメイン・ライブラリーから、やや独立して機能してきた歴史的な経緯をもっている機関の場合、大学のアーカイブズではなく、その図書館独自に過去の史料を管理しているケースもある。

したがって、日本語図書を管理するセクションの長が保管する過去の史料を調べ、そしてより大きなアジア図書館や東洋図書館にそのセクションが組み込まれている場合には、その図書館長が保管している過去の史料をそれぞれ見せてもらうことが必要であった。これらの史料と、大学アーカイブズの保管する史料をつきあわせたうえで、その蔵書の過去について詳しい人物、たとえば退職したかつての司書や図書収集にあたった人物の聞取りをとおして整理するという方法を、今回の調査ではとることとした。

このように、蔵書史についての過去の史料は、それ自体非常に集めにくいこともあって、これまでもその所在自体がほとんど知られてきていない。そのため、本書では、そうした史料がどこに、どういった形で残っているかについての情報も、適宜述べながら書いてゆくことにしたい。

話を日本参考図書館にもどそう。この小さな日本図書館は、実は現在、日本国外では最大の日本語蔵書をかかえる図書館、すなわち米議会図書館と深い因縁がある。日本参考図書館は、この議会図書館の東洋部門で日本セクションの責任者であった坂西志保によって企画・準備されているのである。

坂西は、一九二二年に渡米し、ホイートン・カレッジを経てミシガン大学の大学院で学び、一九二九年には哲学で博士号をとっている。翌年から議会図書館で勤めはじめた彼女は、一九三一年に創設された東洋部門（Division of Orientalia）のなかで、日本語セクションを担当することとなった[16]。議会図書館で日本語の図書の収集、目録作成を担うことになったのである。

図書の目録作成といえば単純に聞こえるかもしれないが、後にのべるように、日本語図書の米国内における目録作成は、戦後も長いあいだ多くの大学を悩ませた問題であり、目録作成の共通ルールができるのはこの後、二〇年もたってからである。彼女は日本語図書をいかにアメリカで管理・提供すればよいのか、という基本的な問題に取り組む必要があった。図書館学を学んできたわけではない坂西にとって、これは大変な仕事となった。米議会図書館の東洋部門は、現在ではアジア部（Asian Division）となっており、坂西志保文書が多数残されているが、そこには、当時集めた目録類が多数含まれている。森清の日本十進分類法はむろん、後に登場するイエール大学の朝河貫一《あさかわかんいち》の作成した分類表や、京都帝大、東京帝大のそれぞれの分類表から、台北帝国大学附属図書館の分類表までそこには見られる。

坂西は当時、単に図書の受入れを担うだけではなく、日本の書物の翻訳や紹介と、幅広い活動を展開していた。日本でも一九三六年、石川啄木の『一握の砂』を坂西が翻訳した活動が新聞各紙でとりあげられている[17]（図4）。

讀賣新聞　（日曜日）　第二萬一千二百九

A Handful of Sand

國境を越えて啄木の感傷

在米邦人女性の英譯に　涙を絞る紅毛男女

歌人、啄木の"一握の砂"の英譯（アハンドフル・オブ・サンド）がボストン市マーシャル・ジョンス書肆から出版されて啄木の感傷が國境を越え紅毛男女の共鳴を博してゐるといふニュースが太平洋を渡つて來た―英譯者は去る大正九年渡米ミシガン大學で英文學を專攻しドクター・オブ・フイロソフイーの學位を獲得しいまワシントンの國會議事堂圖書館日本部主任をしてゐる坂西しほ（志保）さんで日本の心を深く外國人に理解せしめるには詩歌の表現を通するのが一番と歌集英譯の念願を起したもので啄木歌集に續いて與謝野晶子の歌集もすでに英譯出版され、また故島木赤彦、伊藤左千夫、北原白秋、齋藤茂吉諸氏の歌集も次いで英譯されるはずで全部で六卷"現代日本詩歌叢書"と名づけられてゐるこの計畫には駐米齋藤大使も大いに賛成自ら序文を書いてゐる【寫眞はしほさんと出版された"一握の砂"の題字】

流連客は警察へ　すぐ名前が知れますよ

◇……"定吉ふたり"がさせるわざ

"定吉二人キリ"のグロ事件を機會に警視廳では待合、旅館、下宿業に對する取締りをやかましくするこんどの事件も待合には客の屆出義務がないので"定吉二人"の身許がなかなかわからなかつたので今後は待合でも流連客に對しては非公式ながらその住所姓名を屆出させる、また旅館、下宿でも怪しい男女、自殺しさうな客は直ちに警察に密告させるつまり宿屋の番頭、待合の女中にもデカのやうな目を光らせて貰ひたいといふわけである　この新しい規則は近く管下二五六〇の待合、七四五の旅館および一六五二の下宿屋に通牒される

奇縁の強盗

天國に結ぶ"清い二人"

図4　涙を絞る紅毛男女　坂西志保による『一握の砂』の翻訳を紹介する当時の記事（『読売新聞』1936年５月24日朝刊）。

彼女は同様の企画で与謝野晶子の『みだれ髪』や伊藤左千夫の『牛飼いの歌』も翻訳・刊行している。[18] これらが単なる翻訳ではなく、著者の書誌情報や詩史の概観をまじえた、丁寧な紹介文献という性格をもっているのも、いかにも坂西らしい仕事といえる。また、彼女の狂言の紹介、戦後のいくつかの狂言の翻訳は、その後も長い間、数少ない狂言の翻訳テキストとして使用されることとなった。[19]

米議会図書館の年次報告には、一九三一年から、坂西の報告が現われる。この年次報告も、各地の図書館に向けて日本の書物や歴史を紹介する手段の一つであった。彼女は一方でスタンダードな文学、文化事項、つまり『源氏物語』や「浄瑠璃」といったジャンルを当時の研究動向を含めて紹介するのだが、その一方で、たとえば『日本盲人史』や生者をまつった神社を調査した『本邦生祠の研究』、歌舞伎のメーキャップを扱った『歌舞伎隈取概観』など、[20] やや意外性のある新鮮な研究も積極的に紹介している。[21]

しかしながら、坂西の活動はこうした図書業務にとどまるものではなかった。いや、というよりも、そもそもライブラリアンを、単なる図書の整理・管理業務を担う存在ととらえる日本の司書概念から抜け出す必要があるだろう。彼女の活動こそが、むしろライブラリアンとして求められていた本来の活動と言えるかもしれない。ではいったい彼女はどのような活動をしていたのか。一言でいえば、それは、知の総合コンサルタント、とでも表現できるような活動であった。

米議会図書館での日本語セクションの設立に表われるように、この時期の北米は、ちょうど日本学や日本研究にとっての黎明期にあたっていた。しかし研究者や研究組織もまだまだ少なく、米国学術団体評議会（American Council of Learned Societies: ACLS）のラングドン・ウォーナー（彼は、日本関連の研究を盛んにするための評議会内の委員会の長だった）は、日本関係の研究者の深刻な欠乏状況を嘆いている。[22] 坂西は、このウォーナーをはじめ、当時の東海岸のこれら組織の長や研究者と密接なつながりをもち、当時から盛んに手紙のやりとりを行なっている。坂西の、先に述べた知の総合コンサルタントとでもよぶべき活動は、こうしたなかで展開されるのである。ではいったいどうすれば、多くの若手研究者をこの日本研究の領域に呼び込み、育て、全米各地に日本研究の機関の発足をうながしてゆくことができるのか。そして各地で日本についての研究を盛んにし、日本の書物を備えた図書館をつくりあげてゆくことができるのか。

5　もっとも必要とされている情報とは

日本についての図書館を新たにつくる場合、買うべきいちばん大事な図書は何だろうか。その図書館の独自性を訴えてくれるような、貴重な日本の古典籍だろうか。著名な日本人作家の図書コレクションだろうか。それとも当時としても利用者の見込まれる日本美術を軸にしたコレクションだろうか。だがこうした図書よりも重要な図書類があった。それが、参考図書《レファレンス・ブック》である。

これがなくては図書を買いそろえることさえできない。つまり、当時日本の、それぞれの分野で、どのような図書や雑誌がそもそも出ているのか。そしてそのなかで基本となる図書はどれなのか。そのような情報を含む「図書についての図書」こそがまずもって必要だった。また、各領域の主要な人物や事項についての参考図書、辞典、辞書類がなくては話にならない。そしてこうした参考図書が英語で書かれていれば、さらに便利であることは言うまでもない。

このような日本についての英語による参考図書こそが、日本研究が、まず研究として成り立つための基本情報として当時必要とされていた。米国学術団体評議会のモーティマー・グレイヴズは、一九三二年、英語版で、極東における歴史上の重要人物についての人物情報辞典をつくる計画への協力を坂西に求めている。[23] グレイヴズや、同評議会のL・ウォーナー、あるいは後にコロンビア大学の蔵書史にからんでふれる日本学会（Society for Japanese Studies）の長であったルイ・ルドゥらと頻繁にやりとりのあった坂西は、日本についての研究でまず必要とされているのが、参考図書であること、英語で書かれた日本の人名事典や百科事典、代表的な書目や年表といった、基本的なレファレンス・ツールこそが必要とされていることを十分認識していた。[24]そして彼女は、こうした参考図書づくり、日本を研究するための基本的な文献リストづくり、書誌づくりのプロジェクトをはじめるのである。そうした情報が集まり、そして求められる議会図書館は、まさにその作業にうってつけの場所でもあった。こうして、その参考図書目録（A Check List of Works on Japan）の準備がはじまる。

坂西が準備していたレファレンス図書目録は、日本研究の専門家のみに向けられたものではなかった。アメリカよりも日本研究が進んでいたヨーロッパでは、この時期にすでにそうした専門書誌が刊行されていた。[25]これに対して坂西がめざしていたのは、日本について理解するための基礎的な文献、基本的な文献をバランスよく紹介した図書であり、かつ、幻灯や映像資料などの教育に役立つ視覚資料をもカバーしたものだった。したがって日本語で書かれた文献は重視していない。例外的に、西欧語文献が少ない分野に関しては、日本語文献を英語の要旨つきで紹介することとしている。さらに日本語の図書が必要になった場合のために日本語図書の取次店一覧まで収録していた。実際に原稿は完成し、それはコロンビア大学のヒュー・ボートン、ハーバード大学のエリセーエフや、ミシガン大学のスタッフたちに渡り、そのチェック作業も行なわれた。[26]ちなみに日本語図書の基本文献の英文紹介としては、国際文化振興会が一九三七年に文学、宗教、歴史に関する参考図書を英語で刊行しているが、これもこうした一連の参考書誌づくりの流れのなかにある。[27]

一九四〇年段階でこの坂西らの参考図書目録に対する購入希望は三〇〇件もあり、目録の序文にボートンとエリセーエフの名前を入れるところまで具体的に話が進み、[28]その原稿自体も今日議会図書館に残されている。ところが、この図書目録は出版されることはなかった。これは、ちょうどこの時期に、米国学術団体評議会が、同様の書誌出版の計画を進めていたからである。似た図書を同じ時期に刊行するのは得策ではないという判断から、坂西とリッパーガーはこの原稿をひとまずお蔵入りにした。[29]また、こうした刊行物を日本人が出すと、プロパガンダと見られる恐れがあったので、アメリカ人学者が出す形をとる方がよいとはルデゥもかねてから坂西に伝えていた。[30] 日系人移民への偏見や日本のアジア侵略に対する非難がこの背景にはあるのだが、こうしたこの時期の状況については次章で再度詳しくふれることになろう。

ボートン、エリセーエフ、ライシャワーらによる参考図書目録は、この年の暮れに米国学術団体評議会から刊行される。[31] 評議会のグレイヴズや、その書誌作成計画を担ったボートン、ライシャワー、エリセーエフは、坂西の計画を知っていたし、坂西の原稿自体にも目をとおしていた。したがって彼らの出版計画、書誌内容についても、坂西の直接的・間接的な影響は大きい。ボートンらの刊行した書誌の序には、坂西や、日本語参考図書館のリッパーガーの名前が見えるが、内容的にばかりではなく、坂西たちは日本語参考図書館の情報網をとおして、この目録を広め、販売する協力も行なっている。[32]

坂西の参考図書目録の原稿をチェックしたミシガン大学のジョゼフ・ヤマギワやロバート・ホールも、こうしたレファレンス・ツールづくりに大きな関心を示していた。[33] ヤマギワの方では、日本で一九三〇年に刊行された『内外参考図書の知識』の英訳を学生たちと進めている時でもあった。[34] 後にミシガン大学の日本研究所は、戦後の日本研究を牽引する代表的な研究機関となるが、この二人はその中心的な人物である。また、この日本研究所が、戦後すぐにとりかかる大規模プロジェクトが、各分野の日本の書誌づくり、参考書誌プロジェクトであり、その成果は一九五〇年以降、政治科学、日本史、経済学などの各領域について、日本研究所から次々と刊行され、日本研究の基礎情報を提供することとなった。[35] 坂西のいち早い参考書誌づくりへの取組みと支援は、彼女のネットワークをとおして広がり、結びつき、新たな形を得た戦後の日本研究とも遠くつながりあっているわけである。

書物についての書物、いわゆる参考図書は、蔵書がつくられてゆく指針としてきわめて大きな役割を果たすばかりではなく、それぞれの専門領域の土台となり、研究そのものに大きな影響を与える書物である。それは書誌データのデジタル化やネットワークをとおしてのその共有がもたらした、研究方法自体の近年の大きな変動からも容易に理解できよう。そしてこの問題は、蔵書史をとおして繰り返し立ち上がってくる、数多くの問題をはらんでおり、後の章でも重要なトピックとなるだろう。

6 坂西ネットワーク

こうしたレファレンス・アイテムが、無数にちらばる文献データの情報を集め、効果的に利用者に紹介してゆくツールだとするなら、坂西のもう一つの重要な側面は、彼女自身が、日本の情報をめぐる多様な人物の媒介者、レファレンスとなっていたことだ。

彼女は、日本の情報を欲している人物や機関と、日本の情報を広げたいと考えている人物や機関の仲介となり、結びつける役割を担っていた。つまりまさしく日本情報のコンサルタントとして動いていた。民間・政府をとわず、そのネットワークの広さは、驚く他はない。

先にふれた米国学術団体評議会は、何も参考図書目録形成に関してのみ坂西に協力をあおいでいたわけではない。この評議会は、中国学を振興するための委員会を一九二九年に、日本学を振興するための専門委員会を三一年に立ち上げている。だが、新たな学に優秀な学生を惹きつけるには資金が、そして学生にとって魅力的な奨学金が必要だ。その資金を求めていたグレイヴズは、特命全権大使の出淵勝次《でぶちかつじ》にコンタクトをとって、こうした振興策の説明をするとともに支援を求めているが、こうするよう薦め、結びつけたのは坂西であった(36)。

この時期に日本学に関心をもっていた各大学も、同様に彼女の支援をあおぐ。プリンストン大学は当時日本研究のコースを構想中で、日本語図書のコレクションづくりにも関心をもっていた。そしてそのために、一九三五年にロバート・ライシャワーを大学に呼ぶ。上海での彼の突然の死（一九三七年）によってこの計画は壁にぶつかるが、このライシャワー（彼は日本人にもよく知られているエドウィン・ライシャワーの弟にあたるが）は、坂西と頻繁に手紙をやりとりしている。特に彼の著作についての坂西の批判や訂正は細かく、かつ厳しい。また、ライシャワーは、日本語図書をプリンストンに寄贈してくれる研究機関をさがすために、坂西をとおして、彼女の親しい日本大使斉藤博や国際文化振興会の樺山愛輔《あいすけ》とコンタクトをとろうと試みてもいる。(37)

これまでに出てきたミシガン大学との関わりも深い。ここで学位をとった坂西は、その後も深いつながりを維持してゆく。一九三六年にはミシガン大学に極東研究所 (Center for Far Eastern Studies) ができ、ロバート・ホールがその長となる。坂西は、このホールをはじめ、そこでの日本語教育を担当し、後にアメリカでの日本語教育ばかりか、日本語図書の管理ともに大きな影響を与えるジョゼフ・ヤマギワとも親しい関係を維持していたのは先にふれたとおりである。研究所が設立されるやいなや、ホールはヤマギワと日本言語セミナーを夏に開く計画を立て、坂西に講師として来てくれるよう依頼をしている。(38) また、国際文化振興会との交渉にあたってもしばしば坂西に意見を仰いでいる。(39)

ミシガン大学に関連するネットワークでは、また福田直美とのつながりも忘れてはなるまい。彼女は一九三九年にミシガン大学で図書館学の学位をとるが、その年から翌年にかけて、ロックフェラー奨学生として米議会図書館で訓練を受けることとなる。その後日本にもどり、東京大学図書館、外務省図書館を経て、戦後には国立国会図書館の設立や日米の学術情報の交流に大きな役割を担い、国際文化振興会の図書館長として活動することとなる。(40) 戦争の気配が色濃くなりゆくなか、この二人は海をはさんで姉妹のように手紙のやりとりをし、悩みを相談したりうちあけ話をした手紙が米議会図書館には残されている。(41)

坂西は、当時アメリカの東海岸の大学で教鞭をとっていた著名な日本人、すなわちイエール大学で法制史を教えていた朝河貫一や、多くの日本学研究者を育てることとなるコロンビア大学の角田《つのだ》柳作ともむろんつながりをもっていた。しかし彼女の当時の日本人研究者に対する意見は手厳しい。一九三八年に雑誌『三田評論』で、同年の東洋学の全米会議に出席した折のことを記しながら、坂西はアメリカの日本人研究者の閉鎖的な点を批判する。

北米に在つて学会に関係のあつた日本人があまりに消極的であつたこと、彼らの生活があまりにむさく逃避的で、人を引きつける素直な案外のんきに楽な気持を失つて、変な学者気質に落ちてしまつたこと。(42)

こうした点を指摘しながら、一方でミシガン大学のホールを高く評価している。これは坂西の評価基準、すなわち学のコーディネーター、あるいは知のマネジメントとでもいうような、人と人、組織と組織をつなげる活動を理想としてイメージしているからだろう。

北米の日本研究についての調査・報告を刊行していた高木八尺も、日本の図書や情報をいかに日米間で流通させるか、という点で、坂西の相談相手であった。(43)そしてこの時期に日本文化についての北米への紹介に力を入れていた組織、国際文化振興会の樺山愛輔や青木節一《せついち》、そのニューヨーク支部のような役割を担っていた日本文化会館（Japan Institute）設立に訪れた黒田清や、その運営を担った前田多門は、いずれも坂西のバックアップのもとで活動している。(44)

こうした海を越えたネットワークの構築は、これまでにふれた図書目録作成の問題を扱う場合にも活発に用いられている。彼女が日本で図書館学について情報を得たのは当時、日本青年図書館同盟の中心だった間宮不二夫からであり、また、議会図書館は日本図書の目録作成をするために、専門の書誌学者を招聘する試みもすでにこの時期に行なっている。一九三九年から一九四一年六月にかけて、日本語図書の書誌に詳しい仙田正雄を議会図書館に呼んでいるのはこうした試みの一つである。(45)

本書では、戦前から戦中、戦後にかけて日本語書物をめぐるさまざまな局面を描きながら、そこにかかわってゆく人物を素描してゆくことにもなるが、これらさまざまな機関、人びとの名前が、坂西の残した文書類に次々と見つかるのは実に驚くほかない。

彼女は、本書で日本語図書をめぐって登場する人物たち、この時期に日本をめぐって境界を越え、国境を越えて動いていた人びとにとっての情報中継点のような観がある。ハワイ大学の日本研究を立ち上げてゆくグレッグ・シンクレア、沖縄コレクションで知られるフランク・ホーレー、第三高等学校の教員で占領期に図書取次を行なうP・D・パーキンス、その後の日本学構築に大きくかかわるハーバード大学、ミシガン大学、コロンビア大学、イエール大学などの日本語コレクションの中心スタッフには、坂西との接点をしばしば見つけることができる。

7　日本語図書の流通ネットワーク

坂西は人と人、組織と組織を結びつけるネットワークをつくりあげる活動を展開したわけだが、日本語の図書を実際に注文し、送ってもらう物理的なネットワークについてはどうだろうか。本の流通ルートをつくりあげることは、各大学蔵書の戦前・戦後に共通して横たわる問題である。坂西もむろん、この問題を考えていた。戦前の海外取引を行なっていた書店といえば丸善が第一にあがるが、絶版の図書や古典籍を丹念にさがして送ってもらったり、目録をとおして直接古書店と取引を行なうためには、やはりそれら書籍を扱う書店と独自のコネクションや信頼関係をつくる必要がある。これは何も戦前にかぎったことではなく、現在でも多くの図書館にとって有効なことである。坂西がそうしたネットワークをつくらないでいるはずはない。

坂西が主任となった頃から開戦までの日本語蔵書の変化を見てみれば、着実に蔵書を増やしていることがわかるが（図5）、戦後の日本語書籍の収集と、この時期の収集方針とで決定的に違う点がある。それは戦前においては、写本や近世以前に印刷された古典籍をも収集の対象としていることである。日本の占領の終わった一九五二年以降、こうした古典籍を収集方針に入れている図書館はほとんどない。簡単にいえば、これは集めるべき日

	日本語図書		中国語図書	
年	総冊数	増加	総冊数	増加
1931	12,353	—	142,018	—
1932	13,603	1,250	149,800	7,782
1933	14,059	456	153,706	3,906
1934	15,023	964	161,427	7,721
1935	19,293	4,270	164,174	2,747
1936	20,855	1,562	170,108	5,934
1937	22,385	1,530	175,570	5,462
1938	27,383	4,998	179,030	3,460
1939	32,445	5,062	189,257	10,227
1940	33,353	908	199,310	10,053
1941	34,696	1,343	227,042	27,732

図５　米議会図書館の日本語蔵書数　坂西が図書収集を行なっていた時期の日本語蔵書、および中国語蔵書の増加。米議会図書館の年次報告より作成。

本についての文献が、美術品から図書へ、賞翫する対象から実用的な情報へと変化したためである。むろん実質的に古典籍（復刻ではなくオリジナルの古典籍）までカバーするような予算の余裕がないということもある。

しかし、戦前はやはり日本への関心は美術、歴史、文学、宗教といった方面への関心が高く、かつ歴史、文学に対する高度な理解力をもっていた坂西にとって、やはり古典籍も収集方針からははずせなかった。それは毎回の年次報告で古典籍に向けられている関心の高さからも了解できる。一九三一年の年次報告では、当時の議会図書館が所蔵するもっとも古い日本の印刷物の紹介を行なっている。そこでは、一二三九年版の『選擇本願念佛集』がもっとも古いとし、あわせて、高野版や五山版といった印刷の種類に応じた、最古の蔵書をとりあげる試みを行なっている。[46] このように、坂西には日本の古い書籍や印刷物の歴史に対する高い関心があった。

坂西は先の翻訳『牛飼いの歌』を出版した翌一九三七年、図書収集のために日本に帰国している。こうした日本への旅行も利用して、坂西は日本の書店とのネットワークを次第に拡大してゆく。古書取引では世界的に知られていた弘文荘の反町《そりまち》茂雄をはじめ、多様な書店と図書購入の交渉が行なわれるようになる。むろん日本国内の図書館関係者とも広いつながりをつくっていった。これら図書館との交換や寄贈も重要な図書収集のルートとなる。

そして議会図書館ばかりではなく、これら日本の図書業界のパイプと、米国内の図書館とのパイプをつなげるような役割を果たすのである。たとえば現在日本語図書ではスペンサー・コレクションで著名なニューヨーク公共図書館は一九四〇年、図書収集のためにカール・クープを日本に派遣するが、彼を反町や後述する古書通の横山重《しげる》に紹介するのが坂西なのである。(47) プリンストン大学で当時アジア・コレクションを管理していたナンシー・スワンも、日本語図書の目録方式については坂西に問い合わせ、坂西をとおして、日本青年図書館同盟の間宮不二雄から、日本の図書館学に関する図書を手に入れているし、(48) ミシガン大学のヤマギワも、坂西をとおして横山重と会っている。(49)

日本の図書の収集には、こうした日本国内のネットワーク、日本国内で動いてくれる信頼のおけるエージェントが非常に有効だった。坂西は一九三七年に帰国した折、日本で、当時としては最高のエージェントに出会うこととなる。横山重である。

議会図書館に残された坂西の書簡類のなかで、横山重との三〇〇枚を超える量に達する書簡は、もっとも目を引く史料の一つだろう。当時、室町物語集や古浄瑠璃、説経節の信頼のおける本文の作成作業を行なっていた横山重は、本人自身が日本で有数の古書のコレクターであり、古書店のネットワークに通じ、日本中の当時の主要文庫はすべて見ている人物だった。そして書簡からは、坂西への協力が、想像を超えるほどの献身的なものだったことがわかる。彼や、ともに協力して収集や調査にあたっていた太田武夫らの古書の収集の仕方、値段や本に対する評価は徹底しており、手紙を読んでいるだけで当時の古書業界の内幕があざやかに見えてくるほどである。安く、貴重で、揃いで落丁のない良質な古書を集めていた彼らにとって、次のような横山の言は誇張ではなかった。

六、七万ドルで、一ばんい〻日本古典文庫ができると信じます。ただ、古活字本では、安田文庫には及びませんが、整板本で世界一になることはそんなに難しいことではありません。――そうすると、日本文学の研究には、アメリカへ留学せねばならぬといふ、奇妙な顕《マ》象《マ》を呈すると思ひます。――それも、日本の朝野が、真面目に古典を集めないから起る事です。(50)

おそらく戦争開始がもう半年おそければ、今日、米議会図書館はこうしたコレクションを、少なくともスポットをあてて収集していた「往来物」や「料理」、「華道」といった特定の領域では、日本を超えるコレクションを所蔵することになっていただろう。

もとは自分が買い付けて丸善に集め、そこで帙《ちつ》(和書を保護するケース)をつけて議会図書館に発送していたが、丸善の仲介料が高額、不透明な点に不満だった横山は、とうとう和書につける帙も自宅に業者を呼んでつくらせ、福田直美に事務書類の作成を助けてもらいながら、発送作業まで含めてすべて自分で行なうようになる。一九四一年のことである。しかし、やっとのことで輸出許可をとった古典籍四箱を積んだ奈古丸は、結局ニューヨークで荷揚げの許可がおりぬまま、八月に日本に引き返してしまう。(51) この書籍は受取り手が宙に浮いて倉庫にとどめおかれ、十二月には日米開戦をむかえることとなった。この荷の行方を今日知る手立てはもはや、ない。

8　走る日本語図書館

アメリカ国内、そして日本との人的なネットワークと、書物の流通ネットワークを結びあわせてゆく坂西の活動を追ってきた。そしてその坂西が構想したのが、冒頭にかかげた、走る日本参考図書館なのである。

この図書館の実質的なスポンサーとなっていたのは、領事館、つまり外務省であり、また、運営資金はニューヨークの日本文化会館からも出ていた。坂西はこの「移動図書館」のアイディアを日本総領事の福島慎太郎の支援を得ながら実現に向かわせてゆく。したがってこの図書館の報告書も、福島に向けて提出されていた。その報告書によれば、この図書館のアイディアは前まえからあったが、実際に設立することになったのは一九三八年の五月十五日である。それまでに坂西は、参考図書収集のための根回しを外務省をとおして行なっていた。[52] 坂西文書のなかには、岩波書店の布川角左衛門《ぬのかわつのざえもん》からの三七年の書簡が残されており、日本の外務省から布川に対して、「移動図書館」に向けた図書収集を請け負うよう要請がきたことがふれられている。[53]

　問題は、実際に動かしてゆく人材であった。坂西がリッパーガーに連絡をとったのは、この試みの広報活動や実際の運営を支援してくれる企業、出版社などを問い合わせるためだった。ユニヴァーシティ・ブックス（University Books Inc.）で出版事業にかかわっており、米国内の図書館ともコネクションをもっていた彼は、自分自身が、坂西のこうした計画で役に立てるかもしれない、と坂西に申し出る。一九三八年七月のことである。[54] 図書館の名前は坂西が「日本参考図書館」（Japan Reference Library）と名付けた。[55] なぜレファレンス・ライブラリーなのか、なぜ充実した参考図書を携えていたのか、なぜ十分な日本のスライドや写真類を備えていたのか。それはこれまでの坂西の活動や人脈についての説明で、十分了解できようかと思う。

　一九三八年五月、ロバート・ジェニーがこれら図書の管理のために雇われ、この頃にトラックの注文もなされている。十月のはじめに、坂西と福島との間で協議がなされ、リッパーガーがコンサルタントとして加わることとなった。この年の暮れに、待ちに待った本が日本から届き、翌年一九三九年二月にはコレクションがほぼ整っている。ちなみにこの図書の目録作成には、後の章でふれるコロンビア大学の清水治らの協力も得ており、図書の収集、目録、広報のすべてにわたって、彼女の人脈が駆使されている。そしてこの図書館は走り始めたのである。そのアクティヴな活躍については、冒頭に述べたとおりである。

　この年の暮れの報告書でリッパーガーは、日本参考図書館で出版事業を行なう案について坂西に書きおくっている。そして記念すべき最初の出版物、それは坂西が当時進めていた、いわゆる日本の書誌、日本についての各分野の基本文献を紹介する図書だったのである。[56] 先に述べた理由で、この目録は日の目を見なかったが、一九四一年以降、日本参考図書館はいくつかの出版物を刊行している。

しかしこの図書館をとりまく状況はきびしかった。すでに三九年の報告書で、リッパーガーは、日本参考図書館の活動が、日本の対アジア施策を正当化するための宣伝活動、プロパガンダと見なされないよう最大限の注意を払うべきことにふれていた。[57] 目録刊行をとりやめたのもこうした懸念があったからである。

この図書館の費用自体は、先にも述べたが、外務省や日本文化会館に支えられていた。そして、一九四一年七月二十七日、日本参考図書館は、領事館から図書館活動の停止を一方的に通告される。そして、その資産はすべて日本領事館に送るよう指示が出された。

リッパーガーにしてみれば、これはひどい仕打ちとも言えた。この図書館の活動をとおして、彼の名前はさまざまな印刷物に出ていたが、これは日本のプロパガンダを行なっているというレッテルを貼られる危険性をともなっており、実際に彼はＦＢＩや警察からも何度か事情聴取を受けながらこの仕事に取り組んできていた。七月分の給与まで受け取っていた彼に、それはまったく突然の活動停止命令だったのである。[58] その後、彼は日本参考図書館の資産もろとも、姿を消してしまう。

リッパーガーと連絡がつかなくなった坂西は、あわてて旧知の新聞記者に相談した。しかしそこから話が大きくなり、ことはリッパーガーの失踪、持ち逃げ事件のような騒ぎになった。その後、弁護士をはさんでやりとりがなされるが、リッパーガーの言い分によれば、日本参考図書館の資産は総領事に返還するのではなく、国際文化振興会の駐在員である森分《もりわけ》謙一のもとにもってゆくようにという指示を受けたが、この指示に従うことが違法な行為にあたるのではないかと恐れて返還しなかったのだという。[59] 最終的にはこの図書と資産は森分のもとに送られ、図書館はここでその活動を終える。しかしこの四〇〇〇冊にのぼる図書が戦中どうなったかははっきりとしない。
日米開戦とともにＦＢＩに拘束された坂西は、一九四二年六月、交換船グリップス・ホルム号で日本に送還されることとなる。

9　米議会図書館の日本語蔵書史

ここで、ここに登場した米議会図書館の日本語蔵書史についてふれておくこととしたい。一八〇〇年に、もともとは合衆国議会のために始まった米議会図書館は、現在では蔵書やその規模を含めて世界最大の図書館となっている。規模は異なるものの、基本的には日本の国立国会図書館のように文献の収集・調査・閲覧サービスを行なっている。日本コレクションは東洋部門に属するが、この部門が独立したのは一九二八年のことである。中国語図書の大きな寄贈は一八六九年にまでさかのぼることができる。(60)

戦前の米議会図書館と日本とのかかわりについては、戦後日本セクションの責任者を勤めた黒田良信（アンドリュー・クロダ）の論が比較的詳しい。(61) 日本語図書の大きな寄贈としては、一九〇五年のノイエス・コレクションの寄贈がまずあげられる。(62) 出版者であり、ワシントンの『イヴニング・スター』紙の編集者でもあったクロスビー・ノイエスの集めたコレクションは、六〇〇点以上の絵入本を含む、古典籍を中心としたものだった。そしてそこに、朝河貫一が日本で議会図書館のために収集した九〇七二冊の図書が加わる。これについては、一九〇七年の議会図書館の年次報告にその内容が紹介されている。

著名な碩学の手によって選ばれた九〇〇〇あまりの作品を議会図書館は手に入れることができた。その選択の基準は、単に議会図書館に稀覯本や、珍しい本をもたらす、ということではなく、日本の文学、歴史や制

度の研究者にとって、実際に「使える」コレクションをそこに備える、という点にあった。(63)

とはいえ、実際にはこのコレクションは日本語図書を担当する専門家が議会図書館にいないこともあって、「使える」ことのないまましばらくは置いておかれることとなる。その後、米国農務省のウォルター・スウィングル(著名な植物学者でもあった)が一九一五年、そして一九一八年から一九年にかけて公務で日本を訪れ、中国や日本の図書類を議会図書館のために収集している。初回には一七六タイトル(七七〇冊)、二度目には四三五タイトル(二七〇〇冊)の日本語図書を収集しているが、(64)先にあげた議会図書館所蔵のもっとも古い古典籍はこの折に購入したものである。

前述のように、一九二八年、東洋の書籍を扱う部門がアーサー・ハメルのもとに独立、当初は中国部門と呼ばれたが、三二年に東洋部門と改称する。そのもとに一九三八年、日本セクションと中国セクションとがおかれるようになった。その日本セクションが坂西の担当したセクションであった。(65)

日米開戦で坂西が日本に送還されたあと、日本セクションを担当したのはエドウィン・ビールであり、彼のもとで議会図書館は史上最大の日本語図書の受入れを行なうこととなる。その詳細は、占領期の図書収集についての章(第五章)にゆずることにし、ここではその概要のみにふれておこう。

占領地における米議会図書館の図書収集は日本がはじめてではない。第二次世界大戦直後のヨーロッパにおいても米議会図書館が中心となって図書の収集活動を行なっていた。全米各地の図書館が資金を出し合い、協同の購入プロジェクトを立ち上げ、議会図書館がこれら図書館を代表する形で、軍と連携をとりながら現地で収集し、各大学への分配にあたった。(66)この活動には全米の一一三の図書館が参加し、一九四七年六月段階で二六万点あまりの図書と一〇万点を超える雑誌を各図書館に配布している。(67)

こうした活動において、議会図書館は、軍との密接な連携のもとで動いてきた。軍の組織にも記録や資料整備で必要となるのはライブラリアンであり、たとえば日本の図書館改革や占領軍における情報収集、記録、整備、出版事業、映画、劇場、ラジオといったメディア領域の調査・資料収集を担っていた民間情報教育局（Civil Information and Education Section: CIE）の調査情報部にも、議会図書館が専門のライブラリアンたちを派遣、あるいは米国図書館協会をとおして調達していた(68)。

戦争が終わって数ヵ月後、ワシントン文書センター（Washington Document Center: WDC）は資料収集チームを日本へ派遣し、五〇万点にのぼる日本語文献を接収する。このワシントン文書センターに集められた文献のうち、一九四六年の初頭から四九年にかけて、図書を中心に二七万点が議会図書館に移されている。また、占領期には、むろんこれ以外のさまざまな部署から議会図書館に文献が送られてきている。日本の国会図書館からの寄贈、戦時期に米国内で没収された日系の組織の図書の購入、東京でのマイクロフィルム用カメラを用いての複製文書など、それまでとは桁違いの日本語資料の増加が起こった(69)。この大量の図書のゆくえについては後に詳しく述べよう。

これら気の遠くなるような分量の日本語資料は、その整理・管理をどうすればよいのか、という新たな問題を引き起こす。ちなみにこの当時、東洋文献を含めた目録作成を行なっていたハワイ大学の史料によると、一人のカタロガー（目録作成にあたるスタッフ）が一年で目録化できる分量は、一八〇〇冊にすぎなかった。ちなみにこれは目録作業のみに徹した場合である(70)。しかも、目録作成の統一ルールもできていない時期であった。そして、第四章で述べるが、占領期にこうした大きな日本語図書の増加を迎えるのは議会図書館だけではないため、日本語図書を扱うスタッフは慢性的な不足状態にあった。

こうした状況に対して、一九四九年、議会図書館は全国規模の統合目録、すなわちユニオン・リストの作成事業に乗り出す。もしも各地の図書館が、自分たちの持っている、あるいは毎年購入する日本語図書の目録を議会図書館に提供し、議会図書館がそれら各地の情報を統合した目録をつくり、その統合された情報を全米各地の大学に提供すれば、各大学のはらう労力は著しく軽減され、ルールも統一されるだろう。このユニオン・リストの発想は英語図書についてはすでに議会図書館では採用されていた方法だが、アジア言語の図書について、全米の各大学と議会図書館がこの方針で動き始めるのはこれ以降である。もっとも、各大学の提供する情報の不統一や、議会図書館のスタッフ不足で現実にはこの後一〇年以上、一九六二年頃まではほとんどこうした相互協力は実を結んでいなかったという。[71] 一九六〇年段階では、議会図書館にはまだ目録化されていない日本語文献が図書、雑誌あわせて二七万点もあった。[72]

このプロジェクトが実際に効力をもってくるのは、目録データの運用に国家規模の連邦予算が投入されるとともに、[73] 国際規格の書誌情報にもとづくデータが日本をはじめとする各国から円滑にはいってくる一九六五年以降のことである。[74] 議会図書館は、一九六五年には日本とのより緊密な書誌情報の連携、処理の効率化を行なうために東京にオフィスを設置することとなる。[75] ちなみに一九四九年以降の文献のデータが、各大学のデータも加えた八〇万点のユニオン・リストとして体制を整えるのは一九八〇年代の半ばである。[76]

それでも、占領期の接収資料には目録化されていないものが多数あり、一九九〇年、そして九二年と、これらを含め、目録化されていなかった日本語図書を整理し、目録化する計画が立てられる。この段階で目録化されてはいなかったこれら図書だけで書架二二本分あったというが、これらについても、今日では目録作成が終わっている。[77]

議会図書館の日本語図書は、古典籍も含めて、数多くの目録が作成されてきているので、これらについては注記にまとめて記しておく。[78]

10　蔵書史から見えてくるもの

この章では、戦前の日本参考図書館を手がかりに、当時の日本語図書をめぐる問題が、どのような人、組織、問題にかかわっていたのかを、関連する米議会図書館の日本語蔵書史とからめながら語ってきた。以降の章でも、ただ出来事を時間的に並べるのではなく、また、ただ大学の蔵書史を羅列するという形式はさけ、その時期に応じて立ち上がってくるクリティカルな問題点を重点的に扱いながら、折にふれてそれぞれの大学の蔵書史をおりこんでゆく形をとる。ここで、本書の展開について概観しておくことにしよう。

第一章では、戦前期の日本語蔵書について重点をおいて論じよう。戦前からまとまったコレクションを構築していたのは議会図書館をのぞけばハワイ大学、コロンビア大学、イエール大学、ノースウェスタン大学といった大学だ。そしてこの構築には大学によるというよりも、日系社会、日系人会や日本人同窓会といったコミュニティが大きく関与している。こうした日系コミュニティと大学の集書活動は、日米間の緊張のなかで非常に微妙な位置におかれ、文化交流と政治的プロパガンダのはざまにおかれてゆく。ではいったいそこで、どのようなことが各大学で起こり、開戦のなかでどういう展開を見せたのだろうか。それについて述べることにしたい。

このように特定の時期に焦点をあてる一方で、この時期から、戦争を経て、今日に至るまでの大学と日本語蔵書の通史的な関係もなんとか示してみたい。これからの複雑で多岐にわたる問題をとらえるには、そのような通史的な観点からの全体像の把握が有効だからだ。そこで、第二章では、戦前から戦後まで、特定の大学に焦点をあてて、一度通史的にたどっておくこととした。対象としたのはコロンビア大学である。日本研究でも重要な位置を占めるこの大学の通史的な素描は、日本語蔵書をかかえる各大学が直面した問題の歴史を、ほぼ網羅的にたどる格好の素材となるだろう。

本書では、日本語で書かれた書籍の行方を扱うが、ではそもそも日本語を読んだり、書いたりする、いわば日本語のリテラシーの問題は、そこにどうかかわっていったのか。これは日本語図書の収集・管理にも直結してくる問題だ。そこで逸することができないのが、戦争と日本語教育の問題である。したがって第三章では、戦時期アメリカの日本語教育と日本研究についてふれたい。そこでは対日戦や対日占領政策のためにつくられた数多くの日本語学校について扱う。こうした学校はどれだけの学生たちを、どのように集め、教育していたのか。そしてそれら教育された人びとが、日本語図書や日本研究とどういうかかわりをもつことになったのかを追ってゆく。

第四章は、占領期の問題を中心に論じる。占領期は、各大学がスタッフを日本に派遣し、あるいはスタンフォード大学やミシガン大学のように日本の国内に研究施設や図書収集の拠点をつくることで、日本の図書の積極的な購入活動を展開する。各大学のエージェントたちは混乱した終戦直後の日本で、どのように本を手に入れていったのだろうか。その活動をあとづけてみよう。そうした大学の動きに対して、主に軍や政府側の図書収集の問題を第五章で扱う。序章に出てきたワシントン文書センターや、検閲のために接収された図書を一括してアメリカに送ったプランゲ・コレクションについて取りあげる。送られた膨大な図書のその後の行方を含め、そこで論じることとしたい。

第六章では、日本語図書の目録化、カタログといった管理の問題を取りあげる。一見地味な問題だが、これほど全米の蔵書史自体に大きな影響をもたらした問題はほかにないだろう。また、このこととあわせて、図書を収蔵する物理的な棚や施設の問題にもふれることとなろう。

この目録作成にもかかわることであるが、日本語図書の流通や蔵書の変化に直接影響するのは、当然、資金である。こうした資金面で、五〇年代の末から、莫大な連邦予算がつぎこまれることになる地域研究（Area Studies）は、日本学や日本語蔵書の変化を考えるうえでも欠くことのできないテーマである。その背景にある国家間の対立関係との関わりを視野に入れながら、第七章では、この地域研究の問題を軸に、国家の政策のもとに形づくられる学問と蔵書との関係を追い、そこにどのような問題がはらまれているのかを考えてみたい。

戦後から、一九六〇年代までは日本語書物の急増期といっていいのだろうが、七〇年代から八〇年代は、これら米国内の蔵書の急増にともなって、日本語図書の国レベルでの管理・調整が必要となってくる。本章でふれたユニオン・リストをはじめ、円高と不況のなかで、大学同士が連携・協力しあって効率的な図書利用や購入調整が活発な時期にはいってゆく。日米間の経済摩擦のなかで、日本から流入する資金もそこで大きな役割を負うことになるが、こうした資金も、大学同士の連携した活動を活発化させていった。そして、目録情報の電子化、共有のためのインフラが、図書館全体を大きく変えてゆく。そのなかで、日本語書物とそれを読む環境がどのように変貌していったのか。そしてどこで、どのような連携が生み出されていったのだろうか。それが第八章の問題だ。

さて、本書のもとになった調査自体は、足をつかって一つ一つの場所をめぐる調査だった。書物がそこにある、という背景には、だれが、いつ、どのようにそれをもたらしたか、という歴史的な関係が常に横たわっている。そしてその背景にはその書物をめぐるより大きな国家間の政治的、民族的な問題さえもがからまりあいながら広がっている。

本書では、単に日本の書物をいつ、どこが手に入れたといったことではなく、そうした書物と読み手との歴史的な関係を追い、さらにはそこから浮かび上がる問題を批判的に明らかにしてゆきたい。その意味では蔵書史という用語には限界がある。というのもここでは、日本語の書物を読む環境が、いかに生まれてくるかを明らかにしたいのであり、そこには当然、日本語教育や図書の管理・流通といった問題が広くかかわってくるからである。したがって、より広く読み手との関係史という意味で、リテラシー史という言葉を適宜用いたい。用語としてなじみやすいために、蔵書史という用語もしばしば使うこととなるが、本書での方法や戦略をより厳密にとらえるなら、リテラシー史の方が適している。

終章では、本書をとおして関心をむけてゆく、書物とそのおかれた場所をめぐる近年の状況をも検討しながら、このリテラシー史の方法をより明確に示し、その有効性を、本書で明らかにすることができた事象とともにまとめることとした。

第一章　対立する国家、対立するコレクション
――蔵書史の起源をめぐって

1　蔵書にいたる前に

ある場所に何気なくおかれている書物は、その場所にいたるそれぞれの来歴をもっている。多くの人びとの手を経て、国境を越え、あるときは売られ、またあるときは別の書物と交換されて、ここにたどり着いたのである。そしてこうした書物の運命は、広範な地域・歴史にわたって調査することで、その運命を決定づけていったさまざまな共同体や国家間の力関係、思想的・民族的な対立や出会いを、その背景に複雑に絡み合っている時代状況を浮かび上がらせることができる。

まず本章では、そもそもそれぞれの日本語蔵書の発端はどこにあるのか、いったいどのようにして、日本の書物が海を越えることとなったのかを、初期の各大学蔵書に照らしながらとらえてみたい。前章でもふれたが、一九三〇年代が、主な大学で日本学が活発化してくる時期に当たるが、それはまた蔵書の成立とも深く連動している。

三〇年代は、米国学術団体評議会を中心に極東学の振興がはかられ、米議会図書館のA・W・ハメル、フォッグ博物館のラングドン・ウォーナー、モーティマー・グレイヴズらが活発に動いていた。三一年にそのもとで出

来た日本学振興の委員会には、他にもイエール大学の朝河貫一のほか、岡倉天心の弟子であり、当時ボストン美術館に勤める富田幸次郎らもはいっている。(1)

しかし日本学や日本語をアメリカ国内で教えられるスタッフはまだまだごく少数だった。そのために、各大学に散らばっているこれらスタッフを短期に、一カ所に集めて日本学の講義を行なう試みが企画される。これが、この時期に行なわれた日本学のサマー・セミナーである。先の委員会や、そしてその会とメンバーに重なりはあるが日本学会（Society for Japanese Studies）の間で構想・実施をみている。一九三三年にハーバード大学で、そして翌年はカリフォルニア大学、そして三五年にはコロンビア大学と、今日までつづく日本学研究の盛んな大学で、セミナーが開催された。(2)

少し具体的にその様子を見てみると、たとえばハーバード大学では日本語三コースと美術・文化に重点をおいた日本文明史の講義が展開されている。(3)なかなか盛況だったようで、この時に角田柳作の担当したコースは一〇〇人も応募があったのに四〇人しか受け入れられないという状態だった。(4)一方、ミシガン大学でも三七年以降、独自に日本学セミナーが行なわれていたのは前章で述べたとおりである。

また、こうした組織の活動には、ロックフェラー財団が資金的な援助を行なっていた。その奨学金で、チャールズ・ファースはノースウェスタン大学で博士号取得のために日本学を学んでおり、ライデン大学で学ぶこととなるヒュー・ボートンやライシャワー兄弟もこの支援をうけて学んでいる。

また、ミシガン大学やプリンストン大学が新たな日本学コースの設立に動いている一方、ハワイ大学ではライデン大学からヨハネス・ラーデルを呼んで極東図書館の整備を急ピッチで進めつつあった。(5)三〇年代は、極東図書館、日本コレクション、アジア図書館、名称はそれぞれだが、日本語蔵書が構築、あるいは大きく変容・伸展していく時期にあたるわけである。

しかし、まずここではそれ以前に焦点をあててみる必要がある。それはなぜか。確かに三〇年代は、各蔵書が生まれ、増加する時期ではあるが、それぞれの歴史をたどってみると、それ以前に、日本人や日系人コミュニティによりコレクションの準備・収集がなされていた時期が見えてくるからである。

2　構想される日本博物館

そもそも二十世紀初頭のアメリカで、大量の日本語図書を大学に置く、ということはきわめて困難だった。図書はただ置けばいいというわけではない。著者やタイトルで整理し、目録を作成し、貸し出し、さらには足りない部分を埋め、新たな文献を追加する必要がある。しかし、日本語の、しかも学術図書を当時大量に利用する研究者は全米でも数えるほどしかいなかった。ましてや、日本語図書を購入するための専門の図書館スタッフなどは、想像の域を超えるものでさえあっただろう。日本の図書の輸出販売ではアメリカにも、すでに日露戦争の時期にサンフランシスコに青木大成堂、ロサンゼルスに文林堂があったというが、[6] 日本人移民を対象とした一般書と、大学図書館が必要とする図書とでは、規模も種類も異なる。

こうしたなかで、まとまった日本語図書のコレクションをつくるという発想がでてくるのは、あるいはそれを実現するための手だてをイメージし、実行できるのは、日系人なのである。理想的なのは、日本語を自由に扱え、日本の学術に詳しく、日本国内にアカデミックなネットワークをもった日本学者が、同時にアメリカの大学教員、または司書を兼ねるというケースだろう。戦前ではこうしためぐまれた状況はやや想像しがたいが、この理想的な状況にあったのが朝河貫一を擁するイエール大学だった。他大学と比べてずばぬけて早い時期にイエール大学が日本語図書の収集を行ない得たのはそれゆえである。

朝河は一九〇五年、東アジア委員会のフランツ・ボアズ（人類学者として著名）に、英国博物館に匹敵するような、日本コレクションをアメリカにつくりたいこと、そしてそれこそが日本学や中国学が「学」として成り立つかどうかを左右するのだと述べ、日本への一時帰国にあわせて日本図書館の構想を訴えている。[7] そして前章でふれたように、朝河はこの時、イエール大学と米議会図書館のための図書購入を行なう。イエール大学の方は、五〇〇〇ドルを朝河に託した議会図書館と異なり、すぐには購入費を集められなかったために、朝河は大学のJ・C・シュワブ宛に再三資金を催促している。朝河は日本ではアメリカ大使館をとおして当時の首相西園寺公望への紹介状を書いてもらい、文部省をとおして多くの学術機関の協力を得て図書を収集している。[8] 当時は集めた書類は和綴本でも洋書風に装丁し直していたが、イエールに送った分は、和綴本を合冊して装丁し直した形でも三五〇〇冊を超えるものとなっていた。

重要なのは、この場合でも、日本国内のさまざまな機関が協力していることである。それなくしてこうした大量の蔵書構築はできない。そして朝河は、一九一七年、日本に戻った折、アメリカにしっかりした東洋博物館をつくる計画をイエール大学日本人会の席上で述べ、黒板勝美を中心に、日本国内での図書収集がはじまるのである。[9]

朝河の構想する東洋博物館のための図書収集が日本で進んでゆく一九二〇年代、コロンビア大の学長ニコラス・バトラーのもとに、同大学の日本人学友協会を代表する田口利吉郎から日本書籍の図書館、奨学金や交換留学制度を含んだ、東洋館を大学につくる案が出されている。この案もまた、ニューヨーク在住の日本人の協力や、日本国内からの図書寄贈を前提とした計画だった（図6）。また、ちょうど同じ頃ニューヨークでは、もう一つの日本博物館設立構想が動きだしていた。日系人協会（Japanese Association）の幹事だった角田柳作の構想である。

角田の一九二六年段階での構想は、日系人向けの新聞や当時の『ニューヨーク・タイムズ』などからうかがうことができる。基本的な日本語文献資料を提供でき、かつ調査や報告をも兼ねることができるような博物館兼研究所のような施設がそこでは構想されている。[10] その準備基金を「在留同胞の懇請」によって、維持資金は「故国の篤志家」に求める方針で進められた[11]。そして彼は実際に幅広い学界の支持を取り付ける。

邦人側では野口英世博士、米人側では中世期博物館の創立者たるバアナアド氏、メトロポリタン博物館のデイン博士、武市博物館のキユーリン博士、古倫比亜大学教育部のモンロー博士、国際教育会主事ダンカン博士、米国基督教同盟主事ギユーリック博士、故駐日大使バンクロフト氏令弟其他の諸氏該学会事業の顧問役たることを快諾するに至り同氏は目下帰朝の途次にある[12]（後略）

日本側でも図書の選定、収集の委員会が構成され、ここにもやはり黒板勝美が入っている他、関屋貞三郎、青木菊雄らがその理事となり、事務所を三菱の本館内において収集を行なっていた。図書は寄贈を中心とする構想ではあったが、岩崎小弥太が維持費として一万五〇〇〇ドルを寄付し、購入にも多額の援助をしている[13]。

図6 『日米大学学窓』 田口利吉郎が中心となって発行した『日米大学学窓』。発刊趣旨では米国内の中国文化に対する対抗意識を示しつつ、日本人留学生の連帯を求めている。コロンビア大学、甲斐美和所蔵、提供。

また、ちょうどこの時期、ハワイ大学も同様の活動を展開している。同志社大学総長だった原田助《たすく》は、一九二〇年、日本語、日本文学担当としてハワイ大学に教授として迎えられた。しかしながら日本語の蔵書が乏しい。そこで彼は一九二六年日本に戻った折、渋沢栄一に相談すると、その場で渋沢は五百円を寄付し、さらにまわりに寄付をつのって五千円の基金をつくることを約束する。また、ハワイにもどった原田は、この報をもってハワイで新聞広告をとおして基金を募ることとなる。これらの資金で購入する図書を日本側で選定にあたったのは、姉崎正治であった[14]。渋沢はまた、先の角田の図書収集も支援している[15]。

ちなみに、姉崎はこれに先だって一九一四年、ハーバード大学に教員として招聘されており、その折の寄贈がハーバード大学の日本語蔵書の起源となっている[16]。実際にはあまり使われても知られてもいなかったこの寄贈図書は、一九二三年、ロイ・アカギ（赤木英通）が、ハーバード大学を訪れた折に再発見されている[17]。彼がこの図書を広く学外に知らせ、活用したいと学長のW・C・レーンにあてた手紙で求めているのも、こうした日本、あるいは日系社会での海外向け日本語蔵書収集活動への関心が働いていたとみてよいだろう[18]。

ノースウェスタン大学の場合はこれらのケースとはやや異なり、すでに日本の研究と文献収集に意欲的に取り組んでいるアメリカ人研究者がいた。日本の現代の政治科学、政策決定に関して強い関心をもち、研究を展開していたケネス・コールグローヴであり、研究プロジェクトの助成金や図書館との連携協力によって、少しずつ日本語図書コレクションを構築していた。彼は一九二六年から、現代の政治、法制度に関する著名な日本の論文を翻訳・出版する計画を立てて図書収集をはかっていた[19]。実際の日本語図書の収集には、日本国内での収集活動も含め、当時プロジェクトを補助していた武内辰治に多くを負っていた[20]。

3　生成する日本語図書館

このように、一九二〇年代は、日本国内でアメリカの日本語蔵書、というよりもいまだ蔵書とはならないプレ蔵書がつくられていた時期といってもよいだろう。そして三〇年代は、単にそれぞれの大学が書籍を増やしてゆくプロセスなどではなく、これらの書物が、まるで生き物のように当時の時代状況に影響されながら、互いに、あるいは既存の蔵書と結びつきあい、あるいは別の蔵書へと移動し、生まれてゆく動的なプロセスといえるだろう。

イエール大学の場合、日本で収集された図書は一九三三年、三四年と、大規模な寄贈の形で受け入れることとなる。奈良時代や平安時代の書写本から、江戸時代の版本まで、日本の印刷の流れを通観できるような各時代のオリジナルの印刷物を多く含み、歴史上の著名な人物の肖像画や各種の学校教科書から、習俗や慣習、遊戯にまつわる文献にまで及ぶ広範なものだった[21]。イエール大学への最初期の寄贈としては一八七三年に、古生物学教授のマーシュによる日本語図書寄贈があるが[22]、より体系的に収集された朝河の収集図書を加え、一九三七年時点では中国語図書四〇〇〇タイトル、九〇〇〇冊に対して、日本語図書は一万六〇〇〇タイトル、九五〇〇冊に達していた[23]。

一方、角田柳作がニューヨークでの設立を計画していた日本博物館構想は、図書収集自体は十分な成果をあげたものの、それを維持・管理する施設をアメリカ国内でどのように準備・運営するか、についての問題にぶつかっていた。大学などの既存の学術機関から独立した博物館を準備し、維持するには莫大な継続的資金が必要となる。こうした判断から、集められたコレクションは一九三一年にコロンビア大学に移管されることとなる。移管の条件のなかには、角田をコロンビアの学芸員として採用することが含まれていた。また、当時の図書館長の構想のなかには、日本とアメリカでの両方の図書館についての専門知識を備えたスタッフの養成も含まれていた[24]。この構想は角田らによって実現されるが、それは次章で詳しく述べよう。また、先に述べた田口のコロンビア大学への東洋館構想は実現をみないものの、彼は五〇〇通にのぼる手紙を日本に出して寄贈を訴え、雑誌や新聞を中心として日本語文献があつまっていたという[25]。

ハーバード大学はどうだろうか。ハーバード大学ではすでに一九二八年にイェンチン研究所が、米国内での東洋の教育、特に歴史、文化についての教育、研究をより高度にすることを目的として設立されていた。そして、セルゲイ・エリセーエフをソルボンヌの高等研究院から呼び、彼がここの教授兼研究所長となっている[26]。彼と、

年次	日本語図書	中国語図書
1927.2.1	1,668	4,526
1927.7.1	1,676	7,942
1928.7.1	1,673	15,248
1929.7.1	1,776	24,511
1930.7.1	2,083	44,103
1931.7.1	2,871	54,432
1932.7.1	3,835	71,036

分　類	タイトル	冊数
古典（儒教）	19	80
哲学	50	110
宗教（仏教を除く）	70	100
仏教	111	200
考古学	13	50
伝記	19	45
歴史、地理	134	786
社会科学	95	167
言語、文学	130	256
美術	58	148
科学、技術	61	137
一般	12	95
書誌、図書館学	21	64
合　計	793	2,238

図7　初期のハーバード大学日本語蔵書　初期の日本語蔵書数の変化（冊数）、および1932年段階で目録化済みの日本語蔵書の分野構成。同図書館の分類による。*A Guide to the Chinese-Japanese Library of Harvard University* (1932) より作成。

宗教心理学を学びに来ていた岸本英夫――彼は同時に日本語教育も担当しているが――、この二人のもとで図書収集が行なわれている。[27] また、一九三六年はハーバード大学の創立三〇〇周年にあたるが、その年に日本の同窓会が中心となって、法学図書館に法制史関係のコレクションの寄贈を行なった。日本のハーバード大学同窓会は、日本研究コースの創設準備資金も寄贈しているが、このコレクション自体はイェンチン研究所・図書館とは別れたまま、その後、長く忘れられることとなってしまう。[28] 参考のために、初期のハーバード大学の日本語蔵書数の変化、そして蔵書の内訳を示しておこう（図7）。

　日本語図書に関していえば、量的にはこれらの大学に次ぐ位置にあったのが、ハワイ大学だった。一九三五年段階で、日本語図書は六〇〇タイトル、二五〇〇冊であり、中国語図書は三五〇タイトル、一五〇〇冊であった。日本語図書の規模は、当時一万七〇〇〇冊を抱えていたコロンビア大学と比べると少ないようだが、コロンビア、イェール、ハーバードにつぐ数である。先に述べた寄贈資金による図書購入が毎年系統的に続いている他、今村コレクションの受入れも予定されていた(29)。これは本願寺派の僧であった今村恵猛《けいもう》が、ホノルルに日本文化センターをつくるつもりで収集していた四〇〇〇冊にのぼる図書コレクションである。また、この時期のハワイ大学は、学外にもう一つの強力な日本語図書室をもっていた。伏見文庫である。

一九〇六年イギリスを訪問する伏見宮貞愛《ふしみのみやさだなる》親王が、ハワイに立ち寄った際に、在住日本人に与えた資金をもとに設立されるのが伏見宮奨学会だが、後に財団法人となり、日本語の教科書作成をはじめ日本学の活性化のために活動し、さらに日本語のライブラリーをつくることとなった。実際には一九三四年から三五年にかけて、会長の毛利伊賀や理事の相賀《そうが》安太郎らが日本を訪れ、宮内省をはじめ、外務省、海軍省などの省庁や国際文化振興会の協力で集めた書籍からなり、三六年にハワイ図書館の一室に東洋文庫の形で置かれることとなった(30)。

日本語蔵書の構築に関心を示していたのは、これらの大学にかぎらない。規模は小さいながらも日本に関連する教材や図書に関心をもつ大学が現われてくる。そしてそれら大学の要望と、この時期の日本からの海外日本学振興の動きとを結びつける輪のなかで、前章での移動図書館や、坂西らの活動が展開されていたわけである。

とはいえ、寄贈した図書が必ずしもすぐに管理・活用できていたわけではない。この時期のアメリカの図書館学校は、東洋語図書をどう管理・維持するか、といったノウハウをもった図書館員の教育など行なってはいない。したがってこうした業務では、日本語や日本文化を担当していた教員に多くを負っていた。カリフォルニア大学（バークレー）で日本語図書を管理していた久野好三郎《くのよしさぶろう》などは日本語を教えてはいたものの、彼は本来は物理学の教員であった。

4　寄贈をめぐる力学

ハワイ大学のこの当時の日本関係のアイテムのなかに、六七〇枚にのぼる幻灯スライドのセットが保存されている。日本の文学、美術、建築というふうに五つのユニットに分かれており、それらのスライドの写真をすべて収めた写真付きの五巻からなる目録も当時刊行されている[31]。この幻灯セットは、コロンビア大学にも残っているが、こちらは現在では一部欠けている。

この時期の日本情報を語る場合、ただ書籍のみを追えばいいわけではない。幻灯スライドは、日本についてのこの時期の教育素材としては見過ごすことのできないものだろう。日本についての幻灯スライドは、古くは日本に訪れた外国人たちのための土産品としても用いられていたが[32]、この時期には教育素材として幅広く生産、活用されていた。では、この六七〇枚という規模の日本紹介スライドを作成したのはいったいどこの何という機関なのだろうか。

この日本についての幻灯スライドの生産、寄贈をはじめ、図書や日本関連のアイテムの大規模な寄贈を行なっていたのが、国際文化振興会（ＫＢＳ）である。その設立の経過は、報告書によれば、もとは国際連盟内の学芸協力委員会との連携・協力のため一九三三年に設置された学芸協力国内委員会に端を発する。そこに日本の侵略への海外からの批判、国際連盟脱退へといたる情勢に対応して、いわば政治・経済的な難局を文化的なルートをとおした広報・交流によって切り抜けようとする外務省の運動方針が重なり、具体化を見ることとなる。一九三四年に準備委員会が設置され、民間からの基金募集による五〇万円、政府からの補助金二〇万円を以て設立され、同年四月に財団法人としての認可を得て設立されている。会長は近衛文麿、副会長が徳川頼貞、郷誠之助《ごうせいのすけ》、理事には樺山愛輔、姉崎正治、黒田清ら一六人がなっている[33]。

国際文化振興会の一九三七年の季刊報告では、この幻灯スライドの製作・完成と、五〇〇〇枚にのぼるそのスライドが海外の日本研究機関や研究者に向けて寄贈されたことがふれられている。むろん寄贈されたのはスライドばかりではない。その前年度の寄贈実績は、国際文化振興会の出版物セットから幻灯、日本関連書籍まで、一五〇セットに及んでおり、対象国はインドやアフガニスタンから中国、満州、ヨーロッパの各国や南北アメリカを広くカバーしている。米国内では一六の個人と機関に写真、スライド、映画、書籍が送られている。[34]

国際文化振興会は、前章で問題とした書誌情報の刊行に手をつけ、学術情報の発信や日本紹介に使えるツールを多数刊行していた。その一方で、各大学に日本語図書の寄贈を幅広く行なっていた。[35]それぞれの大学も、ただ単に受動的に受け取っていたわけではない。むしろ積極的に国際文化振興会につてをもとめ、図書収集の相談を持ちかけている。これまで述べた大学はもちろんのこと、新たに日本学コースの設置を構想していた大学もそうだった。ミシガン大学は、坂西の仲介もあって、国際文化振興会からの出版物はすべて寄贈を受けていたが、まとまった日本語図書の寄贈が受けられないか国際文化振興会をとおして情報収集している。[36]

また、当時東洋言語文学コースの設置に向けた検討が行なわれていたプリンストン大学にとっても、国際文化振興会は重要な相談先であった。プリンストン大学の日本文献は、東洋美術を教えていたジョージ・ローリィのコレクション中に若干は含まれていたものの、基本的な文献収集に乗り出すのは、当時『日本古代史』を刊行していた若手研究者ロバート・ライシャワーの採用からである。[37]彼は、三六年の坂西に宛てた手紙で、翌年から通年で日本語コースを、また、日本文化、中国文化についても授業を受け持つフルタイムの職に就くこと、そしてプリンストン大学で、ロシアや中国担当を増員した現代東洋研究所が構想されつつあることを伝えている。[38]

彼は、日本大使の斉藤博や国際文化振興会の樺山愛輔にコンタクトをとろうと動き、国際文化振興会の長でもあった近衛文麿の息子、近衛文隆がプリンストン出身であることもあって、文隆にコンタクトをとることにした。[39]これも日本の研究機関からの大規模な図書寄贈を希望しての活動だった。この時期にアジア関係の図書を担当していたのは、中国書籍の専門家であった司書ナンシー・スワンである。三七年にプリンストンに移ってきた彼女の課題は日本コレクションの構築だった。まず彼女は米議会図書館の坂西のつてで、二月に東京帝国大学で当時英米法学を担当していた高柳賢三にコンタクトをとり、基本的な日本文献の収集、分類、目録作成について相談している。そして前章でふれた青年図書館同盟の間宮不二雄へのルートができてゆくわけである。スワンによれば、新たに雇われたライシャワーは、教育だけではなく日本語の図書購入も担当することとなっていたという。[40]

R・ライシャワーのために日本語図書の特別な購入予算もついていたものの、三七年六月になってもスワンは彼に会う機会がもてず、図書購入についての指示は宙に浮いたままであった。[41]そしてその後も彼女は永久に彼に会うことはなかった。その夏、ライシャワーは学生たちをつれて日本を訪れた。八月には北京にもまわる予定であったが、七月に勃発した日中戦争のさなかであり、旅程を変更して上海を訪れる。爆撃機の誤爆によって、彼はそこで命を落としてしまうのである。[42]

そして中断した彼の研究を完遂するために、彼の妻ジーンに奨学金を出したのも国際文化振興会である。振興会は日本研究振興のための奨学金募集以外にも、日本文化についての国際的な懸賞論文募集事業を紀元二六〇〇年（一九四〇）記念事業として展開し、これは『日本文化の特質』と題されてその後、刊行された。[43]

そして、国際文化振興会の対米窓口の形で設置されるのが、ニューヨークの日本文化会館（Japan Institute）であり、一九三八年九月に開設の通知が各地の大学に送られてくる。[44]目的としてかかげられていたのは、アメリカの社会にむけて、日本についての情報源となり、日本に関連する文献を入手する仲介となること、すなわち日本研究に対する信頼のおける「生き字引《リヴィング・インデックス》」となることであった。[45]しかし、実際にはこの機関にしても、いわば戦時予算とでもいうべき、肥大化した外務省の特別予算でつくられた情報・宣伝機関という側面も一方ではもっていた。図書寄贈や日本学振興は、こうした国際関係のなかでの日本の対アジア侵攻政策のなかにはらまれた各国の緊張を、文化の名をもって懐柔してゆく機能をもあわせもっていた。そして日本語蔵書の構築や、寄贈、購入自体が、政治的な意味合いを帯びて対立や確執を生み出してゆくわけだが、それについて述べる前に、ここにできたハワイ大学の日本語蔵書史について、ひとまずまとめておこう。

5　ハワイ大学の日本語蔵書史

ハワイ大学の日本語コースは、一九二〇年にハワイ・カレッジが総合大学となった時に生まれている。先にも述べたが、その折に原田助が日本語・日本文学の教授として迎えられたわけである。その後、歴史、言語、文学を含む日本学科に拡大し、一九三〇年に日本学科と中国学科が合同して東洋研究学科ができ、[46]さらに一九三六年には東洋研究所が設立され、蔵書、教育を充実させている。そして、一九二〇年代から三〇年代にかけての蔵書構築の大きな部分を占めていたのが、本章で扱ってきた寄贈である。

これまで述べてきた大型の寄贈以外にも、ハワイ大学には大小さまざまな寄贈記録が残っており、戦前の図書収集がいかにその恩恵を被っていたかがわかる。一般に、戦前の日本語図書について、何年に、どういうタイトルの図書を、いくらで受け入れたか、といった細かい史料は残されていない。本章で述べてきた大型の寄贈については、目録や当時の年次報告でわかるものの、年ごとの日本語図書の購入、寄贈タイトルの詳細なデータは図書館には残っていない。そうした図書館の購入、受入れ記録をつけるためには、図書館に日本語タイトルややっかいな日本語著者名を読んで英語で記録するスタッフが必要だ。だが、実際に日本語図書の管理を担当していたのは図書館員ではなく、多くの場合、教員であり、そこまでの時間的余裕は通常あり得ない。また、図書館の購入専門スタッフが担当している場合には、日本語が読めない場合が多いので正確な記録はほとんど残らない。

そうしたなかで、例外的にこの記録が残されているのがハワイ大学である。日本人の学生アルバイトを見つけることに苦労しなかったハワイ大学では、その助けを借りて日本語図書の受入れ記録がつくられており、一九二五年以来の日本語図書の受入れタイトルから寄贈者にいたるまでが一件一件記録され、保存されているきわめて珍しいケースと言えるだろう（図8）。

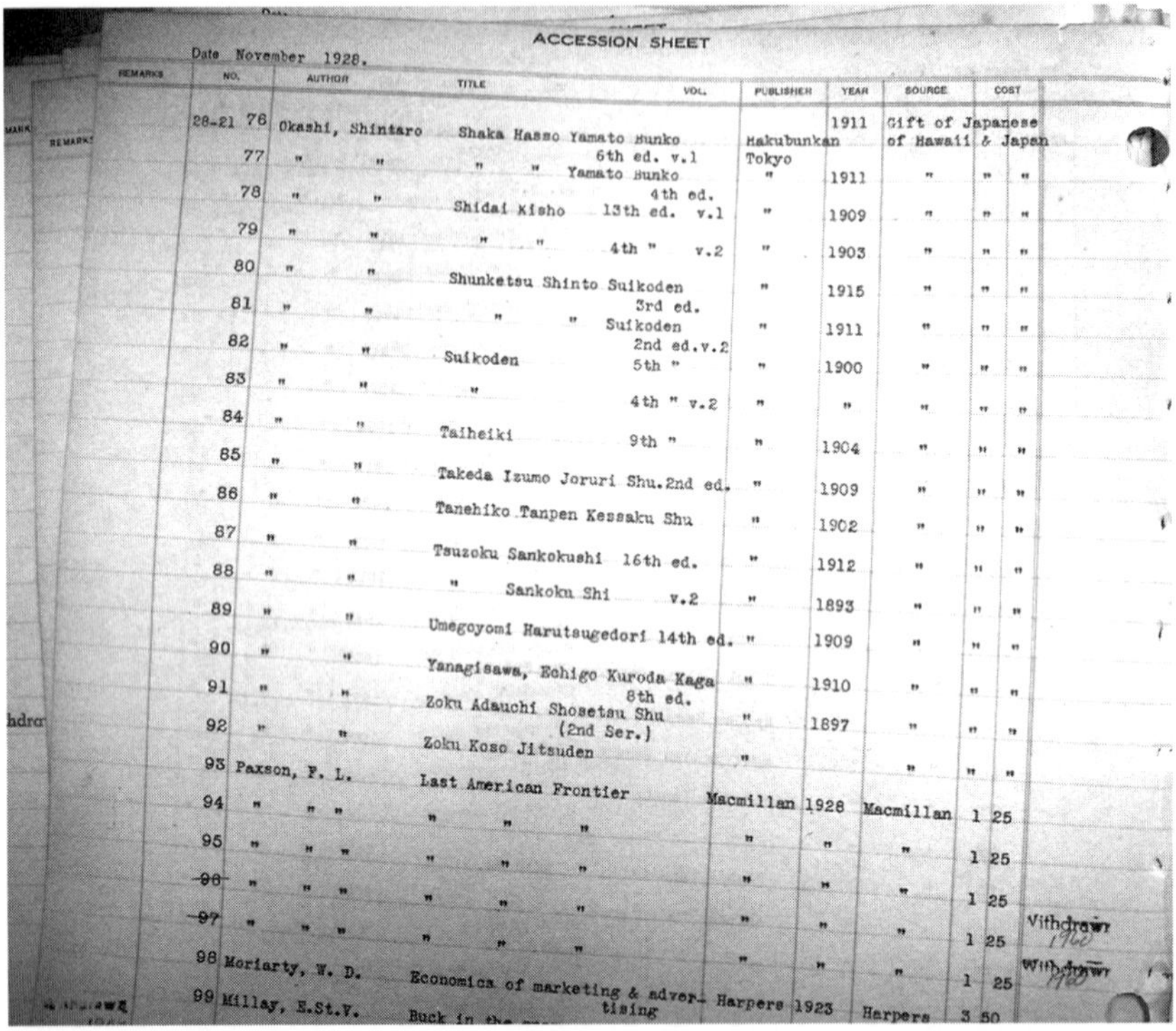

ACCESSION SHEET

Date November 1928.

REMARKS	NO.	AUTHOR	TITLE	VOL.	PUBLISHER	YEAR	SOURCE	COST
28-21	76	Okashi, Shintaro	Shaka Hasso Yamato Bunko	6th ed. v.1	Hakubunkan Tokyo	1911	Gift of Japanese of Hawaii & Japan	
	77	" "	" " Yamato Bunko	4th ed.	"	1911	"	" "
	78	" "	Shidai Kisho	13th ed. v.1	"	1909	"	" "
	79	" "	" "	4th " v.2	"	1903	"	" "
	80	" "	Shunketsu Shinto Suikoden	3rd ed.	"	1915	"	" "
	81	" "	" " Suikoden	2nd ed.v.2	"	1911	"	" "
	82	" "	Suikoden	5th "	"	1900	"	" "
	83	" "	"	4th " v.2	"	"	"	" "
	84	" "	Taiheiki	9th "	"	1904	"	" "
	85	" "	Takeda Izumo Joruri Shu.	2nd ed.	"	1909	"	" "
	86	" "	Tanehiko Tanpen Kessaku Shu		"	1902	"	" "
	87	" "	Tsuzoku Sankokushi	16th ed.	"	1912	"	" "
	88	" "	" Sankoku Shi	v.2	"	1893	"	" "
	89	" "	Umegoyomi Harutsugedori	14th ed.	"	1909	"	" "
	90	" "	Yanagisawa, Echigo Kuroda Kaga	8th ed.	"	1910	"	" "
	91	" "	Zoku Adauchi Shosetsu Shu (2nd Ser.)		"	1897	"	" "
	92	" "	Zoku Koso Jitsuden		"		"	" "
	93	Paxson, F. L.	Last American Frontier		Macmillan	1928	Macmillan	1 25
	94	" " "	" " "		"	"	"	1 25
	95	" " "	" " "		"	"	"	1 25
	~~96~~	" " "	" " "		"	"	"	1 25
Vithdrawn 1960	~~97~~	" " "	" " "		"	"	"	1 25
Withdrawn 1960	98	Moriarty, W. D.	Economics of marketing & advertising		Harpers	1923	Harpers	3 50
	99	Millay, E.St.V.	Buck in the ...					

図8　ハワイ大学受入れ図書目録　1928年の受入れ目録（Accession sheet）。日本語図書でもタイトルの一部をローマ字化して記し、寄贈者名まで入っている。Photograph of University of Hawaii Library Aquisition Register, in University Archives, Hamilton Library, University of Hawaii at Manoa. Reprint by permission of University Archivist.

むろん、国際文化振興会も大きな寄贈主の一つだった。一九三八年に日本を訪れたハワイ大学のグレッグ・シンクレアは、日本研究で著名なジョージ・サンソム卿や姉崎正治ら多くの人びとに会うこととなるが、国際文化振興会の青木節一とも会って交渉し、日本学の盛んなハワイ大学に図書の寄贈を続ける約束を取り付け、あわせて必要な図書リストを渡している。また、その時に日本から専門のライブラリアンを呼びたいことが話し合われているのは、こうした書誌管理についてのハワイ大学の認識の高さをあらわしていよう。(47) 当時アジア図書の司書はC・W・タームが勤めていたが、日本語については学生アルバイトを活用していた。先述のように、三〇年代は、大型コレクションも含めて次々と寄贈が来ており、彼は一九四〇年のレポートで今村コレクション、そして国際文化振興会の寄贈図書もあわせ、ほとんど日本語図書の目録作成に追われた一年であったと述べている。(48)

ハワイ大学は、この時期、後の日本研究の貴重な人材を輩出している。アメリカ本土と日本との中継地点という要因も大きい。沖縄や台湾の研究に米国内ではやくから手を着けていたジョージ・カーが、アジアについて学び、そして最初に沖縄情報と接することになるのもこの頃である。イエール大学で日本の政治史や図書管理を受け持つ弥永《やなが》千利《ちとし》、戦前から熊本県須江《すえ》村でのフィールドワークで成果をあげ、シカゴ大学やコーネル大学で教鞭をとることとなるジョン・エンブリーや、米議会図書館が占領期の日本に書籍の交換・購入交渉の代表として送ったジョン・R・シャイヴリーは、いずれも戦前のハワイ大学に関わりのある研究者である。

東洋研究科は四一年から再編成され、科長であったシンクレアは学長となった。東洋研究科の名称は太平洋・アジア問題研究所となるが、彼は、基本的な方針は変わらないこと、アジアを恫喝し支配するためではなく、理解するためにこそ自分たちが存在することを強調している。(49)

こうした日本学自体のレベルの高さや充実した日本語教育プログラムは、戦時期には対日戦略のうえで大きな意味を担うこととなる。すでにハワイ大学では一九四一年に集中日本語コースを軍のために開いており、九人の士官がその課程を終えていた。(50) 戦時中にも軍部から士官向けの日本語特別クラスを組織してほしいという要請があり、教職にあった上原征生《ゆくお》はシンクレアにぜひ実現させるよう求めている。(51) また、他大学の主要日本語コレクション同様、軍のさまざまな部署に図書を貸し出してもいる。(52) こうした戦時期の日本語教育と図書館については、別に章（第三章）を設けてあらためて論じる。

寄贈は戦時期にも続いており、ハワイで東洋書籍の店をいとなんでいたカズト・デワは、店をたたんだ時のストック一〇〇〇冊を寄贈している。(53) また、先に述べた東洋文庫も、戦時期にハワイ図書館からハワイ大学へと移されることとなった。ちなみに大学と重複した図書は戦後ケンブリッジ大学に図書交換のために送られたという。(54)

終戦間近の一九四五年三月、東洋コレクションを発展させるための委員会が東洋部の教員、図書館員で構成されている。[55]だが、日本語図書はあいかわらず学生アシスタントの補助で整理、目録化されていた。日本語図書の司書が置かれるのは、タームが一九五六年に亡くなり、その翌年、池田弘子がカリフォルニア大学（バークレー）から移ってきてからである。[56]

戦後しばらくは大きな変化はなかったが一九六〇年代初頭、相互安全保障法による大規模な連邦予算の支援で東西センター（Center for Cultural and Technical Interchange Between East and West）が設立され、アジア文献のコレクションは、東西センター図書館として六二年七月から新たに出発することとなった。当時すでに二万冊を超えていた日本語図書コレクションは、このプロジェクトのもとで大きく増加する。

相互安全保障法は、アメリカの友好国に対する軍事、経済、技術支援を目的として一九五一年に制定される。それまでのマーシャル・プランのような海外支援を、より軍事色の強い形で引き継ぐこととなり、たとえば日本では自衛隊の創設に当たっても資金援助がなされているが、東西センターはこの法のもとで一九六〇年に認可されている。議会から一〇〇〇万ドル、これに州と大学からも出資されて大規模な施設となった。[57]この大きな財政支援によって、六一年に八万五〇〇〇冊だったアジア関連書籍は、六五年の報告では一六万五〇〇〇冊と、ほとんど倍増している。[58]

まとまった購入としては、一九六一年の春にはフランク・ホーレーが三〇年にわたって収集してきた琉球コレクションを購入しているが、[59]大学蔵書の増加には購入ばかりではなく寄贈も大きくかかわっている。またホーレー文庫の購入にもハワイの沖縄出身者たちからの基金の寄付が五〇〇〇ドル用いられている。[60]

六〇〇〇冊に及ぶグレン・ショウ・コレクションは六二年の寄贈である。グレン・ショウは、一九一〇年代にハワイ大学で教えた後、日本で長年にわたって生活をするとともに、倉田百三や菊池寛をはじめ数多くの日本の現代劇の翻訳・紹介を行なっている。戦時中は、後にふれる海軍日本語学校にかかわり、戦後は国務省の歴史部門で活動している。こうしたなかで集めてきたコレクションを、家族が東西センターに寄贈したのである。[61]

もちろん購入の規模も半端ではない。数万冊の規模の図書を収集するためには、アジア文献についての広く、徹底した書誌情報、レファレンス情報を熟知した人間が必要だった。ミシガン大学が、戦後、日本の参考書誌をつくりあげるプロジェクトを立ち上げていち早く日本学をリードしていったことは前章でもふれた。そのアジア図書館の司書がレイモンド・ナンである。ハワイ大学はこの大規模なアジア図書館の設立のため、アジア・コレクションの責任者として彼を一九六一年に呼び寄せることとなる。膨大な購入図書リストを携えてやってきた彼は、英語によるレファレンス文献、リソース文献の補強を軸に、図書の購入権限を集中化し、大型コレクション購入を視野に入れた購入活動の展開を提案する。[62] ナンは、ハワイ大学でも、その豊富なアジア関係の蔵書をもとにして、所蔵目録や書誌シリーズを次々と刊行している。[63]

日本語図書担当のライブラリアンも六四年には、ワシントン大学の極東図書館に勤めていた松井正人を新たに雇用している。[64] このアジア・コレクションは、一九七〇年、東西センターから、大学図書館の管理へと再度移されることとなるが、その量は三〇万冊近くなっていた。[65] その後、一九八〇年には、それまでのアジアへの関心ある組織を束ね、強化する形でアジア太平洋研究センター（Center for Asian and Pacific Studies: CAPS）がつくられた。[66] この時点でアジア図書館の日本語図書は九万冊に達している。[67]

6　中国学と日本学

話を、戦前の各大学にもどそう。本書では、日本語の図書を中心に追っているが、アジア領域の蔵書の起源をたどっていくと、中国語図書コレクションや中国学の方が日本のそれよりもはやく、米国内の大学や研究所で生まれてきている。そして日本語蔵書の構築にも深く関係している。実際にはアジアという枠組みで図書やそのための基金が寄贈されることも多いし、そもそも中国学の文献を集めれば、日本の中国学研究は無視できないので、必然的に日本の文献をも含むことになる。

前章で扱った米議会図書館も、中国語図書の寄贈や、中国セクションの成立の方がより古い。議会図書館の寄贈は、一八六九年の中国皇帝からの寄贈に始まる。そしてその翌年、外交官として長く中国との交渉にあたっていたケイレブ・クッシングの二五〇〇冊のコレクションを購入。また、別の中国大使ウィリアム・ロックヒルからは六〇〇〇冊を得ている。[68]

イエール大学の場合も、やはり最初は中国語や中国文学教育が早く、一八七六年にS・W・ウィリアムズが担当し、図書としても一八七六年に、中国人としては最初のイエール大学での学位取得者であるユン・ウィンによって一二三七冊の中国語図書の寄贈がなされている。[69]

コロンビア大学に対しては、カリフォルニアの金鉱で財をなしたホラス・カルペンティエが、すでに一九〇一年に中国語・中国文学コース設置の基金を寄付し、翌年から開講され、あわせて図書購入もなされている。[70]このカルペンティエの基金は、カリフォルニア大学（バークレー）にも一九一六年に一〇万ドル寄贈され、中国、日本、インドといった地域の図書が購入されるが、[71]そのカリフォルニア大学も、やはり中国学が先行している。中国で三〇年以上にわたってヨーロッパ文化の紹介につとめていたルイ・アガシが、一八九五年から一九一四年に引退するまでカリフォルニア大学に勤めていた。アガシは東洋言語学科の設立にもかかわったが、彼をはじめとして、中国学に関連した教員たちの寄贈を中心にコレクションが形づくられていた。[72]

また、今日では日本学や日本語蔵書でも高いレベルにあるコーネル大学やシカゴ大学、プリンストン大学は、戦前は日本語図書ではほとんど知られておらず、中国語コレクションによっていずれも全米に知られていた大学である。コーネル大学やプリンストン大学に比べれば、シカゴ大学のアジア図書館の歴史はかなり新しい。同図書館は、一九三六年の暮れの中国学コースの開始直後にはじまり、ロックフェラー財団の資金によって急成長してゆく。[73]

シカゴ大学で中国学を最初に担当したハーリー・クリエルは、同時に、教育上の必要もあって中国語文献の収集・受入れをも兼任していた。彼は三〇年代に、先にも出てきたが、ロックフェラー財団と米国学術団体評議会の間で行なわれていた、中国学振興の支援活動のなかで学んだ研究者である。彼は日本の占領下で買出しに向かい、当時の北平国立図書館（現在の中国国家図書館）のT・K・クーの助力で、真珠湾攻撃の直前に七万冊の図書を購入して帰国している。[74]ちなみに、彼と同じ奨学金で、ともにシカゴで中国学を学んだリチャード・ルドルフは、戦後カリフォルニア大学（ロサンゼルス）の東洋図書館を創設することとなる。

プリンストン大学のゲスト・コレクション、コーネル大学のウェイソン・コレクションは、すでにまとまって収集されていたコレクションの購入、寄贈による。ゲスト東洋図書館の成立ちについては、一九五〇年から長く司書を務めたフー・シーの論が詳しい。[75]その名を冠されているゲストとはギヨン・ゲストであり、工学畑の出身で二十世紀初頭にニューヨークを拠点として成功した実業家であった。ゲストは中国に滞在中、持病の緑内障に漢方薬をすすめられたことがきっかけで中国の医学に関心を抱き、本の選定や収集に軍出身で中国に詳しいI・V・ギリスの助力を得てコレクションの収集を始めた。今日、日本と中国を除けば世界最大の中国医療図書がコレクションに含まれているのはこうした理由からである。

このコレクションはゲストの会社の支社のあるモントリオールのマックギル大学図書館に寄託され、一九二六年に二三二タイトル、八〇〇〇冊を擁する専門図書館として開館している。この蔵書は一九三一年までに七万五〇〇〇冊にまで増加していた。プリンストン大学がロックフェラー財団の支援でこのコレクションを購入したのは一九三七年であり、その時新たに中国から購入した図書や既存の蔵書も含めて一三万冊規模の東洋図書のコレクションとなったわけである。ギリスはその書誌や図書収集能力にきわめて高い評価が与えられており、中国乾隆年間の木活字版貴重書として知られる、いわゆる『武英殿聚珍版叢書』一三八種の完全な揃いを三セットも収集し、購入の斡旋を行なっている。ちなみに米議会図書館のために彼が集めた四セット目の揃いは、日中戦争の勃発によってちりぢりとなってしまう。ゲスト・コレクションを購入した翌年、コレクションとともに移ってきた司書ナンシー・スワンが、日本語図書のコレクション構築に動き始めるのは、これまで述べてきたとおりである。

一方のコーネル大学だが、この大学のアジア学をさかのぼると一八七〇年から七一年にかけ、一年の中国・日本語コースが開かれている。十九世紀末から、わずかながらもそうした関心が維持されていたようだ。東洋史がナサニエル・シュミットによって一九〇一年から開始されている。また、ジェレマイア・W・ジェンクスは国際政治学が専門だが、極東に関心をもち、彼によって当時特別枠でアジア関連の図書が購入されている。[76]そして一九一二年に中国人学生たちから、三五〇冊あまりの中国語図書の寄贈があり、その後一九一六年、ウィリアム・E・グリフィスから一五〇〇冊の日本語図書の寄贈を受けている。[77]

このグリフィスは一八七〇年に福井藩の松平春嶽に洋学教授として招かれ、後に東京帝国大学の教授となっている。[78]日本の当時の著名な人物たちと交流があり、日本関係の著書も多い。今日、その残した史料類は、初期のいわゆる「お雇い外国人」についての貴重な情報ソースとして活用されているが、そうした一次史料の類はコーネル大学ではなく、彼の死後、ルトガース大学に寄贈され、同大学のグリフィス・コレクションに収められている。[79]

だがやはり図書館の核となる大規模な寄贈は、ウェイソン・コレクションである。このチャールズ・W・ウェイソンは、コーネル大学で機械工学を修め、鉄道、電信、電話といった領域で成功した人物だが、一九〇三年の夫婦での中国・日本旅行以来極東に関心を持ち始め、やがて当時の出版者アーサー・クラークの助力で九〇〇〇冊の中国関連の図書を収集した。晩年には、彼は母校に五万ドルと、彼のコレクションを寄贈する意思をもっており、没後、コレクションを他の蔵書と別置すること、彼の名を冠し、中国関連の図書を同基金で充実させてゆくこと、といった比較的きびしい条件つきで寄贈された[80]。

ガッシー・ギャスキルは、このコレクションの最初の学芸員であり、一九一九年に現代西洋史の大学院生としてコーネル大学にやってくる。先の寄付金によって一九二七年に学芸員として雇われ、一九六三年まで勤めることとなる。ウェイソン・コレクションは西欧語で書かれた中国関連文献が多かったので、中国語図書の充実の必要性を感じ、中国語、中国関係論を学び始め、一九二九年には北京におもむき、北平国立図書館のT・L・ユアンの支援もあって七〇〇〇冊以上の中国語図書を購入し、また、中国との独自の図書購入ルートも確立していった[81]。ただし、日本語図書についてはコレクションの寄贈条件のせいもあり、あくまで中国学に関わるもののみが収集対象であり、日本語図書が独自の目的をもって本格的な収集対象となるのは一九七〇年代である。

このようにアメリカ合衆国において、中国語図書や中国学は、アジアに関していえば、日本よりも古く、かつ量的にも充実した領域を形づくっていた。三〇年代に同じく盛んになる日本語蔵書構築は、日本と中国との対立、そして戦争という状況のなかで、アジア図書館やアジア学のなかにも対立と緊張をもたらしてゆく。それについて論じる前に、ここに登場したプリンストン大学およびコーネル大学の、その後の日本語蔵書史をまとめておこう。

7 プリンストン大学とコーネル大学

プリンストン大学のゲスト東洋図書館の成立ちと受入れについてはすでに述べた。そして司書のスワンが日本語図書収集に動き始めたこと、参考図書館や坂西との交渉、日本図書構築を兼ねていたR・ライシャワーとその死についてもふれた。こうした情報が戦時期に有効に活用されたのはハワイ大学と同様である。プリンストン大学の図書館の年次報告では、蔵書中の日本地図が、いかに陸軍情報部に有用な情報を提供できたかを述べている[82]。

こうして構築されてきた蔵書は、五〇年代なかばまでは、中国や日本研究のコースと連動し、そのコースをバックアップするコレクションというよりは、独立性の高い特殊な利用者向けのコレクションだったといってよいだろう。大学全体に、というよりもアジアの言語が使える学内外の研究者に向けて機能していたわけである。組織として見てみても、このゲスト・コレクションは、地図や貴重書などのような独立したセクションとなっており、カタログも中央図書館とは別に管理されていた[83]。したがって大学の教育プログラムとうまく連動しているとは言いがたく、一九五〇年前後には、ゲスト・コレクションの売却の可能性さえもが検討されていたことがカリフォルニア大学（ロサンゼルス）の図書館文書からうかがえる[84]。

この状況は六〇年代に入って一変する。「極東コレクション」と「近東コレクション」は折からの全国的な地域研究プログラムの発展のなかで、教育活動と連動した発展と再編成を受け地域コレクション（Area Collection）として独立することとなる[85]。この地域研究の隆盛については、別に章（第七章）を設けて詳述する。ここでは、アジア、ロシア、中東、ラテン・アメリカといった地域の研究の拡大、それにともなうインフラ、すなわち関連図書の整備の伸展をひとまず述べておこう。

プリンストン大学のゲスト・コレクションは、六六年に新たに韓国語図書コレクションを加え、六〇年代末には二一万六〇〇〇冊のコレクションとなり、東アジア・コレクションとしては全米でも五番目となった。日本語図書も六〇年以来、三万五〇〇〇冊が購入されていた[86]。これには、一九六二年から、国際関係や海外研究の領域でフォード財団の基金が投入されたことも大きい[87]。大規模な図書収集には、先にふれたように、参考図書に詳しい人材が必要とされる。マリウス・ジャンセンは、日本史領域で参考書誌の作成プロジェクトを行なってきた人物で、ミシガン大学の書誌作成プロジェクトともかかわっていたが[88]、彼がワシントン大学からプリンストンに迎えられ、そこで系統的な図書収集の協力を行なうのである。

それではコーネル大学のウェイソン・コレクションの方は、戦後どのような展開を見せるだろうか。三〇年代に中国学、日本学の振興がアメリカ国内でもはかられていくなか、ロックフェラー財団の基金で最初のフルタイムの中国史教授ナイト・ビッガースタッフが一九三八年に採用され、それにあわせて一九三八年から四一年にかけて一万五〇〇〇冊の基礎的なアジアの参考図書を購入している。

しかし、日本語図書自体の本格的収集は遅れる。中国語コース自体は、戦時期にコーネル大学に設けられた軍士官のためのアジア言語教育コース、すなわち陸軍特別教育コース（Army Specialized Training Program: ASTP）を引き継いで続き、一九四六年に極東研究学部が設置され、ギャスキルは一九四八年にはロックフェラー財団の援助で再度中国への図書収集に出かけている[89]。彼女は占領期の日本にも買出しに行っているが、その収集はあくまで中国研究に関わる日本語図書であった[90]。

一九五〇年代は中国との国交が未だ正常化してはいなかったものの、政府やフォード財団によって中国プログラムは拡大していった。一九五一年に中国プログラムが極東学部の三つのエリアの一つとして設立され、この学部が後にアジア研究コースとなる。

ここでもまた、六〇年代が大きな区切り目となる。一九六〇年から六一年にかけては、先にもふれた地域研究のプログラム、東アジア言語・地域研究プログラムが開始され、一九六二年、フォード財団から一〇年間、八〇万ドルの助成金が大学院プログラムのために与えられる。これで中国、近隣国のさまざまな領域の教員が増えることとなった[91]。そのなかで、日本語図書も少しずつ増えてゆく。アジア・コレクションとしては七〇年代半ばには二〇万冊規模になり、一九六〇年の約四倍の規模に達する。

七〇年代に入ってからは、現代日本文学のスタッフが加わり、東アジア研究の修士課程の設置もともなって、日本の基礎的な書誌、参考文献の整備をすすめている[92]。アンドリュー・メロン財団や日本万国博覧会基金協会からの支援もあって、日本語図書は五年で八〇〇〇冊あまり増加している。大きくはないが長期的に着実に増やしてゆく方針を維持しており、日本語図書専門のカタロガーも必要なレベルとなった[93]。また、七〇年代末に仏教、神道といった新たな教育・研究領域を加え、購入図書の幅を広げている。(94) ただ、この時期から購入数が頭打ちになってくるのは他大学と同様であり、それについては第八章であらためてふれることとなろう。コーネル大学は近年めざましく日本語文献を増加させ、一九九八年の前田愛コレクションの購入をはじめ、精力的に図書収集を行なっており、日本研究や蔵書でも急成長してきた大学である。

8 国家の表象としての蔵書

話を再度戦時期にもどそう。中国と日本の国家間の対立は、学問や書物の領域とも不可分に関係しあっていた。そもそも、一九三〇年代の日本学振興や日本図書寄贈の動きの背景には、日本という国家、日本人という存在への思いが絶えず作用している。それは単に日本を研究するための情報を外国にも備えるという以上の意味を常に担わされていた。戦前の日本からの寄贈コレクションには、貴重な古典籍が含まれていることが少なくない。そこには、単なる情報以上に、古い日本の文献がアメリカに存在する、ということそのものへの願望を見て取ることができる。みずからの歴史の浅い場所に、みずからの民族のつくりだした歴史的な文献を置くことで、みずからの歴史そのものもそこに植え付けられるとでも思ったかのように。

そしてこのことは、米国内での日本の蔵書量や日本学のレベルを、日本という国家や人種に向けられた評価尺度として、ひいてはアメリカという国のなかの日本人に向けられた評価尺度として感じてしまうような、単純化された国家・民族意識につながる危険性をはらんでいる。ある国に関する図書の量や分布を、国家の勢力図ででもあるかのように見てしまうまなざしは、書物を沈黙した単なるモノにかえ、まぼろしの「民族」や「国家」を築きあげる単なる建材へと変えてしまう。

ハワイ大学の東洋研究科長であったシンクレアは、ハワイの水沢日本領事から、高楠《たかくす》順次郎ら複数の教員が同大学を離れるにあたって、中国学科が日本学科より大きいのは困る、という苦情が舞い込み、日本学スタッフをはやく補うよう要請されたことを書き残している。[95] 学の規模と、国の評価とを結びつけたこうした短絡的な判断は、珍しいものではない。

日本語図書と中国語図書が、そして日本研究と中国研究が、国家を代行するかのような対立・競争に組み込まれることはそもそも避けがたい事態でもある。これら学問・研究こそが「日本」や「中国」という枠組みをつくりだす装置のようなものでもあったからである。また、そこで育成されてゆく人材は、戦争がはじまればすぐにでも利用（敵、味方を問わず）できるだけの可能性を実際にはらむほどに、さしせまった状況にあった。

こうしたなか、日本の中国侵略によって、実際に各大学の東洋関係のスタッフは、日本と中国のどちらを支持するか、という直接的な対応をせまられることともなる。日本の中国への侵略は、アメリカからの日本への鉱物や石油といった軍需物資の輸出に大きく依存していた。このことは、アメリカが、日本の中国への侵略を支えている、という批判的な認識に到達する。米国内では、こうした日本の戦争を支援しているという現状を伝え、批判する活動が立ち上げられ、盛んな宣伝活動が展開された（図9）。

国務長官のヘンリ・スティムソンやロジャー・グリーンらを長とした、日本の侵略戦争への加担反対を訴える会は、図のようなビラやパンフレットを多数頒布してPR活動を展開するが、プリンストン、コーネル、シカゴなど、著名な中国コレクションの学芸員は、こうした訴えの重要なターゲットでもあった。[96] 委員長のスティムソンがコーネル大学の司書ギャスキルに宛てた手紙、グリーンがプリンストン大学の司書スワンに宛てた、中国を救うためのキャンペーンへの支援を求める手紙、こうした要請や手紙が、これらの大学文書のなかには多数残されている。[97] 坂西について述べたことでもあるが、この時期のライブラリアン、特に学位をもった研究員クラスのギャスキルやスワンは、非常に多様なネットワークをもっており、学術界ばかりではなく、地域コミュニティや政界を含めた有効な情報拠点とも言えた。[98]

図9　戦争する日本を助けているのは　日本の戦争をアメリカの物資が支えていることを指摘し、物資の取引停止を求めるパンフレットの一例。「日本の侵略戦争への加担反対を訴える会」作成のもの。

スワンのいたプリンストン大学のこの時期について、R・ライシャワーは、大学内で中国派と日本派が、日中戦争のなかできびしく対立している状況を伝えている。実際に学内スタッフでも、満州事変に際して日本に抗議する署名活動に参加する教員と、署名活動を非難する教員との間で対立が起こっていた。(99)

こうしたなかで、日米開戦を前にした、いわば情報戦争が展開されてゆくわけである。国際文化振興会の活動も、こうした文脈と深く関わり合っている。日本側では米国国内での対日世論の悪化に対して、情報・宣伝活動を展開することとなる。戦時予算の形で七五〇万円にふくらんだ外務省の機密費から、四年間一〇〇万円、当時にして二五万ドルをまかされて宣伝活動を米国内で展開するのが、前章で日本参考図書館のパトロンとして登場した福島慎太郎（外務省二等書記官、ニューヨーク副領事）である。その機密費は、ロックフェラー・センター・ビルへの在ニューヨーク日本総領事館の移転、そこへの日本文化会館（Japan Institute）の設置にも用いられたが、一方で『リビング・エイジ』、『サタデー・レヴュー』といった雑誌の買収、編集者の更迭や各通信社との交渉を通した対日世論の操作を含め、多様なメディア戦略をはらんだ、今日のいわゆるPR（Public Relations）であった(100)。前章で、日本についての坂西らのレファレンス図書発行計画や日本参考図書館が、戦時プロパガンダと見なされる危険性のなかにあったことについてふれたが、それは実際にこうしたPR活動がその背景にあったからである。「日本から渡米する講演者は殆んど総て、政府の宣伝員だと云ふ疑惑の眼を以て見られ」たという発言さえある。(101)

9　開戦のなかで

こうした広報活動もむなしく、一九四〇年に日米通商条約の破棄を通告したアメリカは、翌年七月には在米の日本人、日本企業の資産の凍結令を出し、石油の輸出も全面的に制限されることとなる。こうした商取引の制限をこうむったのは、書物も同様である。特に日中戦争の開始以来、図書館や学術機関の洋書購入は次第に困難となっていった。

国際文化振興会が、ニューヨークの日本文化会館とこの時期に構想していたのは、この「洋書飢饉」をのりきるために、海外払いを避けて洋書を手に入れるルートの開拓だった。「日本図書交換事業協定」がこれにあたる。洋書と和書の交換であれば、支払いの手続きをとる必要はない。ニューヨークの日本文化会館がその仲介を行なえばよい。また、日本文化会館自体が取次ぎの業務をも担えば、アメリカ国内の図書館や大学は、日本と直接取引する必要はなくなる。このためにつくられる日本海外図書交換委員会のメンバーには文部省、外務省からのスタッフも参加しており、帝国図書館長松本喜一も入った、いわば国家的取組みとなっていた。すでにドイツとの間では開始されていた事業で、五〇〇〇ドル分相当の交換事業を国際文化振興会と日本文化会館との間で行なう事業協定案は四〇年末にはほぼまとまった形となった[102]（図10）。

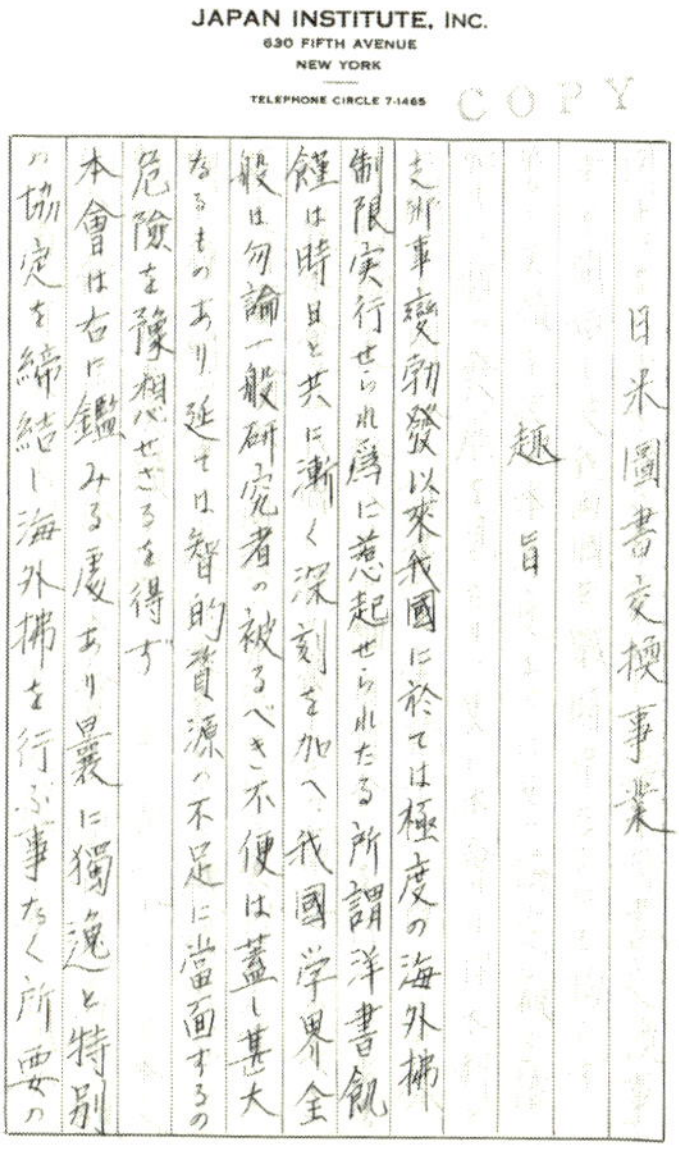
JAPAN INSTITUTE, INC.
630 FIFTH AVENUE
NEW YORK
TELEPHONE CIRCLE 7-1465
COPY

日米圖書交換事業
趣旨
支那事變勃發以來我國に於ては極度の海外拂制限実行せられ為に惹起せられたる所謂洋書飢饉は時日と共に漸く深刻を加へ我國学界全般は勿論一般研究者の被るべき不便は蓋し甚大なるものあり延ては智的資源の不足に當面するの危険を豫想せざるを得ず
本會は右に鑑みる處あり曩に獨逸と特別の協定を締結し海外拂を行ふ事なく所要の

図10　日米図書交換事業　国際文化振興会と日本文化会館との間で細部をつめている段階の文書。Courtesy of The Library of Congress, Asian Division, Washington, D. C., USA.

この事業は、新たな書籍購入サービスの開始という形で、翌年アメリカの各大学に手紙で通知された。手数料なしで日本語図書のオーダーを受け付け、図書の支払いも日本文化会館にすればよい、という取次サービスである。[103]

プリンストン大学の司書スワンが日本文化会館の前田多門に会ったのは一九四〇年で、その後しばしば前田から協力を得ている。日本文化会館から寄贈図書を受け取っていたのはもちろん、東京帝国大学に重複本が四〇〇〇タイトルあまりあることを知らされたスワンは、それをプリンストン大学の日本語蔵書の核にするための交渉を、前田を介して進め始めていた。[104] いつの日か日本文化会館の出版物に、プリンストンの日本語図書コレクション設立が報じられれば、という希望を書き送ってもいる。[105]

だがこの日本文化会館の活動も、米国内における日本人資産凍結のためにその維持が困難となる。凍結後も四ヵ月日本文化会館は維持されたが、一九四一年十二月、その活動を停止せざるをえないことを前田多門は手紙で各機関に通知している。[106] スワンにとって、日本語図書の発注や問合わせができる日本文化会館は便利な存在ではあったが、彼女のもとにも、十二月九日をもって活動を停止するほかない、購入サービスも継続できない、そして中旬には前田や関係者たちもアメリカを発たねばならないという手紙が届く。これは日本文化会館の図書館を管理していた白戸一郎からの連絡であった。[107] それから手紙の書かれた約一週間後、真珠湾攻撃、翌日宣戦の布告となる。その直後、米議会図書館の坂西志保は逮捕され、その後送還されることとなる。コロンビア大学図書館の角田柳作はＦＢＩに拘束され、エリス島の収容施設に送られている。日本文化会館はまた、当時としてはすぐれた日本についてのコレクションをもっていたのだが、その行方については次章でふれることにする。

この時期のスワンのいた地点は、両方の情報の通り道に、すなわち日本の中国への残虐な侵略行為を訴える手紙や情報の通り道と、日本の情報や文献を充実させてゆくために、国内外の日本人に協力と連携をもとめる情報の通り道という、対立する情報の流れのただなかにあった。前田の活動にしても戦時期の情報宣伝活動としての側面は否定できないし、スワンにしても開戦間近の状況のなか、日本についての情報や文献の収集がアメリカにとっていかなる戦略的な意味合いを持つか考えなかったはずもないだろう。したがって、ここから、図書を通じての、国家の対立を超えた麗しい交流を夢想するべきではあるまい。ただ、スワンの「図書館の閉鎖」に対する悲しみと同情は、みずからの経験にねざした彼女の思いが込められたものでもあった。スワンは前田に宛ててこう書き送っている。

あの苦しい世界恐慌の折、私もちょうどあなたと同じような経験をしました。ゲスト東洋図書館が一九三五年に閉鎖され、保管、施錠されてしまった折です。カナダに一次寄託され、その後プリンストン大学に移るまで、せまく、そぐわぬ場所で何ヵ月もつらい時をすごさねばなりませんでした。あなたのことを思い、私は文字通り涙にくれています。(108)

第二章　蔵書の記憶、蔵書の記録

——コロンビア大学の日本語蔵書史から

1　一つの軌跡をたどる意味

この本では、各大学ごとの蔵書史を単に列挙するという書き方を避けている。そのような書き方は、それぞれの大学が、ある時期に抱えていた共通の問題や歴史的な背景を見えなくしてしまうからだ。したがってある時期に浮かびあがってくる主要な問題点に光をあてながら、補足的に各大学の通史を挟みこんで書くこととしている。また、そのほうが、こうした蔵書史で明らかにできること、見えてくることもはっきりとするし、この調査の意味自体もより明確に伝えてくれるだろう。

それでも、各大学の蔵書の通史的な叙述をそこに挟みこみながら書いているのは、特定の蔵書自体の歴史的な流れ、連続性をもそこに重ねながら書き進めてゆきたいからだ。いわば横糸と縦糸とをつむぎあわせる形で、ここでは描くよう努めている。

この章では、特に縦糸の方を、つまり一つの大学蔵書の通史的な叙述の方に力点をおきながら書いてみることとしたい。扱うのはコロンビア大学の蔵書史である。これによって、本書の各章でそれぞれ焦点をあてて論じている問題を、一つの蔵書に即しながら通史的に概観してゆくこともできるだろう。しかし、かといってこの章が、本書全体で語る蔵書史のいわばミニチュア版のようになるわけではない。それならこの大学の蔵書史だけを追えばすむだけのことだ。縦糸ではあっても、それぞれの蔵書が一つ一つ独自の軌跡をえがいていることも、この章で伝えたいことである。

ここでコロンビア大学を選んだのにはいくつかの理由がある。一つにはイエール大学、ハワイ大学とならんで戦前からの日本語蔵書の構築がしっかりなされていることだ。そしてむろん規模の問題もあるが、それ以上に、この大学の日本語蔵書の歴史が、その記憶と記録とにめぐまれていることが大きい。ここであえて記憶を加えたのは、半世紀以上前から現在にいたるまで、その蔵書にかかわってきた人びとから話を聞く機会にもめぐまれたからである。当時を知る人から話を聞き、集めてきた史料と照合し、時にはばらばらの史料を人びとの言葉でつなぎあわせ、時には史料から逆に過去の記憶を引き出してゆく、という作業を行なうことのできる場所だったのである。

2　想像のジャパン・ハウス

今から百年近く前のニューヨークで、日本から学びに来ていた青年が、大学のなかに日本研究所「ジャパン・ハウス」がつくられることをイメージする。学生は図面を引き、予算を計算し、カリキュラムを構想し、その施設がつくられるべき理由と妥当性を書き加え、自身の学んだコロンビア大学の学長宛にその文書を送る。そこでイメージされていたのは、いったいいかなる「日本」であり「ジャパン・ハウス」だったのだろうか。

四ヵ月にわたって研究・構想した彼のイメージは一九二七年二月四日付けで学長のバトラー宛に送られている(1)。この計画は日本学を研究・教育するための施設とコースを盛り込んだA計画と、それをさらに拡張・発展させた東洋全般と他のアジア諸国の領域を含んだB計画によって成り立っている。A計画は名称としてはジャパン・ハ

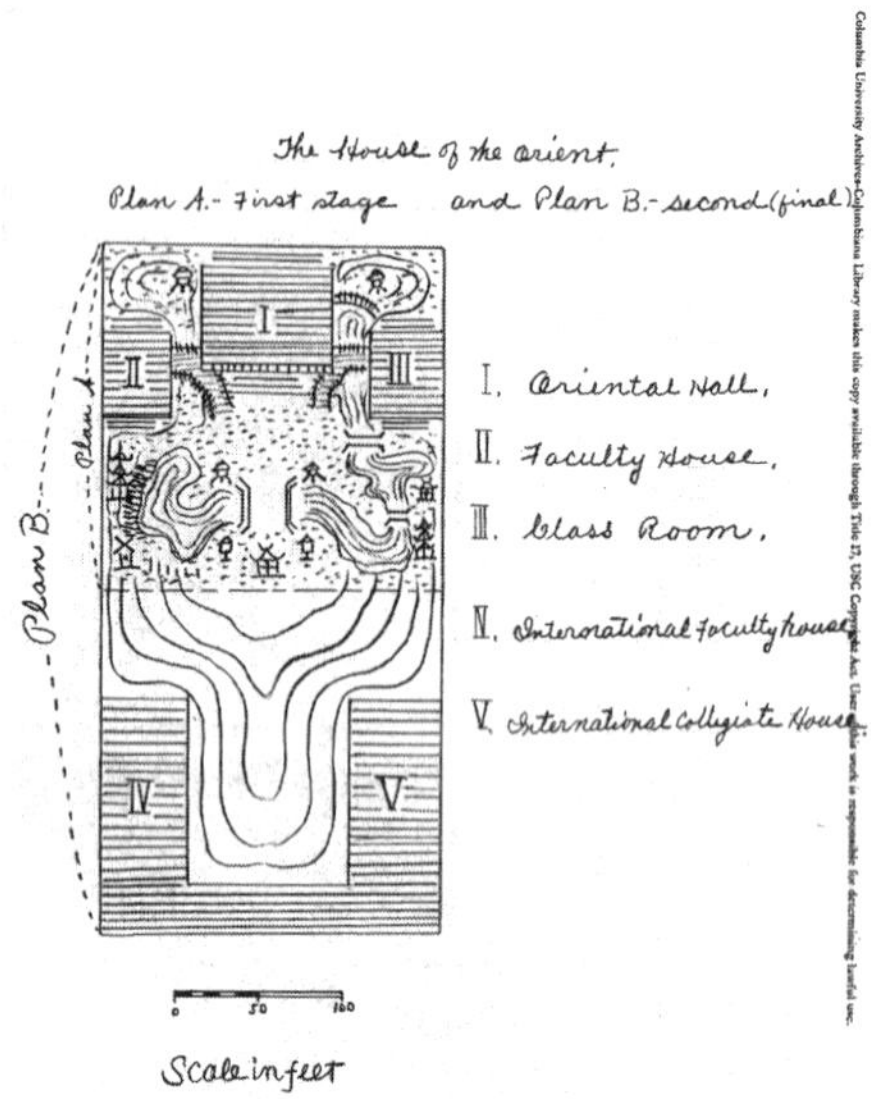

図11 東洋研究所構想 バトラー学長に宛てたジャパン・ハウス構想。説明文によれば中央にあるのが日本式の庭園となる。Central Files（box 667, file 20）, Courtesy of Columbia University Archives.

ウスではなく、東洋館（The House of Orient）となっているものの、実態を見ると東洋＝日本という形でひとまず構想されていることがわかる。そういうわけで、バトラーとのやりとりでは、基本的にはジャパン・ハウスという言葉で表わされている。

建築においては大まかにいえば、図書館や博物館を中心としたホール、教室を中心とした教育施設、教員や来訪者がすごすファカルティ・ハウスに加え、「日本建築の最重要部分としての庭園」が強調されている（図11）。

こう書くといかにもしっかりとした計画書のようにとられるかもしれないが、実際にこうした具体像が出てくるのは計画書の後半で、前半では、自分の故郷での母との別離が感傷的に延々と描写されており、そうしたイメージとはいささか異なる。提案した田口利吉郎にしてみれば、母との別離と、「体の健康と名誉とを大事に」との母の言葉とが、確かに内的な「動機」ということなのだろう。むろん、こうした機関設立の提案の「動機」は、ふつうはより社会的な文脈で述べられるものだろうが。総じてこの企画書は、機関設立の理由やその役割についての記述が抽象的で、「人類の文明」、「真」や「愛」といった理念的な言葉が内実をともなわずに走り回っているという体をなしている。

だが、このやや風変わりな企画書に対して、バトラーはイタリア館、フランス館構想が実現しつつある点にふれながら、東洋についても関心があること、建物こそないものの、カルペンティエ基金によって中国研究コースが可能になってきていると書き、ジャパン・ハウスについても前向きに検討したいと返事している。[2] 田口は先にもふれたが、コロンビア大学で日本人学友協会を仕切り、その機関誌『日米大学学窓』を発刊した人物である。

しかしながら、田口の案には決定的な要素が欠けていた。それは何か。より具体的な設置理由か、客観的な必然性か、明確な教員やカリキュラム像か。それらも必要なのはいうまでもないが、彼がいっさい気にかけていない点がある。どこから資金を調達するか、である。彼のプランはAプランだけで五〇〇万ドルという試算を出している。たとえこの五〇〇分の一の資金のプロジェクトだったとしても、ただ学長に頼めばすべて大学側が負担してくれるというような、すべてを相手に頼りきった構想では実現し得ないだろう。

案には賛同するが、それを実現する資金が必要だ、という大学側からの対応に、田口はいろいろと考えた末、この日本館を母校に建設するのはやはり難しいという結論に達したとバトラーに書きおくっている。ニューヨーク在住の日本人に資金的な援助を頼むことも考えたようだが、ニューヨークの日本人は数は多くとも移動もはげしく、組織も多様で、長期的な資金援助といった活動は困難であること、そして何より、ニューヨークの日系人といった特定コミュニティの偏狭な野心によって計画を実現するようなやり方は、大学の教育理念に反することになる、と述べている。また、そうした特定地域のコミュニティを利するための活動となってしまえば、日本からの支援も得にくくなるとも書いている。

ここには、ニューヨークで日系人会の書記長をつとめた後、同じく日本についての博物館、研究所の構想への支援を当時活発に訴えかけていた角田柳作への批判を見てとることもできるだろう。[3] ジャパン・ハウス自体はあきらめたものの、田口は日本語図書コレクションを大学につくるために活動をはじめたようである。大学図書館がその協力に同意したので、彼は日本に図書や雑誌の寄贈を求めるため五〇〇通もの手紙を出している。[4]

3　角田プロジェクト

一方、角田柳作の構想は、この重要な点、つまりいかに経済的な障害を克服するか、についての具体的な道筋もイメージしたうえでのものだった。日本学、日本研究について施設、博物館を構想するにあたって、彼には明確な先行するイメージがあった。それは、当時の日本に来日して布教活動を展開していた、いわゆる宣教師、ミッショナリーのイメージである。

米国人は日本支那満州の東洋方面に向けて宣教師を出して居る。之がアメリカ文化の宣伝の急先鋒となつて居る訳であるが、このミツシヨナリーの仕事は誰の後援になつて居るかと言ふに、日本に在住して居る米国人がやつて居るのではなく、皆本国に居る米国人の後援に依つてやつて居るのである。(5)

このイメージによって、資金的な基盤を本国からの支援によって確立すること、さらには、学校、病院、図書館といった包括的な活動としてそれらを展開することが構想されている。また、一九〇九年にハワイに渡り、その地で布哇《ハワイ》中学校の校長、『布哇日々新聞』の記者、そして日本語教科書の編纂にもたずさわっていた角田には、より具体的に計画を実現するための集団やコンタクトをとるべき国内外の人物がかなり明確に意識されていただろう。角田の赴任した中学校はハワイの本願寺別院付属中学校であり、ここに角田を招聘したのは前章に出てきた今村恵猛(6)、すなわちハワイに日本博物館をつくる構想で四〇〇〇冊の図書コレクションをつくっていたビショップ今村であった。

角田の構想では、より具体的には、日本についての研究や調査に従事し、かつ、日本に関連する文献を洋の東西を問わず集め、あわせて文化的なイベントや出版事業をも担う総合的な文化センターがイメージされていた。[7]ニューヨークでそれを実現するために、計画はいくつかの段階に分けられている。まず準備資金の募集と場所の選定作業、第二段階では、収めることとなる基礎資料の収集とそれを維持する基金の募集。そして第三段階では、その資料と基金をもとにした米国国内での文化紹介活動。そしてそれらが軌道に乗った最終ステージでは、すべてをアメリカ側の管理に移し、独立した機関として維持・管理されてゆくことになるはずだった。

では、そのための資金をどのように調達するのか。角田は、第一段階についての基金はアメリカ国内の日本人たちから集め、第二段階の作業は日本国内の篤志家に訴えかけるという資金構想を提示している。[8]この日米文化学会（The Japanese Culture Center）構想の呼びかけによって、彼はこの会を支える協力を多方面から得ることとなった。一九二七年年頭の『紐育《ニューヨーク》新報』には次のように報じられている。

提案された如きセンタアは民衆教育機関として民族的並に国民的友情を開拓するのみならず、文化的情報を交換する上に絶好の機会を提供するものである。故に角田氏が日米両国に於て彼の計画に必要なる幇助者を発見せむことは望ましきことである。[9]

角田は一九二七年に日本に帰国し、この計画を説いて、図書を中心とした寄贈への協力を各方面に要請する。設立後三年間は、その維持経費を三菱合資会社の社長岩崎小弥太が出資することとなった。[10]日本側ではこの資料収集のために、黒板勝美や関屋貞三郎らを理事とした委員会、日米文化学会が構成される。[11]こうして寄贈図書や、さらに岩崎の購入図書への援助もあって、まとまった量の図書が集まり、アメリカに送られることとなる。しかし問題があった。それは前章でもふれたが、構想にあるような調査、研究、図書館あるいは博物館をかねることができるような具体的な場所を確保できないということだった。そこで、コロンビア大学が一時的な保管場所を提供することとなる。

4　コレクションの行方

図書がアメリカに送られ始めると、実際に図書の管理や維持に、いちいち日本の委員会に指示をあおぐのは困難であったため、日本で構成された日米文化学会に対応するアメリカ国内の委員会が一九二九年七月に立ち上げられ、コレクションの将来の管理とスポンサー権限がこの委員会に移されることとなる。(12) 会長となったのはジェローム・グリーンであった。角田はここの幹事となり、出淵勝次《でぶちかつじ》駐米大使も名誉会員として名前を連ねていた。

この委員会によれば、すでに東京から、皇室より寄贈された貴重書を含む五〇〇〇冊の図書や写本、美術品などが届いていた。そして三年間の一時的な保管先となるコロンビア大学に収容されることとなった。(13) むろん、これはあくまで一時的な保管先であり、角田と親しいコロンビア大学の教授ポール・モンローが間に立って成立した取決めであった。ところが同年八月、グリーンは、コロンビア大学の学長バトラーから、大学がいよいよ日本研究科（Japan House）創設に着手するという手紙を受けとり、狼狽する。この段階では、あくまで文化交流のための日本博物館・資料館をつくることが日米文化学会の目的とされており、そのために集めた図書を特定の大学の所有物とするのは、会の目的にそぐわないおそれがあった。にもかかわらず、バトラーの構想が、この図書をあてにしているのは明らかだったからである。(14)

ひとまずはそのことを説明して誤解をといたグリーンだったが、現実にニューヨークに独立した日本博物館、図書館の場所を確保することは財政的にもきわめて困難だった。ニューヨーク株式市場で、いわゆる暗黒の木曜日、株価の大暴落が起こるのはこの十月である。世界恐慌下の低迷した経済状態のなかで、困難さはいっそう増すこととなる。

岩崎の提供した維持資金では三年しかもたない。その後の維持・管理を視野に入れたとき、やはり米国内の大学や博物館に管理をまかせる方がよいのでは、という可能性が検討されはじめる。実際には、この時期に、米議会図書館、ハーバード大学もその候補としてあがっていたという。[15] そうしたなか、図書をニューヨークという場所に置くことへの寄贈者側の希望をふまえ、アメリカの日米文化学会は、コロンビア大学に対して一九三〇年末、日本研究や日本学をどのように、どういう方針で展開するつもりなのか、その構想を明確にするよう求めている。[16] つまり、もしも日米文化学会と目的を同じくし、かつ責任をもって日本研究を立ち上げる用意があるなら、寄贈を前向きに検討したい、ということが暗に含まれていたと見ていいだろう。図書自体をどうするかについての権限を、すでにアメリカの日米文化学会はゆだねられていた。これについては、それに同意する岩崎小弥太の手紙も残っている。[17]

この要請に対して、学長のバトラーは迅速にことを進める。大学院長や図書館長のチャールズ・C・ウィリアムソンらによる委員会がこの作業に当たっていたが、日本研究の立上げと日本語図書の受入れを視野に入れた将来構想を作成する。これは、あくまで機密と記された内部文書ではあるが、タイプ版ではなく、きちんと版下までつくった二二ページにわたる冊子体の印刷物の形をとっており、多人数への配布を前提として作成されてグリーンのもとに届けられた。[18] これは簡単にいえば、いかにコロンビア大学がこの日本語図書コレクションの寄贈先として妥当であるか、ということをスタッフ、地理、カリキュラム、歴史、他大学への影響力といった多くの点から詳述したものであるが、同時に、日本語・日本学コースの設置や、日本語図書館の管理・運営といった、日本学に向けての大学の積極的な施策をもりこんだものでもあった。

大学側が示した条件には、十分な利用スペースのある新たな場所へと図書を移し、角田を学芸員として採用すること、そして給与も大学が負担することが盛り込まれていた。また、角田が引き受けてくれるなら、日本学分野での教育を彼に担当してもらうことも含まれていた。そして日本語図書を扱えるスタッフの養成までそこには盛り込まれていた。[19]

ただし、日本学への大学の深い関わりがパンフレットでは述べられているものの、現実にはコロンビア大学では、まだ三一年当時は正課でない日本語コースが三コース展開されている程度だった。これは福沢諭吉の孫でコーネル大学で英文学を学んだ清岡暎一《えいいち》のコースであった。[20] 彼は、彼の妻の母親にあたる杉本鉞子《えつこ》の斡旋で、コロンビア大学での彼女の後任という形で赴任している。杉本鉞子は貿易商杉本松之助と結婚して渡米し、夫の死後、一九二三年から「武士の娘」("A Daughter of Samurai")[21] を雑誌『アジア』に連載したが、これが評判を呼んで一九二五年にニューヨークで単行本化された。この成功によって彼女はコロンビア大学で日本語の講座を担当するようになっていた。[22] ちなみに彼女はその後『成金の娘』、『農夫の娘』といった連作を書くこととなる。

最終的な寄贈の承認文書は、一九三一年の二月六日付けで、グリーンからバトラーにむけて送られている。[23] その後、日本の日米文化学会からも承認文書が電信で送られたきた。[24] ただし、名称に関しては、日米文化学会(Japan Culture Center)という名称はアカデミックといいがたい、また、独立して活動するアメリカ側の日米文化学会との混乱もさけたい、という点から、日本学研究所(Institute of Japanese Studies)という名称となる。[25]

折しも日本に向かっていたモンローは、この決定をうけて日本での支援者たちと会合し、「コロンビア大学日本文化学会」を立ち上げてコレクションを管理し、日本学を展開するという線で、文部省や大学、新聞社に協力をもとめる。すでに日本側での基金は一万二〇〇〇円、約四八〇〇ドルに達していた。[26]

5　書庫が図書館になるとき

図書だけあっても図書館にはならない。ある程度の規模の図書ともなれば、ましてや日本語図書というマイノリティの外国語図書(アメリカにおいては)ともなれば、ただそこに置かれていても、多くの人びとにとってはどう近づいてよいか、探せばよいのか、使えばよいのか、見当もつかなかった。現に一九三〇年代以前の日本語蔵書は、これまで見てきたように、実際の頻繁な利用よりも稀少な収蔵品といった形で置かれていた。三〇年代に必要とされたのは、だから単なる日本の書物ではない。それらを最新の状態に保ち、読者に効率よく提供する仕組み、書物と読者をつなぐ仕組み、そして日本語図書を実際に生かすための専門家、司書だった。というよりも、それらが伴ってはじめて倉庫は図書館になり、単なる印刷物は書物になるのだ。蔵書を引き受けたコロンビア大学が直面したのはこの問題だった。これはまた、当時次第に活発化してくるアジア学と、それに伴う蔵書構築とあいまって、次第に全米各地の大学で共通の課題ともなってゆく。

さて、図書を寄贈した側のアメリカの日米文化学会は、米国内での日本学振興や各大学の日本研究立上げを支援するために活動する団体となっていった。(27) 名前も、日本学会（Society of Japanese Studies）と変更した。そこでグリーンの後をうけて長となるのが、序章にも出てきたルイ・ルドゥである。(28) この日本学会が、日本セミナーの開催ための財政的支援や大学への働きかけを行なってゆくことは、これまでにも述べたとおりである。

コロンビア大学では角田が日本語図書の管理にあたっていたが、彼はまたロイ・アカギとともに日本語教育にもあたっていたし、この日本セミナーでも講師をつとめ、かつ日本学会の役員としても活動し、多忙な状況にあった。

こうしたなか、一九三二年の秋からコロンビア大学の日本図書館（Japanese Library）の司書として、フランセス・ヨーンが雇われる。利用者も、日本語コース履修者ばかりではなく増加の傾向を見せていた。ヨーンは「今こそが（日本学にとっての）決定的な時期と思われる。日本はいまや日々の新聞でどのトピックでもトップとなっている」と述べており、日本語コースと日本語蔵書の組織的な伸長を期待していた。(29) 彼女と入れ替りに、角田は日本に図書収集に出かける。この収集には日本についての欧文図書も含まれていたが、三井合名会社の寄付金での購入の他、元第一高等学校教授アーネスト・W・クレメンツの収集書籍が一括購入されている。(30)

さらに、一九三四年にはロックフェラー財団の支援で、ハロルド・ヘンダーソンが日本語・日本文化についての講義を展開することとなる。ヘンダーソンはそれまで日本で学んでおり、フランク・ホーレーとともに国際文化振興会の構想していた英語版日本語辞典の編集計画にかかわっていた人物である。[31] こうして着々と蔵書の購入、教育スタッフの充実が図られるなか、日本語図書は、仮に保管されていた場所から、図書館へと移されることとなる。

一九三五年四月の『紐育新報』は、「移室拡張せる東洋文庫」と題して、日本語図書コレクションが一時的な保管場所から、ロウ記念図書館に、中国語図書に隣接する形で移されたことを報じている。[32] ただし西洋語の図書、たとえば日本について書かれた英語の図書は、基本的な参考図書は別として、中央図書館に配置されているものもあった。[33] こうして、中国と日本の二つのコレクションが、東アジア図書館（East Asiatic Collection）という名の下に、めぐまれた場所で提供されるようになる。この図書館の長をつとめることとなったキャサリン・レアードは、年次報告のなかで「極東での絶え間ない摩擦に鑑みれば、東アジア図書館の協調と楽しい雰囲気を報告できるのは特に喜ばしいことだ」と述べている。[34] とはいえ、各地のアジア学やアジア・コレクションの内部にさえも、こうした政治的軋轢がやがて影を落とすようになるのは、前章で述べたとおりである。

さて、図書館の場所は整った。そしていわゆる日本学コースもロックフェラー財団の財政的支援で、スタッフの増員がなされ、一九三七年には日本研究所は実質的な成立を見る。美術のヘンダーソン、歴史のヒュー・ボートン、角田はあくまでメインは図書館だが、日本史も担当していた。ボートンはすでに東京で五年間をすごし、東京帝国大学を卒業しての着任だった。

しかしまだ、蔵書をめぐるもう一つ重要な問題が残されていた。これは一件地味な問題だが、戦後も長い間すべてのアジア図書館を悩ませることとなるやっかいな問題である。日本語図書をどうやって目録化してゆくのか、という問題だ。これができなければ、どこにどういう図書があるかさえわからないし、新たな図書を手に入れるにも重複しかねない。また、図書館どうしで方式が異ならないような共通の目録規則を考案する必要もある。倉庫が図書館になるための、もっとも基礎的な装備の一つである。そしてコロンビア大学は、もっともはやくこの問題に本格的に取り組んだ大学でもある。

とはいえ、そう簡単にことはすすまない。日米文化学会の収集図書は三一年に大学の所有となった。しかし、五年たった一九三六年になっても、東アジア図書館の西洋語で書かれた文献はすべて目録化されていたものの、日本語図書の分類や目録のとり方についての議論は、なかなか結論がでない状態であった。[35] これにはアメリカの図書館学をとおして書誌管理システムを学び、同時に日本の図書についても熟知している人材が必要だったが、そうした人材自体をまず育成しなくてはならない時代だったのである。ちなみに日本においてこうした図書目録の共通ルールが図書館のために議論・検討されるのはようやく一九二九年の末であり、これが「目録規則」として刊行を見るのは一九四二年になってからである。[36]

一九三八年に角田は再び図書の収集・交換のために日本に向かうが、この頃にはすでにこのプロジェクトについて、すなわち、日本語図書や中国語図書を分類し、目録をとる方式について調査し、目録作成を行なうプロジェクトが、米国学術団体評議会と角田の間で進められていた。[37] この計画には、清水治、そして上海で不慮の死をとげたR・ライシャワーの妻ジーン、東アジア図書館長のレアードで取り組むこととなった。[38] この清水が、序章で述べた日本参考図書館の、ちょうど届いた図書類の目録づくりを助けることができたのは、このプロジェクトをとおして、彼が日本語図書の目録作成の方法を検討していたからである。[39] 彼は戦後、米議会図書館の東洋部門のチーフとなるが一九六五年に早逝してしまう。

この目録作成計画はやがてロックフェラー財団からの援助によって軌道に乗り、清水治ばかりではなく、臨時スタッフとして清水エミ、佐藤フカミが加わり、急ピッチですすめられてゆく。[40] 一九四〇年には完全に分類、目録化された日本語図書が一三九四タイトル、三〇五〇冊になっていた。また、中国語図書の目録作成計画も同様に進められている。[41] そしてこの目録作成の方法については、米東洋学会で、日本語図書を英語で目録化する方法として一九四〇年に清水治によって報告されている。[42] こうした分類や目録についてのより細かい議論については、第六章で改めて論じよう。こうしてコロンビア大学は、日本語図書の図書館としての能力を備えつつ、ロックフェラー財団の支援、そして一九四〇年まで断続的に送り続けられた日米文化学会からの寄贈図書や財閥の寄贈基金、交換による図書を合わせ、戦前の段階で日本語図書が二万八〇〇〇冊に達していた。[43]

6　ワーキング・ライブラリー

各地の日本語図書館を調査して回っているときに、ワーキング・ライブラリーになっている、なっていない、という表現を耳にした。これは極端にいえばただ貴重な図書を収集・展示しているのではなく、多くのユーザーに実際に「使われている」図書館というイメージだ。もしも一九三〇年代がコロンビア大学の日本語図書館の成立期だとすれば、四〇年代は、まさしくワーキング・ライブラリーとなった時期だろう。

戦争が近づくにつれて、日本語・日本研究は次第に政治的な意味をおび、かつ戦略的な価値を高めてゆく。開戦をまじかに控えた一九四一年六月、いくつかの大学が、日本語、中国語、ロシア語の集中コースのために軍と共同した教育プログラムを展開するという情報がコロンビア大学にも流れてくる。これに対して、日本語コースをいつでも提供できる準備がある旨、海兵隊司令部にむけてコロンビア大学の図書館からメッセージが送られている。[44] 前章で述べたように、すでに海兵隊ではハワイ大学との共同の日本語短期コースで士官の教育を少数だが行なっていた。実際には、海軍や陸軍の日本語学校は、次章で詳しく述べるように、カリフォルニア大学（バークレー）やコロラド大学、ミシガン大学などで展開することとなる。

日本の民間、政府ともに力を入れてきたアメリカでの日本学振興と日本語文献の充実は、皮肉なことに、対日戦のための貴重な情報として役立ってゆくこととなる。外務省の機密費でつくりあげられたニューヨークの日本文化会館の図書館もその例にもれない。一九四一年八月、米国内の日本人資産は凍結されるが、これによってその年末、日本文化会館が活動停止に追いこまれていったことは前章で述べたとおりである。そこでは、いったい日本文化会館の図書館がどうなったかには特に言及しなかった。この図書館は、日本語図書三五〇〇冊、日本に関する西欧語図書三二〇〇冊、それに雑誌を四〇〇点近く抱えた一万二〇〇〇冊規模の図書室であった[45]。活動の停止を各図書館に伝える前田多門の手紙には、次のように語られている。

会にとって苦しいこの時節、よろこばしいこともありました。コロンビア大学が、私達の図書館の一万二〇〇〇冊の本を、そっくり保管・配架してくれることに喜んで同意してくれたことです。私達がここにもどってきて、今一度この仕事を再開できる日がくるまで[46]。

この図書は、コロンビア大学に一次寄託され、先にふれたロウ記念図書館にではないが、中央図書館（バーナード図書館）の開架スペースに置かれることとなるのである。そして後にふれるように、戦時中は活発に軍や政府によって利用される。同時に、この図書を管理していた白戸一郎も、蔵書とともにコロンビア大学に移り、日本語教員として戦後長く同大学で教鞭をとることとなる。また、妻の白戸まさも日本語図書館の手伝いをすることとなったという[47]。

一九四一年十二月五日、先生［角田］の講義はいつもどおり行なわれた。だが三日後、先生は敵性国人として移民局に連れて行かれてしまった。二ヶ月後、私は海軍にはいることとなった。次に私が先生の講義を聴くこととなるのはそれから四年を経た後である[48]。（［　］内は引用者、以下同様）

ドナルド・キーンがこう語るごとく、開戦とともに、図書館の角田柳作はＦＢＩに身柄を拘束され、エリス島の収容施設に送られた。とはいえ、翌年、審議をへて彼は大学にもどってくることができた(49)。図書館の年次報告には、懸命に図書館で働く角田の姿が描かれている。こうして働く角田の内には、教え子のテオドア・ド・バリーが書いているように、自分の教え子たちが自分の故郷を攻撃するために旅立って行くことへの角田のどうしようもない思いもあったのかもしれない(50)。また、図書館のスタッフも軍や政府の仕事のために次々と出払ってゆき、人手不足と臨時雇いのスタッフのなかで、彼の仕事自体が実際に大きく役立っていたという実態もあった(51)。

こうした状況にあって、先述の日本語図書の目録作成計画もとうとう四三年初頭には続行できなくなった。清水治は軍の語学学校で教鞭をとり、清水エミは別の図書館へと移り、佐藤はフルタイムで日本コレクションの担当となった(52)。そして八月には東アジア図書館長であったレアードがノーサンプトンの海軍訓練学校に発ち、ドロシー・エッガートが後任となる(53)。

戦時中とはいえ、日本語図書が増えなかったわけではない。先の日本文化会館蔵書だけでも一万二〇〇〇冊である。さらに、一九四三年四月には同じく資産凍結のために維持できなくなった日本倶楽部（Nippon Club）の蔵書が加わっている(54)。日本倶楽部は化学者として成功した高峰譲吉が、当時のニューヨーク総領事内田定槌《さだつち》らと協力して一九〇五年、在米の日本人とアメリカ人との交流の場を設けようと組織されたものである(55)。高峰は一九〇七年創立のニューヨークの日本協会（Japan Society）の活動やニューヨーク日本人会において大きな役割を果たしており、日米間の人的ネットワークをたどる時に逸することのできない存在でもある。日本協会の方は、日本についてのより正確な知識の普及をねらいとし、日米の著名な経済人、文化人が参加して構成されている(56)。ちなみにこのニューヨークの日本協会、日本倶楽部ともに戦争で中断しながら現在もつづいている。

また、こうした新たな図書の受入れ業務ばかりではなく、先にふれたように、戦時期の貴重な情報源として日本語文献は頻繁に活用されることになる。日本との開戦とともに、戦争に関する情報機関は、戦時情報を民間に伝える役割をになう戦時情報局（Office of War Information: OWI）と、諜報機関としての情報戦略をになう戦略局（Office of Strategic Service: OSS）に分かれる。[57] この戦略局や司法省が、東アジア図書館にしばしば調査にやってきていることが年次報告からうかがうことができる。[58]

特に西洋語文献を多く含む日本文化会館コレクションは頻繁に用いられ、戦時情報局から数百冊一括して借り出されたり、政府の調査機関に利用されたりしている。また、借り出すのではなく、海軍のチームが数ヵ月にわたってキャンパスに一時的に間借りして四〇〇タイトルに及ぶこれらの日本関連図書を利用してもいた。[59] コロンビア大学ばかりではなく、たとえばミシガン大学には、日本関係の文献を盗難や破壊からガードするように、といった陸軍省からの通達が、米国図書館協会経由の文書として残っており、図書が戦時期においてはある種の「武器」（Critical Material）となるという認識がすでにあったわけである。[60]

日本語を蔵する主要な図書館は、こうしてワーキング・ライブラリー、実際に使われる図書館として稼働することとなった。ただし、利用されるのは古典や美術、宗教などの領域ではなかった。あるいはそれらの文献が使われるにしても、それは現在の日本の情報を知るための文献としてであった。あいにく、そうした現在の日本の政治、社会や産業、経済を知るための文献は、これまでは図書の収集方針では中心となっていなかったのだが。

重要なのは、図書館をこうした活発なワーキング・ライブラリーに変えたのが、蔵書自体の変化でも図書館自体の変化でもないということだ。中身が変わったのではなく、読者が、そして読者をとりまく状況が決定的に変わったのである。読者と、読書をとりまく環境の変化こそが、書物自体の意味や価値を劇的に変えてしまうのだということを、これほど如実に物語ってくれるものはない。そして本書でリテラシー史という方法で考察したいのは、単なる書物の流れや蔵書状況ではなく、こうしたダイナミックな動きなのである。

7　戦後の再出発

戦争も終わりに近づいた一九四四年、とりあえず大学に行けば何か仕事にありつけるかもしれない、とコロンビア大学のキャンパスにやってきた一人の日系女性がいた。彼女はユタ州のトパーズにあった日系人収容所を出て、そこで知りあった友人をたよってニューヨークにやって来た。キャンパスに来たものの、どこに行っていいかわからないので、とりあえずいちばん目立つ立派な建物に入ってみることにしたという。その建物がたまたま大学の中央図書館だった。そしてとりあえず、いちばん目立つ扉をノックしてみた。それがたまたま図書館長の部屋だった。先に述べたように、図書館は日本語部署を含めて深刻なスタッフの不足に喘いでいたこともあったのだろうが、彼女は運良く図書館でタイピストの職を得ることができた[61]。

これが甲斐美和がコロンビア大学の図書館で働き始めたきっかけであり、東アジア図書館の長であった先のエッガートの求めで、日本語図書セクションの方へ移ることとなる。東アジア図書館もまた、白戸まさの懐妊のために後任をさがしているさなかであった。この年の年次報告は、このエネルギッシュな娘が、精力的に目録作業をこなしている様を伝えている[62]。

日本語図書の整理作業は実質的に甲斐が中心となっていたが、四六年の暮れ、フィリップ・ヤンポルスキーがそれをサポートする形でアルバイトで雇われることとなる[63]。彼は後にフルタイムで働くこととなるが、次章で述べる海軍日本語学校の出身者である。コロンビア大学で教鞭をとることとなるドナルド・キーンやテオドア・ド・バリーも同じ場所で訓練を受けていて、高い日本語能力を身につけていた。戦争がつくりだした日本研究者の第一世代とも言えるが、大学の日本語蔵書史の領域でもその影響力は無視できない。

終戦から戦後にかけ、新たな体制が整ってゆくが、まずもって対処すべきは、戦時期に大幅に増えた図書の処理だった。日本文化会館や日本倶楽部からやってきた図書の目録作成である。[64]これらは日本語図書コレクションとしては基本となる図書を多く含んでいたため、目録情報としても価値が高く、かつ、コロンビア大学のつくる日本語図書の目録は、先に述べたように完成度の高いものだった。そのため、戦争直後から、米議会図書館をはじめ、新たに日本語図書をふやしつつあった西海岸の各大学やプリストン大学が、その日本語図書の目録カードの提供を求め、利用してもいた。[65]

また、こうした目録に関して忘れてはならない問題に、日本人の著者名の問題がある。同じ漢字にいく通りもの読み方があり、なおかつ人名だけに用いられる特殊な読み方もあり、加えて一人の著者が幼名や雅号といった多数の名前をもつ日本の「著者名」の判読・同定は、日本語を母語としない多くの外国人にとって理解を絶する複雑なシステムだった。これについても、基礎的なデータ（Authority File）をつくる作業に清水治が取り組んできており、その情報は米議会図書館の黒田良信へももたらされ、[66]その後、米議会図書館での作業に引き継がれてゆくこととなる。[67]

もっとも、この時期には蔵書が増えるばかりではなく、戦時期に一時的に寄託されていた図書が出てゆくということもないわけではなかった。特に、戦時期にわたって軍部からの利用も非常に多く、かつ目録情報もとっていた日本文化会館の蔵書が失われたのは大学としては痛手と言えるだろう。もともと戦時期の資産凍結のあおりで預けられていた図書ということもあり、この図書は財産管理局の管理のもとにおかれ、それを議会図書館が購入するという形をとり、結局この一万二〇〇〇冊の蔵書の所有権は、米議会図書館に移ることとなるのである。[68]

戦後しばらくは、日本国内の取次、書店との直接取引は困難だった。占領期の日米間の本の取引については別に章（第四章）を設けるが、各大学は日本の図書収集のための特別な計画をそれぞれに展開する。日本に教員や図書館スタッフを直接送り込むこともいくつかの大学では行なわれたが、コロンビアの場合は占領期に特に直接のスタッフ派遣は行なっていない。しかし購入については、通常のルートではなく、占領期には二つの大きな日本語図書の増加が見られる。

一つは一九四八年、陸軍省の民政部（Civil Affairs Division: CAD）のニューヨーク・オフィスからの一万点にのぼる寄贈、そしてもう一つは、米議会図書館にワシントン文書センター（Washington Document Center）経由でもたらされた図書の重複分、約五〇〇〇冊の入手である。前者の民政部は、占領地である日本とワシントンを結ぶ公式のパイプとなっていた部署であり、一九四三年三月に設立され、ニューヨークにも占領地のメディア政策を担当する部署が設けられていた。(69) この寄贈図書は一九四六年から四八年にかけて出版された図書が中心となっている。(70)

後者の米議会図書館から得た重複図書は、ワシントン文書センターが日本から接収した図書である。米議会図書館は、図書だけでも郵便袋で約二七〇〇個に及ぶそれらの文献の目録化作業のために、日本語図書に詳しいスタッフを送って欲しい旨、各大学に協力を要請する。報酬は出せないかわりに、見つけた重複図書は、スタッフを派遣した大学のものになることとなっていた。この計画は、複数の大学蔵書にも関わってくるので、第五章で再度詳しくふれることにする。

この計画に対し、コロンビア大学の場合、一九四九年七月五日に、まずヤンポルスキーを送り込み、(71) 状況を見て、かなりの収穫が見込めそうなら甲斐を送り込むという手順だったようだ。実際に甲斐は八月一日に米議会図書館にやってくる。(72) 作業は、自主的な管理にまかされていたようだが、図書を少しでもたくさん持ち帰ろうと、コロンビア大学からのこのコンビは、時間ぎりぎりまで働いたという。これについては、同じく競争心を燃やしながら集中して作業していたノースウェスタン大学派遣のハリー・ハラダが記している。(73)

8　冷戦下の成長

それまでの美術や宗教、歴史、特に古い時代の日本文献への関心も相変わらず高かったが、戦後は現在の日本情報も各分野で必要とされるようになる。古い時代への憧憬としてよりも、目の前のクリティカルな対象として日本がまなざされているのである。コロンビア大学で、これに対応してできたのが東アジア研究所（East Asian Institute）であり、現代のアジアを対象とした研究、教育、出版活動を展開する。これは一九四八年に、ジョージ・サンソムを長にむかえて設立された[74]。したがって今では、現在のアジアを対象とするこの東アジア研究所と、近世以前の日本を含め、通史的にアジア文化を扱う東アジア言語文化学科とが併存している。

そして戦後のクリティカルな問題といえば、やはり共産圏の防波堤としての日本の政治的な価値であり、かつまた日本ばかりではなく、ロシアやラテン・アメリカ、といった世界規模の「地域」情勢が重要な情報となってゆく。特に一九五〇年代の終わりから六〇年代にかけて、この「地域研究」はソフト、ハード両面でアメリカの海外研究を大きく様変わりさせてゆく。いずれにせよ、戦争に引き続き、冷戦は日本語図書や日本情報を、こうした政治的、経済的にクリティカルな文脈に引き込んでゆく。この地域研究については、第七章でより詳しくふれるが、外国語研究コースの設立や地域研究所の設置にむけて莫大な資金が投下されることとなる。一九五〇年以降、フォード財団がもっとも大きな資金を投入してゆくが、政府側でも、一九五八年以降、国家防衛教育法（National Defense Education Act: NDEA）を通じて、地域研究を促進するための資金をつぎこんでゆく。

コロンビア大学では、このフォード財団の基金が、先の東アジア研究所に一九六〇年から供与されて伸長してゆくが、その資金がアジア図書館の職員雇用にも用いられている。年次報告によれば五五〇万ドルの資金が、非西洋圏の研究所のために供与されたというが、東アジア図書館にもこの年だけで一万二〇〇〇ドルがそこから来ている[75]。むろん国家防衛教育法による予算もつぎこまれ、日本語、中国語、韓国語のコースを増加させるとともに、図書館の職員雇用をはじめとした図書館への資金としても活用された[76]。

このように外部からの資金で規模の拡大をとげようとするなか、一九六二年、コロンビア大学は東アジア研究が創始より六〇周年を迎える。その折、大学では角田柳作に名誉博士号を与える（図12）。また、この時に日本

図12　角田柳作と教え子たち　角田柳作が名誉博士号を授与された折のもの。向かって左からキーン、学部長のグッドリッヒ、角田、ド・バリー。コロンビア大学、甲斐美和所蔵、提供。

語・中国語図書はロウ記念図書館から、それまで法学科が使っていたケント・ホールの建物に移り、図書館の名称も新たに（C・V・スター東アジア図書館）活動を開始することとなった。この時点で東アジア図書館の総蔵書数は二三万六〇〇〇冊を超えていた(77)。

東アジア図書館と政治状況とのかかわりを考える場合、コロンビア大学は日本の政治家から直接の図書寄贈を受けているという点が、かなり特殊といえるだろう。すなわち、一九五四年に吉田茂、六一年に池田勇人《はやと》、六七年に佐藤栄作、七五年に三木武夫と歴代の首相が、この大学から名誉博士号を受けており、と同時にその受賞にあわせて日本語図書の寄贈をおこなっている。学位授与を検討した学長カークの文書などからは、共産主義の脅威に対抗する日米関係の熱烈なサポーターとしての吉田評価が見られ、学位授与にも当然政治的な色合いがうかがえる(78)。

図書の寄贈の問題は、単なる書物の授受という問題ではない。それは、たとえば前章で扱った戦前の国際文化振興会や日本文化会館が展開していた図書寄贈からも明らかなように、単に書物の移動を意味しているのではない。図書の寄贈や受入れは、極端にいえば授受にあたる両者の戦略、将来的なパースペクティヴを表明することである。寄贈する側は寄贈することによって相手へと期待を託し、寄贈される側はそれを受けとめそれに見合った活動方針を立てるようにせまられる。また、だからこそ寄贈図書自体が書物以上の特有の意味を担わされもする。ここでは、書物はその内容とともに、アメリカ国内での日本学の振興と日本への高い関心への期待という象徴的な意味を担わされている。むろんそれはアメリカにとって安全で、役に立つ存在としての「日本」、「日本学」という限られた意味のうちにおいてであるが。

とはいえ、寄贈図書の内容が、そのまま寄贈者間の政治的な意図を反映しているとは限らない。これら日本の首相は、どのようなタイトルの書籍を寄贈したのだろうか。池田勇人の寄贈した図書のリストには、一二三タイトル、三〇〇冊近い図書が収められている。しかしこの図書を検討すると、実に奇妙なことがわかる。図書自体にまったく統一性が認められず、しかも端本が多いのである。つまり東京大学出版会から出たシリーズ「近代日本の思想家」第十一巻の平林康之『戸坂潤』とか、あかね書房の『図説日本民俗学全集』の第四巻から八巻まで、といった、不完全な叢書が多数まじっている。当時の内閣総理大臣の寄贈図書としては奇妙というほかない。[79]

しかし、実はこれらこそが、コロンビア大学の欲しかった図書なのである。東アジア図書館では、図書寄贈の話がきた段階で、当時のニューヨークの日本総領事田中三男を間にたてて、大学がほんとうに必要な図書を一覧表にして送っている。戦争を間にはさみ、購入していたシリーズものや叢書類がとぎれたり、欠号が生じたりしている出版物が多々あり、かつ、こうした欠けた部分のみを後から集め、購入することは、発行部数の少ない学術書では非常に難しい状況であった。そのため、この機会を利用して、蔵書に生じた空白を埋めるための一覧表づくりに奔走し、希望を反映させたわけである。つまり、どちらかといえば象徴的な寄贈行為があると思えば、その一方でその機会を利用して少しでもしっかりした蔵書をつくらんとする現場のライブラリアンのしたたかな戦略と活動が展開されてもいたわけである。[80]

つまり蔵書史は、一方では国家間の利害関係を色濃く反映しながらも、その一方で現場で書物を扱う人びとの裁量が実質的には力を発揮する、そうした複数の力と要因とによって構成され、変動しているのである。

9　行き交う書物、行き交う人

コロンビア大学の場合、占領期の日本へと図書の買出しに出かける、といった活動は見られなかった。しかし、日本に直接出向くことは、日本語蔵書の構築にはなくてはならない活動である。そもそも図書の取引や市場の実態をよく知るために必要であるが、それ以外にも、日本の大学図書館をはじめとする学術機関との書籍・雑誌の交換、寄贈についての取決めや、日本の図書館の図書管理の状況、問題の把握、さらにはこれらに関する人や情報のネットワークの構築まで、豊富な成果が期待できる。

こうした日本への買出しは、コロンビア大学の場合、六〇年代には重要な役割を担ったようだ。そして、これは他大学でも言えることではあるが、こうした活動を、図書館のスタッフばかりではなく、教員が行なうことも珍しくなかった。というのも、中国や日本には、やはり日本研究、アジア研究の教員の方が赴く機会に恵まれていたからである。

一九六五年から六六年の東アジア図書館の図書収集について、年次報告では二人の教職員が、図書の購入に貢献したことがふれられている。一人は、図書館のヤンポルスキー、彼はフルブライト奨学金ですでに日本を訪れたことがあった。もう一人は教員の方で、ドナルド・キーンである。図書館の希望リストをもとにキーンは一二〇〇点、ヤンポルスキーは二四五〇点、購入している。[81] この年の二人の活動は翌年も再び試みられている。[82] キーンによれば、彼は日本に滞在中、図書館から渡された欠けている叢書や雑誌の巻号の記された手帖を持ち歩き、行く先々の書店に入っては買い足し、穴を埋めたという。[83] 彼は一九五七年、五八年と、日本に訪れたときにすでに図書館の購入活動に協力してもいた。

書物ばかりではなく、こうした人の行き交いも、蔵書史と深くからまりあいながら見えてくる事象である。日本語蔵書の維持をめぐっては、購入に人を派遣するだけではなく、人を呼び寄せる取組みもなされている。日本セクションの長だった甲斐は、六〇年代の末に日本に行き、国会図書館と交渉をもっている。これは、図書館員の派遣を求めてのことだった。日本語図書の目録作成作業や書誌に詳しい人物を日本から送ってもらう、というのは戦前ではハワイ大学が構想し、米議会図書館では実際に行なっていたことはすでに述べた。たとえ六〇年代といえども、こうしたスタッフを米国内で供給できる体制にはいまだなっていない。それどころか、この時期の外部資金の導入による日本語図書の急激な増加は、各大学で、ますます目録化されていない図書データ、いわゆるバックログ(Backlog)の急増を引き起こしてもいる。こうして、一九六八年以降、国会図書館から二年間、次には東洋文庫から二年間、という形で図書館員が送り込まれるようになり、目録化作業をサポートすることとなった。[84] ちなみにこれを可能としたのは吉田茂国際基金だった。

各大学が直面していたこの目録作成という難題(Cataloguing Crisis)は、すでにその対応策も含めて、対応がなされていた問題でもある。つまり序章でも取りあげた、米議会図書館の全米レベルの目録作成事業である。一九六五年の高等教育法は、アメリカ国外での出版物の収集と、そればかりではなく目録作成、書誌情報の流通に財政的な支援を行なっていたが、これによって全米収書目録計画(National Program for Acquisitions and Cataloging: NPAC)が六六年から開始される。しかしながら、実際にはこの計画は構想どおりの効果をなかなか上げなかったということもすでにふれた。六九年にコロンビア大学の日本語セクションでは、このNPAC計画に大いに失望していること、そしてまだしばらくは改善の見込みもなさそうだという不満がぶつけられている。[85] したがって当分は、この日本からの「助っ人」は有効に働いたわけである。

七〇年代には、各大学の日本語コレクションがきびしい経済状況に見舞われた時期である。円高ドル安に加えて、不況による大学財政の切りつめ、日本語図書価格の値上がりという三重苦のなかに各蔵書はおかれる。そうしたなかで、図書館どうしの協力、連携によって、無駄な購入を減らし、図書の購入や相互利用の効率化をはかる努力が求められるようになる。そしてその際の基本的な情報、互いの蔵書情報の提供、共有はその場合の切実な問題でもあった。

一九七五年に発効する日米友好基金は、こうした図書館どうしの連携を一気に加速させることとなる。というのも、この基金は日本語蔵書をかかえる主要な大学への資金援助を行なうと同時に、大学相互で情報を提供しあい、無駄な重複購入をさけること、さらには、それによって購入した図書を他大学に積極的に提供することが条件とされていたからである。[86] こうした動向は、後に大学どうしの連携について述べる第八章で詳しく述べよう。コロンビア大学は、東海岸では、イエール大学、プリンストン大学、ハーバード大学とともにこの支援の対象大学となっていた。東海岸での購入調整や合同会議の開催が図られるなか、目録情報の電子化、ネットワークを通した共用が可能となる八〇年代へと移ってゆく。

電子化された情報は、時間をかけずに距離をこえてゆく。かつてド・バリーは、コロンビア大学に図書をもたらした角田のことを日本に仏書をもたらした最澄にたとえていた。そして角田がハワイで死んだとき、まさしくそれが角田にふさわしい場所だと感じたのは、ハワイが日本とアメリカとの中間に位置していたからだった。[87] そしてこの距離と場所にふかく結びついた書物の運命は、また新たな別種の意味や機能を負う時代へと転換してゆくのである。

10　モノの語る記憶

コロンビア大学の東アジア図書館は、調査にあたってもっとも長く時間のかかった場所であったが、同時にまさしく記憶と記録が交錯する不可思議な場所だった。最新の情報とインフラを装備している一方、キーンやド・バリーがいまだ現役で歩いている。彼らの姉さん格にあたる甲斐も、いまだ健在で図書館に現われては電子化された目録にさえ見あたらない図書を魔法のように見つけてくる。また、各地の図書館の日本セクションのスタッフには、コロンビア大学でかつて働いていた人びとも少なくない。ハーバード大学のかつての日本セクションのチーフであった青木利行、ミシガン大学の現日本セクション長の仁木賢司、プリンストン大学の牧野泰子、カリフォルニア大学（ロサンゼルス）で働いていた三木身保子といった人びと。訪れた各地で聴いた話のなかには、かつてのコロンビア大学の記憶が織り込まれてもいた。

一方で大学にちらばる蔵書史関連の史料を収集しながらも、こうした人びとの記憶を実際に聴く作業は、蔵書をめぐる歴史を調べ、考える方法、リテラシー史を考えることの意味自体を何より深めてくれた。リテラシー史は、単にいつ、どこに、どのような本が入った、という単なる記録の集積ではない。それはむしろ書物をめぐる人びとの記憶の集積といった方がよいかもしれない。ある書物がその場所にあるのは、それを、誰が、なぜ、どのようにもたらし、あるいは探し、扱ったか、といった書物をめぐる行為の集積の上にあるのだ。そして調べているうちに、それぞれの人びととその行為は、のがれがたくその時代や状況のなかに編み込まれ、翻弄され、変貌してきたことことが見えてくる。それこそが蔵書の歴史をとおして何かを「考える」、「とらえる」というリテラシー史の意味なのである。

そうした目で見たときに、書物の何気ない痕跡が、書物がそこにあるという意味が、まったく異なる意味をおびたものとして見えてくる。たとえば蔵書の一冊、彩り鮮やかな装丁をもった書物『A Handful of Sand』。これは坂西志保の訳した石川啄木の『一握の砂』である。表紙をめくると、ページの角に小さく赤い印で、「Japan Institute」とある。坂西のもとにもしばしば相談にきていた前田多門のニューヨーク日本文化会館である。戦争直前に会館の閉鎖とともにこの本はコロンビア大学に移され、清水や甲斐がその整理にあたり、戦後、米議会図書館の管理下に入ったが、重複図書であるがゆえに大学に残されたわけである。関わった彼／彼女らはあるいは帰国し、あるいは拘束・送還され、あるいは軍務につき、その生はこの書物という点で交差しつつも、各様の軌

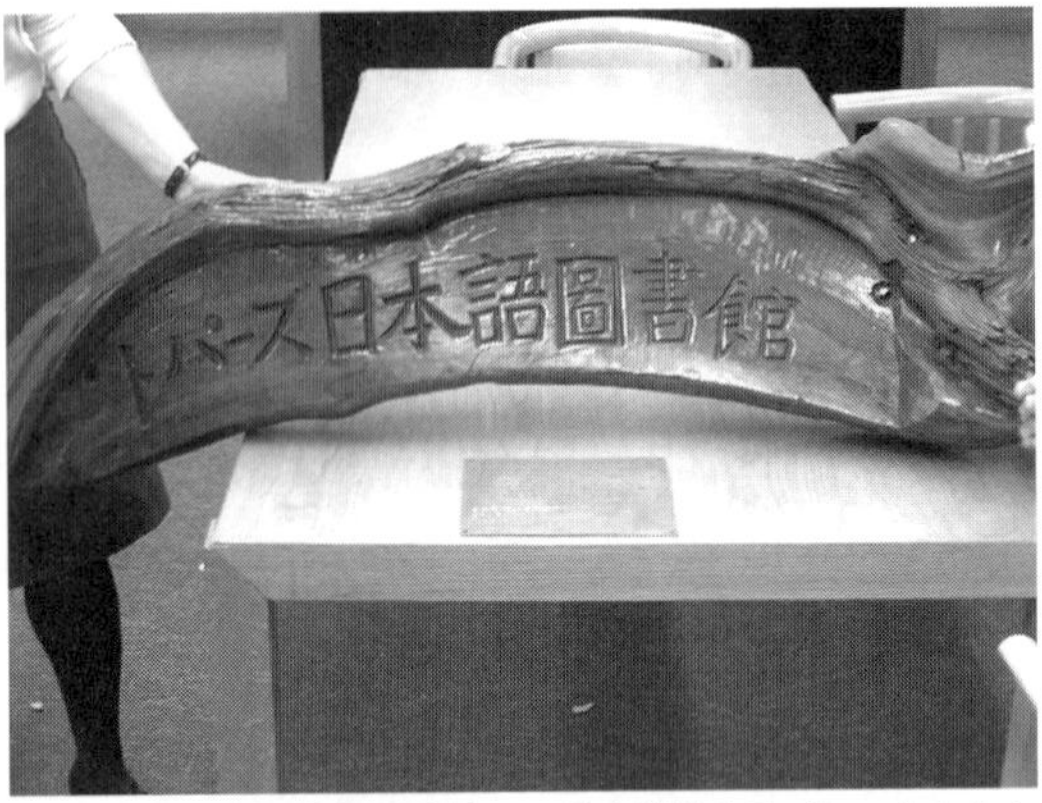

図13　トパーズ日本語図書館　一時は説明するプレートとともに東アジア図書館に掲げられていたこの看板だが、現在では保管庫におさめられている。

跡を描いて展開していった。この書物に刻み込まれた小さな痕跡も、こうした「その場所にある意味」を湛えている。

最後にもう一つ、こうした例にふれておこう。正確にいえば、それは書物ではなく、コロンビア大学の書庫にある、文字の彫られた木板だが（図13）。これはトパーズ収容所図書館の看板である。トパーズ図書館は戦時中、ユタ州のトパーズ日系人収容所のなかに建てられた図書館だ。日系人収容所図書館についてはアンドリユー・ヴェルトハイマーに詳細な調査報告がある[88]。この図書館は、サンフランシスコで『日米新聞』を発行していた浅野七之助が、収容所内で運動して開館にこぎつけた収容所内図書館である[89]。その看板がなぜここにあるのか。

戦後、米国内の各地の日系人収容所をまわって、日系人たちがそこでつくった工芸品、美術品を記録し、集めてまわっていた人物がいた[90]。このアレン・イートンは、たまたまコロンビア大学の東アジア図書館を訪れた折、甲斐がトパーズ収容所にいたことを知り、持っていた収容所内図書館の看板を寄贈することとなったという。そして後にこの図書館を訪れた当の浅野は、この看板に思いがけず再会することとなる。

第三章　戦時期日本語教育と日本研究
――言語士官という兵器

1　なぜ日本語学校を問題にするのか

実際のところ、第二次世界大戦の太平洋は、各地にひろがった前線を通じ多様な兵器によって戦闘が行なわれた巨大なアリーナであった。艦船によって、航空機、銃器、戦車、そして少なからず言語によって。[1]

日本語、そして日本語で書かれた書物をとりまく状況は大きく変わりつつあった。戦時下にあって、日本についての情報、そしてその情報を得るための日本語の能力は、きわめてクリティカルな意味を持つのだから。日本語の書物にかぎらず、戦争は図書や、図書館自体のより一般的な意味や機能を変えてもいた。日米開戦の前年、創設後まだ日の浅い戦時情報局（ＯＷＩ）は国内図書館を、戦時期の情報の流通や、偏った情報の克服に重要な機能を果たすメディアとして位置づけている。[2] そして日本についての図書をかかえる図書館自体が、戦時期に対日戦の貴重な情報源となったことは前章でもふれた。むろん書物ばかりではなく、日本語と英語との両方の言語能力を備えた人材、話し、書き、理解する能力を備えた人間もまたきわめて重要な意味を持っていたことは言うまでもないだろう。

だがまず、米国内の日本語蔵書の歴史と日本語教育、特に戦時期の海軍や陸軍における日本語教育の問題が、どのように結びつきあっているのかをはっきりさせておこう。これには直接的な結びつきと、間接的な結びつきがある。

直接的な結びつきは、こうした軍の日本語学校の教員、生徒が、主要な大学の日本語蔵書の構築、管理にかかわったという点である。詳しくは次章の、占領期日本への図書の「買出し」活動として述べるが、カリフォルニア大学（バークレー）で、日本での三井コレクションの買付けにあたったエリザベス・マッキンノン[3]、スタンフォード大学のフーバー図書館から日本に派遣されて図書・文献の収集にあたった東内《ひがしうち》良雄、同大学から日本語図書の司書としてその購入活動に指示を与えていたイケ・ノブタカ、やはり占領期に図書買出しにあたり、カリフォルニア大学（ロサンゼルス）のアジア図書館を構築することとなるリチャード・ルドルフ、同大学の教員となり栂尾《とがのお》コレクションをはじめとする日本語図書受入れにかかわった足利演正《えんしょう》、いずれもコロラドの海軍日本語学校の教員である。これらは占領期、あるいは戦後のもっとも大きな購入の類に属する。また、ノースウェスタン大学で戦後、日本語図書の管理にあたるハリー・ハラダ、イエール大学で同様の責を担う弥永千利は、民政官養成学校（Civil Affairs Training School: CATS）で教えた経験をもつ。

そしてむろん、この海軍日本語学校や、陸軍日本語学校、民政官養成学校で日本語教育を受けた生徒たちもまた、戦後、こうした日本語図書の購入や、司書としての業務にたずさわってゆくこととなる。というのも、これらの生徒たちは、大学で学んでいた学生たち、研究者たちを多く含んでおり、やがて教職員や学生として大学にもどってゆくからである。また、彼らは前線や占領地へと派遣されることとなったため、いわば大学にとっての理想的な書物エージェントとなったからでもある。

もっとも、こうした図書を中心とした影響力でのみこの日本語学校を語るのはこれら教育機関の役割を矮小化することになるだろう。というのも、そもそも戦後の日本研究を担い、研究所創設の中心となってゆくのが、これらの生徒たちだからである。日本人にとってのなじみの深い日本研究者も数え切れない。日本文化、文学研究では誰もが知るドナルド・キーンや同じくコロンビア大学のド・バリー、『雪国』の英訳でも知られるサイデンステッカー、戦後同志社大学でも教鞭をとり、惜しくも今年（二〇〇六年）世を去ったオーティス・ケリー、お雇い外国人研究に先鞭をつけ、ルトガース大学の日本研究コース構築の中心となったアルダス・バークス、カリフォルニア大学（バークレー）で東アジア研究所（the Institute of East Asian Studies）を創設し、チーフとなる政治科学のロバート・スカルピノ、ノースウェスタン大学の日本語コース設置の中心となり、後にミシガン大学での日本史研究を支えたロジャー・ハケット。彼らはいずれも戦時期の海軍日本語学校出身者である。

日本語蔵書との間接的なつながりは、こうしたことからもすでに理解できようかと思う。すなわち、これら戦時期の軍の日本語学校は、日本語蔵書を読み、要求し、分析し、さらにはそうした能力や必要性そのものをつくりだす人材を生み出してゆくわけである。日本語コースや日本研究といった学術機関はもとより、政治・経済領域をはじめとするあらゆる領域において、日本情報の潜在的な利用者層を生み出すこととなる。その意味で戦時期というのは、米国内での日本語能力者が一気に量産された時期、つまり書物の利用者、読者が急増した時期であるとともに、それらを生み出してゆく基盤がつくりあげられる時期でもあった。したがってこの戦時期の日本語教育の問題は、狭い意味での日本語図書の蔵書史のみではなく、本書でとらえるリテラシー史という観点からも、極めて重要な意味をもっているのである。

また、リテラシー史の観点からみれば、戦時期の米国内で、日本語を学び、身につけるこの一連の計画が、どういった生徒、教員によって、どのような素材を用いて、どのように実現していったのか、そしてそこに生じる教員、生徒の内部における言語と国家、民族意識をめぐる葛藤や対立はいかなるものだったのか、といった問いともつながりあってゆくのである。

2　米海軍日本語学校の成功

一九四三年十二月十二日の『ニューヨーク・タイムズ』は、海軍のある教育プログラムの成功を報じている。それによれば、たったの一年間で、高度な日本語能力を士官たちに習得させる教育プログラムが成功したという。(4) 同年八月のコロラドの地方紙『デイリー・カメラ』には、まさにその訓練途上の学生たちの姿が報じられている。安全上の理由から、生徒たちは背後から写して顔が見えないよう配慮されていることがキャプションからうかがえるが、このことは日本語能力を身につけた言語士官自体が、ある種の貴重な「武器」であることを物語っている。しかしより驚くのは、彼ら士官たちが向かっている黒板には、漢字、しかもくずし字が列記されていることだろう(5)(図14)。

いったいどのようにして、こうした日本語の読み手、使い手をつくりだすことが可能だったのか。ここでは特にいち早く教育プログラムを構築し、陸軍や戦後の日本語教育にも影響を及ぼした海軍の日本語学校を軸に追っていこう。戦前から米海軍は日本に言語士官教育のために人員を派遣しており、記録では一九一〇年にはすでに三人の士官が学んでいる。(6) とはいえ、数はわずかなもので、日本との開戦時には二〇万人の海軍スタッフのうちで日本語ができるのは実に一五人にすぎず、なおかつ言語能力自体の維持もおぼつかなく、さらに民間の日本語能力所持者についてのリストさえもちあわせていない状況だった。(7) その一方で、緊張の度を増す日米関係は、その緊張を緩和するためにであれ、緊張の糸がついには切れたあとのためであれ、こうした日本語能力に長けた人材の必要性を高めていた。

海軍では一九四一年、米国内での日本語の能力保持者、教育者についての調査と、特別な教育コースの設置にとりかかる。中心となったのは、A・E・ヒンドマーシュだった。ハーバード大学でアジアを中心として国際関

Japanese Language Forged Into Vit

Graduates Now Fighting With Japanese 'Kanji'

Expansion Of School Important In War Effort

Like bullets being packed in an ammunition factory into neat rows for use against the enemy, Japanese characters are being tucked away in the memory of Boulder's navy language students for future use as a weapon against Tokio's warlords.

It's harder to put those Japanese kanji into the students' memories than it is to pack bullets into boxes—it takes students with alert brains and sensei (instructors) who not only know Japanese themselves but know how to teach it to others.

But the job is being done successfully and men who were practicing their first Japanese words on Boulder streets a year ago are now navy officers using the enemy's own tongue against him. Just what they are doing, or where they are doing it, is never announced, for those men have a secret weapon which can be employed in a war of nerves.

Keep Enemy Guessing

Likewise, the navy doesn't talk much about how large the school is or how much the students learn or who their Japanese-American instructors are or how many men have been graduated. The enemy would like to know all those things, and the navy intends to keep him guessing.

It can be assumed, however, that men who leave Boulder's language school will use their knowledge of Japanese in listening to Tokio radio broadcasts or sending broadcasts from America to Japan, in questioning Japanese prisoners, in intercepting Japanese messages and in other vital war missions.

When the war began, the navy pointed out, so few Americans understood Japanese that the language of odd-looking characters was almost a secret code in itself. But the navy expanded its Japanese language school and was soon turning out the largest classes of Caucasion students ever to complete a Japanese course anywhere in the world.

Intensive Methods Used

Since the school was moved to Boulder in June, 1942, it has graduated small groups of men last fall at various times, a large group in

TRY TO FIGURE THIS OUT—a Japanese chart being explained by an instructor in Boulder's navy language school. In small classes of six students to one instructor, men and women are learning to use the enemy's tongue as a weapon, and they're cramming a three-year course into one year. For security reasons, students and teachers of the school are not identified. The instructor is an American-born citizen of Japanese ancestry.

WATCH OUT, TOJO—these men can speak your language now. They can read it and write it, too, and intercept your messages and question captured Japanese soldiers as a result of their year at the navy language school in Boulder. They're hardened physically and ready for jobs ashore or afloat with the navy or marine corps. This picture shows the July graduating class as members lined up for inspection soon after receiving their uniforms of khaki with black ties and black shoulder boards.

Language School's History Dates Back 20 Years To Founding In Tokio

Enrollment Soars In Wartime; Students Now Complete Course In Third Of Original Time

INSPECTION HELD FOR JAPANESE LANGUAGE SCHOOL

Men of the navy Japanese language school lined up this afternoon for an inspection by Lt. G. Kenneth Conover, officer in

図14 鍛えられる日本語能力　記事では訓練の様子を伝えつつも、規模や人数、配属先といった情報は海軍側から得られていない。ちなみに、写真で提示されている文章は母国のために刻苦訓練に励んでいることを伝える手紙文。JLS/OLS Collection, Courtesy of Archives, University of Colorado at Boulder Libraries.

係を研究し、すでに日本については三冊の著作を持ち、権威とされてもいたが、一九四〇年には海軍情報局の極東担当となっていた[8]。そして当時の米国内での日本語教育の方法や状況をまとめあげ、実現可能な日本語教育プログラムをもちよって検討するための会議が、この年六月にコーネル大学で開かれた。この会議には、米国の主要大学からの日本語教員をはじめ、米国学術団体評議会やロックフェラー財団から、そしてむろん海軍、陸軍、FBIからも代表者が出席している。

ところが、そこで明らかになったのは、当時の米国内の日本語教育の方法はまちまちで統一性もなく、しかもアカデミックではあっても実践的な日本語能力の養成にはほど遠いような教育方法がとられているということであった[9]。そして短期的かつ実践的な言語教育プログラム案を実際にもってくることができたのは、海軍のみ、つまりヒンドマーシュの十二ヵ月の教育プログラムのみだった。「海軍にしてみればこの会議の収穫は、ともかくプログラムは自分でつくるしかないと気づいたこと」だと彼は述べている[10]。

だが、海軍日本語学校が成功した大きな要因は、実際の教育内容よりも、誰に、どのように学ばせるか、という点での工夫にあったと思われる。この教育プログラムは、軍人、兵士を集めて日本語教育をほどこす、という発想とはまったく異なる。そうではなく、ここで全米からかり集められたのは、大学や大学院で、アジアや東洋の言語に関心をもっているトップクラスの学生たちであり、そもそも軍隊にさえ入っていない者が大半であった。それればかりか軍事的な知識や訓練は、言語の集中的なトレーニングのさまたげになる、との理由から、教育期間のほとんどを日本語を学ぶことのみに没頭できるようデザインされていた。当時の日本語コースの教頭を務めていた中村進にあてて、サイデンステッカーが戦後書き送った手紙には次のようにある。

当時でさえすばらしいと思えることの一つは、あの学校が、軍隊で教えるようなことにはほとんど時間を割かなかったということです。私はあなたの努力が、それを維持するのに大きな役割を果たしていたのだと確信しています。[11]

つまり、このプログラムの成功は、いかに優秀で可能性のある「生徒」を集められるか、に大きく依存していた。この学生集めにあたったのが、先のヒンドマーシュと、グレン・ショウである。ショウはコロラド大学出身で、一九一六年から四〇年まで日本で暮らし、北星堂から芥川龍之介の短編集や倉田百三『出家とその弟子』の英訳を刊行していた日本通である。[12]ちなみに彼の蔵書が一九六二年にハワイ大学に寄贈されたことについては第一章でふれた。彼らは全米で学生をインタヴューし、最初の生徒候補者を四八人にしぼりこんでゆく。すべてアメリカ生まれの白人であった。

その一方で、教えるスタッフと教材も確保せねばならない。海軍が交渉にあたったのはハーバード大学とカリフォルニア大学（バークレー）だった。交渉を進めるかたわら、東京のアメリカ大使館の海軍部をとおして、日本語の教科書を手に入れることとなった。この時にもたらされる日本語テキストが、後に再度ふれることとなるが、いわゆる「長沼テキスト」と呼ばれる日本語テキスト『標準日本語読本』の完全な七巻本セットであり、これが五〇セット送り出されることとなる。この長沼テキストは、戦前ばかりではなく戦後も含め、日本語テキストの代名詞となるほどに米国内で流通したテキストである。このうちの五巻を用いて、一年間の集中教育プログラムが構想された。[13]そして、この年一九四一年、海軍は九月二日にハーバード大学と、一九日にカリフォルニア大学（バークレー）と契約を結び、十月一日にいよいよ両大学で日本語コースが開かれたわけである。

契約内容を見ると、学生の払うべき授業料を海軍が払うこととなっており、高度な教養を持った学生を大学側に供給することが記されている。言語教育に必要な方法、教材も海軍で提供し、教員の給与もむろん海軍が負担する。一方で、軍は学生の入退学についての権限をもっていた。[14]

ショウとヒンドマーシュは、こうして優秀な学生の獲得、およびそのための広報活動、審査に力を入れてゆく。

そして後には大学ばかりではなく多様な人材から入学希望者が集まることともなった。全米から応募してきた海軍日本語学校の希望者のなかには、年収二万ドルの実業家やマックス・ファクター、モーション・ピクチャーズの重役、日本で四〇年もすごした八三歳になる宣教師や、シアトルの囚人にいたるまで、多様な人材が含まれていたという[15]。

3　なぜコロラドなのか

ハーバード大学とカリフォルニア大学（バークレー）で始まった海軍日本語コースだが、一九四二年までの契約がきれるとともに、ハーバード大学のコースは打ち切られる。一方、バークレーのコースの実績を海軍は評価し、一九四二年五月に、そのスタッフを中心としてボールダーのコロラド大学に日本語学校を移し、継続することとなった。なぜハーバード大学のコースが打ち切られることとなったのか。さらに、コロラド大学にスタッフや生徒を移す必要はどうして生じたのだろうか。

ハーバード大学でこの教育にあたったのは、これまでにも出てきたエリセーエフとE・ライシャワーだった。そこにエリザベス・マッキンノンをはじめ三人の講師が参加する。このマッキンノンは、占領下の日本で、カリフォルニア大学（バークレー）が三井コレクションを購入した折にその交渉にあたった人物である。彼女については、また後の章でふれることとなろう。彼らは最初に選抜された四八人のうち二七人の学生たちを担当している。

エリセーエフとライシャワーは、このコース開設の折には、その前年に彼らが出した、大学生向け日本語教科書を改訂出版したばかりであった[16]。海軍は先にふれた長沼教科書を用いた教育プログラムを指示し、教科書も配布していたのだが、エリセーエフらにしてみれば、単に言語習得のみに焦点をあてたプログラムより、学術的な言語使用をも視野に入れてつくった自分たちのテキストを用いたいと考えたのも無理はない。結果的に、送られたテキストを約束どおり使用しなかったために、海軍からの視察が入る段階であわててそのテキストを持ち出す状態だった。海軍は、ハーバード大学に送った学生には、バークレーの学生の一・五倍の九〇〇ドルを一人につき負担していたにもかかわらず、それにみあった十分な対応が大学でなされていない、と判断することとなったのである。(17)

一方、カリフォルニア大学（バークレー）で中心となっていたのはフローレンス・ウェインだった。彼女は宣教師の両親のもと、神戸の有馬で生まれている。日本生まれ、ライシャワーと同じく、いわゆるBIJ（Born in Japan）である。バークレーの東洋言語学科で日本語講師を経て、助教授として日本文学の研究にも従事していた。(18)その彼女がバークレーでの海軍日本語コースの責任者となった。バークレーは海軍の方針にそったプログラムを展開し、その成果はヒンドマーシュらに満足のゆくものであった。その実績を認められて、その後コロラド大学に移転した同日本語学校の校長に迎えられることになる。

コロラド大学での日本語学校長になった彼女は、バークレーから多数のスタッフをコロラド大学に呼び寄せる。リチャード・ルドルフ、足利演正、中村進らである。ルドルフと足利は戦後、カリフォルニア大学（ロサンゼルス）のアジア・コース創設の中心になってゆく。足利は仏教学領域で、そもそもはチベット語を教えるために日本からやってきていた人物である。

そうフローレンス・ウェイン。彼女は（バークレーの）日本学科でもきわだった存在だったよ。でも、宣教師によくあるけど、アルコール中毒だったね。いやまったくの中毒だった。とんでもない先生だったよ。彼女の日本語のスピーキングは、むろん美しかった。そこ（日本）で生まれ育って学校にも行ったんだからね。(19)

日本語教育についての、ルドルフのウェイン評はきびしいが、行動力、運営能力に秀でた存在だったことは間違

図15 日本語教師たち 前から２列目向かって左端が足利、最前列左から４人目がイケ、右から３人目が中村。中央に坐る明るい服装の女性がウェイン。Roger Pineau Collection, Courtesy of Archives, University of Colorado at Boulder Libraries.

いないようだ。中村はもとは、彼女のティーチング・アシスタントである。戦後もバークレーで日本語教育にあたるが、ウェインのいわばもっとも信頼の厚いスタッフで、海軍日本語学校では教頭を務めることとなる。ウェインは「健康上の理由」で、一九四四年には校長職を退き、グレン・ショウが後を引き継ぐが、ウェインはその二年後に亡くなっている。彼女が自宅で亡くなっているのを見つけたのも中村であった。

ルドルフのＢＩＪ観、典型的な宣教師の子弟イメージは、必ずしも根拠のあるものとはいえない。ただ、後に見るように、この日本語学校の教員たちは、多く国籍、出生について、どこにも属し得ないような曖昧さのなかに生きていた。ウェインのもとで、最盛期には一五〇人近いスタッフが海軍日本語学校で教えているが、彼ら教育スタッフの多くは日本で生まれた日本人、あるいはアメリカで生まれ、日本で教育をうけた二世の日系人たちだった。また、後にスタンフォード大学の日本語蔵書構築で大きな役割を果たすイケ・ノブタカ、東内良雄も、ともにこの教育スタッフであった（図15）。

そして海軍日本語学校がコロラドのボールダーに移されるのは、あるいは後に述べる陸軍日本語学校がミシガンに移るのも、一九四二年二月のルーズヴェルト大統領による大統領令九〇六六号による。これによって陸軍に日本人を立ち退かせる権限を与え、一一万二〇〇〇人余にのぼる日本人が戦局地帯と見なされたアメリカ太平洋岸から移動するよう命令が発せられたのである。[20]

これにともなって、日系人を中心にその教員が構成されていたバークレーの海軍日本語学校は、内陸部への移動を余儀なくされるわけである。コロラド大学と海軍との契約は一九四二年の五月に結ばれている。[21] そして六月下旬に実際にコースが移動し、それとともに新たな生徒も追加された。[22] 先にあげた『ニューヨーク・タイムズ』の記事が出た一九四三年末までで、このコースで修了、または教育中の生徒たちは八〇〇人にのぼっていた。卒業した二七〇人がすでに軍務についている。そしてそれまでのコースの受験者は、六五〇〇人にのぼり、ヒンドマーシュとショウはこのうちの三〇〇〇人に面接を行なっている。[23]

順調に実績を上げ、日本語に熟達した士官たちをつくりだすことが可能ということが実証されて、規模自体も急速に拡大してゆくが、このことはまた、アジア、極東地域の他の言語についても同様の人材をつくりだしてゆくプランへともつながってゆく。一九四四年の一月には、それまでの海軍日本語学校（Navy Japanese Language School: NJLS）という名称から、海軍東洋言語学校（Navy School of Oriental Languages）に変更され、四月からは中国北京語、マレー語が加わり、ロシア語も加わり、その後さらに三つの中国方言が加わってゆく。[24] そして戦争も終わりに近づいた一九四五年六月、オクラホマのスティルウォーターに、新たに海軍東洋語学校がつくられている。こちらは東洋語となっているが、日本語のみのコースであった。[25] これらコースの送り出した高度な日本語能力をもつ士官は一三〇〇人にのぼった。

教育期間が九ヵ月に短縮された第一期生を除いて、基本的には一四ヵ月にわたる教育をコロラドで受けたが、

校　歌

米国海軍日本語学校（第二次世界大戦中在コロラド大学構内）

一、進めつわもの　いざ進め
星条《せいじょう》の旗《はた》　先立てり
民主の民の　弥《いや》栄え
理想の国を　建つるまで
勉め励めよ　国の為《ため》
世界に光　及《およ》ぶまで。

二、青空かける　丈夫《ますらお》も
山路《じ》を越《こ》ゆる　もののふも
海原《うなばら》渡る　ふなびとも
健気《けなげ》に学ぶ　同胞《はらから》も
勉め励めよ　国の為《ため》
世界に光　及ぶまで。

三、民主の父も　祭壇《さいだん》に
身《み》を捧《ささ》げたり　我《わ》が為《ため》に
父祖に劣らず　勤《いそ》しむは
我等《われら》の誉《ほまれ》　心して
勉め励めよ　国の為《ため》
世界に光　及ぶまで。

巽　三郎作詩

図16　海軍日本語学校校歌　海軍婦人予備隊（WAVES）の日本語士官たちには、別に校歌「波涛」がある。Roger Pineau Collection, Courtesy of Archives, University of Colorado at Boulder Libraries.

先に述べたようにほとんど軍務にかかわる教育はなされず、最後の二ヵ月でやっと海軍用語が出てくるというレベルであったため、彼らはその後、ニューヨークや海軍高等情報学校などでの短期教育を受けて軍務に送り出されていった。

海軍日本語学校が、バークレーのスタッフを軸にコロラドで展開していった理由を、言語学校の組織編成、変化とともに述べてきた。すでに戦争が始まる時期には日本語コースを立ち上げていたカリフォルニア大学（バークレー）だが、この海軍日本語学校ともふかく関わりあったこの大学の日本語蔵書史について、ここでまとめて述べておくこととしたい。

4　UCバークレーの日本語蔵書史

カリフォルニア大学（バークレー）のアジア学の起源については、第一章で若干ふれたように一八九五年に大学にやってきたルイ・アガシが中心となって東洋言語学科が創設された時点にさかのぼる。日本語の蔵書についていえば、カルペンティエ基金が重要な役割を果たしていた。黎明期の各大学蔵書にふれた一章でもとりあげたが、コロンビア大学の中国語コースのもとともなった基金だ。バークレーは一九一六年、一〇万ドルの基金をそこから得て、中国、日本、インド、アラビア、バビロニアに関する図書の購入のために使っている(26)。したがって戦前から、中央図書館は日本に向けた図書の発注をすでに始めており、図書の管理には久野好三郎があたっていた。バークレーには、一九二一年段階で久野がつくった蔵書リストが残されているが、これもスタッフ不足で主要な図書の分のみしか作成できない状況にあった(27)。久野はそもそも物理学を専門として一九〇一年から一九三五年までバークレーで教職にあったが、日本語を教える最初期のスタッフともなった。リチャード・ルドルフは、理解不能な発音で英語をしゃべり、興奮すると入れ歯がとびだすこの奇妙な風采をした男、そして誰もが大好きだったこの久野の印象深さを記憶している(28)。

一九三五年にフェルディナンド・レッシングを東洋言語学科の長として迎えてバークレーの東アジア研究は拡大し、日本語図書の収集にも積極的に乗り出している。先のウェインが購入図書リストを作成し、レッシングはそれをたずさえて同年日本へと向かい、外務省や、国際文化振興会の団伊能《だんいのう》と会い、日本語図書の寄贈や購入協力をとりつけている(29)。日本の各大学との図書交換も戦前から活発に行なわれており、一九三二年に九六点だった日本との定期刊行物の交換は、一九三九年には一五七点にものぼっている(30)。こうしたなかで、開戦を迎え、海軍日本語学校との密接な連携が始まるわけである。

占領期には、歴史学科のデルマー・ブラウン、そして新たなに日本語図書収集のために雇ったエリザベス・マッキンノンが図書収集のために日本へと送り込まれる。彼女はハーバード大学、コロラド大学と海軍日本語学校で教育にあたっていたスタッフである。これら占領期の日本での図書収集活動については次章で他大学とともに詳しく扱うこととする。

東アジア図書館(East Asian Library: EAL)がこの大学で正式に生まれるのは一九四七年である。設立とともに、エリザベス・ハフをアジア図書専門の司書としてやとっている[31]。ハフは、コロンビア大学のサマー・セミナーで角田柳作らの授業を受けた世代であり、シカゴ大学でクリエルの教えを受け、ハーバード大学で東洋の美術、文学を学び、戦前の日本でも一年間の研究歴をもち、神戸女学院で教鞭をとったこともある。戦中は日本占領下の北京で過ごし、中国の外国人収容所に入れられたものの、五〇冊の本を持ち込んで収容所で博士論文の準備をしたという。彼女は二年半そこで過ごすが、この収容所で一緒だったメアリー・ライトは、後にスタンフォード大学の東アジア図書館の中国語図書担当の司書となる。後々まで深い協力関係を築く二つのアジア図書館のスタッフが、くしくも同じ場所で過ごしていたわけである[32]。

図書館設立当時は日本、中国、韓国やモンゴルの図書があわせて七万七〇〇〇冊の規模だったが、三、四年で三倍の規模へと急増することとなる[33]。こうした購入を可能としたのは各種財団からの支援だった。たとえばロックフェラー財団は、戦後まもなく西海岸の大学を中心とした地域言語の教育プログラムに二五万ドルを提供し、バークレーをはじめ、ワシントン大学、コロラド大学、スタンフォード大学、クレアモント大学が五万ドルずつ支援を受けている[34]。

ではバークレーはどのような図書館、日本語蔵書を形づくってゆくのか。戦後の日本語蔵書の構築においては、どの大学でもまず重視しなくてはならない図書収集の重要な要素がある。それは、大学の位置、場所である。もう少しはっきりいえば、どの大学図書館とどういう位置関係にあるか、という点である。たとえば近くにある二つの大学が、同じ傾向の日本語図書を集めるとすれば、その図書館は互いに競争関係に巻き込まれて、相手の蔵書の弱い部分を補いあい、図書を貸し借りしあって協力することができない。いくら予算を用いても膨大な日本の出版物の一部しか購入できない以上、なるべく薄いところを補いあう形で各大学が連携しあうのが理想的である。

たとえばバークレーの場合、スタンフォード大学とはせいぜい六、七〇キロほどの距離で非常に近い。また、西海岸で同じく日本語図書収集に関心をもっている大学には、カリフォルニア大学（ロサンゼルス）やシアトルのワシントン大学があった。そして、一九四七年、バークレーは、東アジア図書館の設立をスタンフォード大学、カリフォルニア大学（ロサンゼルス）、ワシントン大学（シアトル）に知らせるとともに、東洋関係の図書の購入に関して、購入方針の調整、協力を呼びかけ、会議の開催を求めている。[35] こうした大学どうしの連携については、あらためて第八章で詳しく扱うが、こうした協力、連携活動はこの後、近隣のスタンフォード大学との間で積極的で豊かな成果をつくりだしており、ある望ましい蔵書運営の形を指し示してもいるといえるだろう。そしてこれら大学との話合いを経て、バークレーは日本の文学、特に古典文学に収集の焦点をあてる。

占領期は、日本への図書収集員派遣によって、日本各地の大学と交換の協定を結んだのはもちろん、三井コレクション、および村上コレクションを購入し、バークレーのコレクションは一気に一〇万冊規模の増加をとげることとなる。この他、前章のコロンビア大学において説明した、米議会図書館の接収図書の整理計画に参加し、重複図書を手に入れている。送りこまれたのは海軍日本語学校出身のチャールズ・ハミルトンと今村恵子で、二〇〇〇冊の図書を手に入れている。[36]

また、バークレーは旧台北帝国大学図書館（現在は台湾国立大学図書館）の田中文庫を手に入れるためにも動いている。これは植物学、特に柑橘類の研究で著名な田中長三郎が、同大学の図書館に勤めていた頃に収集したもので、同領域の研究者であるオットー・ペンツィヒの蔵書（ペンツィヒ・ライブラリー）を含む数多くの図書を、私費を投じて購入したものである。[37] 連合国軍総司令部の外交セクションから連絡を受けたマッキンノンが、台北から手に入れる交渉に入れないか大学に打診しているが、結局は交渉は成立しなかった。[38] 台湾についての日本語図書としては、そのかわりにこの年、ジョージ・カーの個人コレクションから一〇〇〇冊程度の購入を行なっている。[39]

そしてこれら急増した図書で、やはり大きな問題となるのが目録化である。膨大な古典書籍をかかえる気の遠くなるような作業と、そのための資金、時間、人材が必要となっていた。先にも述べたが、当時はまだその統一ルールさえできていなかった。各大学の多様さの好例だが、バークレーでは日本語図書タイトル、著者のローマ字化はこの段階ではあきらめている。そして画数、部首を中心とした分類を採用している。これは中国語図書を専門とするハフが東アジア図書館のトップにいたこともあろうが、実際日本語図書のローマ字タイトル作成には法外な労力を要したのである。(40)

三井コレクションを中心とする古典書籍の目録化作業は、一九五二年から池田弘子が行ない、一九五七年に京都大学の小倉親雄が訪れ、写本を中心とした目録作成を一年間行なっている。すでに五〇年代から日本の研究者たちの関心をひいており、これらは各種目録、報告の形をとって七〇年代以降刊行されている。(41) これらのコレクションは実際には一ヵ所にではなく、デュラン・ホール、生物科学研究棟の最上階、さらには、やや離れたリッチモンドにある書庫に分散して保管されてきた。(42) ちなみに、三井コレクションの購入によって生じた重複図書については、カリフォルニア大学（ロサンゼルス）やドイツの大学に売却されている。(43)

こうした文芸、古典書籍の充実をはかる一方、戦後の日本研究の流れのなかで、やはり文学領域に重点をおいたコレクションでは対応できなくなる。一九四九年には社会、経済領域を含めた現代の東洋研究に焦点をあてる東アジア研究科（Institute of East Asiatic Studies）が設立されている。(44) こうした背景もあって、政治科学担当のスカルピノは（彼もまた海軍日本語学校出身だが）、東アジア図書館が文学に偏りすぎていて、現代日本の新聞や雑誌に弱く、社会科学系のワーキング・ライブラリーとは言い難いことを述べ、社会科学に詳しい人材を図書館スタッフに加えるよう提案することとなる。(45) これが七〇年代にスカルピノを長とする東アジア研究所（Institute of East Asian Studies）となって成長してゆく。

社会科学系の図書の充実と、貴重書を多数含む古典書籍の充実という二つの指針で東アジア図書館は蔵書の整備を行なってゆく。七〇年代は、これまで述べたように、日本語図書購入には厳しい条件が重なってくる時期だが、これまでにも述べた、スタンフォード大学との連携・協力による購入、目録作成プロジェクトと次々と立ち上げて乗り切ってゆく。そうした折に、この占領期の購入コレクションは大きな役割を果たした。この貴重書の目録化や保存を中心としたプロジェクトを立てることで、バークレーの場合大きな外部資金の導入が可能となったからである。八〇年代には江戸時代の版本の分類やカタログのために教育省から二五万ドルの助成金を得ているし、全米人文科学基金からは一四万ドル以上の資金が、古地図の保存や分類のために投入されている。[46]

これによって、八五年から国立国会図書館の協力のもと、江戸期の版本、古地図の目録作成計画が進められ、古地図も電子目録データ化がなされている。その後八八年には明治から戦前にかけての三井コレクションの図書を対象として五五〇〇タイトルの目録の作成がなされているが、これも日本の図書館司書との合同のプロジェクトである。[47] 逆にいえば古典籍の目録整備・管理には、膨大な資金と海外機関との連携が必要であり、中途半端な分量の古典コレクションには、なかなか管理の手が行き届かないということでもある。

バークレーの蔵書史をたどってきたが、図書にかかわるスタッフについても直接の関係が海軍日本語学校との間にあったことは述べてきたとおりである。では、話をより具体的な日本語教育の方法や内容の面に移してゆこう。海軍言語学校は、どのように日本語のリテラシーを形づくっていったのか、その具体的な様相を追ってみたい。

5　言語士官のつくり方

三十四年たった今ふりかえってみても、これは私がこれまでどこでうけたいかなる教育も及ばない、もっとも完璧なコースであって、学んだことは今でもしっかりと身に付いている。これはまさしく「教育」ではなく「訓練」というべきものであって、しかも私はそれを楽しんだ。[48]

海軍日本語学校出身者で、のちにこの学校の歴史記録を保存するプロジェクトを支援することとなるウィリアム・ハドソンは、このように語っている。プログラムの立案者であるヒンドマーシュの方針は、日本の言語について「なぜ」という問いを徹底して排し、「いかに」をひたすら身につけさせる、という実践的な使用重視の方針だった。音声学や統語論などの言語の理論的な面は最小限しか教えないわけである。

では具体的にどのような「訓練」が行なわれていたのだろうか。コロラド大学に設けられたこの日本語コースでは、まさに日本語漬け、とでもいうべき空間がつくりあげられていた。学生は一日に一四時間を学習にあて、それが週六日間続く。教員の勤務時間も一日一二時間、週六日である。自習時間も含んだ集中言語コースとはいえ、現在では想像しがたいようなカリキュラムである。

最初の二週間をすぎると、教室での英語はいっさい禁止された。そして教室外でも、生徒たちは娯楽や食事を含め、すべて日本語一色に染められていた。学生新聞、歌、映画、ラジオ、すべて日本語である。食事も一日に一度は、日本語をしゃべるウェイトレスつきの日本語での食事が待っている。[49]「訓練」に専念するよう、アルバイトは禁止。独身者は基本的に学内の寮に住むことが義務づけられていた。

先にも述べたが、日本語の訓練を最大の課題としていたがために、軍務についての専門知識は脇に置かれていた。キーンは軍服など一度も身につけたことがないと回想しているが、卒業式や特定の行事をのぞき、ほとんど軍規による厳しさはなかったようだ。しかし、軍規にまして厳しい試練が学生たちには課されていた。それは一年で二五〇時間に及ぶ数々の「試験」である。これはハーバード大学での四年間のコースよりも多い試験時間数だった。一年で通すと、実際の授業時間が一二五〇時間、自習時間が三〇〇〇時間、試験はその両者を絶えず確認するために設けられた時間であり、十分な点数がとれなければ学校を去らねばならない、という苛酷な試練であった。試験には漢字の読み書きはもちろん、日本文の英訳、さらにはラジオ音声の聞取りまで、さまざまであった。そして長沼教科書は巻数を追うにしたがってあらたな単語や漢字、慣用句が増えてくる。いったいどこまで難しくなるのか。土曜の朝の恒例の試験を前に、「金曜の夜の地獄」(Friday Night Hell) がやってくる。[50]

最初の三ヵ月で教科書の巻一を終え、次の二ヵ月で巻二を終える。ちなみに彼らの用いていた長沼教科書のレベルを示すなら、巻三が、菊池寛の「父帰る」一編全体が原文のままで出てくるレベルである。そしてその巻三は全二五課からなるが、「父帰る」は、そのうちの二課分にすぎない。それに加えて、巻三のレベルに入ると、テキスト以外に草書体の読み書き訓練が加わる。一二ヵ月でほぼ巻五までを終了し、最後の二ヵ月は巻六と「海軍読本」を扱い、ようやく軍事用語の訓練となる。また巻六からは文語体の文章との対訳が掲載され、文語体の読み書きが訓練される。語学教育の効率化は徹底しており、たとえば「辞書を引く」といった手間さえも「無駄な」時間とされ、必要な単語や漢字については専用のリストが作成され、学生たちは暇があればそれらの暗記につとめていた。

最初の三ヵ月をすぎると、「日本頭」(Japan Head) と呼ばれる症状に悩まされる生徒たちが多かったという。これはめまいや眼精疲労の形で現われたが、英語と異なる文字の読み方、すなわち上から下へと読み、右から左へと読むその読み方自体からくるめまい、そして漢字の細かく入り組んだ複雑な線によって引き起こされる疲労による、と当時の報告書では結論づけられていた。実際にこうした苛酷な状況を再現することが困難な今、この結論が正しかったのかどうかを確かめるすべはないが。

彼/彼女らは、一四ヵ月終了後には、二〇〇〇の漢字を読み書きし、八〇〇〇の会話用ヴォキャブラリーを身につけることを要求されていた。そして容易に新聞を読み、流暢に日本語をかわし、日本のラジオ放送を理解し、口語も文語も扱えることを求められた。これが最終的に求められた実践性であった。[51]

ただ、こうしてみてくると、一般的な読み書きの実践性とやや異なることも見えてくるだろう。草書体を学んだり、文語体を学んでいるのは今日では日本文学か日本史の領域の学生たちくらいであり、実用性の高い事項とは思えない。しかしながら、彼／彼女らにとって、これは必須であった。現実には、前線で接収された日本軍の文書には文語体が用いられていたし、そこに書きつけられた記録や残された文書は草書体のものも含まれていたからだ。[52] つまり、ここでつくりあげようとしているリテラシーは一見、実践を重んじたものに見えるが、正確にはあくまで「実戦」を前提としたものだったのである。戦時下、あるいは前線での具体的な言語使用を想定したうえでの「実践（実戦）」性なのである。

ヒンドマーシュは、このプログラムの成功を述べ、さらには「誇張を抜きにして、海軍の（日本語教育）コースはほとんどすべてのアメリカの大学の日本語教育の標準といえる」と、その高い達成率を強調している。[53] コロラドに移った最初のクラス二〇〇名のうちで、脱落者は、この高いハードルにもかかわらず四・三パーセントであった。[54] しかし、それはこのカリキュラムや教材自体がすぐれていたから、とは言い切れない。今日同様なコースをつくったところで、同様の成果はあげられまい。それはなぜか。

第一に、集められた生徒たちがそもそも特殊である、という点がある。一九四一年から四四年までの間にコースに実際に入った学生九一五人のうち、実に三割強が修士号以上の学位保持者であり、また全米で成績優秀者からなる学生友愛会（Phi Beta Kappa《ファイ・ベータ・カッパ》）の所属者も三割を超えていた。[55] そしてこのプログラムでは、生徒たちに、自分たちが選ばれた優秀な人材であることを常に意識させるようにもしていた。

だがしかし、より重要なのは日本語を読み、書き、自在に用いるこのリテラシーが帯びていた実践（実戦）性であり、さらにいうならそのリテラシーを貴重たらしめていた戦争という文脈である。

> 戦争中の東洋語学校日本語課は軍事的任務許りでなく直ちに自分の周囲にまで花やかに光栄が加はつて居ました。強敵日本を研究すると言ふことは自分の親をよろこばせ、自分の女の友達から憧憬されたのでございました。不思議な事には戦争がすむと東洋語学校で日本語を勉強すると言ふことは夕陽が迫った虹の様に光

芒を失ひヴァジニヤシチーかシルヴァーシチーを思はせるやうに其神秘的光栄が消えたやうにさい《ママ》見えます[56]。

そう、この少尉がぎごちない日本語で書きつけるように、まさしく戦争という文脈なかで日本語のリテラシーは光芒を放っていたわけであり、これこそが生徒たちに苛酷な訓練を超えさせてゆく力ともなっていたのである。ここでの日本語教育の手法が、すぐれた体系と自立した方法をもっているように一見見えたとしても、戦争という状況に依存していることはどこまでいってもおそらく変わりはない。リテラシーは、常にこうした外部状況に依存しているのである。日本語の書物の有効性や有用性と同じように。

6　残された日本語史料

コロラド大学のアーカイブズでは、その海軍日本語学校の史料を中心とした収集・保存プロジェクトを行なっている。このアーカイブズは、日本語蔵書史に関係するのみならず、アメリカでの日本学研究史や日本語教育史における貴重な史料群を含んでいる。このアーカイブズでは、コース設立の経緯や歴史についての一次史料は、ピノー・コレクション、ハドソン・コレクション、ＪＬＳ／ＯＣＬＳコレクションに主に収められている。一方、コース出身者の個人情報をファイリングしたコレクションを構築しており、こちらでは出身者一人一人の当時の史料やその後の経歴、書簡などが含まれている。

このピノーやハドソンは、いずれもコース出身者であり、そしてこの日本語学校史料の収集プロジェクトを行なってきた人物である。ロジャー・ピノーはミシガン大から一九四二年八月にコロラドの日本語コースに移ってきた。戦後はワシントン文書センターを経て海軍の歴史部門を担当する。彼は一九八〇年代から、かつての海軍日本語学校についての本をまとめようと史料を集めはじめるが、その計画なかば、九三年に亡くなってしまう。[57]ウィリアム・ハドソンはプリンストン大学からコロラドの日本語コースに一九四二年に参加している。ピノーが一九七六年にワシントンでコースの同窓会を企画した折に手伝ったのがきっかけとなって、後々までピノーの仕事を手伝うこととなった。[58]彼らはコースの実際の生徒であるとともに、その史料の収集を担ってきたわけである。現在のコロラド大学のアーカイブズは、彼らの史料を引き継ぐとともに、その計画そのもの、つまりコース出身者との連絡をとり、その記録を残す活動をもプロジェクトとして引き継いでいる。

このアーカイブズでは、軍の日本語学校の関係者が一人一人ファイリングされているが、そのなかには、生徒たちばかりではなく、むろん教師たちも含まれる。この海軍日本語学校では、バークレーからのスタッフが中心となっていることは先にも述べたが、それだけではとうていまかないきれない。そこで、日系人収容所から、数多くの日本人が教員として迎えられることとなった。なかには教職についたこともないような人びとも含まれている。

学校自体の文書類、教員リストや軍と大学との契約、関連記事、写真類が豊富に残されているが、なかでも眼をひくのがやはり日本語の教材や答案、ノート類である。テキストについては、いわゆる「長沼テキスト」の実際に使用された版がフル・ヴァージョンで残されている。米国内での日本学や日本語蔵書史に対するこのテキストの意味、役割の大きさははかりしれない。

著者の長沼直兄《なおえ》は、日本で行なわれていた初期のアメリカ海軍の日本語教育プログラムのなかで、特にその教育法を評価されていた。日本の米国大使館の地下にオフィスをもち、独自に作成したテキストを用いた教育で、すでに戦前から日本語教員をも育成していた。一九二九年に最初の三巻本のテキストを作成するが、これが後に増補されて、七冊本の『標準日本語読本』となる。

このテキストは、一九四一年の十二月に海軍情報局（Office of Navy Information: ONI）で数百冊複製されている。

ちなみに長沼は戦中は文部省のもとでアジアでの日本語教育普及に従事しており、いわば戦争で闘っていた双方に日本語を教えることになったわけである。この『標準日本語読本』だが、バークレーはヒンドマーシュのすすめで大学から一九四二年に出版する。そしてその後二年間この本はカリフォルニア大学出版局のベストセラーとなるのである。海軍は少なくともこれを一五〇〇セット販売しており、バークレーも数千冊を販売した。こうした普及によって現在日本語を教えているすべての大学でよく見受けられるようになるのである。[59] たとえばコロンビア大学には、日本語を担当していた白戸一郎夫妻によって戦時中にこの長沼の『標準日本語読本』から音声レコードが作成されたという記録も残っている。[60] また、後述する民政官養成学校（CATS）の教材も、このテキストに多くを負っている。

だが、日本語のリテラシーをとらえる上で、より興味深い史料が数多く残されている。それは、いわば日本語でもなく、英語でもない言語、あるいは日本人でもアメリカ人でもないような「場所」から発せられた言葉の数々である。たとえば次の「教育に対する攻撃」という文章を見てみよう。原文のままである。

紐育の有力なる或新聞に先達て非常に驚く可《ママ》べき記事がありました。之れに依ると日本に於けるマー元帥の進駐軍本部が日本の臣民が漢字を習ふことを禁ずることに内定した。（中略）吾々が知つて居る如く漢字は日本語の欠く可からざる要件で国語の基礎的分子である。其れがなかつたら文学的の和文は不可能であると共に日本国民の高等教育は全く出来ぬ。[61]

これは日本における漢字教育の廃止の是非について、漢字擁護の論を展開している文章である。日本占領期に国字をローマ字化する動きが生まれるプロセスについてはすでにいくつかの調査がある。[62] さて、それに対して海をへだててここで反論を展開しているのは、驚くべきことに、漢字に日々悩まされてきた海軍日本語学校の白人士官なのだ。彼の議論に端を発して、誌上で漢字禁止かローマ字、英語採用かをめぐって議論が展開される。この雑誌は、海軍日本語学校の生徒たちが中心になって製作した『フラット・アイロニー』である。

　この言語コースでは、ほとんど生徒たちは日本語漬けの空間で生きていた。そして彼／彼女らが用いていたのは、日本人が作成した教科書であり、教材である。そして日本人教員たちを「先生」とよび、日々言語を学んでいた学生である。言語は、それ自体、ある考え方や価値体系を含んでいる。たとえば日本語を使用する、とは、日本の語彙という単位でものごとを切り分け、日本語という法則のなかでものを考えるということを意味する。したがって、日本語は、単に道具ではなく、それを使用する者の考え方そのものにも浸潤する。このことは、同じくこの文章の筆者、美羅少尉（ミラー少尉と読む）が展開した別の号での「新日本の進路発見」でより明瞭となる。彼は孔子の教えを引きつつ述べる。

> 結局自分の社会生活に於ける秩序と責任を徳義を以て果すと言ふ事であつて明治天皇も其教を勅語で要領よく教訓して居られます（中略）日本人が明治天皇の教訓を悪用した宣伝教育に雷同し頽廃せざる得なかった自己犠牲の精神に欠けた日本人を正道に引き戻す責任は生の貴重な時間を打ち込んだ日本語学校生徒は当人である日本人と同じく双肩にかゝつて居ると思うのであります。[63]（傍線引用者、以下同様）

彼／彼女らは、まずもって全面的に「日本人」全体を一般化して敵視することはできなかった。少なくとも目の前に敵ではない「先生＝日本人」がおり、そう簡単に「日本人」全体を吊り目の軍属（この時期のプロパガンダ・ポスターに頻出するような）とは見なし得ない。こうした意識が、本来は悪くないのに、何ものかにだまされ、悪用されている日本人という思考図式に結びつくのはよくわかる。しかし、注意すべきは、同時に「先生＝日本人」への配慮が、「天皇」への直接的な批判や非難を回避した書き方になること、そしてそれが、だまされ、悪用された被害者として、天皇の神聖さを維持する思考に結びついていくことだろう。

言語を学ぶことは、必然的に言語の宿した価値構造をも学ぶことだ。彼／彼女らは、むろん批判的に日本を分析するだけの十分な素養をもった生徒たちだった。だが、言語をとおして知らず知らずに浸透するその思考構造からも意識的に距離をとることは難しかった。これらは生徒たちの記憶する言葉の随所に、敬語やさりげない言回しとして組み込まれているからである。この『標準日本語読本』では、「明治天皇は輿論によって政治を行ひ国民が国家の政治に参加することができる様にとのお思召で帝国議会を設けられた」といった説明が、そして日本の議会や、文章の読めない多くの民に「明治天皇は学制を定めさせられ、国民は皆小学校に学ぶことになった」といった説明が展開されてゆく。あるいは「君が代の喇叭の音とともに大元帥陛下は臨御、御愛馬「白雪」に召され親しく御閲兵あらせられた」といった形で天皇の様子を描写する。こうした言葉を学ぶなかで、天皇を中心化する思考の「文法」自体が身についていくと言えるのではないだろうか。

『標準日本語読本』漬けとなっていた彼らにとって、テキストの文章、素材は、日常的なコミュニケーション・ツールであり、冗談の素材でもあり、いわば共有することのできる文脈をも形づくっていた。それは教員と生徒たちとの間をもつなぐ文脈として根をはっていたのである。教員側の一人、西原ゆきは生徒たちと別れるにあたって次のような文章を寄せている。

貴方がたも今まで通り勉強をつゞけて下さい。巻二にある孟子の母の教を忘れちや居ないでしやうね。（中略）いずれ再興の東京か米国のいづこかで又お目にかゝる事を待ちましやう。その時には口頭試験の時のやうなアー、ウー、ンーなどをおつかいにならないで洗練された日本語で楽しくお話致しましやう。ではおなつかしい皆様御機嫌よう。♡♡♡♡♡ステールウオーターよ、さようなら。♡♡♡♡♡(64)

コロラド大学のアーカイブズに残されている記録を中心に述べてきた。こうした言語史料や、膨大な写真史料は、この後に展開してゆくアメリカの日本研究や日本語蔵書との関係ばかりではなく、アメリカの占領政策やその後の日米関係を考えてゆく上でも、多様な問題をとらえてゆく可能性をもったアーカイブズといえよう。

7　日本語英訳工場

この海軍日本語学校の出身者たちは、卒業後、どのような軍務につくことになったのだろうか。ここに、このコロラド大学のアーカイブズと日本語の図書とを結ぶもう一つの重要な接点がある。

海兵第二二連隊第二大隊のアーウィン・スレズニックはこの海軍日本語学校出身で、一九四五年四月一日、沖縄に上陸、沖縄本島での戦闘に参加する——M1ライフルとともに四冊の辞書を背負った言語翻訳要員として。彼は海兵隊第六師団に属するとともに、太平洋方面統合情報局（Joint Intelligence Center Pacific Ocean Area: JICPOA）のもとにあった。対日戦における日本についての軍事情報を提供するために、陸軍、海軍、海兵隊の統合組織として一九四三年九月に設立された組織であり、この時期は戦地での接収文書の分析や捕虜の訊問を任務としていた。また、このもとにできた宣伝部隊は、沖縄での心理戦を担っており、沖縄でも四百万枚を越えるビラをまいたが、こうした宣伝ビラもコロラド大学のアーカイブズで眼にすることができる。[65] 彼らは文字どおり一種の武器であり、しかも代替の効きにくい貴重な武器だった。それとともに一方で、捕虜説得や民間人誘導、呼びかけといった日本人を救う道具としても用いられた。第六海兵師団の言語士官のうち一二人は、その人道的行為ゆえに叙勲している。もっとも、だからといってそれは沖縄戦での凄惨な米軍側の戦闘行為をいささかも正当化するものではあり得ないが。そしてその受勲を「誇らしく」思うという感性にもやはり大きな感覚のずれを感じざるを得ない。

アメリカ軍のもとに集められたおびえた沖縄の民間人たちを前に、スレズニックは『標準日本語読本』巻二にも登場する「桃太郎」の話をして聴かせたという。不思議に人びとを鎮静させる効果があり、沖縄の各地で何度となく彼はこの話をした[66]。スレズニックは知っていただろうか、日本で戦時中に脚色された「桃太郎」に登場する鬼たちのことを。まさに話している自分たち米兵こそ、「桃太郎」のなかの退治される鬼に擬せられた存在だったということを[67]。おそらくはこの物語は人びとを鎮静させていたのではなく、人びとを物語から解放し、呼び覚ましていたのだろう。「鬼」が「桃太郎」を語りはじめたそのときに。

話をもどすと、海軍日本語学校卒業生たちの主たる受入れ先は、このＪＩＣＰＯＡや連合国軍通訳翻訳局、正確には南西太平洋連合軍通訳翻訳局（Allied Translator and Interpreter Section, Southwest Pacific Area: ATIS, SWPA）だった。連合国軍通訳翻訳局、通称ＡＴＩＳは、太平洋地域での接収した敵軍文書や捕虜の増加に応じて、連合国の言語部隊の拡充が必要となり、連合国軍のもとに一九四二年九月につくられたものだが、もとはブリスベインにあった司令部のオーストラリア人グループの言語士官たちが母胎となっている。ここに、連合国軍の言語学校出身者が送り込まれ、最終的には二五〇人の士官と一七〇〇人の兵士を抱える組織となった。さらに、前線でのより機動的な言語ユニットの必要性から、一九四四年には戦闘行動と密接に連携をとるＡＴＩＳの部隊（ATIS Advanced Echelon, Advanced ATIS）が生まれている[68]。

日本語図書や文書の歴史を考えるうえで、これらの部隊が重要な理由は明らかだろう。彼らこそ、前線で日本語の資料を実際に扱ったわけであり、接収文書やアメリカに送られた日本語図書には、彼らの活動が深くかかわっていた。一九四四年九月段階でＡＴＩＳは二〇万件にのぼる文書を手に入れており、サイパンでは二七トンにのぼる文書類を接収している。しかしそればかりではなく、彼らは翻訳部隊とあるとおり、膨大な量の日本語文書の英訳をつくっている。これはほとんど翻訳工場と呼んでもよいほどの規模だった。一三種類にも及ぶ報告書、出版物が当時ここから出されているが、このなかには、そのもととなった日本語文書さえ現存しないものも数多

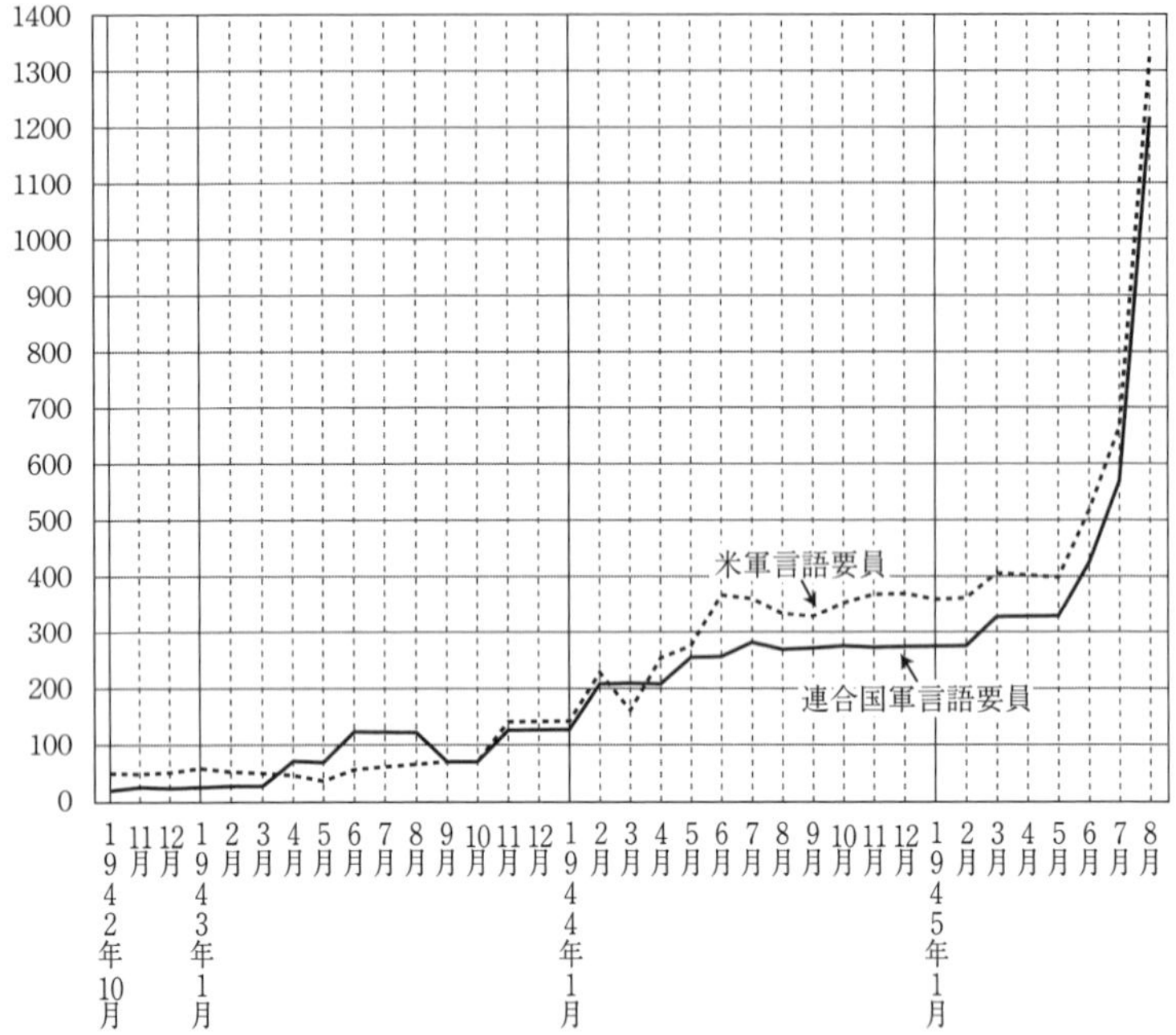

図17 ATIS言語専門員の数 Brief History of ATIS Wartime Activities（1947）より作成。同報告書ではまた、ATISの印刷物の数量、訊問記録の作成点数、扱った文書量の統計も作成されている。

く含まれている。(69) ＡＴＩＳについては、その人員や作成した印刷物についての報告書や統計も同セクションで作成されており、その活動の概要を把握することができる(70)（図17）。また、このプロセスにおいて、日本の軍事用語の英訳辞典が作成されており、これも複数の版が国立公文書・記録管理局に残されている。(71)

ＡＴＩＳは、後の章で見るように、占領地における図書・文書収集において中心的な役割を果たすとともに、そのスタッフの出身大学にとって、日本の図書情報を得るための貴重なエージェントとしても機能することとなる。ＡＴＩＳは日本語リテラシーが戦略的な武器としてきわめて高い価値を有していた典型的な事例を示してくれるとともに、実質的に書物とつながりをもった、日本語蔵書史の貴重な連接点ということができる。

8　日本語教育の全国化と陸軍日本語学校

話を海軍日本語学校にもどそう。この語学コースが、優秀な学生の獲得に重点をおいていたことは述べたとおりである。一九四二年十一月、ヒンドマーシュはこうした優秀な学生探しの旅程のなかで、イエール大学を訪れた。ところが、イエール大学の東洋言語学科長のもとには、陸軍省から、陸軍が海軍よりもはるかによい条件を提示するので、ヒンドマーシュを避けるように、との電報が届いていた。また、その後のボストンでも、彼の到着三日前に陸軍が代表者を送り込んでおり、海軍よりもよい条件、すなわちやさしい教程、早い昇進を提示して契約を進めていた。ミシガン大学でも同様だった。[72]

陸軍との学生獲得競争が始まっていたのである。陸軍の日本語学校は、一九四一年十一月にサンフランシスコのプレシディオにできた軍事情報部言語学校（Militery Intelligence Service Language School: MISLS）がもととなっている。この段階では日系二世を中心とした日本語の翻訳や訊問を想定した教育施設であり、翌四二年にミネソタのキャンプ・サベージに移り（同年フォート・スネリングに移動）、同年五月に陸軍省直属の機関となっている。移転の理由は海軍と同様、西海岸からの日系人の移動命令による。陸軍省は、海軍のコースをモデルとしつつこの年十一月にミシガン大学で一年の集中コースを設けることを決定した。ヒンドマーシュが来る直前に学生たちをさらっていったのは彼らである。その翌年、一九四三年一月から授業が開始されるが、これが陸軍日本語学校（Army Japanese Language School: AJLS）として今日知られる学校である。これは日系二世ではなく、白人を対象として、最初は二一人の教員と一五〇人の生徒で構成されていた。この学校もこの後、七八〇人に及ぶ卒業生を輩出してゆく。[73] すでにこれまでの章で登場したミシガン大学のジョゼフ・ヤマギワを日本語コースの長として、最盛期にはそのもとに五〇人もの教員を擁していた。

この陸軍日本語学校については、自身出身者でもあるハーバート・パッシンに著作があり、邦訳も出ている。ここでも海軍日本語学校と同様の日本語へのあやうげな同一化といった状況が見られる。日本映画『支那の夜』（東宝映画、一九四〇）を一〇回以上見せられ、せりふまで覚えたパッシンは次のように語る。

考えてみると、現在交戦中の敵国の言語を学ぶということははなはだ奇妙なことではあるが、敵国の映画を観て普段の政治意識を忘れ、日本の中国侵略を正当化する映画であるにもかかわらず、これを大恋愛物語と受け取るのは、それ以上に奇妙なことだろう。いずれにしろ、私の記憶するかぎり、この映画が宣伝映画であることを知りながらも、われわれの気持はけっして敵意や憎悪に傾くことはなかった。(74)

そして彼らは映画のせりふや歌を暗唱し、「大東亜共栄圏」の完成を象徴する日本人（長谷川一夫）と満州娘（李香蘭）とが結ばれるシーンにいたっては「万雷の拍手」がまきおこったという。あるいは言語コース終了後の軍事訓練でも研修生たちはしばしば大声で日本の軍歌を歌っていたという。(75) こうした言語教育を通した日本への奇妙な親和感、敵と了解しつつ言語や映像をとおして浸透するある種の親和性は、一方では戦後の親日派、知日派を生む土壌ともなろうが、その一方で、日本を経由して中国や朝鮮をまなざすアメリカの占領政策との根深い連続性をも見て取ることができよう。戦中の陸海軍の日本語教育は、確かに日本語リテラシーを劇的に高めていった。しかし、たとえば海軍のこれら東洋語コースに、朝鮮語は入っていない。日本語、あるいは日本についての知識に比べ、占領地に赴いた兵士、士官たちの朝鮮についてのそれはほとんど準備されていない。

次の節で見るように、占領地の民政官教育においても、日本の言語、地理、歴史にわたる基礎教育は広範になされており、それらは日本の神話、村落構造をも含んだカリキュラムであり、かつまたその教育スタッフの柔軟な交流によって、その後の各地大学の日本研究、教育の前史的な営みが展開されていた。しかし、一方で日本の占領地、朝鮮についてはこうした教育はほとんどなされていなかった。このことは、アメリカが朝鮮にしいたいびつな占領政策、ひいては南北分断体制にも深い影を落としている。

日本の本土では旧軍属は、日本人、朝鮮人を問わず戦争犯罪を問われ、裁かれていった一方、朝鮮では、これらの軍属、将校は警備、統制の中枢として占領軍に登用されてゆく。アメリカの朝鮮占領政策は、日本軍、および日本軍に協力した朝鮮人を重用し、日本による占領期のシステムを温存する方策をとっている。このことは、戦時期アメリカにおける日本偏重型の教育、そしてそれに起因する旧日本占領地への無関心や偏見によって必然的にひきおこされたものでもあった。日本語教育は、それと意識されないレベルで、日本への親和性や、日本を中心とした思考を招き寄せてゆく。朝鮮戦争の起源を検証するブルース・カミングスは、朝鮮占領の初期、アメリカ人将校と日本人将校との交歓を、その後の米国軍によるさまざまな朝鮮への偏見の始発点と見ている。

日本人は協力的であり（cooperative）、規律正しく（orderly）、かつ柔順である（docile）と見られていたのに対し、朝鮮人は強情で（headstrong）、狂暴であり（unruly）、かつ手におえない（obstreperous）連中と見られたからであった。このような見方は、その後さまざまな文献にくり返し現われるようになるが、恐らく1945年秋の朝鮮に対するアメリカ人の最初の反応にその起源があったと思われる。(76)

しかし、これまで述べたように、起源はそもそも戦時期の米国の教育自体が内包していたものでもある、ということができよう。

さて、この節では陸軍日本語学校をはじめ、日本語教育自体の規模の拡大をみながら、そこにひそむ問題点を検討してきた。この規模の拡大により、男性兵士ばかりではなく、女性兵士への言語教育も開始される。これまで述べた、日本語学校の大規模化、そして学生の獲得競争の激化を背景として、ボールダーでは一九四三年の三月に女性の入学を決定する。受験者は六〇〇人が集まり、そこから八八人が選抜された。この海軍女性予備隊（Women Accepted for Volunteer Emergency Service: WAVES）には、男性兵士とまったく同じ日本語コース内容が設けられていた。ただ、彼女たちは米国外での軍務につくことは認められておらず、国内で業務にあたることとなっていた。(77)

9　占領政策とCATS

特定の型のバクテリアを制御する方法を学ぶために、科学者は辛抱強く、注意深く研究するものである。梅毒がただ罪深いものだという理由で、科学者は梅毒菌を無視したりはしない。(78)

占領地の日本を統治するに当たっては、民政官を含めて数多くの占領軍スタッフが必要となる。武器としての言語士官ではなく、日本の行政をあらゆる面でチェックし、統治する人員が必要となる。その養成のために設けられたのが、民政官養成学校（Civil Affairs Training School: CATS）である。極東地域の場合、日本語教育、および日本の歴史、地理、政治についての教育プログラムとなっていた。先の引用は、その校長であったエンブリーが、コース説明のために作成した草稿からの引用である。彼はまず戦時期に、多くのプロパガンダによってつくられた日本への偏見を取り除き、日本について客観的、科学的な面から学ぶべきことを生徒たちに求めている。だが、引用部からもわかるとおり、そもそも「科学的」であることを求める彼の言葉自体が、病原菌の比喩に彩られてしまうほどに、この偏見は根深いものでもあった。では、そのために準備された教育プログラムの実態はいかなるものだったのだろう。

極東地域の民政官養成学校のアウトラインは、すでに一九四四年二月軍政庁（Military Government Division）のハイネマンによって作成されており、このC・S・ハイネマンとモーティマー・グレイヴズが、ミシガン大学の日本語学校と交渉の上で七月末から同校で開校することとなる。最初はヴァージニアのシャーロットヴィルの軍政庁学校（School of Military Government）でこの教育は開始され、ミシガン大学をはじめ、シカゴ大学、ノースウェスタン大学などに引き継がれ、一九四五年八月までに四つのクラスを送り出している。[79] 生徒総数は三四三人であり、このうちのクラスⅢが占領地での検閲にあたる特別教育コースで、シカゴ大学とミシガン大学とに分けられて教育を受けた。

ミシガン大学はヨーロッパ占領地向けのCATSが開かれていたこと、そしてむろん陸軍日本語学校があったために選ばれている。ヤマギワは日本語教育だけでなく、オリジナルの教材づくりにも腕をふるっている。教育は、言語教育に週一八時間がついやされ、地域研究、軍政教育に一四時間が使われた。言語以外に、日本研究の現状や日本の地理、歴史、政治システムや法律、法制史、経済、教育など多方面にわたる教育が展開されている。シカゴ大学の人類学者フレッド・イーガンはこの民政官養成コースについて、「CATSプログラムは経済学者、政治学者、科学者、地理学者、歴史学者と人類学者が、共通の計画で一緒に働けることを示してきた」と評価している。[80]

ミシガン大学では地理学科のダグラス・クレーリーがこの特別コースでフルタイムで働いている。もう一人は京都帝大で戦前六年間英語を教えていた経験を持つフランク・ハントレーをシカゴ大学から雇う。シカゴ大学のCATSの長はこれまでにも出てきたエンブリーで、熊本県の須江村のフィールドワークで成果をあげ、戦前からの著述で知られていた人類学者であり角田柳作のもとで学んだこともある。大山郁夫の亡命先としても知られるノースウェスタン大学では、中心は政治科学のコールグローヴだった。これら以外でも、ミシガンのCATSプログラムをもとにしてイエール大学、ハーバード大学、スタンフォード大学で民政官養成学校ができている。

注意したいのは、これらのプログラムが、せまい言語教育という枠組みでなく、日本研究の専門家を教師として歴史、文化を含む幅広い教育を行ない、教員や教材を交換、融通し合う体制がつくられていたことであった。それはさながら、戦後に展開する日本研究の縮尺版のようなものであった。シカゴＣＡＴＳからはエンブリーとヘンリー・ブロックが、ノースウェスタン大学からはコールグローヴとエスター・ヒッバードが、ミシガン大学からはクレーリーとハントレーが、という形で、スタッフを相互にやりとりし、教育が展開されている。

ではまず当時の日本を実際に統治する任にあたる生徒たちに提示されたのはどういった「日本」だったのだろうか。ＣＡＴＳの教材や関連史料については、ミシガン大学、シカゴ大学や、コーネル大学のアーカイブズに残されている。コーネル大学がこうした史料をもっているのは、シカゴ大学で民政官教育を担当したエンブリーの個人史料がアーカイブズに寄贈されているからである。また、ミシガン大学では、用いられた言語教材が一冊に綴じられて保存されている他[81]、設立の経緯や経過についての細かいデータを含んだ報告書が作成され、保存されてもいる。また、断片的な形ではあるが、シカゴ大学やイエール大学にも教材が残されている。

シカゴ大学ＣＡＴＳの長であったエンブリーの作成したコース・プログラムのアウトラインを検討してみると、特に地域性や歴史性に重きを置いた教育プログラムであったことがわかる。レジュメによればさまざまな分野の講師がリレー式で社会構造、家族関係、政治組織を理解できるよう話を組み立てているが、最初にかなりの時間をとって、すでに英訳のある『古事記』、『日本書紀』を学び、宗教的なバックグラウンドを学ぶこととなっているし、日本の各地域が、それぞれに独自の歴史と文化をもっていることが強調されている。かつまた、単に目前の行為や制度を見るのではなく、それが生まれた文脈のなかに置くことで、はじめてそれが理解できること、そしてそうした理解によって、占領地における無用な民間人との摩擦を避け得ることが説明されている[82]。

日本人の行動を理解するには、その育った文化を理解しなくてはならない。彼が日本語を話すのはその育った環境の故であって、つり目［Slant eye］の故にではない。同様にして、その育った共同体を学ばねばならない[83]。

特にエンブリーの場合、特定の村落、熊本県の須恵村での生活体験があり、かつテキストとしても彼の著作を参照しており、地域の個別性にかなりの注意が払われていたようだ。実際にCATSの教え子たちは、日本で須江村を訪れた折には、エンブリーに村がどう変わっているか、詳細な手紙を書き送っている。奇異な習慣も、文化全体のコンテクストからみれば理解できるものであって、少しも奇異ではないという。授業は全般的に、あくまで講義では日本についての部分的な知をしか提供できないことを述べ、参考文献リストをあげて、それらを読むよう適宜指示する形をとっている。こうした文献を中心にCATS図書館が構成されることとなる。いまだ日本語コレクションとしてはまとまっていなかったシカゴ大学にしても、この時期、これら極東に関連する文献が一ヵ所にまとめられ、小コレクションのような形になっており、他のCATSへの貸出しも行なわれていた。[84] また、ミシガン大学でもこのCATS図書室は独立した日本語図書のコレクションとなっており、コース終了時には二七五タイトル、六八二冊の規模になっていた。ただ、これらの図書は戦後、機密図書扱いを解除されずにワシントンの軍政庁に送るよう指示されている。

こうした日本の図書、言語教材、専門教員による教育活動は、日本についてのかなり専門的で学際的な知をつくりあげてゆく点では評価できようが、その一方で、やはり対象が「日本」に限定され、日本の歴史や文化をとおしてアジアをとらえるスタンスに陥ってしまう危険性をはらんでいた。蔵書史の観点からいっても、朝鮮語図書やそれを扱う専門領域の出現は日本学よりもかなり遅れる。英語圏でのアジア文献の書誌に詳しいレイモンド・ナンは、六〇年代に書いた文章で、朝鮮語文献がいまだに書誌的に整備されていないこと、米国内のどのコレクションも五〇〇〇冊を超えていないと述べている。[85] リテラシーやその形成史、そしてそれらを検討してゆくリテラシー史の観点からこれらアジア文献をとらえるとき、こうした知の偏りがまさに浮きぼりになってくるが、これらの問題は深刻な民族、国家の対立に通底しているのである。

10　シカゴ大学の日本語蔵書史

ここで、CATSを担った大学の一つであるシカゴ大学の日本語蔵書史について、述べておくこととしよう。シカゴ大学がCATSのプログラムを担うこととなった要因の一つは、エドワード・サピアやレオナルド・ブルームフィールドに代表される、言語学領域での強力さがあるだろう。ただ、日本語蔵書が本格的に構築されはじめるのは一九六〇年代であり、現在の日本語蔵書数でいえば全米でも十指に入るが、これまで扱った大学の蔵書史と比べるとかなり遅いスタートとなる。また、私立の名門大学として名高いが、大学自体は一八九二年設立の、比較的新しい大学といえる。

現在のシカゴ大学の東亜図書館（East Asian Collection）は、古くは極東図書館（Far Eastern Library）と呼ばれ、その歴史は一九三六年暮、中国学コースの開始直後にさかのぼる。このコースを担当したのはハーリー・G・クリエルであり、彼はシカゴ大学で中国哲学の博士号をとった後、ハーバード大学で学び、一九三〇年代前半は、ロックフェラー財団と全米学術団体評議会の支援を受けて中国とアメリカを行き来しつつ研究を続けていた。シカゴ大学はこのロックフェラー財団の二九〇〇ドルの支援によって、中国学コースを設置した。その頃すでに四〇〇〇冊程度の中国語図書があったというが、本格的な研究にはとうてい不足していた。[86] 当時、アメリカの大学でのいくつかの中国語蔵書構築に関わっていたのが、北平国立図書館（現在の中国国家図書館）のT・K・クーであった。クリエルは他大学と同レベルの中国語蔵書を構築したいと彼に相談し、このクーがエージェントとなって第二次大戦まで年間五〇〇〇冊あまりの図書を供給している。また、一九三九年に他の基金もあわせ、中国で八ヵ月間にわたって図書収集を行なっている。その時に日本の図書も購入したが、当時は中国学に関する日本の図書が中心であった。[87]

また、一九四三年にはラウファー・コレクション（Laufer Collection）を購入している。[88] これは、もとは中国語図書の収集を希望していたニューベリー図書館が、シカゴのフィールド博物館に依頼して購入したものである。購入にあたったのは当時人類学者として著名なベルトルト・ラウファーであり、一九〇七年にアジアでの購入を行ない、一二〇〇タイトル、二万一〇〇〇冊あまりの図書を購入している。もともと中国語図書の購入が目的だったが、東京でもついでに図書購入を行なっており、そこには一四三タイトルの主に美術系の日本語図書も含んでいた。[89] このラウファー・コレクションは、そのなかに含まれる満州語文献など、いくつかの報告もすでになされている。[90]

戦後、この極東図書館を切り回してゆくのはT・H・ツェンである。彼は一九四七年にこの図書館にやってくるが、そのころには極東図書館は一〇万冊以上の規模となっていた。[91] とはいえ、彼が来た頃にはちょうどロックフェラー財団の財源も底をつき、図書の増加自体はあまりなくなってゆく。ただ、このことは一方では幸いな面もあった。シカゴ大学もまた、膨大なアジア文献の目録作成という問題を抱えていたからである。ツェンはそれから五〇年代にかけて、つまり地域研究の大きな波が訪れる前まで、この作業に集中し、一九五四年には九割、九万四〇〇〇冊の目録化を行なっていた。[92]

包装材料も粗末で不便なころ、戦災を免れた学者が手放したような大正期や昭和初期の学術図書が、五冊六冊と粗紙に二重三重に包まれ、ナイロン紐の存在しなかったころの紐にくくられて海を渡り、それが積もり積もって何万冊何十万冊の日本研究図書館がアメリカにできたのだ。私は人気のない古い書庫の棚の列を眺めて、それらの日本書籍がいつ読まれるだろうか、いつかはだれかに読まれるときが来るだろうかといぶかったものだ。[93]

米国での日本近代文学の紹介者・研究者でもあるジェイムズ・モリタは、六〇年代のシカゴ大学の図書館で日本

年次	1961/62	1962/62	1963/64	1964/65	1965/66	1966/67	1967/68	1968/69	1969/70
日本語図書	11,583	15,809	20,685	25,507	29,492	34,483	39,211	43,746	47,125
増加数	4,625	4,226	4,876	4,822	3,927	4,993	4,726	4,535	3,379
中国語図書	122,116	125,269	132,216	138,820	145,168	150,000	156,639	161,733	178,932
増加数	2,152	3,153	6,947	6,604	6,348	4,832	6,639	5,094	12,971

図18 シカゴ大学の日本語蔵書 60年代の日本語蔵書、および中国語蔵書数の変化。ツェンによるシカゴ大学極東図書館の年次報告から作成。

語図書の収集にあたっている。彼がオレゴン大学の教員として転出する前に、彼のもとで働いた中川秀彌によれば、この時期のシカゴ大学の日本語図書コレクションの構築はほとんどがモリタの尽力によるものだという。[94] モリタは米国生まれ、岡山育ちで、ミシガン大学の図書館学コースを修了、ハーバード・イェンチン図書館でもカタロガーとして勤めていた。彼は一九六二年にシカゴ大学に図書館スタッフとして雇われている。[95]

シカゴ大学はこの時期、フォード財団、そしてこれまでにもふれた国家防衛教育法(NDEA)からの資金によって日本語図書を急ピッチで増やしてゆく。最初に日本語コースをはじめたのは日本の近代文学の翻訳や註釈でも知られるエドウィン・マクレランであり、NDEAの基金で試験的に五八年から設けられた。しかし日本語図書は、この段階では一五〇〇冊程度しかなく、かつ中国学関係のものが中心であった。こうしたなか、日本語図書購入に三万ドル近い予算が組まれ、基礎的な参考図書を中心に一万四〇〇〇冊規模の購入が計画された。モリタが雇われた翌年の統計では、極東図書館全体の蔵書数が一五万冊へと増加しているなか、日本語図書も一万七〇〇〇冊と報告されており、短期間に大規模な購入が行なわれたことを見てとることができる。[96] 日本語図書の購入で重点がおかれたのは文学・歴史領域で、中国学にかんする日本文献も引き続き重視されている。[97] 六六年から六七年にかけて、中国日本研究学科は極東言語文明学科に再編され、学生、図書館、ともに規模を急速に拡大し、学生数や図書購入費も年々倍増している。一九六〇年代の蔵書の推移は上に示すとおりである[98](図18)。

こうした外部資金による急激な成長は一九五九年からはじまるが、その後一〇年間に、極東図書館は蔵書を一〇万冊も増加させることとなった。これにはおおよそ四〇万ドルが投入されており、その半分は日本の図書に用いられたという。また、六六年にモリタを図書購入のために日本へと派遣、国会図書館をはじめとした日本の図書館とのつながりもつくりあげた(99)。こうした活動によって、日本語蔵書は四万五〇〇〇冊というアメリカ有数の規模の日本語図書館に急成長することとなったのである(100)。

この成長期にシカゴ大学の極東図書館の長であったツェンは、ハワイ大学のところで触れたレイモンド・ナンとともに図書館史、蔵書史研究において重要な人物である。序章でもふれたとおり、全国規模でアジア関係の図書館の統計調査を折に触れて実施しており、財源、図書館のスタッフ数、蔵書数、未整理の蔵書数などの変遷を追う場合に不可欠の資料を作成している。彼はまた一九四一年から四五年にかけて、日本占領期の上海において図書の蒐集活動を行なったが、その折のポスター、地下出版物、写真類のコレクションを大学に寄贈している(101)。

11　出身者たちの影響力

この章では、戦時期アメリカの日本語教育について明らかにしながら、それらと日本語リテラシーの変化、いわば日本語図書をとりまく環境の変化との関係をも追ってきた。また、戦時期の日本語学校と各大学の日本語蔵書との直接、間接的なつながりをもここではとらえてきた。

コロラド大学のアーカイブズで調査にあたっている折、ちょうど海軍日本語学校が、アメリカでの日本研究に与えたインパクト、影響力を調査している学生に出会った。彼女、ケイティ・カンプステンは、二〇〇二年にこの学校出身者たちの同窓会があった折に、彼/彼女らの戦時期の意識調査を行なっていた。その時に、参加者たちが、通常の兵士よりも日本人に対してより高い共感や気遣いを示していたことに興味をひかれ、学校自体の歴史や影響力を調査し始めたという。

カンプステンは五四六人にのぼる海軍日本語学校、東洋言語学校の個人ファイルを参照し、彼らが戦後どのような道を歩んだかをたどっている。それによればこのうちの一八八人、三四パーセントが大学教員になっているという。しかも、個人ファイルのうちの一七七人には経歴が明記されていないため、経歴が明確なファイルのみでいえば実に五割を超える人数が大学教員となっていることになる。むろん日本研究ばかりではなく、このうちで正確にアジア関係の教職といえるのは四八人となる。つまり四分の一が、アジア関係の大学の教職についたということである。(102)

太平洋方面統合情報局（JICPOA）のもとで沖縄戦に参加した言語士官スレズニックについて先にふれたが、キーン、ド・バリー、あるいはオーティス・ケリーといった日本研究者の面々は、いずれも同じくJICPOA勤務だった。真珠湾で、先に触れた心理戦のビラ作成に携わったケリーは次のように回想している。

> 卒業後、みんなはまずニミッツ将軍の、真珠湾の太平洋艦隊司令部にまわされ、そこで戦場で手に入った日本の軍隊の書類（軍隊の公文書、秘密書類、それに兵隊の手記、日記など）と、俘虜の調べにあたった。戦争が進むにつれて、いろんな戦闘に出された。キーンはぼくとアリューシャン列島のアッツ、キスカ両島の攻略にあたり、ドベリー［ド・バリー］はキスカの時に手伝いにきた。（中略）ぼくらは海軍でありながら、陸軍と組んでやるときには陸軍の二世の通訳官と親しくなって手を組んだりした。クボタとツネイシはその二人である。(103)

そして日本語蔵書にかかわる仕事に直接たずさわっていった人びともこうしたなかには多い。ここに登場するツネイシは、戦後イエール大学の日本語コレクションを経て米議会図書館の日本語部長となるウォレン・ツネイシである。また、真珠湾でキーンのもとで勤務したハミルトンは、この章であつかったバークレーの日本語コレクションにハフのもとで勤め、米国内での日本語図書の統一目録規則の確立にも貢献している。前章のコロンビア大学の図書館で甲斐とともに戦後の蔵書構築にあたったヤンポルスキーも同じく海軍日本語学校の出身だった。

ツネイシは、ワイオミング州のハート・マウンテン・キャンプ、いわゆる日系人収容所に家族で収容されていた。そして彼はキャンプ・サベージに移った前述の軍事情報部言語学校に志願して入り、レイテ島の戦闘や朝鮮の占領に従事する。(104) 彼が占領軍として朝鮮に乗りこんだ折の思いには興味深いものがある。

二四軍団にはぼくのような日系米人の通訳と翻訳係が約三十人、その外に又いろんな師団やＣＩＣ、軍政部などに五人から十人が組をつくって所属していた。上陸のためにネットを降りていく順番を待ちながらぼくは思った。四十年間も日本の乱脈と圧政の下にあった朝鮮は、ぼくらにとって世界中でもっとも健全なところではあるまいかと。(105)

日本軍の圧制下にあった朝鮮こそが自分たちにとってもっとも健全なところ（healthiest spot）、という意識はどこからくるのだろうか。

彼は日系人であり、日本人を選ぶかアメリカ人を選ぶかを収容所で求められた過去がある。そのように悩んだ人間にとって、アメリカが圧制者日本から解放するその場所こそが、自分のその選択の正しさを示してくれる場所であったからだろうか。しかし実際に朝鮮の人びとと接した彼は、まさしく圧制者と（さらには被圧制者と）同じ風貌をもっていた。そしてまたアメリカは、日本からの解放者というよりも日本の強権的な統治システムの利用者となってゆく。彼の手紙は、めばえてくる朝鮮人への蔑視と、言語を奪われ姓を奪われた者への共感とがまざりあっている。これら言語学校出身の生徒、教員たちはまた、人種、国家、あるいは諸々の共同体の境界を生きることとなった。蔵書やリテラシーの歴史をとらえてゆくとき、そしてそこにかかわった人びとを追ってゆくとき、こうした諸々の力のはざまで、暴力的な力と力の境界で生きる意味をしばしば考えざるをえなくなる。おそらくはそれが、こうしたリテラシー史を追ってゆく際の一つの貴重なポイントでもあろう。

第四章　日本占領と図書購入
――占領地の書物エージェント

1　戦争と蔵書史

カリフォルニア大学（バークレー）の司書ハロルド・リュプは、まだ日米間の戦争の続く一九四三年四月、学長のロバート・スプロールに向けた手紙のなかですでに次のように述べている。

戦争の終局に当たってアジアがどういった状況になるかはまだ見通すことはできませんが、時期を失すれば入手困難となるような文献類が、平和が訪れた直後の段階に出回ることは疑いありません。たとえば満州関係の文献類はこの後再版されることはまずないでしょうし、入手可能なものもあっと言う間に姿を消すことでしょう。アジアの市場でもヨーロッパの市場でも、他の学術機関との「アジア文献をめぐる」厳しい競争が予想されます。(1)

こう述べて戦争直後五年間に二五万ドルの図書購入の特別予算が必要であることを訴えている。バークレーは後に見るように、こうした方針から、日本に人員を送り込んで図書購入活動を展開し、大きな成果をあげる。バークレーばかりではない。スタンフォード大学、ミシガン大学、あるいはカリフォルニア大学（ロサンゼルス）、コーネル大学といった、現在アジア・日本学の充実した組織と蔵書をもっている多くの大学が、占領下の日本へと、図書購入のために直接人員を送り込んで図書収集活動を展開するのである。従来、占領期の日本語図書の海外への流れとしては、連合国軍総司令部（ＳＣＡＰ）の民間検閲部（ＣＣＤ）が検閲のために提出させた文献類、すなわちメリーランド大学に送り出された、いわゆるプランゲ・コレクションや、同じくＳＣＡＰの収集をとおしてワシントン文書センター（ＷＤＣ）へと送り出された図書、文書類の二つの流れが注目されてきた。

しかしながら、各大学が展開した図書収集活動の実態についてはこれまで断片的にしか明らかにされてきていない。一九五一年七月に日本文学協会にもうけられた学術資料調査委員会は、各地の図書館や研究機関に、学術文書、コレクションなどが散佚、海外流出している事態への注意をうながし、対策を講じる必要性を訴えている。(2)海外の機関が日本の貴重な文化財を買っては海外に持ち出しているというのである。この文書で言及されているのはミシガン大学、そしてカリフォルニア大学（バークレー）である。

当時からこうした注意を引いてはいるものの、連合国軍総司令部による図書・文書の接収にくらべて、これらの大規模な購入活動は、ほとんど調査されてきていない。しかし、実際の図書がアメリカに対して歴史的に果たした役割、影響力は、これら大学が購入した図書・文書類の方がはるかに大きい。それぞれの大学に設けられるアジア・日本研究の実質的な基盤図書として活用される一方で、バークレーの蔵書史で見たように、こうした特徴的なコレクションは、研究所や大規模なプロジェクトによる助成金の獲得にも大きな役割を果たした。では、いったいどの大学が、なぜ、どのようにしてこうした活動を占領下の日本で展開したのか、そして日本において、誰がどこで購入にあたることとなったのか。この章で明らかにしてゆくのはこの動きである。ＳＣＡＰによる接収文書の流れについては、次章で扱うこととしよう。

戦時期から占領期にかけては、いうまでもなく大量に図書や文書が戦災であるいは意図的な処分によって、消えていった時期でもあるが、同時に、日本から海外へと購入や接収によって流出していった日本語図書の量も史上最大であった。アメリカにおける日本語蔵書史においても、劇的な変化がこれによって起こることとなる。むろん戦時期に図書が持ち出されたのは、日本語図書のみにかぎったことではない。戦時期には日本にしても、中国、朝鮮から膨大な図書の接収を行なっていた。これについては、今日では詳細にあとづけられてもいる。たとえば南京地域では、一九三七年から三八年にかけて日本による文献調査・接収作業が行なわれ、一四二万冊と言われる南京地域の蔵書の、約六割にあたる八〇万冊が日本軍によって接収されたとされている。[3] また、こうした占領地区の図書文献接収委員会の設置に関しては、占領地における文化財保護という名の「略奪」であり、それらが内地へと搬入されて対中国研究、統治のための情報として用いられた点も指摘されている。[4]

書物を奪う、という行為は単にモノや、そこに書かれた情報を奪う、という行為にとどまらない。たとえば日本語で書かれた書物は、それを読む集団（日本人）が存在することを前提とし、想定させるものである。そしてまた、それがかつてあり、今後もある、という読む集団（日本人）の永続性をも想起させるものである。特定の共同体の広がりや永続性を、そして国民や国家という物語を支える道具であるがゆえに、その大規模な消失、略奪、所有は、特定の共同体に甚大な影響を与えることとなる。

しかしまた、これから述べるこの時期の図書収集活動を、一方的な収奪という形で見ることも一面的にすぎることとなるだろう。大学の展開した図書収集は基本的には購入、商取引である。もっとも、購入であれば略奪にあたらないというわけではない。明らかに軍事的な力関係が強く作用している状況では、購入はもはや単なる形式的な手続きにすぎないこともあり得るし、このことは特に、私たちが加害者側にある場合、たとえば中国や朝鮮における日本側の図書収奪をとらえる場合に忘れてはならない重要な点だ。

だが、実際に占領下の日本における各大学の図書収集活動を具体的に追っていったときに見えてくるのは、そうした一方向的な収奪という見方ではとらえきれない、むしろ双方向的で、活発な図書の交換や取引、駆引の実態なのである。この時期、書物は、相手を統治するための武器として、好意を示す贈り物として、そしてむろん生き延びるための財として、日米両国の間で、さまざまな人や組織の間を活発に行き交う。そしてまたその動きは、後述するように通常の商取引が困難であっただけに、多様なルートを生み出しながら展開する。

私の関心は、こうした書物をめぐる諸々の力が行き交うその場である。国家や階層的な、あるいは民族的な対立や緊張が、書物の流通にいかなる力を及ぼしているのか。そしてそうした力関係の行き交うただなかに存在するのが、この章であつかう当時の書物エージェントたちである。彼／彼女らは、文字どおり二つの国家と書物とのはざまを駆けぬけた存在であった。

2　書籍取引と占領期

アメリカにおける日本語図書の読書環境を史的に追ってゆくとき、戦時期から日本占領に及ぶこの時期はいったいどういった時期と言えるのだろうか。それは何より、急激なその成長をもって特徴づけられるだろう。やや単純化するなら、この成長には三つの側面がある。一つは日本語蔵書そのものの増加、そして日本語蔵書の利用者の増加、さらに、日本についての情報の必要性の高まりがあった。つまり、書物、読者、それをとりまく環境という三つの面での急激な変化が訪れた時期である。これについてもう少しくわしく述べておこう。

蔵書量についてだが、日米開戦前の主要な米国内の日本語蔵書を見てみるなら、序章で細かくふれた米議会図書館が三万二〇〇〇冊の図書を蔵しており、これがもっとも多い。[5] 第二章で扱ったコロンビア大学の蔵書はこの段階で二万八〇〇〇冊とそれについでいる。[6] 第一章であつかったハワイ大学は一万三五〇〇冊、イエール大学は九五〇〇冊。[7] いずれも中国語図書や日本関係の英語図書ではなく、日本語による図書のみの概数である。これに対して、占領期に日本から送り出された文献は、ワシントン文書センターに送られた日本語文献のみでも少なく見積もって四〇万点を超えているし、後にふれるバークレーの購入した三井コレクションは七万冊規模のコレク

時期	総冊数	増加	増加率(%)
1869-1930	32,000	—	—
1931-1935	60,000	28,000	88
1936-1940	90,000	30,000	50
1941-1945	111,000	21,000	23
1946-1950	586,000	475,000	428
1951-1955	742,000	156,000	27
1956-1960	894,000	152,000	20
1961-1965	1,359,000	465,000	52
1966-1970	1,881,000	522,000	38
1971-1975	2,299,000	418,000	22

図19 日本語蔵書総数の変化 戦前からの日本語蔵書数の変化を70年代までまとめたもの。増加率は前年度比。本書でも何度かとりあげたT. H. ツェンの集めたデータをもとにして作成した。

ション、ミシガン大学の購入した鎌田共済図書館蔵書は二万冊である。むろんこれらの大学は、これ以外にも基本図書の購入や交換によって多数の日本語図書を購入している。こうした数字から、それまでの増加とは桁違いの図書の流入が起こっていることがわかる。もっとも、こうした急激な図書の増加は、当然のことながら目録化作業の機能停止を引き起こすこととなり、こうした増加が各大学の蔵書数や目録に正確に反映してゆくには多大な時間が必要とされることとなった(図19)。

急激に増えていったのは蔵書量ばかりではない。既に前章で述べたとおり、戦時期は日本語リテラシーが飛躍的に高まっていった時期でもあった。米国内での日本語教育が戦前になかったわけではない。日系人子弟向けの日本語教育はハワイをはじめとして各地で行なわれており、これについてはすでに研究もなされている[8]。しかしアメリカ人向けの高等教育としての日本語教育がなされていたのは、ごく限られた範囲でしかない。実践的な日本語読み書き能力者が量産されてくるのは、戦時期の陸海軍の日本語学校や、ＣＡＴＳをはじめとする日本語教育コースからである。そしてむろん、「実践的な」日本語のリテラシーは、実践(実戦)の要請とつながりあっていた。

書物、読者という側面から見てきたが、日本の書物、日本についての情報自体の必要性、関心がこの時期に飛躍的に高まっていったことは言うまでもないだろう。序章や第一章でも触れたが、まとまった日本語蔵書をもつ大学図書館は、戦時期には貴重な情報源として機能していた。また、陸軍省情報部は、この時期、全米の大学が所蔵する、地図をはじめとする日本関係文献の所蔵状況や目録についての情報収集も行なっている。この調査は一九四二年九月にはミシガン大学でもなされているが、それによれば、地図の他、特に発電、送電、通信、道路、鉄道情報から地理、物理、衛生など、日本についての幅広い図書情報が求められていることがわかる[9]。戦うための情報から、占領期にいたって統治するための情報、そしてさらに冷戦という新たな戦いのための情報と、日本についての情報は、実用的でクリティカルな意味合いを帯びて、その重要性を高めていく。

こうしたリテラシーや日本情報についての関心の高まり、そして戦時中における日本学コースの各大学の実績は、戦後のアジア図書館設立や日本学・中国学などのコースの立ち上げを後押しするものの、この章で述べる各大学の日本語書物の購入はそう簡単には進まなかった。というよりもきわめて困難な問題を抱えていたといった方がよいだろう。

そもそも図書を注文するにしてもどこに、どのように注文すればよいのか。戦前においては大学は丸善や一誠堂といった書店と取引してはいたが、こうした書店が戦争でどうなったのか、といった情報がまずやってこない。大学どうしで行なわれていた雑誌などの刊行物交換も同様である。連合国軍の占領下において、支払いや注文をどのように行なうかといった手続きの情報も必要だ。また、序章でふれたように、図書を注文するためには、まず図書についての図書、レファレンス情報が必要である。しかしながら、いったい戦中に、そしてまた占領期当時、いかなる本が日本国内で出版されているかという情報も途絶えてしまっていた。

3　どうやって図書を送るのか

日本語図書を購入するにあたってのこの絶望的なまでの情報の欠乏は、大学図書館ばかりではなく、研究図書館の中心である米議会図書館においても同様だった。そのため、米議会図書館は、アメリカ国内の大学図書館を含む研究図書館と、日本の図書館の図書、雑誌の交換協定や手順を整備するために、また、日本国内での書店や図書市場の現状を調べるために、日本セクションのチーフとなっていたジョン・シャイヴリーを派遣することを計画する。[10] しかし、単に一つの研究図書館の代表者として派遣するのでは交渉の成果はおぼつかない。より効果的にこの交渉を進めるには、米国内で日本語図書に関心のある大学すべてを代表し、協定を結ぶ権限が議会図書館に託されているのが理想的である。そこで、一九四七年八月、各大学に向けての派遣の趣旨説明とともに、議会図書館をそれぞれの大学の交渉の代行者、代表者とすることに同意を求める連絡を回している。[11]

こうして、各大学を代表する形でこの年に日本に派遣されたシャイヴリーは、日本との出版物の交換の仕方や図書購入の方法についてのいくつかのレポートを十一月一日から大学に向けて送り始める。それによれば、まず交換のために日本に出版物を送るには、原則として連合国軍総司令部の民間教育局（ＣＩＥ）のチーフ宛に送ることとなり、そこでの検閲をうける。その際に共産主義や原爆に関する書籍のように、占領に有害と見なされる印刷物は没収されることとなる。そして別添えの手紙で希望送付機関があれば示すこととなっている。その後これらは上野図書館に送られ、各希望研究機関に送られる。これに対して日本側が図書を海外に送るには、一部を、やはり民間教育局に提出し、許可がおりれば日本国内の郵便局で出し、それが国際郵便局（International Post Office）に転送されることとなっていた。[12]

商取引ではない学術機関どうしの図書寄贈や交換でさえこうした煩雑な手続きが必要だったわけである。これが商取引となると、さらに煩雑の度を加えることになるのは言うまでもないだろう。一定の許可を受けた取次（日本出版配給株式会社など）宛の手紙と希望図書リストを準備し、それにもとづいて通産省の貿易局で書籍代金を含めた契約の準備、検討が行なわれ、それにさらにＳＣＡＰの外国貿易局（Foreign Trade Division）の認可が介在する。支払いは払戻し不可の信用状（Letter of Credit）で行なう、という煩雑かつ硬直した手続きとなっていた。[13]

そしてもちろん、どのような本が、いくらくらいで、どこにあるのか、といった情報のない米国の各大学にとって、これはほとんど気の遠くなるような手続きであり、かつ、希望がどの程度かなうかもとうていわからないような取引であった。しかも、日本国内の出版・販売環境も刻々動きつつあった。先に出た取次の日本出版配給株式会社にしても、戦時期の一元的な配給体制を担っていた日本出版配給統制会社の体制を引き継ぎつつ一九四六年九月に再スタートしていたが、独占的な企業体制と見なされ、一九四八年には過度経済力集中排除法の適用を受け、やがて解体させられることとなる。(14)

また、煩瑣な手続きや情報不足は、ただでさえ時間のかかる日米間の発注や納品に絶望的な状況をもたらす。戦争直後の、出せば売れるという出版ブームが巻き起こった一九四六年から、紙不足とインフレによって需給バランスがくずれて市場は不安定ではあったが、全国的にも小売店の売上げは好調で、売る本の不足に悩んでいた時期であった。(15) つまり、図書の情報が届いた頃には売れる本は売れてしまっているし、売れない本は再利用のために処分されてしまっていたのである。

だからこそ、図書を購入したい大学は、直接人員を送り込んで買う計画を立ててゆく。ただ、こうした状況にもかかわらず、多くの大学に日本の図書を納入していた例外的な取次業者がわずかではあるが存在していた。なぜそれが可能であったのかは後に述べるが、その前に、同じく占領地となっていたヨーロッパの状況はどうであったのか、を見ておこう。つまり、これらアメリカの研究図書館は、占領地ヨーロッパの図書についてはどのように収集していたのだろうか。

4　占領下のヨーロッパで

占領下の日本と比べ、ヨーロッパの占領地域における図書購入は大きく異なる。簡単にいえば、多くの大学が参加する共同購入の計画が立てられ、多くの図書が収集・分配されることとなった。というのも、当然のことながら西欧語文献への関心と需要は、日本語文献とは比べものにならないほど大きかったからである。アメリカの研究図書館からなる研究図書館協会（Association of Research Libraries: ARL）では、一九四三年に、戦闘地域での図書の確保、継続的な購入を検討するための委員会（Committee on Postwar Competition in Book Purchase）を立ち上げている。この委員会は同年の九月に、それぞれの図書館が戦闘地域の図書の購入で直面している問題と対策についてのアンケートを実施する。[16]

このアンケートをとおして、戦争で途絶えた図書購入に対して、各大学は戦後の購入計画の見通しを立てられないでいることが明らかになった。また、なんらかの代表機関がこれら大学図書購入のための活動をすることが望まれていることも確認された。そして、そのための計画が具体化してゆく。一九四五年六月、ヨーロッパでの戦線終結をうけて、米国図書館協会（ＡＬＡ）と米議会図書館とが連携する形で国務省に正式に要請がなされ、さらに陸軍省も協力する形で連合国軍占領地域での図書収集計画が動き出す。[17]

では、具体的にどのようにして図書を購入していくのだろうか。方法としては、図書購入を希望する各大学が先の図書購入調整委員会に資金を提供し、一度購入資金をプールする。そこで集まった資金をもとに、米議会図書館が各大学を代表する形でヨーロッパに向かい、連合国軍の協力のもとで現地に図書を収集・貯蔵する施設を設ける。そして集めた図書を、各大学の希望や予算に応じて分配する、という方式をとる。

各大学からは、こうした活動への同意が集まる一方、米議会図書館を代表とすることに疑問を呈する大学もあった。独自に現地へ代表者を送りたい大学もあれば、収集された図書がはたしてほんとうに公平に分配されるのかという不安を抱える大学もあったからである。当然のことながら複数の大学が同じ図書を希望してぶつかりあうことも出てくるだろう。人気の高い領域やジャンルは当然競争率が高くなる。したがってこれら集めた図書を、公平にバランスよく分配できるよう、その配布活動を検討・助言する機関が必要となった。ＡＬＡの議長でもあるロバート・ダウンズを長として、研究図書館協会のスタッフも交え、こうした分配についてのアドバイスを行なう委員会がこの年の十月に構成されている。[18]

この活動は、ドイツをはじめとした被占領地で、図書の商取引が再開されるまで続き、一九四八年の十一月に終了している。[19] この三年間に及ぶ活動によって、約八二万冊の図書、雑誌類がアメリカに搬送されたという。かかったコストは総額で七〇万ドル、書籍の購入費だけでも三〇万ドルに達する大規模な購入活動となった。[20] とはいえドイツに関しては、三〇〇〇点を超えるヒットラーの私設図書館の史料を含め、基本的には軍の押収図書を分配する形となった。また、多くの場合、軍の協力によって収集・輸送活動が無償で行なわれたことが、図書の効率的な収集を可能とする大きな要因となった。この購入活動には、全米から研究図書館が数多く参加を希望し、参加した一一三の図書館に向けて翌年三月には図書の発送がはじまっている。[21]

この活動を考える際に重要な点は、一つには現在では一般化している全米レベルでの図書館どうしの共同購入、購入調整の嚆矢となっていることであろう。これについては、図書館どうしの連携した活動を追う第八章で改めてふれることとなる。もう一つ見逃してはならないのは、こうした共同購入のなかで、あくまで独自に人員を送り込んで収集活動を行なった図書館もあったことだ。それが、スタンフォード大学のフーバー図書館である。スタンフォード大学のフーバー研究所（The Hoover Institution on War, Revolution and Peace）は、同大学出身のハーバート・フーバーから一九一九年に寄贈された五万ドルがもとになって生まれた。特にフーバーは第一次大戦期にかかわった自身の経験から、各種の記録史料の重要性に関心を向けることになった。いまだ図書以外の同時代の各種一次史料への関心が高くないこの時期に、いち早くこうした領域に焦点をあてたコレクション構築をはじめた。それがフーバー図書館である。

また、恐慌期に第三一代目の大統領（一九二九‐一九三三）をつとめたフーバーは、第一次大戦以来築いてきた軍民にわたる強力なネットワークをもっており、それによって二つの戦争をはさむ困難な時期の史料収集を可能ともしていった。現在のアメリカの国立公文書・記録管理局（NARA）は、一九三四年にそのもととなる組織が生まれるが、それ以前からこうした史料収集方針で活動してきたフーバー図書館にとって、占領下のヨーロッパでの史料収集は、他人まかせにはできない活動でもあった。しかし、米議会図書館としては、軍の協力を得るためにも、あくまですべての研究図書館を代表しているという形をとりたい。米議会図書館のルーサー・エヴァンスはハーバート・フーバーに向けて協力要請の手紙を出し、両者の間で話合いも進むが、その後の代表者間の話合いでもあくまでもフーバー図書館は独立した代表団を送って収集する活動の許可を求め、対立する。最終的には翌年この方向で合意が取り交わされるが[22]、エヴァンスは最後までこのことに批判的な意見をもっていた[23]。このように、それまでの一般の図書館の図書収集方針ではカバーできない一次史料群に関心と問題意識をもっていたフーバー図書館は、ヨーロッパばかりではなく、日本でも積極的な史料収集に取り組むこととなってゆく。

5　タトルとパーキンス

先に、占領期のあまりに煩雑な日米間の図書の商取引について述べ、現実的には日米間をとりもつ取次がほとんど機能しなかったことを述べた。そしてまた、そこに例外的な取次が存在したことについても。

神田の書店で貴重な書籍がどんどん売れて行くそのスピード、インフレの悪循環、そして日本政府とＳＣＡＰによって設定された、本を海外へ搬出する際のとんでもなく悠長なプロセス、これらが先の見通しを相当困難にしている。

日本の図書購入をめぐるこうした厳しい条件が重なっているなか、なぜ日米間の取引をうまく成り立たせる取次が存在していたのか。ここで引いたのはハワイ大学図書館に送られた手紙（一九四八年九月一〇日付）の一節であり、こうした厳しい条件にもかかわらず、自分たちの会社であればこうしたことがすべてクリアできる、ということを伝える手紙である。差出人はチャールズ・タトルである。東京は文京区春日町のチャールズ・タトル商会、そして京都中京区(後に左京区に移る)のP・D・パーキンスによるパーキンス・オリエンタルブックスが、この時期に活発に活動できた数少ない海外との取次である。ではその仕組みはどのようになっていたのだろう。

タトルとパーキンスがもっていた大きなアドヴァンテージ、それは、日本国内とアメリカ国内の両方に事務所をもっていた、ということだ。したがって日本国内で購入した図書を海外の支店に送ることができた。タトル社は出版社としては現在も健在で、当時からヴァーモント州ルートランドを本拠として出版・販売活動を展開していた。また、パーキンスは、その妻がカリフォルニア州のサウス・パサデナに一九三九年書店を開業している。[24]つまり、これらの取次と取引をする際は、アメリカの各図書館は、日本との間で注文・交渉・購入を行なう必要はなく、アメリカ国内にある彼らのオフィスに注文を出し、そのオフィスから購入し、ドルで支払えばよかったわけである(図19)。

では彼らはいったいどういった素性を持っていたのだろうか。この点についての説明は、同時に彼らの持っていたもう一つの強力な利点の説明ともなろう。チャールズ・E・タトルは、日本占領の初期からSCAPの民間情報教育局(CIE)に属していた。民間情報教育局は、メディアを中心とした占領地の啓蒙工作を主眼とした部局であり、新聞、出版、ラジオ、映画や教育、宗教といった領域を担当していた。[25]また、次章でふれる日本の図書館の問題でも大きな役割を果たすこととなる。先の手紙によれば、彼はそこで二年半の間、出版や雑誌関係の調査に従事していたという。彼は軍務を退く前に故郷に戻ったおり、ノースウェスタン大学のライブラリアンであったエフィー・キースに向けて、占領当初から日本の新聞社、雑誌社、出版社や書店との幅広いつながりをつくってきたこと、民間人となってからもこの領域で書籍を扱う業務を行ないたいという希望があることを述べたうえで、軍務を辞してその業務に移るためにも、大学から正式の図書取次のエージェントに指定する旨の手紙

図20　チャールズ・タトル

を書いて欲しいと要請している。[26] タトルはこうしてアメリカで日本語蔵書構築に関心をもつ主要大学とコンタクトをとり、イエール大学やハーバード大学、ハワイ大学といった大学から、取次の業務を請け負うこととなった。タトルは日本国内のメディアとの幅広いつながり、本国での書籍業務についての知識とネットワーク、加えて占領軍における人脈をも持っていたからそれが可能だったのである。取次業務ばかりではなく、各大学から図書購入の人員が派遣されてきたときには、直接会って日本での購入活動に協力してもいる。第一章で出てきたコーネル大学のギャスキルや、後にふれるバークレーから派遣されたマッキンノンについても、タトルが日本での購入・搬送活動の面でサポートしている。

Ｐ・Ｄ・パーキンスもまた、こうした幅広いネットワークを戦前から持っていた。彼は戦前、京都の第三高等学校で教鞭をとっていたが、序章で登場した米議会図書館の坂西志保とは、自身の関心であるラフカディオ・ハーンの参考書誌づくりがもとでつながりが生まれ、書誌情報を交換したり、彼女の訳書を教材として日本の学校に薦めたりもしている。また、樺山愛輔や黒田清ら、第一章でふれた国際文化振興会の主要メンバーとも面識をもっていた。戦前の坂西への書簡からは、彼が京都で学生たちとともに古書店めぐりをし、多くの書店と深いつながりをもっていたことをうかがうことができる。[27]

すなわち、パーキンスにしろタトルにしろ、日本国内と米国内の双方に、オフィスと販売ネットワークの両方をもっており、それがこの書籍取引の困難な時期に例外的に活動できた理由となっている。この時期に日本語蔵書をかかえていた、あるいは構築しようとしていた大学には、必ずといってよいほど彼らからの手紙や取引にあたっての書類が残されている。

この例外的な取次の活動のなかで注目されるのは、書誌・目録情報への関心だろう。パーキンスのそれについてはふれたが、タトルもこの時期、重要な販売に手をつける。それが図書の目録カードの販売である。日本語書籍の書誌情報を取り、目録カードを作成する業務は、これまでにも述べたが、アメリカの各蔵書担当者を長く悩ませる問題となる。書誌情報を細かく取り、それらをローマ字化する統一的な方法についても確立していない時期である。この点にいち早く目をつけたタトルは、日本の国立国会図書館が作成した図書の目録カードを、外国の図書館に売ることを計画する。そのカードには著者やタイトルのローマ字表記も記されており、一九四九年の七月には、そのサンプルが各地の図書館に送られてきている。[28] ただ、この試みはやや早すぎたと言えるだろう。どの図書館も、目録作成はそっちのけで、図書購入にまず予算を投入し、奔走していたからである。

もう一つ注目したいのは、こうしてつくられた販売ネットワークが、今日まで影響している点である。占領後は、日米間の取次業務に日本からの会社も参入する。もっとも大きいシェアを戦後占めてゆくのは日本出版貿易株式会社（Japan Publications Trading Co., Ltd.: JPTC）である。ＪＰＴＣは横浜商事株式会社として一九二〇年に設立され、在外日本人向けの出版物や雑貨の輸出を手がけ、戦前においても日本からの出版物輸出ではもっとも大きな業者であった。[29] 一九六〇年頃には、タトル商会とこのＪＰＴＣが、日本の書籍、雑誌輸出の八割以上を取り扱っていたというが、六二年に両者は業務提携を行ない、ＪＰＴＣはタトルのもっていたアメリカ国内での販売網を引き継ぐことでこの領域での最大の業者となってゆくのである。[30] 一方タトル商会は、今日では出版業、洋書、古書の販売など、それぞれ別個に分社している。このうち、ヴァーモント州のタトル・パブリッシングは、アジア関係の洋書出版と流通の最大手であるペリプラス出版グループを形成している。

この時期の例外的な取次活動に焦点をあて、なぜそうした活動が可能となっていたかを見てきた。また、それが今日の日本語蔵書形成ともかかわる問題を含んでいることについても明らかにしてきた。とはいえ、やはりこれらの活動だけでは各大学の膨大な日本語図書の要求にはとうてい応えることができなかった。各大学に残された取引の文書を見るかぎり、実際には細かいタイトルのオーダーは難しく、イエール大学、米議会図書館、ハーバード大学など、ほとんどがブランケット・オーダー、つまり一定額を支払い、だいたいの収集図書の希望を伝えて、あとは購入をまかせるという方式をとっている。[31]これでは大学蔵書との重複図書も避けられないし、希望にかなった図書が来るとも限らない。また、価格の記録も残されているが、これら限られた取次の提示する価格は当時としても割高であった。[32]だからこそ、各大学は、独自に書物エージェントを送り込む必要があったわけである。では、そこに送り込まれたエージェントには、どういった人物が選ばれたのだろうか。

6　フーバー図書館東京オフィス

占領期の購入活動でもきわだった特徴をもっているのは、何といってもスタンフォード大学のフーバー図書館である。フーバー図書館は、先に述べたように占領地の史料に対する独自の関心と史料収集方針をもち、かつ軍との強いパイプをもっていたが、日本においては、図書収集、発送の拠点として東京オフィスをおくこととなる。そこで中心として動くのが、書物エージェントの東内良雄である。

スタンフォード大学は、同大学の一九三七年度卒業生であるこの東内良雄を書物エージェントとして雇い、占領下の日本に送ることとした。彼は、戦中は前章でふれたコロラドの海軍日本語学校で日本語を教えていた。[33]戦後、フーバー図書館に雇われ、日本での図書、文書資料の収集活動の中心となる東京オフィスのマネージャーとなる。この東京オフィスの設立、そして活動は、占領軍との深い関係のなかで展開されていった。総司令部の天然資源局のチーフであったヒューバート・シェンクの監督下にフーバー図書館の東京オフィスは一九四五年十一月に設置された。シェンクはもとスタンフォード大学の地理学教授であった。また、天然資源局が属する参謀第二部（G-Ⅱ）の長であったチャールズ・ウィロビーからの協力も得ていた。[34]その後フーバー自身の来日を経、公式の許可が出て資料収集に乗り出すのは、一九四七年からである[35]。その年十一月には、この東京オフィスがどういう方法で、どういう資料を集めるかをアドバイスし、サポートする委員会が構成された。この委員会（The Tokyo Hoover Library Advisery Committee）の名誉議長にはシェンク、議長に本村精三がなり、委員は東内以外では、本州製紙会社の市川義雄（いずれもスタンフォード大学出身）、イチハシ・シズコ、スタンフォード大学から送られてきたカワイ・カズオによって最初は構成された。また、これ以外にもオブザーバーとして民間情報教育局の長であったドナルド・ニュージェントや総司令部のアドバイザーとなっていたクロード・バスが適宜参加している[36]。この東京オフィスの活動に対しては、マッカーサーやウィロビーも強力に支援しており[37]、このことがさまざまな局面で、資料の収集活動にプラスに作用している。

東京オフィスは、こうした自立性をある程度もっていたが、基本的にはアメリカ本土の指示のもとで動き、ことあるごとに判断を仰いでもいる。アメリカ側で指示を出していたのは、フーバー研究所の長であり、歴史学の教授でもあったハロルド・フィッシャーである。また、そのもとで図書館の司書をしていたメアリー・ライトからの細かい指示もなされている。ただ彼女は中国語文献が専門であった。そのため、日本語文献に詳しい司書職を、米国側でも設けることとなった。そこで雇われるのがイケ・ノブタカである。イケは一九一六年シアトル生まれの日系二世であり、戦前はワシントン大学（シアトル）の極東学部の大学院で学んだ[38]。そして戦中は東内と同じく、コロラドの海軍日本語学校の教員であった。一九四九年七月に彼はフーバー図書館にやってくる[39]。

つまりアメリカ本土ではフィッシャーのもとにイケが位置し、日本ではシェンクのもとに東内が活動する。そして両者の間では常に情報交換がなされていた。今日のフーバー図書館のアーカイブズには、これらの書簡が、当時の購入文書、図書リストとともに保管されている。日本から送り出された図書、文書類については箱ごとに細かくタイトル、出版社などの情報が記録として残っており、発送された一四九九箱のすべての内容をうかがうことができる（図21）。

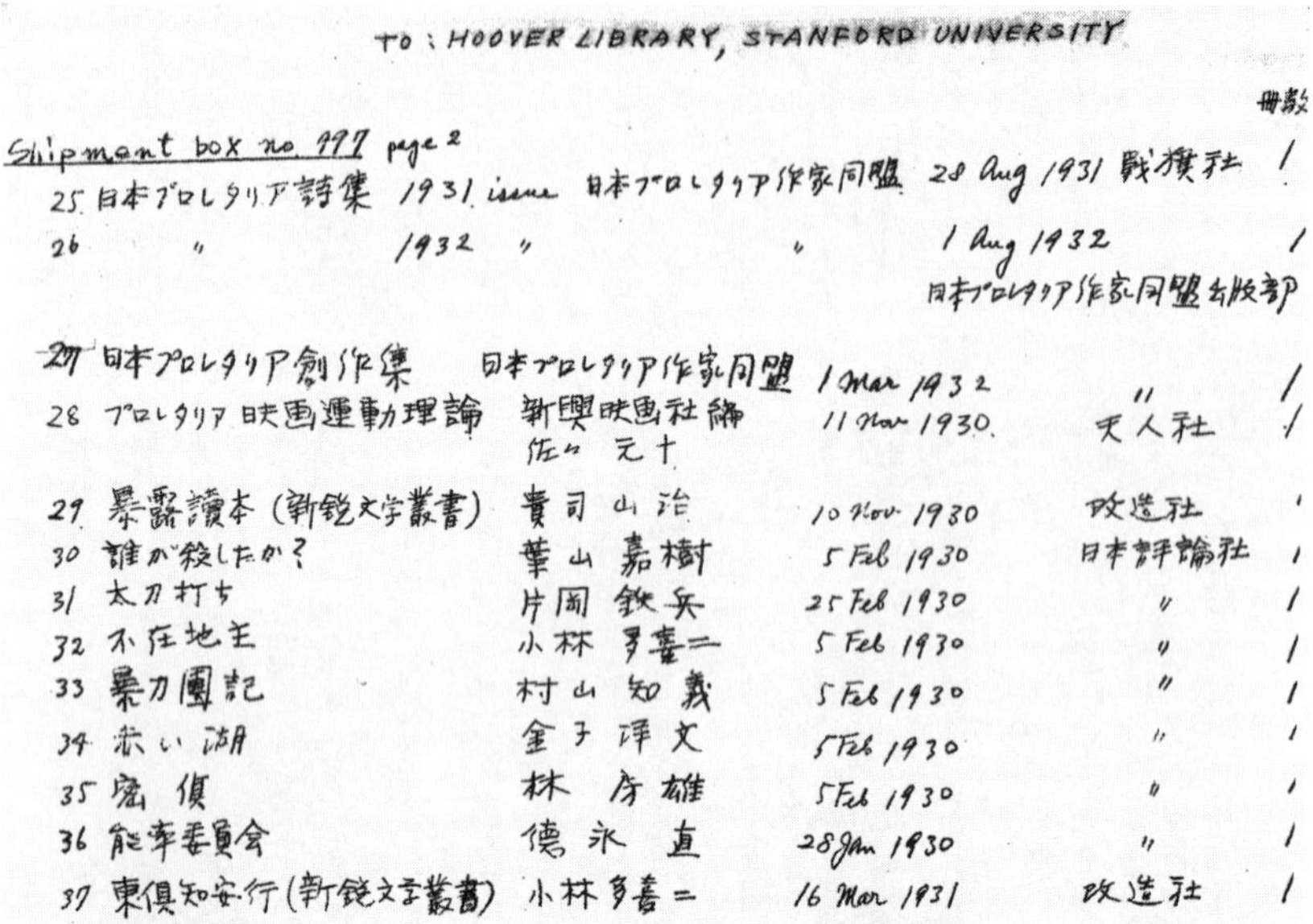

TO: HOOVER LIBRARY, STANFORD UNIVERSITY

Shipment box no. 997 page 2

					冊数
25	日本プロレタリア詩集 1931 issue	日本プロレタリア作家同盟	28 Aug 1931	戦旗社	1
26	〃 1932 〃	〃	1 Aug 1932	日本プロレタリア作家同盟出版部	1
27	日本プロレタリア創作集	日本プロレタリア作家同盟	1 Mar 1932	〃	1
28	プロレタリア映画運動理論	新興映画社編 佐々元十	11 Nov 1930	天人社	1
29	暴露読本(新鋭文学叢書)	貴司山治	10 Nov 1930	改造社	1
30	誰が殺したか?	葉山嘉樹	5 Feb 1930	日本評論社	1
31	太刀打ち	片岡鉄兵	25 Feb 1930	〃	1
32	不在地主	小林多喜二	5 Feb 1930	〃	1
33	暴力団記	村山知義	5 Feb 1930	〃	1
34	赤い湖	金子洋文	5 Feb 1930	〃	1
35	密偵	林房雄	5 Feb 1930	〃	1
36	能率委員会	徳永直	28 Jan 1930	〃	1
37	東倶知安行(新鋭文学叢書)	小林多喜二	16 Mar 1931	改造社	1
38	転形期の人々	〃	8 Sept 1933	〃	1
39	地区の人々	〃	8 May 1933	〃	1
40	工場細胞(日本プロレタリア作家叢書)	〃	4 July 1930	戦旗社	1
41	鉄の話 (No10. 〃 No9)	中野重治	18 June 1930	〃	
42	プロレタリア恋愛観	今野賢三	15 May 1930	世界社	
43	光と闇(日本プロレタリア作家叢書 No1)	藤森成吉	25 Sept 1930	戦旗社	
44	五月祭前後(〃 No3)	山田清三郎	25 Sept 1929	〃	
45	ビラ(詩集)	下川儀太郎	15 June 1930	紅玉堂書店	
46	七花八裂の無産政党史	北村巌	5 Apr. 1930	〃	
47	地上に待つもの	山田清三郎	19 Dec 1934	ナウカ社	
48	白い壁	本庄陸男	5 June 1935	〃	
49	悲しき愛情	平林たい子	17 Oct 1935	〃	
50	炭坑	橋本英吉	5 June 1935	〃	

図21 フーバー東京オフィス文書 東京オフィスから送られた書籍や文書はすべてリスト化され、その数量が箱ごとに細かく記されている。Hoover Institution, Tokyo Office, Hoover Institution Records. Courtesy of Hoover Institution Archives.

フーバー図書館が関心をもっていたのは、主として第一次大戦以降の現代日本の政治、経済、社会の領域で、書籍ばかりではなく、そうした領域の日記、手紙、政府文書類といった多様な形態の史料の収集にも強い意欲をもっていた。また、戦争や政治思想、左翼、右翼運動、労働運動といったテーマも関心をもって収集している。一見異なる領域に思えるコレクションも、こうした問題意識からのつながりが見える。当時の紙芝居や教科書のコレクションも東京オフィスは購入を指示されているが、これもメディアのプロパガンダ、思想教育といった側面からの関心による。[40]

ただ、その資料収集方針で注意すべきは、稀少なオリジナルの史料を手に入れようとしているのではない点だろう。むろんそうした史料が手に入るに超したことはないが、マイクロやコピー資料が手に入ればそれでよい、という方針をとっている。たとえば一九四七年、このオフィスでは、A級戦犯となった木戸幸一の日記、極東国際軍事裁判にも証拠として提示された、いわゆる『木戸日記』のオリジナルの購入やその翻訳権の買取りについて検討されている。また、四九年には、木戸と同窓でもある原田熊雄の『原田日記』――西園寺公望の秘書の位置にあって当時の政局を知る第一級の史料でもある――についても、購入や出版について、東京オフィスとフーバー図書館との間でさかんに意見交換がなされている。そもそもこうした貴重な史料を購入する可能性が出てくるのも、ウィロビーをはじめとする軍関係者の支援によるものだが、最終的には購入していない。理由は明確であり、少数のオリジナル史料に高額な資金を投じると、全体の収集資金がそれだけ削られるからである。ちなみに『原田日記』の見積額は一万五〇〇〇ドルから二万ドルであった。[41]

そもそも収集の当初から、フーバー図書館は、稀少なコレクションや美術品を海外に持ち去る機関と同一視されることを非常に警戒していた。既に一九四八年一月の段階で、東京オフィスの活動の目的を明確に公表し、特に日本から稀少な芸術作品を持ち去る意図がないこと、購入書籍には正当な代価を払うことを強調するパンフレットを作成する広報計画も進めていた。[42]これは、先に引いたような「国宝流出」を警戒する記事を意識していたからである。そもそも彼らは稀少な美術品として賞翫するために日本の書物・文書を欲していたのではなく、実際に利用することができる情報としてそれらを求めていたのである。イケは東内に「フーバー図書館の第一の関心は調査用資料であって、私たちはそれがたまたま稀少だから、ユニークだからという理由でそれを入手しようとする活動には関わらない」と書きおくっている。[43]

こうして収集された資料は多岐にわたり、前章でふれたATISの翻訳文書をはじめ、連合国軍総司令部の作成した膨大な出版物、あるいは特高警察の調書類の膨大なコレクションやレッドパージ前後の左翼出版物やパンフレット類など、特徴ある収集を行なう一方、参考図書や基本資料、代表的な新聞、雑誌のバックナンバーといった収集も併せ行なっている。こうした特徴あるコレクションについては、すでにいくどか調査もなされ、目録も作成されている。[44]

ただし、最初に述べたように、この収集活動は大きく占領軍に依存した活動でもあった。たとえば東京オフィスの維持費も使用料も軍の「好意」によって四年間は支払う必要がなかったし、国内での輸送も、本国から送られてきたトラック以外に、軍による輸送ルートによって支えられていた。[45]したがって占領の終わりは、同時に東京オフィスの利点を減じ、運営コストをはねあげることとなる。こうした判断もあり、一九五二年三月末日付でオフィスは閉鎖されることが決定された。[46]むろん占領の終わりは平和などとはほどとおい世界情勢のなかにあった。日本占領の終わりは、朝鮮戦争をはじめとした米軍の基地としての日本の確立でもあった。米国による各国へのさかんな軍事援助のなか、日本にもまた兵器製造許可がおりるこの月、オフィス閉鎖を前にして、ニュージエントは本国のフィッシャーにあて、次のような手紙を書きおくっている。

フーバー図書館とはるか離れたこの地では、状況は刻一刻と変わりつつあります。平和条約の発効が近づくにつれ、すべての権限が日本人にもどりつつあるのです。占領中徴用されていた資産は、兵舎やホテル等を含め返還されたか、されつつあります。占領軍は東京を後にし、日本人にしてみれば、すべてが「平常に」もどることでしょう。もっとも、今の世界にそうした「平常」などという状態が存在すればの話ですが。(47)

7　なぜ収集は成功したのか

フーバー図書館は、こうして大量の史料を集めることとなったわけだが、どうしてそのようなことが可能だったのか。実際に軍からの協力が得られたとはいえ、図書や文書を系統的に、組織的にこれほど集め得た背景には、それ以外のさまざまな要因があった。それには、一九四八年七月の有利な兌換レートへの移行といった実質的な要因もあるが、より深い要因も数多くはらまれている。フーバー図書館が関心を持つ戦時期の文書類にしても、日本の公文書や教育機関、政治団体の文書類は戦争末期に組織的に処分されており、資金があったからといって集められるというものではなかった。ここでは、こうした効果的な文書・書物収集がなぜ可能となったかを見てみよう。

東京オフィスとともに、そのアドバイスのための委員会が日本で立ち上げられたことは先に述べた。そして本国との間で、頻繁な情報の交換がなされていたこともふれた。また、図書収集のアドバイス委員会は、同時に本国側でも組織されていた。重要なのは、本国で組織されたこのアドバイス委員会に、スタンフォード大学のスタッフのみではなく、ワシントン大学（シアトル）のジョージ・カーやカリフォルニア大学（バークレー）で歴史学を教えるデルマー・ブラウン、ジョージ・マッキューンらが含まれていることだ。カーやブラウンは、それぞれの大学で日本語図書購入のブレーンとなったり、実際に占領下の日本で図書収集を行なった人物でもある。この本国の委員会では、互いに目的とする購入図書が重ならないよう、無用な競争をさけるための調整がなされており、また書誌や書店情報も交換されている。(48)つまりそれぞれの大学は、その得意とする分野に購入予算や労力を集中することができるわけである。雑誌にしても重複が調査され、同じ雑誌を複数の大学で購入するといったことも避けるよう工夫がなされていた。

また、出版物の書誌情報も、当初は少なかったものの、こうした国内外でのやりとりのなかで次第に情報が集積されている。当時でいえば、『官庁刊行図書目録』や『研究調査参考文献総覧』、『日本経済史文献』、『出版年鑑』といったレファレンス・ツールが用いられていた他、ワシントン文書センターが日本の学術界に指示してつくらせた日本についての基本文献目録(49)も、図書の注文に活用されている(50)。

しかしこうした本国からの指示がいくらあっても、それが直接日本国内での書物・文書収集に結びつくわけではない。こうした国内での東京オフィスの活動をたどると、そこには単に東京だけではなく、地方都市をも包含した広範な購入活動が展開されていたことが見えてくる。つまりフーバー図書館の資料収集活動がうまく展開していった理由は、こうした全国的な収集活動を積極的に行なっているところにもある。

東内は東京エリアで書物・文書収集を行なっていたが、西日本エリアの図書収集では、スタンフォード大学の卒業生であり、同志社大学に勤めていた岡本春三《はるみ》がフィールド・エージェントとして加わり、収集を担当している(51)。さらに東内は関東、関西ばかりではなく、九州、北海道にまで足をのばしている。九州地域には一九五〇年に向かい、九州の民事部の長ジョゼフ・ベルグハイムをとおして、軍ばかりではなく県職員からの協力も得て史料を収集している。九州で大きな成果をあげた東内は、アドバイス委員会の薦めもあって北海道での収集も行なっている。九州にしろ、北海道にしろ、炭坑地域を抱えて、組合活動や左翼運動がさかんに展開されてきており、これらの活動に関心をもっていたフーバー図書館にとっては重要な地域といえた(52)。

こうした活動からもわかることだが、収集活動は単独では無理であり、それぞれの地域での協力者の存在が不可欠であった。そこに、先の岡本をはじめとするスタンフォード大学のネットワークが介在してくる。たとえば国会図書館の調査部に当時いた徳澤龍潭も同大学出身であり、アドバイス委員会に加わるとともに、国会図書館の全面的な協力を約束している[53]。

東内はこの国立国会図書館をはじめ、各大学や研究所とも積極的に関係を構築し、図書や雑誌の交換を含めた協力関係をつくりあげている。こうした研究機関やさまざまな人物からの協力があったのは、フーバー研究所自体の目的や収集活動の内容について、意識的に訴えかけていたからでもあろう。東京オフィスの活動初期には、フーバー研究所を紹介するパンフレットを取り寄せて国内の大学、図書館、新聞社など一五〇の機関に送っているし[54]、また東京オフィス自体の活動についても、一九五一年に冊子の形でまとめ、収集した資料やかかわった人たちを紹介している。この冊子は五〇〇部作成され、占領軍の主要部署をはじめ、大学や外交関係にたずさわる人びとにも送られている[55]（図22）。

フーバー図書館は、先にも述べた大学出身者や占領軍をとおしてのコネクションをも含め、数多くの研究機関とも広く交渉している。戦中に内閣総理大臣をも務めた平沼騏一郎《きいちろう》らの無窮会図書館からは、『国威』、『国本』といった戦前の右翼系雑誌、新聞のコレクションを大量に購入している[56]。また、大原社会問題研究所からも、左翼系出版物の重複本、雑誌などを手に入れるためにたびたび交渉しており、戦前の重複本をフーバー図書館に寄贈してもらうという条件でその維持会員ともなっている[57]。これら数々の要因が、フーバー図書館の系統だった、大規模な資料収集を可能としていたわけである。

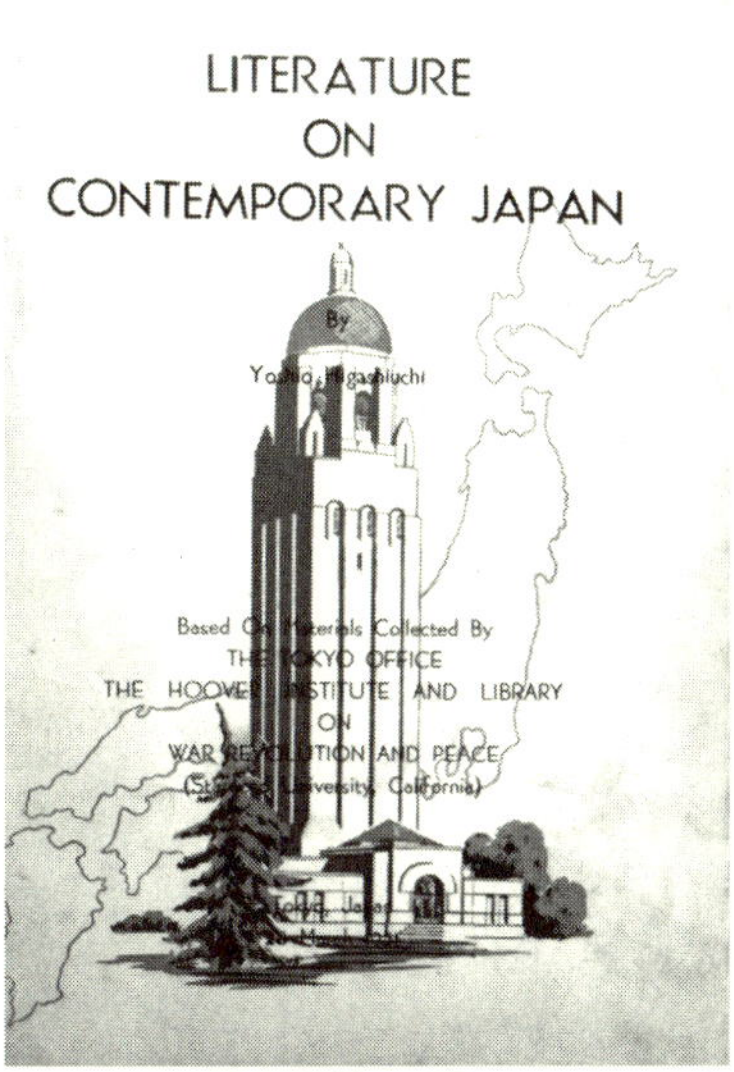

図22 フーバー図書館の活動 フーバー図書館の日本での活動を紹介した冊子。東内良雄が編集しており、オフィスの活動と、協力した日米スタッフの写真も掲載されている。

ただ、この活動は、一方的な接収・収奪といった性格をもつものではなかった。現在のアーカイブズには購入記録や書店への支払いについての書類、購入のための資金についての記録も残っており、それを見ても実際に購入であることがわかる。また、スタンフォード大学ばかりではなく、他のアメリカの大学も、この時期に図書の交換を求めて数多くの図書、雑誌を日本へと送っている。[58]そしてそこから研究機関どうしの活発な図書交換も生まれつつあった。フーバー図書館の場合、大学の所蔵する重複本や研究誌類はそうした関係をつくり、継続的に維持してゆくための貴重な材料であり、本国にもたびたびそうした寄贈用図書を請求している。[59]アジア・太平洋戦争期の日本において、こうした洋書、洋雑誌の供給が困難となり「洋書飢饉」といった言葉さえ用いられていたことは、第一章でも述べたとおりであり、この時期はどの大学、研究機関もこうした寄贈・交換をもとめていた。

つまり、一方的な収奪、海外への持ち出し、というよりも、占領下のこの時期には活発な図書の交換や販売が、アメリカの図書館や研究機関との間でなされていたということである。そのために多額の資金を各大学が投入している。カリフォルニア大学(ロサンゼルス)のアジア図書館の図書購入のために、占領期を含めて日本や中国にいくどか訪れたリチャード・ルドルフは、次のように述べている。

私はただふつうの日本の書店にはいってそれら[図書]を買ったわけで、なにもご禁制のものを買ったわけではない。[60]

むろん支払いをしているからといって、それだけで収奪にあたらない、とは言えないが。とはいえ、イエール大学に残された史料などを見ていると、実際には日本の古書店にいいように高価な図書をつかまされている外国人の書物エージェントの姿も浮かんでくる。当時の図書収集担当であった弥永千利《やながちとし》は、日本から購入して、送られてくる図書を見たうえで、高価な古書、特に和綴本や写本は買わないよう、その購入方針のなかで注意を呼びかけている。[61]なぜならそれらを読める人間がいないからであり、註釈付きの図書の方が有用かつ安価だからである。ここでもまた、日本語図書が、古典籍を含め、美術品から、実際に「読む」ものへと転換しているわけである。

フーバー図書館のフィールド・エージェントだった東内の図書収集、購入活動が興味深いのは、こうした活動をとおして、彼の資料を探し、見る目が次第に磨かれてゆくことが如実に見えてくる点である。本国からの指示やアドバイス委員会があるとはいえ、実際の交渉や収集にあたっていたのはやはり東内であった。

これはたとえば、本国から送られてくる指示に対する意見や反論を見ていてもわかる。購入経費の削減とスペースの問題から、フーバーは日本での地方新聞の購入を打ち切り、都市で販売されている有力紙にかぎろうとするが、それに対して具体的に、たとえば三菱造船所の争議をとりあげ、九州の地方紙ではトップ・ニュースであるにもかかわらず全国紙では一行も報じられていないことをあげて、収集するべき地方新聞をいくつか提案する。[62]あるいは、国立国会図書館との交換が軌道にのれば、すべての政府刊行物の交換が可能となる、という楽観的な見方に対しても批判的で、いかに多くの細かい調査レポートや配布文書が国会図書館に収められることなく消えてしまうかを力説する。[63]政府文書ばかりではなく、実際に右翼団体から左翼運動の地下出版物まで、ひたすら人脈をつくりあげてその機関や地域の出版物を集めていた東内は、図書や雑誌以外に、多くの収集すべき重要な小冊子や文書類が存在していることを明確に意識するようになっていた。

さて、こうした活動を展開したスタンフォード大学だが、ここで、スタンフォード大学における日本語蔵書史について補足的に説明しておくこととしたい。

8　スタンフォード大学の日本語蔵書史

スタンフォード大学には日米の外交関係についての著書もあるペイソン・トリートが一九三四年までおり、彼による極東史の講座が一九〇六年から設置されていた。彼とイチハシ・ヤモトによる極東および日本史は、一九三〇年代の調査によれば毎年三五〇人程度の生徒が受講していたという。また、彼らによってつくられた日本語図書コレクションは、少なくとも極東の歴史・政治に関しては大学院生の研究にも対応できるレベルとなっていた。[64]

とはいえ、やはり一気に増えてゆくのは、先に述べた占領期であり、日本語文献の司書職も設けられ、イケノブタカが雇用されるわけである。彼は今日では日本の政治学・政治史分野の研究者としても知られている。五八年に出された彼の調査によれば、フーバー図書館の日本コレクションは三万冊の規模に達している。[65] しかしむろん規模よりも、社会科学領域を中心として、独特の収集方針によって集められたこの蔵書は、量に還元できないぬきんでた価値をもっていたことは言うまでもない。

占領後も、スタンフォード大学の東アジア・コレクションは、こうした傾向のもとで図書収集を続けるが、その後大きな変化があるのは、七〇年代、連邦予算や各種基金を積極的に活用しながら行なわれた東アジア図書館整備においてだろう。むろん他大学のコレクションでふれたように、この時期からアジアの書籍価格は次第に高くなり、一方でドルの力は八〇年代にかけて低下してゆくなか、蔵書をふやす工夫がさまざまに試みられることとなる。寄贈や交換による収集を強化しているのもそうした試みであり、この時期は日本、香港、中国から入手した図書のうちの、実に三割以上が寄贈または交換によるものとなっている。[66]

こうしたなか、カリフォルニア大学（バークレー）の蔵書史について触れた折にも若干述べたが、大学間の連携強化によってスタンフォード大学の東アジア・コレクションは成長することとなる。バークレーとスタンフォードの協力関係は、これまでにも何度かふれた地域研究のための連邦予算、国家防衛教育法（ＮＤＥＡ）の予算獲得においても有効であった。一九七三年には東アジアを軸にしたＮＤＥＡ言語地域センターを合同で構築し、スタッフの交流や相互貸借の効率化、協力した購入活動や定期刊行物についての目録情報の交換・共有、さらにその目録出版プロジェクトが積極的に進められることとなった。スタッフには、現代日本の政治科学や歴史領域においてミシガン大学で大きな実績をあげてきたロバート・ウォードを迎え、一九七三年に東アジア図書館委員会が構成され、図書を充実させる取組みがなされる。ウォードはミシガン大学の日本研究所設立の中心メンバーの一人であり、日本占領期の研究文献目録の作成にもたずさわった人物である(67)。

東アジア・コレクションはこれにあわせて、数年にわたって米議会図書館が当時売りに出していた日本語文献の重複本を競り落として購入している。これは四八〇箱に及ぶ量であり、時期から考えればおそらくはワシントン文書センター経由で米国に持ち込まれ、米議会図書館に移された図書のうちの、重複分にあたる可能性もある(68)。同時に万博基金やアンドリュー・メロン財団の助成金を活用して未整理の図書の目録化を進めている。

七〇年代の後半には日米友好基金をバークレーとともに分け合うこととなり、この折にも購入領域の調整や互いの蔵書情報の共有、目録づくりが取り入れられている(69)。どちらかの図書館にあれば、二四時間以内にそれがとりよせられるネットワークが一九八〇年にはすでに出来上がっているが、こうした連携協力については、後の章(第八章)で再度扱うこととする。この連携は両大学ばかりではなく、次に西海岸の大学、そして全米の大学、という形の連携へと発展してゆく大きな問題だからである。そしてこのことは、八〇年代の目録情報の電子化、共有化と不可分の関係にもある。

スタンフォード大学の東アジア・コレクションについては、最近の大きな変化についても述べておくべきだろう。もともと日本語の文献は、文書、図書を含めてフーバー図書館が収集を行ない、東アジア・コレクションとして成長させてきていた。その一方で、スタンフォード大学には中央図書館であるグリーン図書館があり、英語による日本関係文献はこちらの図書館が収集を行なっていた。これが、フーバー研究所と大学との話合いの末、二〇〇一年からは東アジア・コレクションとそのスタッフが、ともにグリーン図書館を中心とした中央図書館の分館の一つとなり、日本語図書はフーバー研究所から離れてメイヤーズ図書館に移ることとなった。これによって、これまで東アジア・コレクションで収集した文書類はフーバー図書館の管理に、書籍類は中央図書館の管轄として分離されることとなった。

それまではフーバー研究所の関心領域のもとで特徴ある蔵書構築を行なってきていたコレクションであるが、そこから離れて、中央図書館の分館として、日本語図書全般に目配りをしながらの蔵書構築をも同時に行なう必要に迫られることとなったわけである。このことは、これまで重点的に集めてきた領域に十分な資力を投入できないという悩みを抱えることになった。

蔵書史に関する史料についていえば、占領期を含めての図書収集・購入に関する一次史料は主にフーバー図書館に収められている。占領期の詳細な購入文書リストも残っていることはこれまで述べたとおりだが、それら図書の書店からの請求書、領収書類については、移動した東アジア図書館が管理している。したがって蔵書史的観点からの史料整備においては、フーバー図書館と東アジア図書館の両者の協力が不可欠となる。(70)

これら史料から描き出してきたとおり、フーバー図書館は、高価なオリジナル史料よりも複製やマイクロでもよいのでより多くの資料を欲していたことがわかる。東内は実際に占領下の国立国会図書館で、米議会図書館が用いていた複写機材を共用してもいた。また、収集し得た貴重なオリジナル史料も、どちらかといえば当時はその貴重さが一般的には認識されていなかった現代史料、文書類だった。美術品や貴重書が海外に持ち出されることへの日本国内の批判を警戒し、意識しつつ活動を展開もしていた。こうしたなか、大規模な貴重書籍の購入を極秘裏に成功させた大学もあった。この章の最初にもふれたカリフォルニア大学（バークレー）である。

9　UCバークレーのエージェント

カリフォルニア大学（バークレー）において、司書や学長の間で、終戦直後の図書購入の重要性が、はやくから共有されていたことは本章の冒頭で述べた。また、実際に戦争が終結するやいなや、学長のスプロールは占領地の図書情報を集めるために、国務省のジョージ・アチソンに連絡する。連合国軍総司令部でマッカーサーの政治顧問をも務めたアチソンは、バークレーの卒業生でもあった。アチソンを通してスプロールは、かつて米議会図書館の日本部の主任であった坂西志保に連絡をつけた。占領地日本での図書購入状況を知るためである。[71]

一九四七年には、戦前から東洋学科の長を勤めているフェルディナンド・レッシングを中国書籍を中心とした収集のためにすでに派遣しているが、日本語図書の収集は翌年の、歴史学教員デルマー・ブラウンの派遣によって大きな成果をあげる。この背景には、ロックフェラー財団やカーネギー財団による積極的な資金投入の動きがあった。後に地域研究とよばれることになる海外の重要地域の言語教育への大規模な投資が始まるのだが、これが当時のミシガン大学やワシントン大学（シアトル）、バークレーといった東洋領域に関心を向ける大学の図書購入の財源ともなる。[72] ロックフェラー財団のチャールズ・ファースは、バークレーの東アジア図書館に関心をもって当時から視察に訪れていた。[73]

そして、また、すでに一九四七年の創設時から七万七〇〇〇冊規模の日本語・中国語図書を擁していた東アジア図書館は、日本での図書購入にあたって、何でも手に入れるというわけにはゆかなかった。それまでの蔵書と重ならず、かつどこを強化するか、といった明確な方針を立てておく必要があった。こうしたなか、スタンフォード大学をはじめとする西海岸の各大学との購入調整や情報交換が行なわれたわけである。それぞれの図書館の傾向を見た上で、バークレーは、基本的な参考図書類の充実を中心にしながらも、日本文学、歴史領域、なかでも特に古典籍の収集に関心を向けている。この領域なら西海岸ではどの大学もほとんど集めていなかった上に、それまでのバークレーの蔵書とも重複する心配も生じなかった。[74]

ブラウンは一九四八年の夏に日本に向かう。図書館からの購入資金一五〇〇ドルに加え、学長から提供された九〇〇〇ドルをもって。[75] この図書収集は予想を超える成功となった。ここには、先に説明したドル価の変動も作用しているが、購入の大きな助けとなったのは、ブラウンと戦前から親交のあった今井吉之助《きちのすけ》の存在だった。そしてこの今井は、この後のバークレーの大規模な図書購入に決定的な役割を果たすこととなる。ブラウンはこの旅行で各地の大学と図書交換の協定を結ぶ一方で、三四〇〇冊以上の図書と一〇〇〇点に達する雑誌を手に入れる。彼はその報告で、先のタトルやパーキンスといった取次を通すと、図書価格が三倍近くになってしまうことを述べ、現地へのスタッフ派遣の重要さ、有効性を強調している。(76)

ブラウンの次に派遣されるのが、前章のバークレーの日本語蔵書史でも少しふれた、エリザベス・マッキンノンである。彼女は、先立つブラウンの収集のために、購入図書リストの作成も行なっていた。なぜ彼女はこうした領域に詳しかったのか、そもそも彼女はどういった人物なのか。

彼女もまた、ミッショナリーの子弟であり、東京で教育を受けていた。彼女はお茶の水女子師範学校を出、札幌の北星女学校で国語教員として教鞭をとっていた時期もある。(77) 父親のダニエル・マッキンノンは小樽高等商業学校（現在の小樽商科大学）の英語教員であり、作家の小林多喜二や伊藤整が学んでいた頃にも教鞭をとっている。伊藤整の小説『若い詩人の肖像』には次のようなくだりがある。

マッキンノンさんと日本人の奥さんとの間には何人かの子供があったが、上のお嬢さんは小樽の女学校に行っていて、非常な美人で、かつ才媛だということであった。(78)

ここで語られている女性が彼女、エリザベス・マッキンノンである。彼女は一九四一年の夏に渡米し、そのまま開戦を迎えることとなる。ハーバード大学でエリセーエフの助手のような位置で日本語を教えており、その後海軍日本語学校のボールダーへの移動にともない、そこに日本語教員として行くよう指示された。その後ハーバード大学に呼び戻されて、やはり日本語を教えた。

東アジア図書館を設立するにあたって、バークレーが司書としてエリザベス・ハフを雇ったことはすでに述べた。このハフは、ハーバード大学で学んでいた折に、同じ名前（エリザベス）をもつマッキンノンと親しくなる。そして日本語コレクションの設立のために、マッキンノンに声をかけるわけである。[79]

派遣されるマッキンノンの日本に対する思いは複雑であった。生まれ育った土地に戻ることになったわけだが、もはやそこに彼女の家族はいない。日米開戦後まもなく彼女の父ダニエル・マッキンノンはスパイ容疑で特高警察に拘束され、すべてを奪われてアメリカに送還された。当時金沢の旧制第四高校で学んでいた弟のリチャードも同様である。エリザベスの母親は病弱で、入院したまま一人日本に残されることとなった。

子女も前後して帰米、後に残された秦子夫人は辛苦と栄養不良のために病床に臥し、手廻り品の売食いで病養につとめたが恨みをのんで他界された。送還の際、マッキンノン君は心身困憊、衰弱の極に達して乗船の時は、生ける屍にひとしく、精神朦朧、何も弁えられぬ状態に陥った。[80]

エリザベス・マッキンノンは一九四八年の十月から翌年の三月にかけて日本を訪れている。ブラウンの残した図書購入費七五〇〇ドルにロックフェラー財団からの七五〇〇ドル、そして作成した二五〇〇点にのぼる購入予定図書リストを携えて。[81] このときに購入交渉をしたのが村上コレクションである。村上コレクションを買わないか、という打診は、すでにこの年八月に、当時の管理者で輸出入業を営んでいた内山進から大学へともたらされていた。[82] 村上文庫は、実業家として知られる村上太三郎の女婿の村上濱吉によって収集された初版本を多数含む三万冊規模の近代文学コレクションである。だがむしろ村上の名前は、このコレクションよりも『明治文学書目』によってその名前を知る人の方が多いだろう。明治期の書誌であるこの書は、そもそもは川島五三郎が、この村上文庫の目録を作成しようと、一九三〇年からつくりはじめたものである。それが、しだいに全明治文学書の書目へと発展していったものであり、この事実からも同コレクションの充実度がわかろうかと思う。[83]

このコレクションは、そのうちの一万五六〇冊が、今からみれば破格ともいえる三〇〇〇ドルで大学側に提示されたが、大学側はそれがほんとうに購入するに値するかどうかをまず確認したかった。そのため、ハフはその確認を、ハーバード大学での二人の共通の知人でもあったE・ライシャワーにしてもらうようマッキンノンに連絡をとる。[84] つまりハーバード大学でも欲しがるような図書なのか、という確認がとりたかったわけだが、逗子でそれを実見したライシャワーは当然買うべきとのアドバイスをし、最終的に二五〇〇ドルで購入がきまった。[85]

『明治文学書目』は、いま述べたように、明治期の文学書全体の目録であって、正確には村上文庫にそのすべての文学書がそろっているわけではない。マッキンノンは、このコレクションの包装、発送作業で幾度か逗子を訪れるなかで、書目の編纂にもあたった川島五三郎と親しくなり、欠けている図書をさらに探し、充実させてゆく計画を立てる。そして川島は、取次のタトルとともに、その欠けた本を埋めるべくバークレーに協力し、その後も村上コレクションはさらに充実してゆくこととなる。[86]

マッキンノンが村上コレクション購入の交渉にあたったのはこの年の十一月だが、彼女の活動は実に多岐にわたっていた。先の今井吉之助はもちろん、文部省や東京、京都の各地の大学を訪れて図書交換の協定を結んでいる。東京での彼女は、タトルが各大学との取引のために集めた図書から、バークレーに送るべき図書を選んでいた。むろん国会図書館や上野図書館、東洋文庫も訪れる。そうしたなか、三菱財閥の私設図書館である静嘉堂文庫を訪れた際、書誌学の大家でもある川瀬一馬と知り合い、各地の文庫の情報を得ている。年末からは東北、北海道へと足をのばし、購入活動をすすめた。こうした活動によって、東アジア図書館の日本語文献は一気に三万冊規模に成長する。[87]

そしてこの年末、そのように訪れた文庫の一つに、戸越（現在の品川区豊町）の三井文庫があった。

10　三井コレクションの獲得

一九五一年一月、カリフォルニア大学は三井コレクションの購入についてプレス・リリースをおこなっている。その原稿によれば、購入図書は六つのパートよりなる。一つ目は二万冊からなる一般図書のパート、二つ目は鶚《がっ》軒《けん》コレクションで、東京帝大の薬学教授・土《と》肥《ひ》慶藏《けいぞう》の収集した医学・植物学関係の貴重書が二万八〇〇〇冊。[88] そして三つ目は大正・昭和期の中国研究家今関天彭《いまぜきてんぽう》（寿麿）が朝鮮や北京で収集した二万冊の今関コレクション。[89]

図23　到着した三井コレクション　ドー図書館（Doe library）の地下で、向かって左から図書館長のドナルド・コーニー、そしてハフ、マッキンノン。UARC PIC 9:168b, Courtesy of University Archives, The Bancroft Library, University of California, Berkeley.

四つ目は宗辰コレクションで、三井宗辰《そうしん》による日本文学や歴史領域の図書二万冊からなり、貴重な古活字本をも多数含んでいた。五つ目に浅見コレクション、これは一九〇六年からソウルで公職にあった浅見倫太郎が収集した七〇〇〇冊の朝鮮本。六つ目は五〇〇〇点に及ぶ拓本や古地図類。したがって概数では一〇万冊の規模のコレクションであることがわかる[90]（図23）。

　マッキンノンは日本を訪れた一九四八年の末、今井吉之助をとおして、三井コレクションを購入できる可能性があることを知らされた。最初は一〇万冊、五万七〇〇〇ドルの見積りだったが、今井が交渉をとおして五万ドルまで下げている。その後一部のみの売却を打診した大学側に対して、部分的な購入に応じないかわりに、四万五〇〇〇ドルまで値を下げている。

三井文庫が蔵書を手放すことを決めたのは、当時の財閥解体にあたっての保身策と見ていいだろう。本社の解散、資産の敷地や建物の売却がすすむなかで、資産をドルに代えて海外の口座にとどめて温存する意図があったようだ。バークレーに残された文書には、三井側のオーナーが、「もしも売買が成立したときには、直接彼ら（三井側）にその代金を支払うのではなく、彼らがそれを請求するまで未払いにしておくか、合衆国内のしかるべき人物の口座に預金しておくことを望んでいる」とあるからだ。[91] こうしたところからも、占領期の海外研究機関の図書購入を、一方的な収奪とみる見方が単純すぎることがわかろうかと思う。村上文庫にしても、三井文庫にしても、積極的な売却する戦略や意図があるわけであり、複雑な駆引が互いに展開されているのである。

ひとまず一九四九年の三月に日本を後にしたマッキンノンがこの購入のために再度日本へと派遣されるのは同年八月のことである。バークレーのスタッフでGHQにも顔が利くデンゼル・カーも次いで送り込まれ、二人で交渉にあたった。[92] カーは言語学領域でポーランド語やロシア語を専門としていたが、日本語も自在に話せたという。[93] 学長のスプロールはマッカーサーに向け、彼らの便宜をはかってくれるよう直接手紙を書きおくっている。[94] だがそこでは、三井文庫には一言もふれられていない。これは購入に当たってロックフェラー財団に資金援助を要請する際にも同様で、あえてその言葉を用いないよう配慮されていた。[95] 情報がもれて日本国内に批判の声があがったり、他大学や財団と競り合いになったりすることを避けるため、交渉は図書が海を渡って安全なところに来るまで、極秘裏に、かつ迅速にすすめる方針だったのだ。[96]

ところが、交渉はそう簡単にはまとまらなかった。交渉が続くなか、カーは授業の始まる九月を迎え本国に帰国する。一人に残されて交渉にあたっていたマッキンノンは、女性一人でこの交渉にあたっていたわけだが、長引く交渉のなかでかなり不愉快な思いもしたようで、とうとうもう交渉には耐え難いこと、早く帰国したいことをハフに訴える手紙を書いている。これに対して、すぐさまハフはカーを呼び、彼女の滞在先のホテルへ二人して電話をかけ、はげまして交渉を続行させた一幕もあったという[97]。この交渉を複雑にしたのは、三井側がたびたび条件の変更を求め、売却ではなく洋書との交換にする、あるいは部分的にそうする、といった条件を出したり、金額の支払い方法についての変更が提案されたからであり、そのたびに本国とのやりとりを行なわねばない状況だったからである。

この背景には、日本における財閥に対する占領政策の転換も反映していよう。マッキンノンが最初に三井文庫の売却について耳にした年の前年、すなわち一九四七年末には過度経済力集中排除法が国会で成立するものの、これは同時に経済界の戦争責任者の追放、財閥の解体政策と進んできた占領政策が方向転換してゆく地点でもあった。日本の資本主義経済を阻害する過度の経済政策として、それまでの占領政策を批判する声が米国内でも起こる。一方、日本政府も独占禁止法を四九年六月に改正し、会社間の株式保有や役員兼任の制限がとりはらわれてかつての財閥の形態を容認する方向へと動いている[98]。こうした流動的な情勢のなかでは、資産売却の是非やその方針、条件は容易に決定しがたかったのである。

購入の次に問題となったのは輸送である。大規模な輸送となるが、なるべく知られないように早急に送る必要があった。本の搬送を担ったのは、これまでもたびたび出てきたタトルであった。彼が六万冊の搬送を引き受け、四万冊を日本出版貿易（ＪＰＴＣ）が請け負う。戦後の日米間の書籍流通を担う二大取次がともに搬送を担っているわけである[99]。図書の四万五〇〇〇ドルにこれら取次の手数料、搬送、包装費や旅費を含め、総額六万二〇〇〇ドルの大きな取引となった[100]。そして、その後のさまざまなプロジェクトをとおして目録づくりが進められるのは、前章で述べたとおりである。補足しておけば、その作業過程で明らかとなったこの三井コレクションの重複図書は、カリフォルニア大学（ロサンゼルス）およびドイツの大学に売却されている[101]。

11　ミシガン大学の日本語蔵書史

日本での大規模な購入活動では、これまでにあげたバークレー、スタンフォード大学に加え、ミシガン大学をあげねばならない。ミシガン大学の購入活動も、また独特の展開を見せている。だがその前に、ミシガン大学の蔵書史について概観しておく。明治初期に外山正一や小野英二郎らが留学した大学としても知られ[102]、日本とのつながりも古いこの大学だが、その日本学、そして日本語蔵書の展開はどのようなものであったのか。

ミシガン大学が、戦前から日本学セミナーを開催し、卒業生でもある米議会図書館の坂西志保との協力・連携もなされていたことは、序章で述べたとおりである。そしてそこで登場した移動図書館「日本参考図書館」も、ミシガン大学で暖かい歓迎を受けていた。当時のミシガン大学の日本学の中心的な存在は、ロバート・ホールである。一九二〇年代から、戦前に少なくとも五度は日本を訪れ、前田多門をはじめとして日本にも知友が多く、それが後に述べる岡山のミシガン日本研究所設立を可能にしてゆく[103]。ホールは今日も活発に活動するアジア学会（Association for Asian Studies: AAS）の前身である極東学会（Far Eastern Association）が一九四一年に組織されたときの中心メンバーでもあり、この領域では当時から著名な人物であった[104]。

戦前においても、ホールや、日本語教育のヤマギワは、国際文化振興会と深いつながりを持ち、日本語図書の購入、寄贈、管理についての情報を手に入れていたことも、これまでにふれてきた。戦前の日本語図書の蔵書数はごく少なかったが、坂西や、当時の全米学術団体評議会のプロジェクトをとおして、はやくから参考書誌や図書情報の作成に関心をもっていたわけである。

ジョゼフ・ヤマギワは日本名、山極越海《やまぎわこしみ》で、ワシントンのシアトル生まれの二世であり、ミシガン大学で修士、博士号を取得している[105]。彼は一九三五年からミシガン大学で日本語教育に携わるが、戦中の陸軍日本語学校やC

ＡＴＳでの教育、教材開発で活躍することとなることは前章で述べたとおりである。こうした実績をもとに、彼は戦後長くミシガン大学で極東言語文学の学科長を勤める。ちなみに彼の蔵書コレクションは後にイリノイ大学（アーバナ・シャンペイン）に寄贈されている。[106]

陸軍日本語学校の歴史や、ＣＡＴＳの活動については前章でふれたとおりであり、シカゴ大学やノースウェスタン大学との間で図書や教育素材、教員相互の交換・提携がなされてもいた（図24）。こうした実績、ノウハウのもとに、ミシガン大学は戦争直後に日本研究所（Center for Japanese Studies）を設立する。第二次大戦は、何といっても敵国や同盟国を含め、これまで無視していた地域の研究が未熟であったことを思い知らせる戦いとなった。このことがいちはやく、こうした地域の研究の現状を把握し、あらたな研究所の設立構想をうながすこととなる。その嚆矢が、一九四六年にホールが中心となって行なった全米レベルでの地域学コースの現況調査だった。[107]

図24　陸軍日本語学校　ミシガン大学にもうけられた陸軍日本語学校。同大学にはそこで使用したテキストや、スタッフ独自に作成した日本語教育素材も残されている。Courtesy of The University of Michigan, Bentley Historical Library.

この調査をとおして、大学院教育を備えた極東学コースは当時少なく、かつミシガン大学に実現するだけの能力があること、また、他大学でも中国学やアジア学研究所はあっても、日本に特化した研究所がないといったことから、ミシガン大学は日本を中心においた、大学院レベルの教育・研究・調査を含む研究所構想に動き始める。資金面で極東領域のこうした研究に強い関心を持っている財団は当時としてはロックフェラー財団とカーネギー財団であり、後者が一九四七年から、一二万五〇〇〇ドルの助成金をミシガン大学の日本研究所構想に提供することとなった。この研究所が岡山に現地研究所（Okayama Field Station）を設置する際にはさらに五万ドルが提供されている。[108]

ミシガン大学の占領期の図書収集に重要な役割を果たすのがこの岡山の現地研究所だが、それは次節で述べるとして、ここでは、ミシガン大学の米国内での日本語図書にかかわる動きをおってゆこう。この時期にミシガン大学の日本研究所が行なった重要なプロジェクトはいくつかある。まず重要なのは、ロバート・ウォードやヤマギワらの行なった、参考書誌プロジェクトである。日本文献についてのこうした参考図書、レファレンス・ツールづくりの重要性については序章で強調したとおりである。この調査は各大学のかかえる日本語文献についての領域別の書誌としてシリーズ化して、刊行される。書誌としては現在では実用に耐えないものの、この調査は当時のコロンビア大学、イエール大学、米議会図書館といった場所での蔵書調査によってなされており、当時のアメリカにおける日本文献の状況をとらえるには貴重な史料といえる。[109]

こうしたプロジェクトのために、そしてまた日本語蔵書の構築というねらいもあり、ホールは、序章でも出てきた福田直美を図書館で雇うことを計画した。[110]ただし、ビザがなかなか出ないうちに、彼女は結核のために長野県小布施の療養所に移転し、この計画は頓挫する。[111]彼女はまた、ミシガン大学が当時タトル商会をとおして行なっていた日本語図書の購入の選定にもあたっていたが、この仕事は坂西志保が後をうけて行なっている。[112]先にタトルが、図書の目録カードの販売にも手を着けたことを述べたが、これも当時国会図書館設立のコンサルタントでもあった福田のルートから手に入れたものであり、彼がこうしたカードの必要性を意識したのも、ミシガン大学との取引をとおしてだった。[113]ミシガン大学の同窓会名簿によれば、この時期の福田はＧＨＱの対敵諜報部（Counter Intelligence Corps: CIC）所属となっている。[114]

この頃のミシガン大学に関連して、もう一つ重要な点がある。一九四八年から四九年にかけて、全米の図書館に向けて、極東文献についての購入やカタログの問題を議論し、情報を交換する全米会議が提唱され、実現されるが、その活動への関わりである。ヤマギワは、現在アジアに関連する領域をもっている各大学が共通して抱える悩み、戦争直後のこの時期に、いかに日本語図書を手に入れるか、いかに目録化するか、そしてその情報をいかに共有・交換しあうか、という問題を解決するために、そうした調査・調整組織や会合を構想する。

ミシガン大学の図書館長であったウォーナー・ライスもことの重要性を理解しており、当時、米国図書館協会の会長であったチャールズ・ブラウンとコンタクトをとる。ブラウンの全面的な賛同を得て、ヤマギワとブラウンの共同提案という形で、一九四八年の研究図書館協会（Association of Research Libraries: ARL）の全米会議、そして同年アトランティックシティで開催された米国図書館協会の全米会議において訴えかけることとなった(115)。後者の会議の折に、東洋学の教員、ライブラリアンを中心に東洋文献を中心とした問題を専門に扱う全米会議が非公式に組織される。これが全米東洋コレクション委員会（National Committee on Oriental Collections in the U.S.A. and Abroad）であり、ミシガン大学のヤマギワとライスは、全米での日本語・中国語図書の購入や目録作成の現状についての調査を始める(116)。翌年にはこの委員会は、極東学会と米国図書館協会をベースに組織化がすすみ、イエール大学でより規模の大きい全米会議が開催され、そして全米レベルでのコレクション調査が、協力して始まることとなる。この席上、ヤマギワとライスは、全米の図書館のアジア蔵書のかかえる問題点について報告するのである(117)。

ミシガン大学のこの時期の蔵書自体の変化でいえば、これまでにもふれた一九四九年の米議会図書館での接収図書の整理計画にも参加している。これにはフォレスト・ピッツ、ウィリアム・ディッカーマン、イトウ・ヒロシの三名が派遣されている(118)。だがやはり、図書の増加の中心は、日本からの購入であった。

ミシガン大学の日本研究所は、この後もさまざまなプロジェクトをたてて日本研究を進める。五〇年代には、日本についてのドキュメンタリー・フィルムの製作計画を企画、実施しているし(119)、現代日本地図の作製や、先の参考図書シリーズの継続と、多彩な活動を続ける。

一九四八年に設立された極東図書館は、一九五九年には南アジア、近東をもおおう形の「アジア図書館」に名称を変え、あわせて地域研究を推進する国家プロジェクトといえる国家防衛教育法（ＮＤＥＡ）のもと、極東言語文化学科および日本研究センターとの協力のもとで発展してゆく[120]。

ミシガン大学では、アジア領域の参考書誌づくりで、レイモンド・ナンの仕事が著名だが、彼は一九六一年にハワイ大学の東西センターに移ってゆく[121]。日本語文献についての専門の司書職は、鈴木幸久からであろう。鈴木はこれに先立って、一九五〇年にアメリカに渡り、ミシガン大学に在籍していたが、そこで図書館学を学ぶかたわら、アルバイトとして日本語図書の管理に当たっていた。

さらに驚かされたのは、室長と職員2、3人、パートタイムの助手2、3人という構成では手が回らない事もあったが、大学図書館と日本研究所からの予算で購入数が優先されていて、目録、分類作業にはまったく関心がないことであった[122]。

当時の日本語図書の管理や扱いのずさんさ、無責任さは目に余るものであった、とアルバイトの頃のことを鈴木は振り返っているが、そこに今度は責任者として乗りこむことになったわけである。彼はこれまでにもあげた国家防衛教育法（ＮＤＥＡ）や高等教育法によって連邦予算や財団から多額の資金が図書館へと流れ込む六〇年代にあって、日本語図書の管理・運営の基盤を確立するために奔走する。彼は六九年にハワイ大学に図書館学の教授として移り、その後京都外国語大学に移っている。彼の着任期間の活動については、彼自身がかなり細かく書き残している。

そして鈴木の後をうけてミシガンにやって来るのが、国際文化振興会（一九七二年より国際交流基金）図書館長の職を退いた福田直美であった。戦争直後にホールが抱いた福田をライブラリアンとして雇う計画は、二〇年を経て実現するわけである。ミシガン大学の日本語蔵書の特徴は、何といっても規模の大きさと、全体としてのバランスのよさを兼ねそなえている点にあるだろう。戦争直後から、一貫してレファレンス、参考書誌に投入されてきた資金と労力を考えれば当然かもしれない。ウォード、ヤマギワ、ナン、福田らはいずれも数多くのアジア領域での参考図書を作成してきている。こうした人びとが図書館の構築にかかわってきたことが、この図書館を実際に使える図書館、ワーキング・ライブラリーにしていると言えるだろう。そして蔵書量からいっても、米議会図書館を除けば、バークレーやハーバード大学とともに日本語文献に関しては全米トップクラスとなる。

図25　岡山フィールド・ステーション　岡山市の南方から上伊福（現、京山）へと移るが、これは後者の方である。家族共々やってきた研究員も多い。Courtesy of The University of Michigan, Bentley Historical Library.

12　岡山フィールド・ステーション

ミシガン大学の日本研究で、何といっても目をひくのが、占領期にミシガン大学日本研究所が岡山に設置した岡山フィールド・ステーション（現地研究所）である。一九五〇年の四月からその活動を開始している。初代所長がホールであり、そのあとウォード、ヤマギワとつづく。この研究所の特異な点は数えればきりがない。占領期の日本に生まれた唯一のアメリカの組織的な研究所であり、かつ人類学、地理学、歴史学、政治学といった各分野の研究者が参加した間領域的（Interdiciplinarly）な研究を展開していた点、そして岡山という地方都市において、特定村落を中心に徹底した調査を展開した点、そこでの研究者たちの調査、フィールドワークの成果が博士論文にまとめられる、といった大学院教育の一つのプロセスに組み込まれていた点、設立当初から地域の日本人研究者たちとの間に交流・触発・連携する動きを生み出していった点、などなど、数え切れないほどのユニークな特性をもっていた（図25）。

この研究所の活動については、当時研究所員たちと親しく、かつ研究面でも協力しあっていた石田寛がいくつかの回想や論をまとめている。所長のホールや、研究所員のフォレスト・ピッツと同じく地理学研究者であった石田は、戦後もしばしば、この研究所の歴史的な重要性をくり返し論じている。ピッツや歴史学者の方のジョン・W・ホールらにふれつつ、当時の彼／彼女らは、既存の欧米の理論や仮説を対象に押しつけるのではなく、村のなかに飛び込んで、村人の声に耳を傾け、その地域を調べるスタンスをとっていたと書いている。[123]「大衆と混り実体《ママ》探求」と題した当時の新聞記事で、ロバート・ホールは「戦前東京における諸外国の学者によつて行なわれた日本人の学者や官公史だけを対象とする方法をすてて広く一般の大衆に接して実体を究明、何ものかをつかむことを期待している」とも述べている。[124] ここで重要なのは「何ものか」という言葉からもわかるとおり、ほんとうは調査にあたった人びとを含め、何が見つかるかを前提としない、あるいはそもそもわからない、というスタンスで取り組まれている点だろう。結果的には、これが柔軟で探求意欲に富んだ成果に結びついたのである。

> 私は岡山に初めて来た時から谷口澄夫教授と知己になり、力を合わせて岡山藩の藩庁文書の研究に着手した。岡山での生活の経験がなかったならば、そしてあちこちを歩き回って歴史の古い備前の行政・文化の歴史的、地理的な基礎を見たり、感じたりすることがなかったならば、このような研究はできなかったであろう。[125]

この研究所のもう一つの側面は、実は日本語図書のエージェントとしての活動である。一九五一年にロバート・ウォードは、現地研究所によって日本での安定した図書購入活動が可能となったことを述べ、この年の購入の目玉と言える「カマダ図書館」のコレクション購入についてふれている。[126]

「カマダ図書館」とは、坂出市の鎌田共済図書館のことである。もと鎌田勝太郎が社会教育のために寄付した基金によって一九一八年に生まれた鎌田共済会は、地域での図書館、博物館を通した社会教育に重きをおいて活動し、当時は和漢洋書あわせて五万七〇〇〇冊の蔵書を抱えていた。この図書館は、戦後は市に委託され、市立図書館として開館するが、その際に市に移管された図書は三万二〇〇〇冊余りとなっている。このことから、売りに出されたのは二万冊以上の規模であったことがうかがえる。[127] これに先立つ京都や東京での図書購入にこのコレクションをあわせ、ミシガン大学の日本語蔵書は六万冊の規模となり、全米でも有数の日本語図書館となってゆく。[128]

この岡山現地研究所は、最初は岡山市南方《みなみがた》の日本銀行社宅を改修して設置されたが、五二年九月に同市の上伊福（現、京山）米軍情報部宿舎跡に移転する。[129] 集中的な調査の対象となっていたのは新池村《にいいけ》（現在の岡山市新庄上）である。ミシガン大学との間にたって調査をサポートしていた平松光三郎《みつさぶろう》の当時の日記や書簡が、同村の平松家に現在でも残されている。現地研究所は地域での研究機関との連携も盛んで、岡山大学を中心とした瀬戸内海総合研究会も立ち上げて、成果をあげてゆくが、やはり本国の日本研究所にとっては財政的な負担が大きく、また、調査の焦点を東京に移そうという意向もともない、一九五五年に閉鎖することとなった。[130]

一言で占領期の図書収集といっても、それがいかに多くの人びとや組織と関わりあい、刺激的な交流や連携を生みだし、微妙な対立や駆引きをそのうちにかかえもっていたかが見えてくる。しかしこの章で扱ってきたこれらの活動にしても、これまでほとんど明かされてこなかったといってよい。それはここで描いてきた問題が、いくつもの意味で境界的であるからだろう。歴史学の問題なのか、図書館学の問題なのか、文学の問題なのか、はたまたアメリカ史、国際関係史における問題なのか、どこにも明確に位置づけられないような活動なのである。そして同時に、占領期という日本であって日本でない境界的な時期の問題でもある。

だがこうした境界性を何よりも強く体現しているのは、この境界を生きたエージェントたちの軌跡だろう。彼／彼女らのことを調査するうちに、こうした国家のはざまで活動した人びとの存在に次々と出会い、それに導かれるようにしてこの時期の書物の流れをたどることとなった。書物の流れ、そして蔵書の歴史は、国際的な緊張関係や対立・融和を色濃く映し出すが、彼／彼女らはそうした蔵書史と、国家との間に行き交う力関係の、ちょうど間にある存在、その力をまともに受け、それによって生き方も考え方も、そして存在自体も変わっていかざるをえなかった人びとである。むしろ彼／彼女らこそが蔵書史のダイナミックな動きそのものと言っていいのかもしれない。

第五章　占領軍と資料収集
――接収活動と資料のその後

1　接収ということの意味

　占領期にアメリカに渡っていった書籍は、大学による購入・交換というルートと、より大規模に、連合国軍総司令部（ＳＣＡＰ）をとおして接収され、送り出されていった書籍、文書類がある。この章では後者の流れに焦点をあてていこう。簡略に述べれば、後者はさらに二つの流れとして描き得るだろう。一つは、第三章で登場した連合国軍通訳翻訳局（ＡＴＩＳ）のもと、その協力によってワシントン文書センター（Washington Document Center）が収集し、アメリカに送り出していった書籍、文書のルート。もう一つは、連合国軍総司令部の民間検閲部（Civil Censorship Detachment: CCD）に集められていた資料を、メリーランド大学に送り出していった、いわゆるプランゲ・コレクションのルート。規模からいえば、前者の方が比較にならないほど大きい。

　送り出された文献は、書籍と文書によってその後のたどった運命が異なる。詳しくは後に述べるとして、書籍の方のその後の流れを素描すると、前者のワシントン文書センターに集められた図書は米議会図書館に移され、一部は日本に返還、一部は全米の各大学に流れてゆくこととなる。後者はプランゲ・コレクションとして現在もメリーランド大学に保管されている。

これらの図書の接収は、当時としては一方的な収奪といえようが、結果的には、日本語の基礎文献を全米各地の大学に流通させ、かつ、まとまった形での貴重な資料の保存を可能としたこととなる。一九四五年から四九年にかけて、原則としてすべての日本の出版物を提出させ、出来上がった民間検閲部の図書にしても、「平時における納本制度の収集方法では」[1]まずつくることのできない歴史的な意味合いをもったコレクションとして残ることとなったことは確かだ。もっとも、こうした後の時代の結果的な意味や価値が、収集時点の目的や動機を正当化するわけではないのも、また確かである。だからこそ、その時点での行為自体としても、その目的や意味が明らかにされねばならない。

ただ、ここで私が関心を向けているのはむしろ、これらの書籍が、その後たどった運命、つまりどのような人や組織を巻き込み、何を引き起こすこととなったのか、といったプロセスの方である。結果的に目の前にある蔵書にのみ目を向けるのでなく、また、接収した時点の究明にのみ力をそそぐのでもなく、それらの書物があること、残ることによってひきおこされてゆく多様な問題との関係の網の目のなかでこれらの書物をとらえてゆきたい。それがリテラシー史からのアプローチと言える。

ただ、いうまでもなく海外へと流れていった書物のルートはこれらのみではない。各大学が日本で展開した規模の大きい購入活動は前章でとりあげたが、日本語図書に関心のある大学は、占領軍のなかの卒業生に、あるいは大学教職員で日本へと軍の顧問や調査員として派遣される人びとに託す形で、図書の購入をしばしば依頼している。購入ばかりではない。たとえば中国の占領地天津からハーバード大学に送られた堀越文庫は、当時としても質のよい日本語図書五〇〇〇冊を含むコレクションだったが、これは敗戦の混乱のなかで失われることを危惧した所有者から責任をもって保管するという条件で譲り受けた事例である。[2]また、占領期以前から、ATISは戦地において多数の文書類を押収している。こうしたなか、日本が朝鮮や中国から収奪した図書を、さらに占領軍が収奪する、といういわば二重の収奪というやっかいな問題も起こってくる。図書ではなくそもそも情報としても、日本が東亜研究所や東亜経済調査局で作成していた中国やロシアの情報は、中国にとっても貴重な情報であった。むろん、旧ソ連やアメリカにとっても。

2　占領期の米議会図書館

まずワシントン文書センターがかかわった文献接収からとりあげるが、その前に、そこで重要な役割をはたす米議会図書館について、その占領期の活動を見ておく必要があるだろう。前章でふれたが、戦地の図書収集に関しては米議会図書館は特別な位置にあった。ヨーロッパにおいても、すでに一九四三年には国務省と陸軍省の協力を得ながら、米議会図書館はスタッフをポルトガル、スペインに派遣し、戦争がおわるまでにイタリア、アルジェリアなどへも派遣して図書収集にあたっている。そして戦後の収集に際しても、全米の図書館を代表する形で図書収集、分配の任にあたっていたわけである。[3] 図書購入ばかりではなく、ドイツでは、軍のルートをとおしての接収という形で図書、文章類を得ている。もっとも、大学図書館や公共図書館はこういった接収の対象外であり、後にそういった図書が混じっていることがわかった場合には返還に努めている。[4]

日本語文献の問題に話を移すが、米議会図書館の日本語蔵書は、戦前においては約三万二〇〇〇冊ほどであった。[5] 日本占領期において、この蔵書量は劇的な変化をみせてゆく。この増加は、日本から送られてくる図書によってばかりではない。米国内でも、日本人の資産凍結や強制移動によって維持できなくなった日本語図書は膨大な量にのぼった。第二章のコロンビア大学の蔵書史でも、同大学がこうした維持できなくなった蔵書の受入れ先になったことはふれたが、このうちの一万二〇〇〇冊に及ぶ日本文化会館図書館の蔵書は、戦後米議会図書館の所有となった。[6]

だがやはり中心は日本からの図書だった。米議会図書館は、全米の図書館を代表する形で、ジョン・シャイヴリーを一九四七年に日本へと送った。彼が日本との図書交換、購入手続きについて各大学に情報を送っていたことはこれまで見たとおりだが、議会図書館のための図書購入、交換にもむろんあたっていた。

日本での国立国会図書館の設置にともない、以降の国会図書館が受け取る政府刊行物のすべてを送ってもらう公的な収蔵先として米議会図書館が指定されることとなった。この指定は北米ではカナダのブリティッシュ・コロンビア大学、カリフォルニア大学（バークレー）、そして米議会図書館が現在にいたるまで続いている。また、戦時中に欠けた分の雑誌類についても国会図書館に送ってもらうよう約束をとりつけた他、手に入りにくい図書や雑誌を複写するためにマイクロ作成班を国会図書館に送り込んでいる。こうしたルートでの図書も多いとはいえ、やはり大きな図書の流れは軍からのものであった。

イエール大学での全米会議が、ミシガン大学のジョゼフ・ヤマギワ、米国図書館協会長のチャールズ・ブラウンらの呼びかけに端を発して生まれたことはすでに前章で述べた。アジア文献情報の交換・共有を促進してゆくその会議で、各地の大学は当時の図書収集状況について報告しているが、そこで米議会図書館のエドウィン・ビールが、当時の米議会図書館の図書収集状況について報告している。そこでは、民間情報教育局（ＣＩＥ）からの図書入手と、ワシントン文書センターからの図書入手がとりあげられている。

それによれば、後者のワシントン文書センターは五〇万点の資料をワシントンへと搬送し、一九四六年の初頭に議会図書館は、そのうちの不要となった資料二七万点を受け入れる手はずを整えることとなったという。この移送作業は一九四八年初頭にピークを迎えるが、最終的に郵便袋で約二七〇〇個分にもなったという。あまりの資料の多さに、個々の図書のナンバーリング記録を追えず、郵便袋にナンバーリングし、袋単位でファイリングしていた。(7) 後に述べるが、ワシントン文書センターの集めた文書、図書類のうち、主に図書がここでは米議会図書館へと渡っている。

これほどの規模ではないにしろ、民間情報教育局からの図書の流れもあったことをビールは言及している。占領軍と議会図書館とはさまざまな局面で連携する関係にあった。アメリカは、ヨーロッパやアジア各地に、アメリカについての情報提供・広報の役割をする図書館を多数設置するが、民間情報教育局によるこの通称CIE図書館は日本でも全国二三ヵ所に設置されたという。(8) アメリカが占領地に置いたこうした情報センターは、その初期は国務省が管轄し、後に軍に管轄が移る。米国図書館協会や米議会図書館をはじめとするネットワークで、これら機関のための図書館員の募集がなされている。(9) こうした軍と米議会図書館とのパイプは、図書が送られるルートをかねてもいた。米議会図書館のルーサー・エヴァンスと民間情報教育局のコーラス・ハリスとの間で、図書館員の派遣について手紙がやりとりされているが、同時にハリスは占領軍の出版物ばかりではなく、出向いた先で見つかった雑誌や図書類を米議会図書館に送る手はずも整えていたことがわかる。(10)

とはいえ、やはり大きな図書の流れは、ワシントン文書センターが担っていることとなる。ではいったい、これほどの膨大な図書をもたらしたこの機関はどういった組織だったのだろうか。

3　ワシントン文書センター

ワシントン文書センターが収集した文献のリストであるアクセッション・リストは、一九四五年三月十七日作成分以降が確認できたが、(11) この時期のアクセッション・リストにはドイツ語の文書・文献も含まれており、(12) ヨーロッパですでに活動していたことがうかがえる。このワシントン文書センターは一九四三年に米陸海軍合同で設立され、米国内における文書翻訳を担っていた機関の一つだった。こうした翻訳を担っていた機関は、第三章でとりあげたミネソタ州のキャンプ・サベージやフォートスネリングの陸軍情報部言語学校（MISLS）やワシントンの海軍情報局の極東部など、いくつかあった。しだいに増えてゆくこうした文書に対応して、これらを統括する組織が必要となる。このため、ペンタゴンで一九四四年の暮れから翌年初頭にかけ、日本文献の扱いをめぐる会議が開催されている。この会議での討議の結果、一九四五年の二月十四日から、ワシントン文書センターがこうした日本語文献を扱う中心的な組織となった[13]。

日本での接収作業は、先に述べたように連合国軍通訳翻訳局（ＡＴＩＳ）と連携して行なわれている。基本的には日本の軍関係、植民地での支配体制にかかわる資料や、国内での統治や外交関係の文書が集める対象となっている[14]。主要目的は国際戦争裁判の準備にあった。四五年八月に日本文献の扱いをめぐる第二回の会議がワシントンで開催され、文書の収集・調査と米国内への搬送を担うワシントン文書センターの先遣部隊を日本に設置することとなる。この部隊は、各省庁からの図書・文書の接収や搬送を翌年三月まで担ったあと帰国している。同時期に、ＡＴＩＳの戦争犯罪調査部隊も設置され、関連文書の収集を行なったが、新たに組織されたＡＴＩＳ文書課は、ワシントン文書センターの行なっていた業務を引き継ぐ形となっている[15]。こうして日本郵船ビルにあったＡＴＩＳセクションに集められた文書はリスト化されて、連合国軍総指令部（ＳＣＡＰ）の各部署に通知され、特に各部署から要求がなければワシントンのワシントン文書センター図書館へと移送された[16]。

こうして接収された文書のアクセッション・リストは、形式としては同じでありながらも、作成元がワシントン文書センターから、やがて中央情報グループ（Central Intelligence Group: CIG）、そして中央情報局（Central Intelligence Agency: CIA）の海外支局へと移ってゆく。中央情報局、すなわちＣＩＡの設置（一九四七年）にともなってワシントン文書センターはそこに吸収された形となる。資料の一部はＣＩＡに引きつがれたと思われるが[17]、主として図書は米議会図書館へ、文書については国立公文書・記録管理室（National Archives and Records Service: NARS）に移された[18]。

ここでは、主に図書の方の流れ追ってゆくわけだが、文書の方がその後どうなったかについて先にまとめておこう。結論からいえば、文書の方はその後米国で複製された後、幾度かに分けて日本に返還されている。この返還の経緯についてはすでにいくつもの論があるので、ここではごく簡略に述べておくこととしたい[19]。

文書のうちの旧陸海軍関係史料の返還がはやく、日本からの要請にもとづいて日米の政府間で協議がもたれ、一九五八年四月、カートン・ボックスで一万九〇〇〇箱にのぼるこれら文書が日本へと返還され、防衛庁防衛研修所へと移管された。これら文書については、返還前に米国内で、マイクロ化、目録化するプロジェクトが立ち上げられている。これはフォード財団からの資金でコロンビア大学のC・マーティン・ウィルバーらが行なっているが、この計画には米議会図書館からは先ほどのビールが、イエール大学から弥永千利、ハーバード大学からE・ライシャワー、といった当時の代表的な日本研究者たちが加わっている。[20]

さきに、米議会図書館にはワシントン文書センターに送られた文献類のうち、図書が送られたと書いたが、そこには文書類もまざっていた。この米議会図書館で新たに見つかった文書類は、一九七三年から七四年にかけて日本に返還された公文書類であり、二七〇〇点あまりが国立国会図書館に移されている。[21]

これに関連して、押収文書ではなく、占領軍の作成した文書類についても、現在はマイクロ化が進み、日本でも大部分が閲覧、利用可能となっている。これは日米共同の大規模な文献複製プロジェクトによる。国会図書館は一九七八年以降アメリカの国立公文書・記録管理室にスタッフを送り込み、日米共同で連合軍総司令部作成の文書の複製にあたっている。

かつての敵同士の争いの産物とも言える連合国軍総司令部史料によって、その二つの国が協力し合うプロジェクトが生み出されるとは歴史の皮肉といってよいだろう。[22]

4　接収図書のゆくえ

先にワシントン文書センターの文書収集の目的には、国際軍事裁判に関連する史料を集めるという目的があったことにふれた。しかしながら、この理由はワシントン文書センターの文献接収のすべての理由となるものではない。第一いくら国際軍事裁判の資料とはいえ、文書でなく刊行図書を二七万点もわざわざ米国内にまで運び込む必要性が見いだせない。また、後に詳しくふれるが、これら図書の整理計画を行なった人びとの記録によれば、そこには和綴本の古典籍まで含まれていたことがわかる[23]。

ワシントン文書センターの図書について、一九四六年に交わされたいくつかの文書を検討すると、裁判に向けた情報収集とは別に、むしろ積極的に日本文献の専門図書館を構築しようとしていたことが明らかになってくる。この特別図書館の構想のために、ワシントン文書センターは、日本の基本文献のリスト化作業を日本側に要請している。この要請は、一九四五年十月に中央連絡局（Central Liaison Office）をとおして外務省の情報部渉外課に対してなされる。その長でもあった慶応大学の厨川《くりやがわ》文夫は、文献の選定について東京帝国大学の和辻哲郎に依頼することとした[24]。ワシントン文書センター側では五〇の主題について、二〇の代表作品を選んで提出するよう要請している[25]。和辻は人文科学と自然科学分野にまず分けて、自然科学分野は文部省に委託し、人文科学分野はさらに二五分野に分けて、それぞれ信頼できる選定者を選ぶ作業に入った。この文献リストの作成作業は翌年には外務省の広報部に引き継がれる[26]。両分野の選定図書はやがてリスト化されてワシントン文書センターに送られた。こうして一九四七年に出来上がったのが、外務省情報部の『日本代表図書文献』である[27]。これはフーバー図書館が日本での図書収集を行なう際にも参考としている。

米国側では、広く科学・技術・文化にわたる日本の代表文献を提出するよう仕向け、日本についての包括的な文献コレクションをワシントンにつくり、陸軍省をはじめとする政府機関に情報を提供する機能を担わせる構想であった。この図書館構想を提案された参謀第二部のウィロビーは、それに承認を与えていたことが報告書からうかがえる[28]。つまりこうした「極東文献に関してはもっとも完全な図書館」[29]をつくる計画が進められていたからこそ、図書収集は包括的になされもしたわけである。ただし、この構想はすでに一九四六年の半ばには、図書についてはより管理機能の整っている米議会図書館で管理するよう方針が変わってゆく。こうして、収集図書は議会図書館へと流れてゆく。[30]

もっとも、これらの図書の大きな部分に、一般書ではなく陸海軍関係の図書や満州地域関連の特徴ある文献類がまとまって含まれていることも確かである。日本での図書の接収は、基本的には大学図書館や公共図書館に対しては禁じられていたが、習志野軍学校や座間軍学校といった軍学校図書館、あるいは陸海軍の研究所図書館、軍事技術にかかわりある企業の研究所や工科学校の図書館は接収の対象となっている。[31] ワシントン文書センターの報告書では、特に大規模な図書の収集として、一〇万冊規模の南満州鉄道株式会社（満鉄）の図書館や東亜研究所の図書館、五万冊規模の三菱重工の図書館からの接収図書があげられている。[32]

これら接収図書のうち、日本に返還されることになった図書はごくわずかだが、その返還図書のうちに内務省発禁図書がある。つまり、戦前に内務省が検閲のために差し押さえ、保管していた図書群である。出版物は戦前の日本では出版法の定めるところにより、製本後に二部が検閲のために内務省へ提出されていた。検閲を無事通過すれば一部は上野図書館（後に国会図書館へと引き継がれる）へ、一部を一定期間内務省が保管する。皇室への冒瀆や共産主義関連の文献、あるいは猥雑な図書類など、発禁処分を受けた図書については内務省が二部とも保管することとなっていた。[33] ただし、関東大震災でこの内務省書庫が焼失して以降、これら発禁本は内務省に二部のうちの正本を、もう一部の副本は上野図書館へと、分散して保管されることになった。[34] ワシントン文書センターは、このうちの内務省管理の図書を接収していったわけである。ただし上野図書館に移された副本にしても、すべてが移管されたわけではない。上野図書館の蔵書を引き継いだ国会図書館は、したがって移管されなかった図書については所蔵していないこととなる。

一九六〇年代後半から七〇年代にかけ、アメリカによる占領期接収図書への関心が高まってゆく。一九六五年の鹿野政直《かのうまさなお》による米議会図書館の調査や、[35] 七〇年代における接収文書をめぐる松浦総三の活動、歴史学研究会や国立国会図書館の取組みのなかでも、接収資料が取り上げられるようになる。こうした関心の高まりのなか、一九七三年の「米国押収資料の返還・公開を要求する会」の結成や、同年歴史領域の学会合同での「アメリカ押収資料の返還・公開についての要望書」の関係機関への提出、といった活動が展開される。[36] こうした動きに後押しされる形で、接収資料の返還協議は日本の外務省と米国務省間へと話合いの場が移される。

話を発禁図書にもどすと、国会図書館が所蔵していない発禁図書の返還に関しては、国会図書館は一九六七年に米議会図書館とすでに交渉をもっていた。[37] 国会図書館は、内務省警保局『禁止単行本目録』などをもとにこれら未所蔵の図書リストを作成して外務省に提出し、前述の活発化する返還運動を背景に、両国政府の交渉が行なわれ、具体的な返還という運びとなる。これらの図書は米議会図書館でマイクロ化を行ない、オリジナルは日本へと返還する、という合意が一九七四年になされた。七六年以降その作業を終えた図書から順次返還され、最終的には一〇六二冊の発禁図書が返還された。[38]

発禁図書は、むろんアメリカに送られた二七万といった図書の数からすればごくわずかだが、歴史、思想、文学領域をはじめとして貴重な意味をもつ図書であることは言うまでもない。ただ、気になるのは発禁図書のうち、副本を国会図書館が所蔵していたため、返還の対象とならなかった分の正本の方である。これらの正本は、検閲に際してのさまざまな意見が書き込まれているという点で重要なのだが、こうした書き込みについては、米議会図書館でしか見られないからである。

5　日本語図書整理計画

占領期に急増した日本語図書が各大学において、それらをいかに目録化し管理するのか、という点で共通の知識や了解がいまだ十分でなかったこと、それが深刻なバックログ、すなわち膨大な量の未整理図書を生み出していったことはこれまでにもふれた。そしてこの問題は、米議会図書館において、もっとも深刻な状況をもたらしたと言えよう。ワシントン文書センターから移された膨大な図書に加え、米議会図書館は、次々と刊行される現在の日本の図書、雑誌の受入れも開始しているし、政府刊行物は原則としてすべて国会図書館から送られてくる。戦時期の欠けた分の雑誌類も送られてくる他、ワシントン文書センター以外の占領軍の各部署にあった日本語図書にしても、不用となった時に回り回ってやってくるのは米議会図書館である。戦時期の資産凍結によって維持できなくなった米国内の日本語コレクションもこれに加わる。とうていワシントン文書センターからやってきた三〇〇〇個近い郵便袋を整理する余裕などない。しかし、その一方で、このワシントン文書センターからの図書類移管の条件には、ワシントン文書センターあるいはその後身であるCIAから要請があった場合には、適宜対象の図書類を提供するような体制をつくることが条件であった。[39] したがってなんらかの形で、これらの図書をリスト化しなくてはならない。しかし相手は二七万点に及ぶ日本語で書かれた書物である。

ここで構想されるのが日本語図書整理計画（Japanese Book Sorting Project）である。米議会図書館のビールによれば、この計画の構想は、ケネス・コールグローヴの発案に負うところが大きかったという。[40] ノースウェスタン大学で日本の現代政治学を担当していたコールグローヴは、第一章でも登場したが、戦前から日本語図書の体系的な収集に関わってきた人物であり、ロックフェラー財団で日本領域の研究・支援を行なっていたチャールズ・ファースは彼の教え子である。ではここで考案された方法とはいかなるものだったのか。

ワシントン文書センターから送られてきた図書は、先に論じたように、日本の代表的な一般図書の類も数多く含むものであり、その意味ではそれまでの米議会図書館の蔵書と重複する図書も少なくなかった。大きな購入で生じる重複図書の他大学へのオファー、売却は、現在でもごく一般的に行なわれているが、当時も重複図書の購入希望は十分に見込むことができた。しかし、そもそも重複を見つけることからしてたいへんである。では、日本語図書に関心をもっている大学から直接図書館スタッフを派遣してもらい、議会図書館の現在の蔵書と重複し

図26 日本語図書整理計画 作業の合間に。前列左からヤンポルスキー、バッフィントン、甲斐、ピッツ、イトウ・ヒロシ。Courtesy of Forrest R. Pitts.

た図書を探させ、重複が見つかればその見つけたスタッフの大学に売却してはどうか。そうすれば、その作業と目録づくりとを兼ねることができる。

こうした発想で生まれたのが日本語図書整理計画である。各大学から米議会図書館に集められたスタッフの行なう具体的な手順は以下のとおりだった。まずは郵便袋を開封し、図書を取り出し、既存の議会図書館の所蔵情報と照らし合わせる。もしもすでに所蔵されている場合、その図書を見つけたスタッフの大学が、入手する権利を得る。では所蔵されていない場合はどうなるか。この時にはその図書の目録情報を記入しなくてはならない。これは骨の折れる作業である。しかしこの作業には見返りがあった。後から同じ図書を別のスタッフが見つけた場合、その図書は、この目録情報を作成した者が手に入れる権利を持つのである。そしてその図書を見つけたスタッフは、さらにもう一冊同じ図書を誰かが見つけた場合に入手する権利を得る(41)。

このように、重複した図書に出会ってそれをすぐに手に入れることができなくとも、本の目録を多くつくればつくるほど、その人は、後からその本の重複が見つかった場合の入手する権利を数多く手に入れることができるわけである。このように図書に対して、それが次に見つかったときの所有権をつけることを、この作業では図書にクレーム（Claim）をつける、と呼んでいた。しかもこのクレームは、作業が終わった後も有効であり、もしも議会図書館が将来的に目録化をすすめて重複図書が見つかった場合でも、その図書を入手する権利が生じることになっていた[42]。当初、こうして見つかった重複図書は、それにクレームをつけた大学に一定額で議会図書館が売却するという取決めだったが、作業が始まった後、各大学はこれらの図書を売却ではなく、無料で手に入れることができる、ということになった[43]。

これ自体は非常によくできた仕組みだが、問題がないわけではなかった。たとえば雑誌の場合、そもそも一号一号にクレームが発生するのか、それともある雑誌に一度クレームをつければ他の号も含めてその雑誌のすべてに対して入手する権利が発生するのか。雑誌や全集においては、こうした問題が作業にあたっていたスタッフの間で後に問題になってくる。たとえば『官報』や『大蔵経』の一部にクレームをつけたイエール大学が、後に見つかったそれらの残りの部分すべてにまで権利を主張できる、できないという形で問題になった。また、古典籍を含め版が異なるものを重複と見なすかどうか、ということも問題となる[44]。

この日本語図書整理計画は、一九四九年の五月、日本語図書に関心をもつ各大学にスタッフ派遣の依頼状が送られた。日本文献を維持している大学に司書や学生を送ってもらいたいという依頼である。どれだけの大学が参加してくれるかは議会図書館でも予想がつかなかった。問題は議会図書館自体は旅費を含めていっさいの余分な予算がさけないということであり、各大学は自分たちの予算で派遣のための特別予算を組まねばならないという点だった。ではこの提案に対して、各大学はどのように反応したのだろうか。プロジェクトの開始は七月五日からであり、当初は九月十日までを予定していた[45]（図26）。

6　プロジェクトの開始

結果からいえば、このプロジェクトは日本語図書を手に入れたい大学の関心をひいた。前章で述べたように、いまだ日本での図書購入は特別なエージェントを派遣するか、高額で中身の定かでないブランケット・オーダーをするか、という困難な状況であったということも理由としてあっただろう。参加したのは六大学だった。ノースウェスタン大学、クレアモント大学、カリフォルニア大学（バークレー）、イエール大学、ミシガン大学、そしてコロンビア大学である。

では各大学の具体的な対応を追ってみよう。ミシガン大学はどうだろうか。ミシガン大学図書館のウォーナー・ライスは大学に働きかけて特別予算を得るとともに、ヤマギワが日本研究所からも予算面で支援し二〇〇〇ドルの予算を準備している。[46] こうしてフォレスト・ピッツ、ウィリアム・ディッカーマン、イトウ・ヒロシを一〇週間送ることをビールに伝えている。[47] 本来作業は七月五日からだったが、ピッツが六月二十日に到着し、他大学よりも一足先に作業に入ることとなった。ピッツは軍務でワシントン文書センターに一九四六年に勤めた経歴をもち、このプロジェクトに参加した後、前章で登場したミシガン大学日本研究所岡山現地研究所に赴き、博士号をとることとなる。さらに付け加えるなら、彼は第三章でふれた海軍日本語学校の出身者であった。本書の重要なトピックに複数関与しており、貴重な情報を彼からは得ることができた。[48] ちなみにミシガン大学のスタッフは議会図書館から一時引き揚げ、新たにオクノ・ヨウタロウが派遣されている。[49]

本来の七月五日から作業を始めたのがイエール大学とコロンビア大学である。コロンビア大学についてはすでに第二章で述べた。派遣されたのはピッツと同じく海軍日本語学校出身のヤンポルスキーである。実際に議会図書館の資料を見た上で、大学にとってかなりよい本が見つかりそうなら、甲斐もその手伝いに派遣することになった。[50]

イエール大学からはジョージ・トッテンら二人を送り込む他、日本語図書の責任者となっていた弥永千利も後から送ることとなっていた。[51] トッテンはミシガン大学の陸軍日本語学校出身者でありATISとして日本占領に参加し、日本では戦前の「危険思想」についての調査・翻訳を担当している。帰国してこのプロジェクトに参加したトッテンは、ある意味でかつての資料に再会したというわけである。現代政治学に関心をもっていた彼にとってはともに貴重な体験であり、博士論文にも生かされることになったという(52)。

彼／彼女ら［作業にあたったスタッフ］は郵便袋を一つ一つ開封していったが失望することもしばしばだった。お望みの文献を見つけた人たちは大喜びで声をあげるのがならいだった。そうすると他の人たちはある者は嫉妬と懐疑とにさいなまれ、ある者はよかったね、と声をかける。こうして週に四〇時間、彼／彼女らはライバル意識を燃やしながら働いた(53)。

これは七月五日から二週間遅れて作業に入ったノースウェスタン大学のハリー・ハラダの描写した作業の様子である。ノースウェスタン大学は、コールグローヴと図書館長のジェンズ・ナイホルムとで相談し、ハリー・ハラダと若い日系人二世の青年アルバート・ツガワの二人を送ることとした。このうちハラダは十二月末まで作業に参加し、ここに引いたような、このプロジェクトの詳細かつヴィヴィッドな報告を母校とやりとりしており、今回の調査でも非常に役立った。一方ツガワは予定どおり九月に大学に戻っている(54)。これ以外ではクレアモント大学から一人派遣されているが、日本語能力があまり高くなく、しかも途中から抜けたということもあってそれほど作業ははかどらなかったという(55)。

カリフォルニア大学（バークレー）のスタッフはやや遅れて八月の二十五日からの参加となった。一九四九年の夏といえば、バークレーでは前章で述べたように、マッキンノンとデンゼル・カーを三井コレクションの購入のために日本へと派遣した年である。バークレーはワシントンのこのプロジェクトにも図書館スタッフを送り込む。派遣されたのはチャールズ・ハミルトンで、やはり海軍日本語学校出身のスタッフだった(56)。

議会図書館では東洋部のビールが責任者となり、それを日本部の黒田良信がサポートする形をとっていた。といっても、彼らはたまに作業スペースに顔を見せるだけで、ほとんどは作業する人びとの「意欲」にまかされていた。そもそも出資しているのも議会図書館ではなかった。したがって、少しでも大学へ日本語図書を持ち帰りたいと時間いっぱい働いている者もいれば、マイペースでのんびり仕事をしている者もいる状態であった。[57]
スタッフは一定しているわけではなく、ミシガン大学のように途中で入れ替わる場合もあったし、後から追加される場合もあった。しかし、主な大学ではこの作業自体をかなり有望と見て、スタッフの増員や派遣期間の延長を行なうこととなる。カリフォルニア大学(バークレー)はハミルトンをなんと無期限でこの作業のために議会図書館におくことをビールと交渉していたというし、ミシガン大学から派遣されていたディッカーマンは、それを耳にして、ミシガン大学も作業期間を延長できないか、母校のライスに打診している。[58] ミシガン大学のスタッフは一度ひきあげるが、その後オクノが送り込まれ、ヤマギワも視察に訪れている。[59] こうしてミシガン大学、イエール大学、バークレー、ノースウェスタン大学は作業期間を年内で延長することとなった。
バークレーはハミルトンを補助するために、はやくから二世の女性今村恵子を送り込んでいる。[60] 一方コロンビア大学にも八月になって二世の女性が助っ人に現われる。[61] これが甲斐である。つまりハミルトンやヤンポルスキーが図書の選別や判断を主に行ない、日本語の読み書き能力にたけた今村や甲斐が記録作業を主に担うという分担で作業を効率化させていった。ノースウェスタン大学のハラダは、大学に一冊でも多くの図書を持ち帰ろうと時間ぎりぎりまで働いていた部類だが、彼/彼女らのこうした連携をうらやましい思いでながめ、しばしば甲斐にその思いをもらしてもいた。しかしハラダにも当初から、同じように二世の若者がついてきていたはずではなかったか。

7　一世の希望、二世の憂鬱

ハラダは先にも述べたが、この折のことをかなり細かくコールグローヴに書きおくっている。ノースウェスタン大学は戦前、亡命した大山郁夫を受け入れていた大学であり、大山は図書館の日本語蔵書の購入・管理をサポートしてもいた。こうした事情については、後にこの大学の蔵書史についてふれる際にとりあげることとなるだろう。ハラダは、大山を引き継ぐ形で図書館に関わることとなる。彼は最初にこの日本語図書整理計画に集まったスタッフのなかでは唯一の日系人一世であり[62]、作業能力では一歩ぬきんでており、かつ日本語図書の収集に熱意を燃やしていた。作業期間をとおして、時間ぎりぎりまで作業をしていたのは彼と、コロンビア大学のヤンポルスキー、甲斐の二人組であったという。表面的には友好的につきあいながらも、当初はヤンポルスキーとハラダは互いをライバル視しながら作業にあたっている[63]。

この一対一で作業の進行を競う緊張関係は、甲斐がヤンポルスキーの作業に加わったことでやわらいでゆく。またハラダは、他のスタッフよりも安い給与であるにもかかわらず熱心に仕事をしている甲斐に好印象を持ち、よく愚痴をこぼしてもいた。ハラダと、彼とともに参加しているツガワは同じ大学から来ているにもかかわらず、まるで別々の大学のために働いているかのようにほとんど連携がとれていなかったからである。一方で甲斐は、ツガワのやる気のない態度に、ツガワとハラダが同じ給料をもらっていると聞いて驚いていたという。むろんこれらはハラダの側からの見方、報告ではあるが[64]。

彼ら二人を除けば、この作業に最初から参加してきたスタッフではミシガン大学に一人日系二世が混じっているだけで、他はみな白人である。こうしたなか、ハラダは次第に他大学との良い関係をつくりあげてゆく。日本の言語、書籍への知識が他のスタッフから頼りにされたこともよい関係をつくってゆく要因となっている。彼は誰も手を着けられずに放っておかれている和綴本がひとまとまりになっているのを見つけ、それに手を着けはじめたが、バークレーのハミルトンや甲斐は、この作業に強い関心を示している。これらの図書はほとんど議会図書館が所蔵していないものでもあった[65]。また、読み方のわからない名称や漢字のヨミでもしばしば彼は頼りにされていた。一方ツガワは、こうした雰囲気から浮いていた。

ツガワがウィネッカの白人の家庭にあわせて育ってきたからなのでしょうが、彼はどうも日本に関するものであれば何でも恥じているようなのです。私はエヴァンストンで二、三年来、彼を見知ってはいますが、彼は私にけっして親しい態度をとろうとしませんでした。(中略)日本の文献を扱いながら、他の皆は多かれ少なかれ、日本についてなんらかの関心をもって作業にあたっているのですが、彼のみは日本についての何ものをも恥じ、日本のものに対してしばしば軽蔑をあらわにするのです。[66]

二十代の若者であるツガワが示したこうした恥や軽蔑は、戦前から戦時期に二世の彼が米国内でいかなる負荷を受けてきたのかを物語ってもいよう。彼は終始この作業に対して冷淡であり、ハラダが他のアメリカ人から頼りにされていることにさえ反感を感じていたという。しかし、考えてみれば、日本人の親をもちながらあらゆる日本的なものを忌避せざるを得なくなってしまった彼にとって、このプロジェクトは別の世界に開かれた一つの扉となり得たかもしれない。一心に目当ての日本の書物をさがし、喜び、落胆しているアメリカ人たち、『大蔵経』や『官報』の所有権をやっきになって主張しあっている人たち、うかつにも見逃していた古典籍の扱いを興味津々でうかがっているアメリカ人、そしてそこで一緒になって関心を共有しあい、話しあっている日系人たち。それは書物という存在と、それが生みだす一つの世界のありかを示していたのかもしれない。人種や国家のはざまで翻弄され、さまざまなものを失いながらも相手へのたくましい関心は失わない人びとたちの世界を。

この日本語文献整理計画はこの年十二月三十日をもって終了した。重複して見つかった図書は三万六〇〇〇冊、これらは各大学図書館へと送られることとなった。そして重複していない、新たな議会図書館の蔵書に加わった目録情報は三万三〇〇〇冊、あわせて七万冊近い図書がこの短期間で、しかも議会図書館の予算を使わずに整理できたわけである。[67] 各大学も、たとえばハラダを送ったノースウェスタン大学は六一〇〇冊を、[68] コロンビア大学は四三〇〇冊[69]、バークレーは二〇〇〇冊を手に入れている。[70] また、重複ではないがクレームをつけた図書も数千にのぼり、後からさらに図書が送られてくる可能性もあった。この計画は翌年も実施される予定であったが、結局人員の調整がうまくつかずに実現をみないまま終わってしまう。[71]

一方、米議会図書館に残されたそれ以外の図書については、議会図書館の吉村敬子《よしこ》の調査によれば、一万五〇〇〇冊の技術関係の図書が一九五〇年代に琉球大学へと送られ、雑誌の重複分一万点が廃棄処分となったという。[72] また、フーバー図書館は、その蔵書史の項（第四章）でとりあげたように、一九七二年の年次報告で重複していた議会図書館の日本語図書を競り落として入手したことにふれており、それは四八〇箱に及んでいる。[73] むろんこの規模でフーバーが購入すれば、さらにそこで生じた重複本は他大学へと流れたはずだ。議会図書館では残りの図書の目録化も進められ、数多く含まれていた旧陸海軍関係の文献類については目録化され、刊行されてもいる。また、一九九三年から米議会図書館では、各所に分散され、目録化されずにたまっている図書類を目録化するプロジェクトがすすめられたため、このワシントン文書センターに由来する図書も現在ではほぼオンラインの目録データとして提供されている。[74]

8　検閲図書とプランゲの関係

ではもう一方の書物の流れ、メリーランド大学へと流れていった検閲図書コレクションに話を移そう。占領軍による検閲は、日本においての広い意味での情報収集の任を担う民間諜報局（Civil Information Section: CIS）のもとにおかれた民間検閲部（ＣＣＤ）の担当となり、マス・メディアを担当していたのはそのなかの出版・映画・放送部（Press, Pictorial & Broadcasting Division: PPB）であった。そして総司令部の活動開始とともに業務をはじめ、しだいにその範囲を広げてゆく。新聞や放送メディアにはじまり、十月には書籍の事前検閲が東京で開始された。

一九四六年の春には月あたり新聞四九八五件、雑誌一二六八件、書籍一一六九件が検閲のために提出されている。この検閲作業は一九四九年の十月末まで続く[75]。マッカーサーや占領軍に対する直接・間接の批判や検閲そのものに対する言及はこの検閲によって処分の対象となった。この検閲のプロセスの詳細については、すでに数多くの研究が蓄積されている。

ここで問題にしたいのは、それがいかなる書物の流通・移動を引き起こしたのかということである。ここで、検閲によって提出された図書以外に、民間検閲部が行なった図書の没収作業についてもふれておかねばならない。戦時期の日本の教化・宣伝用刊行物、軍国主義や民族主義にかかわると見なされた出版物の没収作業である。一九二八年から終戦までにいたるまでに出版されたこれらの図書についてPPBはリストを作成し、これが各都道府県に通達され、接収が行なわれる。この接収は三万八〇〇〇冊に及んだものの、この時期に実際に刊行された出版物の総数からいえばごくわずかな部分にすぎなかった。というのも、実際にはこれらの刊行物は発効部数の少なさゆえに売り切れたものも多く、戦火で焼かれたもの、通達に先立って処分されたものも多かったためである[76]。

これらの接収図書および検閲のために提出された図書が、民間検閲部図書館には保管されていた。ではこれらの図書はどのようにメリーランド大学という一大学に送られることとなったのか。ここで重要な役割を果たすのが、ゴードン・W・プランゲである[77]。

プランゲはもとはメリーランド大学で一九三七年から教鞭をとり、主に十九世紀以降のヨーロッパ史の概説やドイツ、ロシア関係史についての講義を担当していたが、一九四三年に軍務に服することとなった[78]。したがって日本や日本語についての専門的な知識をあらかじめもっていたわけではない。彼は参謀第二部の長であるチャールズ・ウィロビーのもと、歴史部門で働くこととなるが、一九四七年夏の組織再編の折にマッカーサーについての大部の歴史シリーズ『マッカーサー元帥報告書』をまとめる企画部の長に就く。これは当時は刊行されなかったが、ウィロビーとプランゲが編者となっており、後に日本でも復刻・出版されている。[79] プランゲからウィロビーに宛てられたこの企画についての提案内容を見ると、ウィロビーをはじめとして将軍クラスの人びととの頻繁な情報のやりとりを前提としたものであることがわかる。[80] そして歴史セクションのプランゲのもとにいたのが、ミシガン大学の日本語コレクションを担当することとなる鈴木幸久である。彼はプランゲにつれられて検閲図書の山の前に行き、その価値について尋ねられたことがあるという。[81] プランゲは戦後メリーランド大学に教授として復帰し、一九八〇年に没するまでこの職にあった。[82]

プランゲが携わっていた歴史部門の当時のこの企画や、コレクションを手に入れ、送る経過について、彼は学長のハリー・バードに長文の手紙をしばしば送っており、それが今日も大学アーカイブズには数多く残っている。[83] 学長のバードは熱心なマッカーサーの信奉者で、共産主義に対抗して日本の再軍備をはかるべき、という考え方をもっており、プランゲもまたそうした考えに共感している。[84] こうしたマッカーサーと日本に対する学長バードのスタンスが、長期にわたって大学の職場を離れていたプランゲとの強いつながりや彼への評価につながっていた。バードは、いつ大学に戻っても職を準備しておくこと、そして司令部が必要とするならできるだけそこにとどまることをプランゲに指示している。[85] プランゲはこうしてほぼ五年間日本で軍務につくこととなった。

こうした大学とプランゲ、占領軍の上層部とのつながりは、確かにコレクションの大学への移送を可能とした条件ではあるが、動機としては十分ではない。つまり、ミシガン大学にしろ、カリフォルニア大学（バークレー）にしろ、当時大規模な日本語図書の購入に動いていた大学は、日本学やアジア学についての研究・教育機関を構想、設立する動きと連動していた。外部の財団からの資金の導入と、大学全体の将来構想のなかで動いていたわけである。しかしメリーランド大学は、日本、アジア研究についての強力なスタッフや豊富な研究実績を抱えてはいなかった。そもそうした大学に大規模な日本図書のコレクションを持ち込むことにどのような意味があるのか。

プランゲがここで構想していたのは、日本研究所ではなく軍事研究所（Institute for Military Affairs）だった。学長のもとに送られた手紙からは、この軍事研究所を独立研究科として設置し、そこで軍史や戦史、戦略、戦術についてのプログラムを展開し、職業軍人向けに博士号を含めた学位を出してゆく構想であったことがわかる。単に戦術や戦略という側面ではなく、歴史や政治、経済といった多様な観点から情勢を分析して国際的な紛争をとらえる現代的な領域として構想されており、彼が『マッカーサー元帥報告書』プロジェクトにかかわっていた時期から構想されている。[86] そして実際プランゲは、マッカーサーやウィロビーとの会合の際にもこの構想について話しており、[87] このことが軍関係資料の一括寄贈を後押ししたことは間違いない。帰国の年にはこの構想の実現に向けて軍の複数の高官にもコンタクトをとって好感触を得てもいる。[88]

9　コレクションの入手と搬送

こうして送られた文献は図書、小冊子が四万五〇〇〇点、雑誌が約一万三〇〇〇タイトル、新聞が一万一〇〇〇から一万二〇〇〇タイトルに及んでいる。これらは一九四五年から四九年に刊行・出版されたものであり、一般の書籍ばかりでなく、ポスターやガリ版刷りの地方の小出版物にまで及んでいる。[89] ただプランゲ自身は、こうした検閲資料、そして先にふれた接収資料、ＳＣＡＰの印刷物などを送っている以外に、別に予算を得て日本の図書の購入活動も行なっていた。[90]

ここで、実際のコレクション入手と搬送についてもう少し詳しく追ってみよう。プランゲの動機は先に述べたが、だからといってそれがそのまま入手につながるわけではない。しかも、前章でふれたように、各大学が日本文献の収集に飛び回っている時期でもある。そして、こうした戦争や軍にかかわる図書、パンフレットや文書類については特に力を入れて収集していた機関もあった。前章のフーバー図書館である。プランゲは書いている。

彼ら［フーバー図書館］こそはメリーランド大学に送りつつあるこの文献のことをこの地上でいちばん最後まで知ってほしくない人たちなのです。ですからあなた［学長バード］とメリーランド大学図書館のスタッフは、参謀第二部から送り出された文献を現在受け入れつつあることをけっして公表しないようにお願いします。(91)

すでにスタンフォード大学は東京オフィスを置き、一九四七年にはこれら文書類の収集に乗り出していた。そしてシェンクやニュージェントといった連合国軍総司令部のスタッフもかかわって構成されていたフーバー図書館の図書収集アドバイス委員会の資料もプランゲのもとには届いていた。前大統領のフーバーという後ろ盾をもち、軍との関係も深いこの図書館は、すでにプランゲの上司であるウィロビーからも、その活動の初期から文献の供給を受けている。そしてプランゲによれば、文献の最終的な受入れ先をどこにするかは、このウィロビーの判断にかかっていた。(92)

フーバー図書館よりプランゲの方が、ウィロビーに対して有利な場所にいたことは確かである。先のマッカーサーについての戦史編纂作業で、プランゲは、ウィロビーに直接会う機会も多く、話し合い、説得する機会にめぐまれていたからだ。一九四九年十一月のバードに宛てた手紙のなかでプランゲは、ここ三年間ウィロビーのもとで働き、特に過去一年間、メリーランド大学に保管するべきことを強く薦めてきていたことを述べている。ウィロビーの確約を得るために検閲図書コレクションや参謀第二部の出版物を、ばらさずに一ヵ所に保管することの重要性を説き、さらにはプランゲ自身ずっとメリーランド大学にとどまり、その管理に責任をもつことを述べて説得している。そしてこの話をさらに進めるため、学長のバードに次のことを要求している。まず先に述べたように、コレクションの一ヵ所への配置。そしてそれをウィロビー・コレクション（Willoughby Collection of

Japanese Materials) と名づけること。そして新たな図書館がつくられた折には、日本および太平洋戦争の文献調査のための図書室をつくり、そこにウィロビーの名を冠すること。これらについて同意のうえ、学長からウィロビーに向けて直接手紙を書くよう要請している。(93)

こうした努力が実り、この年の十二月二十九日プランゲは学長バードに宛て、民間検閲部の図書館コレクション、すなわちCCDコレクションをまとめてメリーランドに送ることが決まったことを公式に知らせる手紙を書き送っている。プランゲは一刻も早く搬送作業にとりかかることとした。彼は、それまでにも歴史セクションの図書室から三〇〇〇冊あまりの図書を、さらにはSCAPの出版物類も定期的に送ってはいたが、このコレクションの入手・発送はそれまでとは決定的に規模が異なるものだった。(94)

メリーランド大学がこの膨大なコレクションをうまく手に入れることのできた現実的な条件の一つに、搬送経費の問題もある。これもウィロビーの了解のもと、プランゲがメリーランド大学に送る文献については、日本からアメリカの西海岸までの搬送は軍が受け持ち、大学の費用負担はないこととなっていた。つまり、大学は米国内の搬送料金のみ負担すればよかったのである。(95) これは梱包や輸送に多大な資金を費やし、さらに搬送業者さえ二転三転した三井コレクション購入の場合を考えると、いかにめぐまれていたかがわかる。

プランゲはCCDコレクションの発送にすぐにとりかかっている。というのも、この膨大な文献をすべて送り出し終わらなければ、いつ別の機関がこのコレクションを、全体とはいわないまでも、要求するかわからない状況だったからである。文献がメリーランド大学に送られつつあることを隠すように、との先に引用したプランゲの書簡は、すでにウィロビーから搬送の了解を得た後である。しかし、あくまでこれら参謀第二部の資料は米政府のものという扱いになっていたので、たとえばフーバー図書館がトルーマンやフーバーをとおしてマッカーサーやウィロビーに圧力をかけてくることをプランゲは危惧していた。(96)

プランゲの送り出したCCDコレクションの最初の便は一九五〇年一月四日に軍の搬送セクションに引き渡さ

れている。最初は一万七八七六冊の図書を詰めた二九箱を送り出している。だがすべてを送るには同規模の発送をまだ一〇回程度行なう必要があった[97]。第二便は同月十日、図書を九五〇〇冊送り出しているが、これでもまだ図書だけ、しかもその三分の一を送り出したにすぎなかった[98]。そしてこの月、フーバー図書館の長ハロルド・フィッシャーが来日する。マッカーサーやウィロビーと会い、プランゲの歴史部門とも会合をもつこととなっていた。プランゲにしてみれば、もっとも恐れていた事態がやってきたわけである[99]。

幸いなことに、ウィロビーの決定はこの会談で変更されることはなかった[100]。ウィロビーはそれまでにもフーバー図書館のよき協力者であり、かつまたフーバー図書館の東京オフィスも、予想を上回るペースで順調に資料収集を進めていた。そのため、フーバー図書館側では、CCDコレクションについて、すでになされていたウィロビーの決定にあえて横やりを入れるといった判断は下さなかったのだろう。

CCDコレクション以外にも、プランゲはその前後に数多くの図書類を送っている。参謀第二部の図書室から何度か図書や文書を送り出しているし、先に述べた教化・宣伝用刊行物についてもそうである。教化・宣伝用刊行物については、この年五月、プランゲは文部省から四五〇〇冊を無料で受け取っている[101]。文部省がこれらを持っていたのは、先の宣伝用刊行物の接収が文部省をとおして各都道府県に通達され、文部省所管の倉庫に集められていたからである[102]。

発送のトラブルとしては、この年の三月、プランゲが軍の機密資料を母校に送っている、という風評がたち、軍による捜査がプランゲと母校に対してなされたことだろう。プランゲが送っていたのは、基本的には参謀第二部の資料でも機密解除となった資料であった。むろんこれだけ膨大な資料であれば、それがどこまで厳密であったかはわからない。機密資料を送っている、とはプランゲのかつての同僚の授業に出ていたある学生が訴え出ており、当時秘密厳守となっていた大学の受入れについて、同僚が何かの折にもらしたのか、あるいはそれを聞いた学生側の誤解であったのか[103]。結果的には、この年五月、発送は秘密解除された文書類なので捜査を終了するべし、という報告書が出されている。[104]

こうしてプランゲの送り出した図書・文書は一九四九年から一九五一年にかけて母校にたどり着き、それはのべ五〇〇箱を超えた。これらは後に出来上がるマッケルディン図書館（一九五八年開館）に収められ、封が解かれることとなるが、それは一九六〇年になってからである。それまでは封を解かれることなく、一時お蔵入りすることとなる。[105] ではこの膨大な図書は、その後どういった扱いを受けるのだろうか。これについては、メリーランド大学の日本語蔵書史とあわせて次に述べておこう。というのも、メリーランド大学の日本語蔵書史は、このコレクションの歴史と深く関わらざるを得ないからである（図27）。

図27 プランゲ・コレクション マッケルディン図書館で整理が始まった1965年の折の様子。新たになスタッフのもとでオフィスもたちあげられた。Courtesy of Special Collections, University of Maryland Libraries.

10 メリーランド大学の日本語蔵書史

メリーランド大学に到着した図書類は、一九六〇年になって、アジア史担当のデヴィッド・ファルカーが大学院生とともに開封し、一時的な配架作業を始めている。一〇年間近く手が着けられなかったのは、何より整理プロジェクトやスタッフを欠いていたことがあろう。当時のこの規模の日本語図書を入手した図書館は、たいていは日本学領域の研究者と教育コース、そしてそれを扱える図書館スタッフとの連携のなかで図書の購入・整理計画を実現していた。こうした連携のもと、大学が大きな連邦予算や財団からの資金を獲得することで、占領期に手に入った大規模な図書を整理していったわけである。また、そういった大学、ミシガン大学やカリフォルニア大学（バークレー）さえも、長期にわたって人員不足や目録化の遅延、そして目録規則について悩まされ続けるのである。メリーランド大学の場合、こうした研究・教育面での十分なバックアップ体制や将来計画が具体的に構想されない段階で、極端に大きなコレクションを手に入れてしまったということになる。

それでも六〇年代にこうした整理作業が始まった背景には、各大学で盛んにアジア・極東地域での研究コースや図書館が生まれ始める状況、そして地域研究の隆盛を前にして既存のコレクションをうまく生かして外部資金を手に入れ、アジア研究で積極的に前に出てゆく必要性が大学でも認識されるようになったからでもあろう。現に当時の日本語文献の単純な数からいっても、ハーバード大学やミシガン大学、コロンビア大学に匹敵する規模なのは確かだったのだから。

こうしたなか、メリーランド大学はプランゲの送ったこのコレクションを、東アジア・コレクションの一部として、整理・活用に着手する。まず図書の整理のために、日本語図書を扱えるフルタイムの司書が雇われた。これが金子英生《ひでお》である。金子については、次章でイエール大学の蔵書史についてふれる際に再度言及することになろう。彼はそれまでにもミシガン大学やイエール大学の日本語蔵書整理にかかわっていたが、一九六三年にメリーランド大学の日本語蔵書の責任を担うこととなる。ちなみに金子は一九六八年にイエール大学に異動し、その後任にこれまで幾度か登場した福田直美が就任している。しかし彼女もすぐにミシガン大学に移ってしまう。そしてその後に一九七〇年、ジャック・シギンズがコレクション担当の長となる。[106]

この東アジア・コレクションは、一九六七年には学内の中国語や韓国語図書など、東アジア文献すべてを統括することになるが、当時の総蔵書八万一〇〇〇冊のうちのほとんどは日本語文献であった。[107]金子は当時の図書館長のローベルシュタッドやプランゲの協力も得て、他大学の日本研究に多額の援助をしていたフォード財団へも資金獲得にむけて働きかけている。[108]しかしながら、これまでに述べたとおり、メリーランド大学はバランスのよい日本研究の機関とは言えなかった。フォード財団にしても、ロックフェラー財団にしても研究や教育活動の一環として図書の整理・購入を支援していたのであり、それには実績ある日本学の教育・研究スタッフが必要だった。これらの点の不十分さから、フォード財団は支援を見合わせる。当時は特定のコレクションの整備といった特殊な目的のために大規模な出資者を米国内で探すのは困難だった。[109] また、コレクション自体の国内外の認知度もいまだ高くなかった。整理さえできないのだから、それも当然であったが。

それでも金子のもとでスタッフの増員がはかられ、少しずつ図書の整理が進められていった。しかし、日本語図書の維持・管理・整理は膨大な資金を必要とする作業であり、そう簡単に進むはずもなかった。また、日本語文献を扱う図書館スタッフは、この時期どの大学でも必要としており、探すのが困難でもあった。こうしたなか、メリーランド大学は日本とのユニークな図書館員交換制度を設けている。これは、メリーランド大学の図書館学大学院コースの設置にあわせて、日本から図書館員を派遣してもらい、そこで学んで修士号をとるかたわら、東アジア・コレクションの仕事をインターンとして手伝ってもらう、という計画であり、一九六五年の九月から始まっている。[110] 送り出したのは一九五一年、占領軍のもと、米国図書館協会の協力を得て慶応大学に設置された日本図書館学校（Japan Library School）である。[111]

このインターン制度によってメリーランド大学に向かったスタッフに、後に福島鋳郎《じゅうろう》をとおしてプランゲ・コレクションの日本への機縁をつくることとなる森園繁や、現在のバークレーの日本語図書コレクションの責任者である石松幸久、そしてプランゲ・コレクションの重要な紹介者であり、書誌的な研究でも成果をあげる奥泉栄三郎がいる。ちなみにインターン制度としては一九七四年にやってきた奥泉が最後であり、彼はこの制度の終了とともに常勤スタッフとしてメリーランド大学にとどまり、その後にシカゴ大学に移ることとなる。[112]

11　蔵書が抱える問題

膨大な量の日本語図書の維持・管理には、はかりしれない時間と労力を必要とするが、このコレクションはまた特有の困難さをもってもいた。六〇年代からは書誌情報の全米レベル、日米間での共有・交換も次第に進んでゆく。つまり、いちいち一件一件図書の情報を目録にとらなくとも、国立国会図書館や他大学の目録情報を参照して労力を軽減できるようになっていくわけである。むろんそれは、他大学や国会図書館がその図書を持っていれば、の話であった。メリーランド大学のコレクションは、占領期の発行文献であり、いまや日本にさえない図書や雑誌、新聞類を多数含んでいるため、こうした他大学の目録情報が、それほど役に立たないという問題があった。

また、この時期の粗悪な紙質によって、新聞をはじめとするマイクロ化や保存作業を行なわねば資料自体が壊れていってしまうという問題もあった。加えて、一時期だけに突出したコレクションではなく、基本的な日本語文献を備え、実際に研究・教育が可能なアジア・コレクションにするために、蔵書もバランスよく増やしてゆかねばならない。こうして新たに増えてゆく図書も処理しなくてはならないのである。たとえば一九七二年にはイエール大学の日本語蔵書にも長くかかわった政治科学領域の研究者弥永千利の一四〇〇冊にのぼる個人コレクションをメリーランド大学は購入している[113]。

福田のあとを受けて一九七〇年四月に東アジア・コレクションの責任者となったシギンズに降りかかったのはこうした問題ばかりではなかった。この年六月、コレクションが配架されていたマッケルディン図書館の地下が豪雨のために浸水し、コレクションが深刻な被害に見舞われるという事態となった。特にダメージを受けた図書・文書類の早急なマイクロ化にせまられることになったわけである[114]。

こうした困難さのなかで、東アジア・コレクションの売却の問題も浮上している。新聞類は劣化もはげしく、マイクロ化の予算の見通しがつかなければ今のうちにきちんと管理できるところに売却することが望ましい。だがそれも、これだけの規模であれば相当大きい機関でなければ購入は難しいし、まず売却するには、その目録をつくられねばならない。しかしその予算も容易には組めない[115]。

こうしたきびしい状況の一方で、コレクションの評価を高め、認知させる活動が次第に活発化してゆく。先に述べたように、アメリカ国内にある日本語資料に対して、日本側での関心が高まってゆく時期でもあった。松浦総三や藤原彰らを中心に作家、研究者らによる「米国押収資料の返還・公開を要求する会」が結成されるのは一九七三年である。日本からの研究者やマスコミからの問合わせも増え、一九七三年から七四年にかけてメリーランド大学の東アジア・コレクションのレファレンス件数は倍増しており、コレクションへの関心の高まりを示している[116]。また、シギンズの後を受けてミシガン大学からやってきたフランク・シャルマンは、一九七四年にミシガン大学のウォードとともに占領期の日本についての欧文文献をまとめた大著『日本占領欧文文献目録[117]』の編者である。書誌研究領域での精力的な研究者である彼と、そのもとで奥泉が、七〇年代の後半から東アジア・コレクションの文献を用いた研究を次々と発表し始める。そうしたなか、一九七八年には待望の資金が連邦人文科学振興基金から一一万ドルを超える補助金の形でなされ、資料の整理を後押ししてゆくこととなった[118]。日本側との共同のプロジェクトや研究も次々となされてゆく。一九八二年には『占領軍検閲雑誌目録・解題』が刊行されるが、このプロジェクトは一六万頁に及ぶ大規模なコレクションのマイクロ化を含んでおり、コレクション収録雑誌についての基本情報の整備も次第に進んでいった[119]。

現在はプランゲ・コレクションとして名高いが、正式にこの名称が冠されたのは一九七九年であり、国連特命全権大使の緒方貞子を招いての記念式典がもたれ、米占領軍の検閲資料群の献呈式がなされている[120]。プランゲ・コレクションをもとにした研究はこの後も活発な広がりを見せる。地域雑誌や新聞、児童向け印刷物と多様な資料を豊富に含むコレクションに対するその後の研究の広さは、今後もさまざまな研究を生み出してゆくことは間違いない[121]。

ただ、それは日本人研究者の目から見ての側面でもある。全米の蔵書史のなかにメリーランド大学を置いた場合、この蔵書の位置づけは微妙なものに見える。

メリーランド大学東アジア・コレクションがかかえる大きな欠点、蔵書の全体を見わたしてとらえるなら、それはまさにこのコレクションの強みとかかわりあっている。蔵書のおよそ半分は、日本史上のごく短い期間の出版物のみに集中している。もしも蔵書が東アジア学コースを支援するとするなら、別の主題や中国語文献についてもより充実した収集が必要だ[122]。

つまり特定の期間のみに集中した特殊なコレクションは、特に日本語や日本学の初学者にとっては手のつけられない扱いづらい蔵書といえる。少なくとも広く日本のことを学ぼうとするアジア領域の研究者養成には向かず、大学院生レベルの能力を必要とするが、そのようなアメリカの研究者の数自体それほど多いわけではない。現実的にその大学の教育に広く活用できない蔵書が、大規模な予算を消費してゆくという厳しい状況をどうするのか。プランゲは世界的に見ても貴重なコレクションとともに、重たい課題をも大学に残していったと言えるのではないだろうか。

第六章　日本の書物をどう扱うか
——分類と棚をめぐる葛藤

1　日本語書物を管理する

書物の移動は、書物そのものに影響をあたえ、別の書物へと変えてゆく。その書物は、新たな考え方、見方のもとに、分類・配置され、手に取られることとなる。海外にある日本語図書は、日本にある同名の書物とはすでにまったく異なる存在といってもよいだろう。書物はそれのみで存在するのではなく、それを扱い、読む環境と分かちがたく結びつくことによってはじめて存在する。だからそれら読み手や読む場の変化は、書物のあり方をも決定的に変えてしまう。

実際に物理的に書物の形そのものを変えてしまうこともある。たとえば日本の和綴本は、かつては米国内の大学ではしばしば洋装本に装丁し直されていた。和綴本をこうして「立派に」装丁し直すということはさすがに現代では行なわれないものの、西欧を基準としたあるべき「書物」の形を無理にあてはめることで、いわば読み手の環境が書物の形自体を変えてしまう事例といえるだろう。こうした目に見える形の変化ばかりではない。日本とは異なるユーザー、読者に応じた記録、分類、管理、提供の仕方のもとに置かれることでも、書物はそれまでと異なる存在へと変わってゆくのである。

たとえば「華道」の書物を植物に関する書物として分類するか、美術についての書物として分類するか、教育についての書物と分類するか、あるいは日本文化といった固有の領域に分類するか。重要なのは、分類された瞬間に、その書物自体が、それを利用する読み手に対して付加的な意味を帯びるということだ。つまり「華道」とはどういった領域に属するものであるか、というメッセージが加わるということである。そればかりではない。「同性愛」に関する文献を社会科学領域に分類するか、歴史学領域に分類するか、はたまた自然科学領域に分類するか、ということを考えてみればよいだろう。つまり分類は、それ自体、分類する人びとの価値、判断基準、場合によっては偏見をも投影しているのである。そしてそれが書物自体にも影響を与える。

だからこそここで、あえて一章を設けて、分類や目録化、棚の配置といったことを論じることとしたのである。こうした問題は、あまりに技術的で、書物の外側にある実務的な問題のようにも思えるかもしれない。しかしこの章をとおして、この問題が同時に知の対立や葛藤を深くはらんでいることを示してみたい。

ここでは、大きく問題を、図書の作者や出版者といったデータをもとに目録カードを作成する目録作成の問題、それら図書を分類し管理する場合に、どのような規則を用いるか、という分類の問題、そして、実際にどのように棚に配置するのか、という配架の問題と、三つの側面からとらえてゆくことにする。

これらの問題は、まだ日本語の図書がアメリカの各大学でそれほど多くない場合には問題とはならなかったが、蔵書の規模が大きくなってゆくにしたがって深刻化する。はやくは一九三五年に、ロックフェラー財団からの呼びかけによって、東洋文献をいかに分類するかについての会議がニューヨークで開催されている。そこでは、中国の北平国立図書館（現在の中国国家図書館）のカードをもとにいくつかの分類方法が検討されているが、日本語図書については十分に議論がなされるには到らなかった[1]。そうしたなか、この問題に取り組むのが、序章で述べた米議会図書館であり、第二章で扱ったコロンビア大学だったわけである。議会図書館の坂西志保が日本や海外の図書館から、図書分類表を集めてその分類を検討していたこと、コロンビア大学で清水治が、ロックフェラー財団からの支援を受けながら日本語図書を目録化するための指針をつくりあげていたことにもすでにふれた。

とはいえ、日本語図書をいかにして体系的に購入し、目録を作成し、管理してゆくか、という問題について、全米レベルで取組みが本格化するのは、やはり第四章でふれた、一九四九年ニューヘイブンで開かれた全米東洋コレクション委員会からだろう。この会議報告において、前年の準備会議から積極的に動いてきたミシガン大学のジョゼフ・ヤマギワは、主要な問題点をまとめている。(2) それによれば、連合国軍占領下の日本からどうすれば日本の図書を購入できるのか、といった問題とともに、タイトルや著者名のローマ字化や日本語図書の分類をどうするか、といった技術的な問題、そうした日本語図書のデータをとってゆく専門家、日本語図書を扱える図書館員をいかに養成し、供給するか、ということもこの会議の焦点となっている。

この会議では各大学が日本からの図書購入の現状を報告してもいる。第四章や五章で述べたような図書収集活動がここで簡略に報告されている。米議会図書館のエドウィン・ビールはワシントン文書センターから手に入れた図書について報告し、フーバー図書館のイケ・ノブタカは現在進行中の東京での文書収集活動を報告している。また、中国語・日本語図書についてコロンビア大学やハーバード大学の目録作成の事例も報告されているが、ここで一つ、米議会図書館の東洋部門の長であるアーサー・ハメルによる重要な報告がなされる。議会図書館が、所蔵する日本語図書・中国語図書のすべての目録カードを複製し、著作権フリーで売り出すというのである。(3) これは各大学にとって願ってもないことだった。こうした目録を作成できるような、日本語の書物に詳しく、かつアメリカの図書館学校の学位をもったスタッフは、どの大学図書館にもほとんどいない状況だったからである。

この提案は、ハーバード大学のA・カイミン・チウの案による共同の目録作成計画をも視野に入れたものだった。簡単にいえば、各大学がそれぞれにつくった日本語図書の目録カードを議会図書館に送る。議会図書館が各大学から集まったカードの複製をつくる。こうしてできた目録カードを各大学が購入する。こうすれば、どこかなくなるわけである。[4] の大学がすでに、あるいは新たに目録カードをつくった書物については、他大学が再度カードを作成する必要はなくなるわけである。[4]

この共同の目録作成計画は、結果的には当初の見込みどおりにはうまく進まなかった。その理由については後述しよう。いずれにせよ、全米でアジア文献の図書情報を共有しあう野心的な試みが始まったわけである。この計画には、ハーバード大学が大きく関わってくる。ハーバード大学は、特に中国語図書に関するかぎり、米議会図書館とともに数多くのカード目録をすでに作成しており、一九三八年から戦争で中断しつつも一万二〇〇〇枚にのぼる中国語図書のカード目録を作成し、『中国語図書分類カタログ』として当時三巻本で出版していた。[5] また日本語図書についても、一万八〇〇〇タイトルに及ぶ目録を作成し、マイクロ化して販売を行なっていた。[6] 中国語図書については、その分類、目録作成方法について、すでに多大な実績をもっていたわけである。そしてこのことが、ハーバード大学のみならず他大学の日本語図書の扱いについても大きな影響を与えることとなる。

2　ハーバード・イェンチン分類

アメリカの公共図書館の多くでは、デューイの十進分類法が現在でも用いられている。この分類は、以前ふれた一九二九年の日本での日本十進分類法のもとにもなっている。アメリカの大学図書館ではこのデューイ分類、あるいは米議会図書館の用いている議会図書館分類（ＬＣ分類）が主に用いられている。大学独自の分類を用いているケースや、途中でＬＣ分類に切り替わって混在している場合も珍しくない。

では日本語図書はどうだろうか。これについては、そのままデューイ分類をあてはめるケースもあれば、日本十進分類法を採用したケースもある。現在ではＬＣ分類を用いているところが多いが、六〇年代はどうだったのだろうか（図28）。表からわかるとおり、当時の多くの大学はデューイ分類でもＬＣ分類でも日本十進分類法で

大学名	分類方法
シカゴ大学	HY分類　四角号碼検字法
コロンビア大学	日本十進分類法
コーネル大学	米議会図書館分類、ＨＹ分類（中国古典）
ハーバード大学イェンチン図書館	HY分類　四角号碼検字法
米議会図書館	日本十進分類法（米議会図書館分類へ移行中）
ノースウェスタン大学	デューイ分類
スタンフォード大学	日本十進分類法
カリフォルニア大学（バークレー）	HY分類　四角号碼検字法
カリフォルニア大学（ロサンゼルス）	HY分類　カッター番号
ハワイ大学	日本十進分類法
インディアナ大学	米議会図書館分類
カンサス大学	デューイ分類
ミシガン大学	日本十進分類法（米議会図書館分類へ移行中）
ワシントン大学（シアトル）	HY分類　四角号碼検字法
イエール大学	イエール分類（文学、歴史の一部）、朝河分類、および議会図書館分類（1960年以降の歴史）

図28　各大学の日本語蔵書分類　それぞれの大学が1962年段階で日本語図書に対して採用してた分類方法。1963年の福田直美の報告データをもとに作成。

もない、ハーバード・イェンチン分類法（HY分類）といわれるものを採用している。いったいこの分類法はどういうものなのだろうか。そしてなぜ多くの大学の日本語図書が、この分類を採用しているのであろうか。

ハーバード・イェンチン図書館は、現在でもハーバード大学のアジア研究のなかでは中心的な図書館として機能している。イェンチンとは燕京（北京の旧称）のことである。このイェンチン研究所は、もとは一九二八年、チャールズ・ホールのもとで、中国をはじめとする東洋学を支援し、研究・教育・出版活動を行なう研究機関として設立された[7]。場所としてはハーバード大学にその中心を置いているが、財源は当初は大学とは別で、あくまで大学に場所を借り、その教育・研究を支援するという形をとっていた。このイェンチン研究所の支援のもとで、それまでアメリカになかった極東領域の研究所をハーバード大学に立ち上げ、文献も揃えるという活動がなされる。そこに研究所長として招かれるのが、エリセーエフだったわけである。この組織が一九三七年には大学の極東言語学科となってゆく(8)。

このハーバード大学の図書館で中国語・日本語図書の分類に用いていたのがハーバード・イェンチン分類である。この分類方式はいったいいつ、誰によって、どのように考案されたのだろうか。そしてなぜそれを多くの大学が用いたのだろうか。

考案者はハーバード大学のカイミン・チウである。チウがハーバードで働くにいたる経緯は、同図書館の後任であるユージン・ウーによれば以下の通りである(9)。チウは一八九八年に中国の商家に生まれ、長沙のミッション・スクール、さらにはキリスト教系の大学で武昌にあったブーン大学で学び、早くから欧米風の教育に接していた。このブーン大学は、中国で最初の図書館学コースを一九二〇年に設けるが、チウはその最初の六名の学生の一人である。チウは英語、フランス語、ドイツ語を学び、このコースを修了後、廈門《アモイ》大学に最初の司書として赴任した折には、そこで日本語も学んでいる。

一九二四年に廈門大学から図書館学研修のためにニューヨーク公共図書館学校(後のコロンビア大学図書館学校、現在はない)に送られ、その後ハーバード大学の大学院で経済学を学んでいる。そこで修士号をとった一九二七年(三三年には博士号)、彼は、手伝っていたハーバード大学のワイドナー図書館の館長アーチボルト・クーリッジから日本語・中国語図書の将来を担ってゆく仕事を頼まれている。こうして、彼はいまだアメリカで確立されていなかった中国語図書の分類やカタログ方式についての研究を開始するわけである。彼は一九二七年から中国語図書の分類について英語圏で論文を発表しはじめ、それが最終的な形で米国学術団体評議会と極東学会の手によって出版されるのが一九四三年である(10)。

この分類自体は『大学』、『論語』といった中国の四書の分類などを参考としながら拡張し、それを三から四桁の数字で表現している。このうちのメイン・カテゴリーを示しておこう。中国の古典籍を中心として細かい内容

番号	分類総目	Table of Main Classes
100-999	中国経学類	Chinese Classics
1000-1999	哲学宗教類	Philosophy and Religion
2000-3999	歴史科学類	Historical Sciences
4000-4999	社会科学類	Social Sciences
5000-5999	言語文学類	Language and Literature
6000-6999	美術遊芸類	Fine and Recreative Arts
7000-7999	自然科学類	Natural Sciences
8000-8999	農業工芸類	Agriculture and Technology
9000-9999	総記書誌類	General and Bibliography

図29 ハーバード・イェンチン分類 この分類総目の下に各類綱目があり、細分化されてゆく。A. K. チウによる1943年版の分類表『漢和分類法』から作成した。

に対応した分類がこれによって可能となるのだが、この分類方法は、同時に著者名の番号化の方法もともなっていた。つまりこの方式を用いれば、図書の分類と著者名を数値にして分類、配架、管理できるようになっているのである（図29）。

この分類は、アメリカばかりではなく、ドイツやイギリスでも中国語図書の分類に採用している研究機関があったことからも、その実用性の高さがうかがえる。[11] 同時に、この分類の標準化、浸透にむけてチウが精力的に活動していたことも大きい。

それが、先ほどふれた米議会図書館による目録カードの中央一元化システム、すなわちユニオン・リスト作成の提案とつながっている。もともと、中央で一元的に書誌情報を集約して各図書館に配布するという案は、チウが一九四二年、米東洋学会（American Oriental Society）の年次総会で提案したものである。[12] 米議会図書館に各大学の目録カードを集めて複製し、全米の目録を提供するという計画は、すでにカードを大量にもっているところが損をするというのはすぐわかる。他大学に比べて提供する分が多く得る分は少ないからだ。だからこそハーバード大学が積極的に動かないかぎり、この計画は実現し得ないものでもあった。そして計画初年度、ハーバード大学は六二〇〇タイトル分ものカードを米議会図書館に提供する。[13]

チウは、こうした目録作成計画で主導的な役割を担っているだけでなく、各大学の中国語・日本語図書の管理についても積極的に指導・アドバイスを行なっている。バークレーのアジア図書館設立にあたって責任者として招かれたハフが、バークレーに向かう前に、東洋文献の扱いや図書業務の講習を受けるのも彼からである。[14]

こうした分類や目録作成における主導的な役割を担っていったことに加え、HY分類が日本語図書にまで普及した要因の一つに、その著者名の扱いをあげることができるだろう。HY分類の規則には漢字著者名の数値化がともなうと先に述べた。つまり、漢字の著者名を数字で表わすことで、すべての書物が分類番号と著者番号によって整然と整理可能となる。しかし、アルファベットなら数が限られているので数値化は容易だが[15]、漢字は当然のことながら膨大な数が存在する。中国名を音訳すればローマ字化も可能だが、それもアメリカ人にとってはかなりやっかいな作業ではある。さらに、複数の読み方をもつ日本語名の場合、この作業はそうとうな知識を要求される。

そこで考案されたのが王雲五の「四角号碼検字法」(Four Corner System) である。やはり五〇万冊に及ぶ中国語図書と洋書をあわせ管理する必要から一九二〇年代に上海の商務印所館東方図書館で生み出されたもので[16]、漢字のもつ各部分(はらいや角など)の型をもとに数値で表わす方法である[17]。簡単にいえば、漢字を、読み方にかかわらずその形から番号になおす方法といってよい。HY分類はこの方法を採用することで、中国語著者名ばかりではなく、日本語図書においてもっとも大きな障壁となる著者名のヨミの問題をとりあえずは解決することとなった。

その一方で、正確な日本人著者名のファイル作成をコロンビア大学の清水治が作成していたことは、第二章で述べた。それを戦後米議会図書館が引き継ぎ、コロンビア大学のスタッフの協力の下で拡充してゆく作業が進められていった[18]。

3　ハーバード大学の日本語蔵書史

すでに戦前のハーバード大学の蔵書史については、第一章や本章でもふれてきたが、ここでそれらを簡単に振り返りながら、その後のこの大学の日本語蔵書史についてまとめておくことにしよう。

ハーバード大学も第一章で扱ったプリンストン大学やコーネル大学と同じく、中国学の長い伝統をもっている。中国学の講座としては一八七九年にコ・クンハのコースがハーバード・カレッジに開設されており、アメリカでもっとも古い。日本からは一九一四年に姉崎正治《あねざきまさはる》と服部宇之吉《はっとりうのきち》が招聘され、中国学、仏教学を講じるかたわら、中国語図書ばかりではなく日本語図書の寄贈も行なっている。しかしながら、これらの図書はアジアに対する米国内の関心が高まってくる一九三〇年代まではほとんど忘れられた状態にあったことは第一章で述べたとおりである。

先にふれたように一九二七年、チウがハーバード大学の中国語・日本語図書の担当となる。その時点での蔵書は日本語図書一六六八冊、中国語図書四五二六冊の規模にすぎなかった。だがこれらの蔵書の構築や中国・日本研究は、翌年のイェンチン研究所の活動開始とともに一気に活発化する。その後の蔵書の変化は図に示すとおりだが、特に中国語図書の規模がいかに急激に増えていったかがよくわかる[19]（図30）。

日本の図書に関しては、一九三二年に客員、三四年には研究所長となるエリセーエフと、一九三〇年にハーバード大学に来ていた岸本英夫とが図書の選定をおこなっていた[20]。岸本は姉崎の娘婿にあたり、宗教学の学位取得のために学ぶかたわらで日本語を教えてもいた。彼らのもとで学んでいたのがE・ライシャワーである。こうした背景のもと、日本学セミナーが一九三三年のハーバード大学を皮切りに、コロンビア大学、カリフォルニア大学で開催されるわけである[21]。また一九三六年には、日本人同窓会から日本の法学関係図書が法学図書館に寄贈されている[22]。

ライシャワーはヨーロッパ、日本で学んだ後、一九三九年にハーバード大学で博士号をとるとともに講師として働き始めている。戦時期には、第四章で述べた海軍日本語学校の計画に参加するわけである。また、陸軍の要請で一九四四年には民政官養成学校（CATS）の設置に協力し、日本語教育を展開している[23]。

一方で終戦から占領期にかけての蔵書はどう変わっていったのだろうか。通常ルートでの図書購入は困難だっ

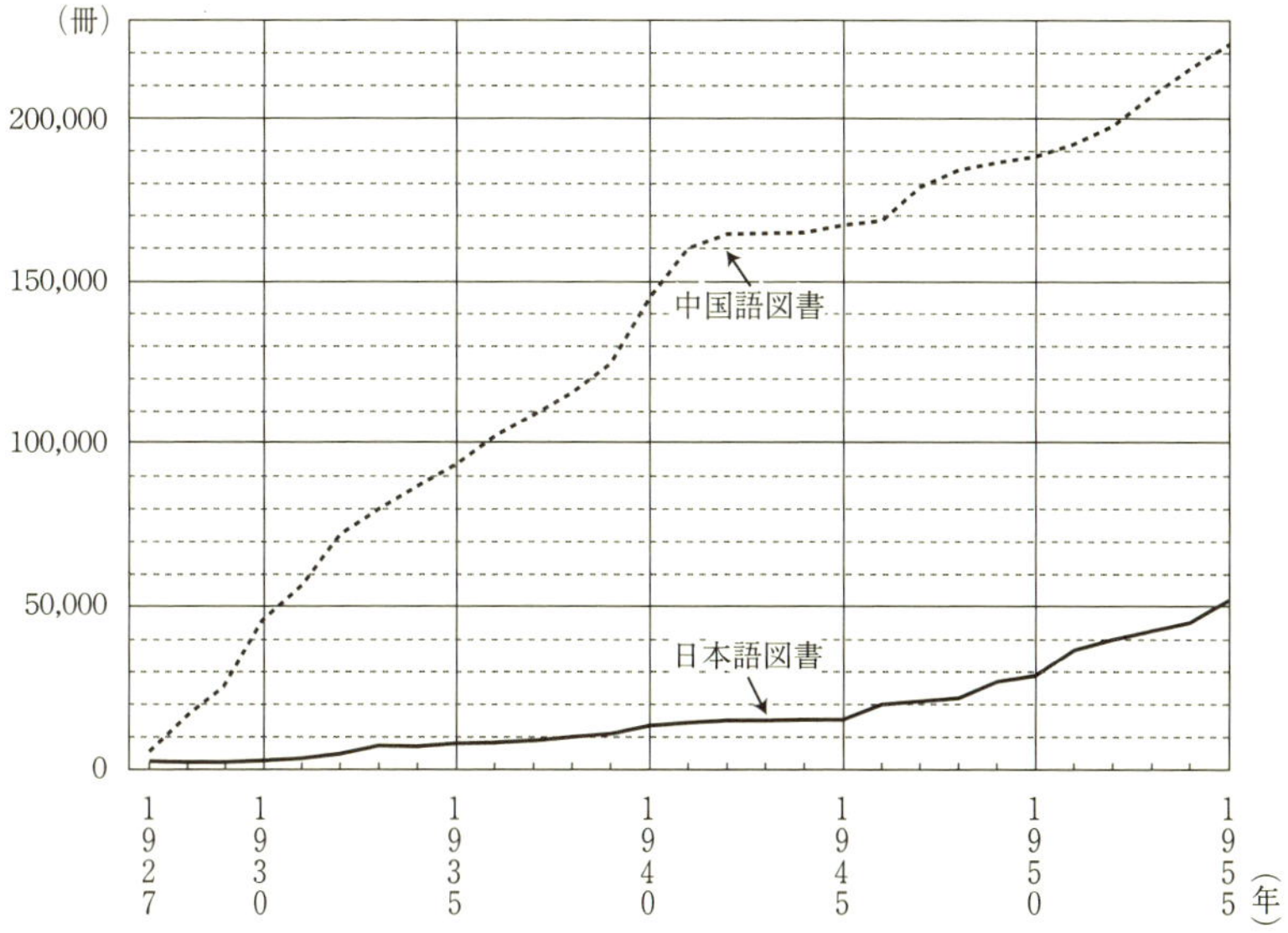

図30 ハーバード・イェンチン図書館 戦前から戦後にかけての日本語蔵書、および中国語蔵書の冊数変化。エリセーエフが1956年に出した図書館紹介より作成した。

たが、さまざまな形で日本語図書は増えていっている。極東学科で中国語を教えていたフランシス・クリーヴズは海軍に入り、日本人が引き揚げる天津で軍務についていた。彼はそこで、五〇〇〇冊の日本語図書と一七〇〇冊あまりの中国語図書からなるコレクションを譲り受けている。混乱する現地で行く末のわからないコレクションを、ハーバード大学で責任をもって保管するということで説得して取得している。[24] このコレクションは、天津の奉天第二中学校の校長で『満州看板往来』の著述もある堀越喜博の蔵書であったことが最近になって明らかになっている。[25]

ハーバード大学は、占領下の日本へはチャールズ・タトルをとおしてブランケット・オーダーを行なう一方で、[26] 国内でもフーバー図書館や陸軍省から重複図書を買い入れることで日本語蔵書を増やしていた。[27] また、国内外との交換、特に日本の国会図書館との雑誌・図書交換も大きな割合を占めている。[28] この時期のまとまった購入としては六五〇〇冊にのぼる一九五〇年のペツォルド・コレクションの購入があげられよう。一九一〇年に海外特派員として日本を訪れたブルーノ・ペツォルドは第一高等学校でドイツ語、ドイツ文学を教えることとなり、次第に天台仏教に関心をもちはじめる。そして天台教学の研究に打ち込み、一九四八年には僧正の位を与えられるまでになっている。彼は仏教関連の図書を中心に一万冊に及ぶコレクションを日本でつくっていたが、これがその死後、イェンチン図書館に売却されたのである。(29)

　とはいえ、占領期から戦後すぐにかけての各大学の目覚ましい日本語蔵書の構築や日本学の伸長からすれば、積極的に特徴を打ち出した独自の蔵書構築をしているというよりも、たんたんと増やしているという印象を受ける。ハーバード大学の中国語図書は、これまでに見たようにしっかりとした目録をもち、そのなかで日本語図書も管理されてきたが、収集に関しては、戦後も長い間中国人司書が日本語図書の収集を兼ねていた。規模から考えてもこの時期はブランケット・オーダーを中心にして購入を行なっていたと考えてよいだろう。

　一九五七年に東アジア研究センターが創設され、東アジア、ロシア、中東を扱う三つの地域研究センターの一つとして研究を展開することとなった。図書、研究ともに中国研究に重点がおかれている。日本語図書の専門司書としては、一九五九年に国会図書館の参考書誌部から磯部重治を雇い入れている。(30)この時期の収集方針としては宗教や哲学、文学、歴史の図書を優先して購入している。(31)しかし、他大学同様、それまでの日本語図書が宗教や文学、美術に強いものの、社会科学系の図書に弱かったために、その分野の図書購入をどうすすめるかが同時に問題ともなっていた。(32)磯部のあとは、後に米議会図書館に移る吉村敬子が短期間代理を務めたあと、青木利行が六八年に引き継いでいる。(33)彼が引き継いだときには、日本語図書は一一万冊の規模に達していた。そして、すでに各大学が抱える日本語図書の収集難、購入費不足が始まっていた。(34)これに対して、東海岸の各大学との連携・協力体制のなかでその難局に対することとなる。これについては第八章であらためて扱おう。

4　目録規則のばらつき

話を米議会図書館の提案にもどそう。つまり、全米レベルで提唱された集中的な目録作成方式、ユニオン・カタログの作成計画である。その利点は容易に理解できよう。何より、各大学の目録作成業務は楽になるし、各大学の蔵書が把握できれば重複をさけながら独自の蔵書をつくりあげることもできる。それによって各大学蔵書の個性化をはかるとともに無駄な購入費をカットできる。そのデータはまた大学どうしの図書貸借も可能とするわけであり、研究者の便宜もはかりしれない[35]。

しかしながら、この計画は当初の見込みのようにはうまくゆかなかった。それはなぜだろうか。一九四九年の合意にもとづいて米議会図書館は各大学に中国語・日本語図書の目録情報の提供を求める。ところが、各大学はそれぞれに異なる方法で目録カードをつくっていた。著者名をローマ字化するか、タイトルはローマ字化するか、日本語にどういったローマ字をあてるか、日本語のままか英訳するか、あるいはより細かくは副題や総題をどうするか、こういった点において、統一がとれていなかった。これに対して、議会図書館は共通のフォーマットを提唱したが、強制はしなかった。つまり、各大学の自由なフォーマットで目録をとってもよいからその情報を送るように、という方式をとったのである。

計画が三年をへた一九五二年、米議会図書館のエドウィン・ビールは、その難点についてまとめている。まず議会図書館の目録カードの取り方に批判が出た。この報告では、カイミン・チウが議会図書館の分類、目録方式ではなく、自身の考案してきたハーバード・イェンチン方式の方を採用すべきであること、そしてそれを全米レベルでの共通ルールとすべきことをしばしば唱えて批判していることがわかる。また、何よりも各大学の送る情報が統一されていないという点が大きな障壁となっていた。計画に参加せずに、省力化のために目録作成でタイトルや人名のローマ字化をカットすることに決めたカリフォルニア大学（バークレー）のような大学もある。いずれにせよ、この報告では、目録作成の方法についての共通ルールをつくりあげるために、早急に全米レベルでの話合いを持つ必要性が強調されている。[36]

とはいえ、全米の各大学の代表者を交えた会議で日本語図書の目録規則が練られ、それが統一ルールとしてマニュアル化され、刊行されるのは一九五七年になってからである。[37] ではこのユニオン・リスト計画が現われ、その後統一ルールが検討されている間、それぞれの大学はどのように日本語図書を整理していたのだろうか。

これは実に人材やスタッフによって多種多様であった。先に述べたように、バークレーはHY分類を用いつつも、漢字の字体で著者名ファイルは管理していたので、著者名や日本語タイトルをローマ字化することはやめて省力化に向かう。[38] 一方、カリフォルニア大学（ロサンゼルス）では、分類はHY分類を用いることを決定しつつ、画数や四角号碼を用いることが煩雑で間違いやすいと見て、著者名はローマ字化の方針を採用している。[39] コロンビア大学は中国語図書はHY分類だが、日本語図書には日本十進分類法を採用している。第二章で紹介した清水治が考案した方法にもとづき、著者名、タイトルのローマ字化も行ない、タイトルの英訳も行なっている。スタンフォード大学はHY分類と日本十進分類法を併用していた。[40] シカゴ大学もHY分類を採用している。イエール大学は「朝河分類」を用いていたが、彼の死後は分類、目録作成の作業が実質上棚上げされている。この「朝河分類」については後述する。

一九四九年に提起されたこのユニオン・リスト作成計画は結局、米議会図書館を含む一〇の大学が参加し、その後一〇年の間に、中国語図書、日本語図書あわせて八万枚の目録カードがこの計画では作成されている。[41] しかしながら、どの大学でも、情報を提供したのに議会図書館からカードが送られてくるのに非常に時間がかかる、という不満を抱くことになる。そこには、こうした統一規格の不在という事情もあった。しかし、より現実的な問題として、この時期には、やはり日本語図書のカタログをとることのできるスタッフの数と、日本語図書の蔵書量とが決定的にアンバランスな状態におかれていたことがこの計画の実現を困難にしたと言えるだろう。日本語ができて（むろん英語もできて）、かつアメリカでの図書館業務に習熟しているような人材が決定的に不足していた。また、もしいたとしても、図書館業務は目録作成だけではない。数少ない日本語図書担当スタッフでは、棚の整理やレファレンス、図書の選択・注文といった本来なら分担されている作業をすべてこなさなくてはならない。

ワシントン大学（シアトル）では一九五九年まで日本語図書は目録化されずに、タイトルをローマ字化して棚にならべておく程度であったというし[42]、ミシガン大学でも目録作成はほとんど手つかずであった。イエール大学にしても同様である。いずれの大学も、膨大な未整理図書、バックログを抱えているのが当時の状況だった。また、これら図書の目録カードを作成する際の共通ルール作成の遅れは、各大学でアジア言語の図書の目録情報が、その大学の図書全体の目録情報から孤立・分離して管理される状況を引き起こしてもいた。これは後の目録情報の電子化、大学間での共有化の遅れにも影響を与えることとなった。

5　朝河貫一とイエール大学日本語蔵書の初期

先にイエール大学の朝河分類という言葉が出てきた。この朝河とは朝河貫一であり、これまでにふれたコロンビア大学の角田柳作や、米議会図書館の坂西志保とともに、アメリカにおける戦前の日本学の展開や日本語図書館の構築のなかで、もっとも大きな役割を担った日本人の一人と言えるだろう。いやこうした言い方は、彼の影響力をあまりに狭くとらえすぎたものでさえある。戦前における学術、政治、あるいは日米関係のなかで、彼の思想、言葉はその広範な交友関係をとおして波及していたのだから。朝河については評伝、書簡集、翻訳、さらにはその復刻出版もなされており、日本国内でもゆるぎのない評価を既に得ている[43]。もっとも、この「朝河分類」

についての記述や評価はいまだ見いだすことはできないが。

朝河は東京専門学校（後の早稲田大学）を卒業し、一八九五年（明治二八）アメリカに渡り、ダートマス大学に学んでいる。彼の生涯の支援者ともいえるダートマス大学の学長ウィリアム・タッカーは、東洋と西洋との国際関係を扱う領域をつくるという構想のもと、朝河のさらなる米国内での研究を支援する。朝河はイエール大学の大学院歴史学科に入り、日本の大化の改新について扱った研究で博士号をとり、一九〇二年にはダートマス大学にもどって教鞭をとることとなる。まだ日露戦争の始まる前の話である。

朝河は日露戦争をめぐる著作の刊行、言論活動を活発に展開し、その後の日本のアジア侵略、日米開戦にいたるまで日本の政策の辛辣な、かつ親身な批判者・助言者として活動することとなるが、ここでは、話を日本語図書の蔵書史との関わりにしぼりながら論を進めたい。

朝河はイエール大学で学んだ折、すでにイエール大学の図書館にある日本関係図書四〇〇〇冊の目録を自力でつくっていた。ところでその図書はどうやってもたらされていたのだろう。これについては一八七三年に、イエールの古生物学教授であるオスニール・マーシュによって寄贈されたとの記録があり、それが和古書を含んでいたというが、どれだけの量だったのかは定かではない。[44]

これらのイエール大学の図書を整理した結果、朝河の判断では当時の米国内ではもっとも規模の大きい日本語図書コレクションと思われたが、それでも決定的に基本図書が欠けていた。日本学や中国学がアメリカで弱いのは、こうしたしっかりした図書館がないからであり、大英博物館の日本コレクションに匹敵するような博物館、図書館をアメリカ国内につくるべきであるという構想を朝河はもっていた。[45]一九〇六年の日本への一時帰国を前に、彼はアメリカの研究図書館のために、自分が日本でまとまった図書を買い入れ、あるいは寄贈を呼びかけることで、大規模な日本語図書館を米国内につくろうと考える。第一章で、一九二〇年代に日米間において日本語図書を構築する前史的な動きが活発化したことを述べたが、それよりも二〇年近く前に彼はこうした活動を始め

図31 朝河貫一

ていたわけであり、その先駆性には驚くべきものがある。一九〇六年一月、朝河を招いて日本学コースの立上げを構想するイエール大学、そして米議会図書館が、朝河への日本語図書の購入依頼を決定している。(46)

朝河の渡米の際には大西祝《はじめ》や大隈重信といった当時の早稲田大学のスタッフが支援していたが、この帰国しての図書収集作業でも惜しみない協力を行なっている。朝河は早稲田大学図書館にオフィス・スペースをもらい、そこを集めた図書の集積所として活動している。(47) はやくから米議会図書館からは五〇〇〇ドルを提供されていたが、イエール大学からの購入資金はなかなか送られてこない。そのために日本に到着するや、イエール大学の図書館長J・C・シュワブに向けて報告がてら、図書購入に使える費用を知らせるよう繰り返し書きおくっている。(48) イエール大学からはこの年に二〇〇ドル、一〇〇〇ドル、五〇〇ドルと幾度かに分けて送金されてきており、翌年に送られてきた一五〇〇ドルとあわせて最終的には三二〇〇ドルが購入に充てられている。(49)

朝河は、日本のアメリカ大使館から首相の西園寺公望や文部大臣宛の紹介状を手に入れ、文部省をはじめ各省庁をとおして広く学術機関の協力を得ながら活動を展開する。(50) 東京帝国大学の史料編纂所長であった三上参次《さんじ》も全面的な協力を行なっている。三上から資料収集、作成のために史料編纂所の全面的な使用許可を与えられたため、朝河は雇った人員で交代で文献の複写を行なっている。(51) 彼は自身の得意とする法制史、文化史の史料を精力的に集めているが、同時に広く日本の歴史、文化、宗教、美術にわたる図書を収集したほか、政府の刊行文書、地図類や学術団体からも多数の寄贈を受けている。また関西方面へも図書収集に向かい、『大蔵経』や『続蔵教』をはじめ、大部のコレクションを購入している。(52)

こうして、朝河貫一は米議会図書館へ九〇七二冊に及ぶ図書をもたらすことになる。これは洋装の製本に仕立て直された冊数だが、もととなった製本前の図書は四万五〇〇〇冊にのぼった。それについては序章の米議会図書館の蔵書史のなかで述べたとおりである。一方、イエール大学への図書も二万一五二〇冊にのぼるが、[53]この時ばかりではなく、日本への二度目の渡航によっても寄贈がなされることとなる。一九一八年、朝河は再度帰朝する。このとき、イエールの卒業生よりなるイエール大学日本人会（Yale Association of Japan）が帰朝した朝河を招くが、その席上で彼は、イエール大学に図書を中心とした日本の文化財を寄贈し、東洋博物館をつくる計画を提案するのである。これに端を発して、寄付金が集められ、その基金は最終的に三万円に達した。その図書の選定に当たったのは黒板勝美である。これらの図書は、一九三四年、冊子体の目録とともにイエール大学に届いている。[54]

これらは、日本の文化の展開を歴史的に示すことができるよう工夫して収集されており、たとえば八世紀からの写本や版本をはじめ、日本の印刷や書物の歴史を知ることのできるサンプルとなるような文献類をも含んでいる。また、中世以降のオリジナルの歴史史料も多数含んだ貴重な資料群であった。[55]さらに翌年にも写本や絵画、版本が多数寄せられた。[56]このイエール大学日本人会からの寄贈は目録とともに送られており、それを再編した朝河の目録についても復刻もされている。[57]

この寄贈ばかりではなく、三〇年代には東京史料編纂所や渋沢栄一、旧加賀藩の尊経閣文庫の複製本など、さまざまな機関からの寄贈もなされている。[58]こうして、戦前には日本語図書は一万六五〇〇タイトル、九五〇〇冊に達しており、中国語図書も四〇〇〇タイトル、九〇〇〇冊に達していた。もっとも、当時は洋書の形に仕立て直しているので、もとの正確な冊数とはかなり異なるが。朝河は、当時の米議会図書館やコロンビア大学の蔵書と比べたうえで、イエールの蔵書が一次史料においてぬきん出ているとする。[59]また、戦時期には、他大学と同様日本語図書の購入はできなかったものの、一九四三年、朝河自身がみずから図書三七〇〇冊を寄贈している。[60]

6　思想としての分類

さて、先に日本語、中国語図書の分類や目録作成方法について、戦前、一九三五年に開催されていた会議にふれた。ロックフェラー財団のデヴィッド・スティーヴンスの呼びかけでもたれたこの会議で、中国語図書を扱うカイミン・チウはハーバード・イェンチン分類を提案している。一方この会議で、当時やはり日本語図書の分類を課題としていた米議会図書館の坂西志保は南満州鉄道株式会社（満鉄）の作成した日中図書目録をとりあげ、朝河は朝河分類を提示している。[61] この朝河分類はすでに一九一七年に作成されており、米議会図書館やイエール大学にはこの分類表が残っている。[62] ちなみに現在の日本の分類のもととなっている日本十進分類法は、一九二八年に森清が青年図書館連盟機関誌『図書館研究』に発表したものである。[63] 森清の分類やデューイ分類と比べれば、朝河の分類は、イエール大学の図書分類を改変した程度の、大ざっぱでいささかわかりづらい分類となっている。

ただ、ここで注意したいのは、朝河が、中国語図書の分類表と、日本語図書の分類表の二つを別々に、しかも西欧の出版物に見合う形、イエールの分類方法にあわせて作成しようとした点だろう。分類の実践的な側面はさておき、朝河の分類には、中国、日本のそれぞれの文化、歴史の固有性を尊重しつつ西欧という場に置こうとする思想がその背景に見える。このことは中国に対する日本の暴挙に対する批判を繰り返し手紙をとおして日本へと書きおくっていた彼の思想・行動と通底し合っていると言えるだろう。

ただ、実際に使用するにはかなり難があった。現実にこの分類を採用しているところは当時のイエール大学以外にはなかったし、イエール大学でさえも、朝河本人以外には分類できない、という状態であった。したがって朝河の死後長い間、イエール大学の日本語図書は事実上分類不能の状態に陥ってしまう。[64] また、日本語図書の管理自体も、彼の晩年に新たな時代に入りつつあった。それまでのアメリカでは、日本語図書は専門の図書館スタッフが扱う図書というよりも、あくまで特殊なコレクションとして位置づけられ、日本に詳しい専門の学者が、研究のかたわら管理するというケースがほとんどだった。朝河にしても、教育の傍ら、時間を割いては図書館業務を行なってきたわけである。[65] しかし、戦時期から占領期にかけて起こる日本語をとりまく環境の激変、日本語図書数自体の米国内での急増によって、日本語図書を特殊な一部のコレクションとしてではなく、米国内の図書全体の維持・管理システムのなかで扱うことが必要となってきた。

朝河の晩年、イエール大学では日本語図書の今後の目録作成、管理、収集についての委員会が構成されているが、朝河はそこに含まれていない。[66] 朝河はアメリカの図書館学の常識にもとづいていないという内部での批判もなされていたのである。[67] 日本語図書管理の中心となるのはアメリカの図書館学教育を受けたアメリカ人のライブラリアンであった。そのもとで、日本語のわかる日系二世のスタッフに、アメリカでの図書館規則・目録規則を学ばせ、やがて日本語図書を任せるという方針をとる。[68] こうして選ばれたのが当時教職にあった弥永千利だった。

では新たな分類としてどういった方法をイエール大学は採用すべきなのか。他大学のようにチウのハーバード・イェンチン分類（HY分類）を日本語図書にも適用することも当然一つの選択として検討された。[69] こうした検討がなされている折、朝河は図書館長あてに、日本語図書の分類を論じた長大な論を送りつけている。朝河が亡くなるまさにその年、一九四八年の四月のことである。

この論の要旨は、日本語図書については早急に特定の分類に頼るべきではなく、辛抱強い議論がなされるべきことを述べ、一九四三年以降、特にチウが強く米国内で広く用いられるよう主張していたHY分類を、日本語図書には適用するべきでない点を中心に議論が展開されている。HY分類をとるべきではないということに、なぜそれほど朝河はこだわったのだろう。

先に紹介したとおり、HY分類は、中国の図書分類を基盤にしている。朝河によれば、特に中国の中世の四分類、すなわち儒者の古典、歴史、儒者以外の古典、そして選集類、という四つの分類が基礎となっている。つまりこの分類は、儒者の思想に第一の価値をおき、歴史を軽視したものとなっているのである。というのも、こうした思想体系のなかでは、歴史は、不変なる儒者の思想がその時代に具現化したものにすぎないと見なされているからだ。こうした中国の古典思想による価値が強く反映した分類は、朝河にとっては科学的とは言えず、それを客観的なルールとして無理に他の図書、日本の図書にあてはめるのは、学問が本来持つべき公平さを著しく傷つけるものであるというのだ。(70)

朝河にとって分類は、単なる実用性や便利さの問題ではなく、まさしくそれぞれの文化の固有の価値が尊重されるか、従属させられるか、という問題だった。朝河がつくりあげてきたのは、アジアで繰り広げられている戦争とはうらはらに、中国と日本とが、それぞれに場所を得て息づいてきた書物の空間だったわけである。

この結論を見ないまま、朝河は八月、休暇で訪れたヴァーモント州ウェスト・ワーズボロの山荘で心臓発作のためにこの世をさる。(71) 七十四歳であった。イエール大学で中国語・日本語図書についての全米会議が開かれて、収集や目録作成について活発な議論が展開されるのは翌一九四九年のことである。

7　イエール大学日本語蔵書の戦後

戦前のイエール大学の蔵書史については、先に朝河貫一の活動と並行させながら述べておいた。では、戦後この蔵書はどのような展開を見せるのだろうか。朝河の心配した日本語図書の分類についていうなら、あらたな購入図書に関してはイエール大学がその蔵書全般に用いていた独自の図書分類を、古典籍についてはHY分類を用いる方向でひとまず進んでゆくが、実際には、他大学と同様、図書を目録化する作業にはほとんど手が着けられぬまま、日本語図書が急増してゆく。

一九四九年、分類にかかわる一つの大きな変化が中国語・日本語図書の蔵書におこる。それは、図書の物理的な配置に関わっている。他大学の蔵書も含め、どのような分類をするにしろ、日本語や中国語などの文献は、伝統的に西欧語文献とは別にまとめて一ヵ所に置かれていた。イエール大学でもそうである。ところが、この年にイエール大学は、これらアジア言語の図書を、すべて分散し、言語にかかわらず配置する方針に転換する。[72] いったいなぜこうした決定がなされたのだろうか。これについてはまた後述することにして、その後の歴史をたどることにしよう。

戦後のイエール大学はそれまでの図書収集方針を大きく変えてゆく。一九四六年、イエール大学はロックフェラー財団から一〇万ドルの資金を得てアジア極東地域、そしてロシア地域を研究する極東ロシア研究（Far Eastern and Russian Studies）を立ち上げ、スタッフの増員をはかる。あわせて、この領域の図書の大規模な収集に乗り出すのである。[73] 中心になるのは極東ロシア研究の長となった、中国の現代史・政治科学が専門のデヴィッド・ロウであり、中国語・日本語図書の収集方針も彼の意見が大きく反映してゆく。同じく日本の現代史・政治科学領域の弥永千利も彼の方針のもとで日本語図書の収集にあたる。提案されたのは、この五〇年から一〇〇年の間に出版された、近現代の歴史、文化、社会組織にかかわる図書の収集に力を入れること、そして新聞や現代の刊行物、行政文書、経済統計データを充実させることであった。[74]

中世の比較法制史の専門家であった朝河は、法制度をはじめとする過去の文書史料の収集にも力をいれ、日本の文化、歴史についての全体的な把握のために、幅広い時代にわたる資料を集めていたが、ここで、いっきに現代の日本、極東地域の問題へと関心が向けられてゆく。そしてこの方針は、多かれ少なかれこの時期の他大学の日本研究も向かっていた方向であった。となれば、この領域の図書収集は熾烈な争いとなる。いそいで収集に動く必要があった。[75]

戦後新たに立ち上げられたイエールの日本語・中国語図書の購入・収集・管理についての委員会は、こうした目的のもとに構成されており、先述のようにもはや朝河はここには入っていない。いずれにせよ急務となるのは図書の整理や分類よりもまずは収集であった。日本に向かう卒業生や、大学にかかわりのある人びとのネットワークを使いながら、イエール大学は図書の購入に動き出す。だが四七、四八年段階では、高価な古書や「実際の利用者が見込めない」和綴本を買わされ、なかなか思うような図書収集ができていない。そのため、図書に詳しい、たとえば、卒業生で海軍日本語学校出身で同志社大学に赴任するオーティス・ケリーに収集を頼んだり、[76] チャールズ・タトルと直に大学で交渉をもって細かく希望図書の収集方針を説明し購入を進めている。[77] コロンビア大学や米議会図書館の所蔵する日本語の重複図書を購入するためにも動いていた。そしてまた第四章で述べたように、議会図書館の日本語図書整理計画にもスタッフを派遣していたわけである。[78]

ひとまずは日本語図書の管理責任を担った弥永ではあったが、予想を超える規模の日本語図書の購入や管理は、やはり訓練を受けた司書の雇用を必要とした。弥永自身、その必要性を訴え、朝河の死後、日本語図書の目録作成もいっさい進んでいないことを述べている。[79] そして一九五三年、ウォレン・ツネイシが極東コレクションの司書に任命される。[80] ツネイシは第三章でも登場した、軍事情報部言語学校（MISLS）出身である。しかし日本語蔵書はまさに成長期であり、彼のもとでも、力をそそがれたのはやはり図書の収集であった。[81] そして地域研究への関心も高まって

図32 イエール大学極東図書館 日本語蔵書の責任者となったツネイシと、最古の印刷物とされる同大学所蔵の「百万塔陀羅尼」。Photographs of events and activities documenting Yale University, 1919-1994 (RU690). Courtesy of Manuscript & Archives, Yale University Library.

ゆく（図32）。

　私たちはスタッフの質を高め、教員の協力を得、運用可能な資金を増やすことで図書の収集を強化しなくてはならない。このことは非西洋圏、ロシア、東欧、極東地域について特に言えることである。莫大な数のこれら地域の人びととどう対処するかということは、わが国の人びとにとって日に日に重要となりつつある。(82)

一九五八年度に三〇〇〇ドルであった日本語・中国語図書購入予算は翌年に二倍、その翌年には三倍へとふくれあがってゆく。(83)この購入予算の急激な増加は続き、六二年度には二万七〇〇〇ドルと、なんと九倍にまでなっている。(84)東アジア研究のスタッフもまた増員され、全米でもトップ・クラスの地域研究の構築を掲げ、活発な活動が展開されていく(85)（図33）。

　こうした豊富な財源に支えられ、ツネイシは六三年に日本へと図書収集に派遣されている。(86)弥永がかつてフルブライト奨学金で日本を訪れた折に収集した図書を、イエール大学に寄贈したのもこの時期である。(87)そしてそれまでの極東コレクションは東アジア図書館という名のもとにさらなる成長期を迎える。(88)また、より大きな蔵書変化としては、一万九〇〇〇冊に及ぶ米議会図書館の重複図書購入があげられよう。これもフーバー図書館の購入と同じく、ワシントン文書センターから議会図書館に流れた図書の重複と思われる。(89)こうしたなか、ツネイシは米議会図書館へと移り、かわってメリーランド大学から金子英生が日本語図書担当として着任し、その後三四年間にわたってイエールの日本語図書を担当することとなる。(90)彼は一九七〇年代に、日本語図書の目録データの全米レベルでの連携・共有ネットワークにも大きく貢献することとなる。これについては第八章であらためて説明したい。

　一九七〇年代にはアンドリュー・メロン財団や国立人文科学基金からの資金を得ながらも、円高、図書価格や郵送費の高騰によって図書館は厳しい時期を迎える。[91] この時期、住友グループから五年間で総額二〇〇万ドルもの寄付がイエール大学になされている。これはイエール大学が外国から受け取った寄贈額でも最大級のものであり、日本語図書館への直接的な支援ではないが、日本研究者の養成には大きく貢献した。[92] 図書館の収蔵面では、薄い大理石を壁面に用いた特徴的な貴重図書専門図書館であるバイネキ稀覯書図書館の新築にあわせて、七四年には日本語図書の貴重図書が移動を開始している。イエール大学はこれまでに見てきたように、古い時期のオリ

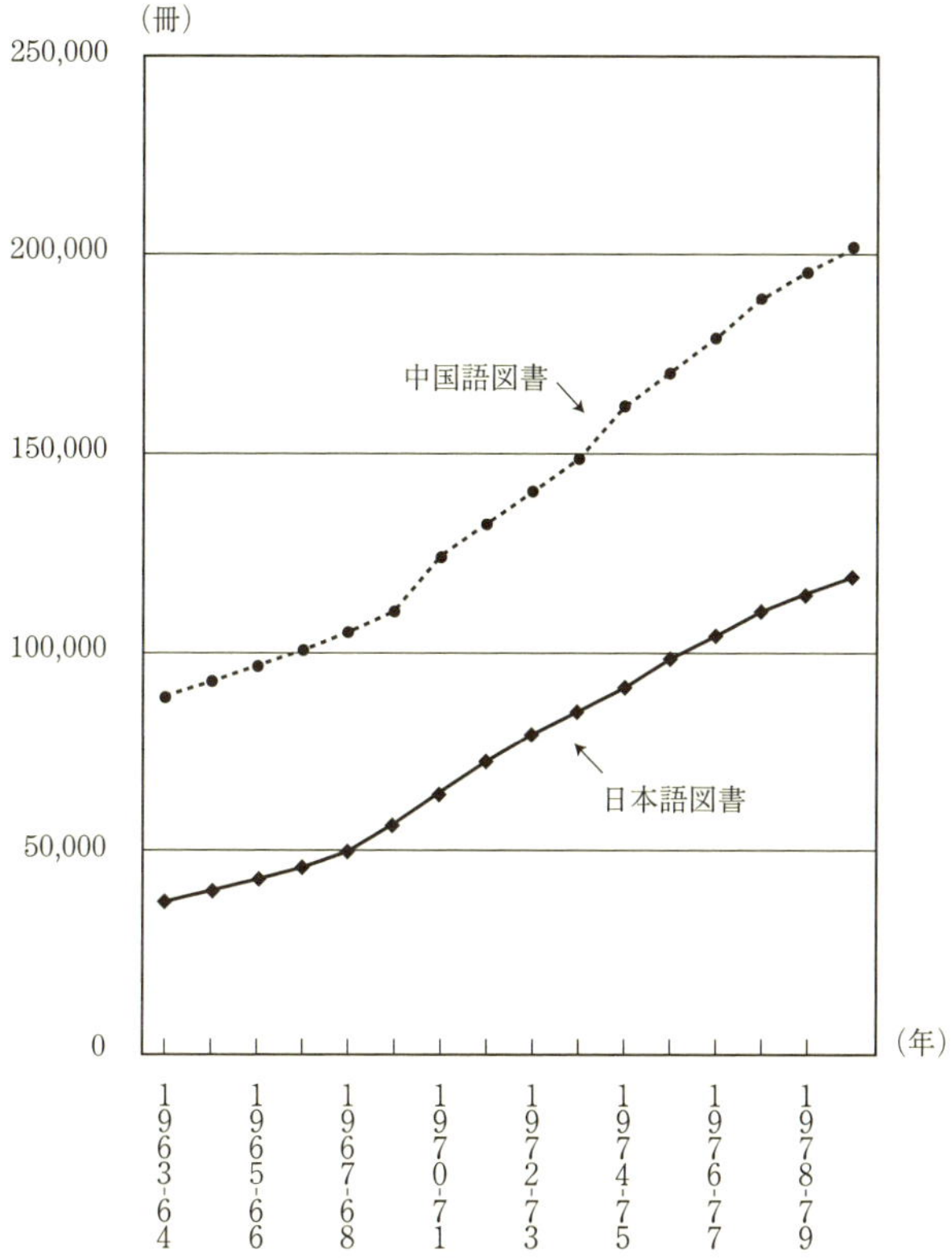

図33 イエール大学の蔵書変化 60年代から1980年にかけての日本語蔵書、中国蔵書の変化。イエール大学東アジア・コレクションの70-71年度の年次報告より作成。

ジナルの貴重な和書も豊富であり、これまでにもその日本語蔵書については日本の研究者の調査が何度か行なわれている(93)。

ハーバード大学の蔵書史でもふれたが、イエール大学は東海岸では、コロンビア大学とともに、日米友好基金からの支援を受ける大学として選ばれており、これら大学間を連携した図書の収集・提供・交換や情報の共有活動が後に展開されてゆくことになる。

8　目録規則の統一と外国語図書

それぞれの大学が行なっていた図書の目録情報の取り方、カード作成の方法がまちまちであり、それが、情報を集約・共有しあおうというプロジェクトの壁の一つとなっていた。これに対して、日本語図書の共通の目録規則を作成するために、全米レベルでの話合いがもたれることとなる。

一九五二年に研究図書館協会（ＡＲＬ）は、その報告において、中国語・日本語図書の目録規則の確立と、中央にその情報を集め、配布するユニオン・リスト作成の重要性を確認している。それを受ける形で、米国図書館協会（ＡＬＡ）と、中国語・日本語図書をかかえる各地の大学の代表者を加え、この統一ルールを確定するための特別委員会が構成されている。ここに、ハーバード大学のイェンチン図書館からはカイミン・チウ、カリフォルニア大学（バークレー）の東アジア図書館からはチャールズ・ハミルトン、コロンビアからは甲斐美和、イエール大学からはウォレン・ツネイシ、ミシガン大学からはＴ・Ｈ・ツェンらが参加し、議長はミシガン大学のレイモンド・ナンがつとめている。いずれもこれまでに各大学の蔵書史を語ってきたなかで重要な役割を果たしてきた人々である。

一方で米議会図書館でも、一九五三年に、東洋部門だけではなく、カタログ部門、そしてその図書が扱っているテーマ、すなわち件名を確定する部門とが協力しあい、東洋図書のカード作成の統一規格をつくる委員会が設置されている。この委員会は翌年、たたき台となる目録規則を提案し、前記の特別委員会と、日本語図書の目録情報の取り方について長大な議論、やりとりを行なうこととなる。(94)

コーネル大学で長く中国語・日本語図書の司書として勤めたギャスキルは、中国語図書についてのこうした検討に加わったことがあるが、コーネル大学のアーカイブズにある彼女のファイルには、日本語図書の目録作成方法をめぐるこの詳細なやりとりも含まれている。ここでその詳細を追うつもりはないが、華々しい大規模な図書購入の背景に、それらむやみに増えた図書と実際の読者とをつなぐために、どれだけ骨の折れる、やっかいで地味な作業が横たわっていたのか、ということは忘れてはならないだろう。たとえば著者名一つとっても、「十返舎一九」を目録にとる際に、いったい「十返舎」は名字として扱うべきかどうか、むしろ「十返舎一九」を一つの名前でとるべきか、では本名の「重田定一」はどうするか、日本国内での規則との対応関係はどうか、といった細かい了解事項を議論しながら確定し、遺漏や不都合なケースが生じないかどうかを考えねばならない。一九五九年、議会図書館からこの目録規則が刊行され、その後も改訂を加えられて現在にいたっている。(95)

とはいえ、各大学がその目録作成の方針をすぐに反映できるわけでもなかった。また、これまでとってきた過去の目録カードをすべて書き換える余裕も到底なかった。六〇年代にはまだまだ大規模な図書購入が続いており、統一規格はできたものの、現実的な情報共有を進めるにはいたらない。

日本語の図書だけでなく、戦後のアメリカ国内への外国語文献の流入はおびただしい量にのぼっている。アメリカは、第二次世界大戦でヨーロッパの図書市場から切り離されたとき、外国語文献の詳しい情報やその購入ルートの脆弱さを痛感する。ヨーロッパを中心としたこうした外国語文献の書誌や購入ルートについて検討するために、一九四二年、米議会図書館と図書館評議会による特別委員会がコネチカット州ファーミントンで開催された。この後、委員会は全米の研究図書館と連携をはかりながら、外国語文献の効果的な購入をはかることとなる。

このプロジェクトは後にファーミントン・プランとよばれ、その要点や歴史をまとめたハンドブックも幾度か刊行されている[96]。プラン自体の調査も行なっているロバート・ヴォスパーによれば、六〇年までに一五万冊の外国語文献がこの計画をとおして購入され、六〇の大学へと渡ってきたという[97]。この会議は五〇年代末からは、その範囲をヨーロッパだけではなく、中東やラテン・アメリカ、極東にも広げるべく、アジア学会との連携をはかってゆく[98]。

また、アジア・アフリカ・中東語文献などの増加に大きな影響を与えたものに、アメリカ公法四八〇号がある。これは、アメリカが海外に余剰農産物を市場より安い価格で提供し、それによって得た資金をその国とアメリカとの相互の利益となる社会事業に活用しようとするものである。これによって米議会図書館は、余剰農産物を供給した国の資料を購入・整理することができるようになる。実際には一九六二年から動きだすが、これによってその後一九七四年までにアメリカ国内に送られたこれら外国語文献は新聞・雑誌をふくめて一七〇〇万点を超えたという[99]。

これに加えて、次章で述べるように、各大学での地域研究の隆盛やそれにともなってのアジア、ロシア、ラテン・アメリカといった地域を扱う図書館・コレクションの構築が六〇年代には相次ぐこととなる。したがって図書を手に入れるばかりではなく、それをうまく整理、目録化し、提供する仕組みを何とかしなくてはならないのは、まさに全米レベルで急を要する課題であった。

9　全米収書目録計画

こうした増え続ける外国語図書に対する国家規模の書誌プロジェクトとして出てくるのが、全米収書目録計画（National Program for Acquisitions and Cataloging: NPAC）である。この増え続ける外国語図書に対して、一九六五年、研究図書館協会（ＡＲＬ）と米国図書館協会（ＡＬＡ）は、米議会図書館を中心として図書情報を集約し、そこで集中的な目録作成を行なう必要性を連邦議会に勧告する。折良くこの年に議会に提出されていた高等教育法案、すなわち大学の図書館をはじめとする教育資源の強化をねらいとするこの法案に、この集約的な図書の収集、目録作成計画がうまく組み入れられることとなった。[100] こうして生まれるのが全米収書目録計画（ＮＰＡＣ）である。

ではこの計画では、どうやって外国語図書の目録情報を迅速、正確に手に入れ、その図書の効率的な収集をはかるのか。たとえば日本の図書を例にあげてその流れを簡単に説明してみよう。まずこの計画には、その図書を送り出す国の側の協力が不可欠の前提となっている。米議会図書館は、東京をはじめとした世界各地に、その支所を配置する。東京には一九六八年、新日貿ビルの日本出版貿易株式会社（ＪＰＴＣ）内に、米議会図書館の東京事務所がおかれ、責任者として松本久夫が赴任する。ＪＰＴＣは、これまでも日米間の図書取引の有力な取次としてとりあげたが、この全米収書目録計画では、アメリカに本を送り出す納入業者として選定されていた。[101]

さて、東京の国会図書館に納本された図書の情報は、当時は『納本週報』として発行されていた。このもととなる仮カードがまずいち早く米議会図書館の東京事務所に送られる。この支所ではこれをもとに議会図書館方式の目録カードを作成し、二部が米議会図書館へ、一部は東京事務所で管理、一部は注文などへの対応のためにＪＰＴＣに送られる。購入された図書はＪＰＴＣから東京事務所に送られ、そこからカードとともに航空便でアメリカへと送り出された。[102]

このプロジェクトは一九八二年に終わり、東京事務所も八一年五月に閉鎖されるが、この計画をとおして送り出された各国の資料は一〇〇〇万点を超える。このプロジェクト自体の役割は過小評価されるべきではないが、実際には予算不足や扱う図書量の増加に対応しきれず、目録データの配布も遅れがちであった。また、新たな刊行物についてはこの方法でカバーできるのだが、過去に各大学が受け入れてきた膨大な日本語図書についてはカバーできない。かつ各大学でこれまでとられてきた目録情報も十分に反映されない。

各大学間の、そして日米間の迅速な情報共有の実現は、こうしたカード目録の交換が、コンピュータとネットワークを通した情報交換でなされる環境をまたねばならない。いや正確にはそれはすでに西欧語文献では六〇年代以降すでに各大学図書館で進んでいたのだが、日本語、あるいは中国語文献については、その「言語」がデータの機械的な処理の壁となっていた。

そしてまた、これらの図書や扱いに見合ったスタッフの養成も必要となる。これまで述べた一九六〇年代のアジア地域をはじめとする図書の急増に対して、日本語図書を扱えるライブラリアンは常に払底状態にあった。イエール大学のツネイシは、一九六四年、シカゴ大学のツェンの調査に答え、「もっとも問題なのは日本語の能力をもち、図書館学の学位をもった人間を確保することが困難な点だ」と述べている。日本から図書館学を学びに来る学生も増えてはいたが、ミシガン大学の鈴木幸久によれば、「たいていの学生は、(図書館学の)一八ヵ月の専門訓練が終わるか、または卒業すると日本に帰ってしまう。そのために私たちは絶えず日本人ライブラリアンの不足に悩まされている」状況だった。こうした状況に対して、たとえばメリーランド大学やコロンビア大学などは、日本からの図書館員との交換制度をつくって人員不足に対応していたわけである。[103] また、こうしたアジア文献に詳しい図書館員を養成するために、シカゴ大学では図書館学の特別コースが準備されているし、[104] ハワイ大学でもそうした図書館員養成コースが生まれている。[105]

10　棚の闘争

さて、話を前述の朝河貫一にまでもどそう。イエール大学がハーバード・イェンチン分類(HY分類)の採用を検討し、その図書の扱いを専門委員会で検討しているなか、朝河がそれに対して反論の陣をしいたことは述べたとおりである。この分類に対して、デヴィッド・ロウを中心としたこの委員会は、HY分類に対する朝河の考えと似た方向へ、いや、実はもっとラディカルな方向へと話を進めてゆく。図書の分類にはHY分類ではなく、それまでイエール大学が用いていた独自の図書分類をあてはめる方向に進む。朝河分類もこの分類を下敷きにしながらデザインされていたので、分類自体に大きな変化はないが、驚くのは、「洋書の分類を日本語図書に適用する」というばかりではなく、同じ分類法を適用された図書は「日本語図書であれ洋書であれ同じ場所に置く」という決定がなされたことである。これについてはもう少し説明が必要だろう。

イエール大学の蔵書史についてふれた時、一九四九年段階で、それまで一ヵ所にまとめて置かれていた中国語、日本語、韓国語の図書を、洋書の棚へと分散させる作業が行なわれたことを述べた。つまり、たとえば「商法」についての棚があるとすれば、その「商法」の棚に日本語で書かれた商法の図書、英語で書かれた商法の図書、中国語、アラビア語で書かれた商法の本が一緒に並んでいる状況を想像してみればよい。つまり言語にかかわらず、その分野の本はその場所におく、という方式なのである。

これは当たり前のようではあるが、アメリカ国内の大規模な日本語蔵書を抱えている図書館で、現実にこうした図書の配置を行なっている図書館はそれまでなかった。多くの図書館では、日本語は日本語の図書でまとめて配置されていた。むろん中国語と日本語の図書が一緒に分類されている場合はあった、韓国語の図書がともに扱われている場合もあった。しかしながら、中国語図書、日本語図書、韓国語図書(頭文字をとってCJKとよく略されるが)は多かれ少なかれ物理的に他の西洋言語の図書とは別にまとめておかれているケースがほとんどだった。

この配置の採用については図書収蔵の歴史的な経緯と、いかにその図書を用いるか、研究するか、という図書に対する態度とが深く関わりあっている。伝統的に各大学では、日本語図書は図書館のスタッフではなく、日本学の研究者、または教員が扱ってきた。日本語を読め、扱える人員がまれであった時期には、そうならざるをえなかったのは、これまでの各大学の蔵書史で見てきたとおりである。また、日本語図書の増加に比べて、日本語図書を扱うライブラリアンの養成が追いついてなかったこと、そして日本語図書を扱う目録規則の共有もまた後手に回ったこと、これらの理由が、図書ばかりか目録情報も含めて、中央図書館からＣＪＫ図書を多かれ少なかれ切り離されたものとしてきたのである。

ただ、これら歴史的な要因ばかりではなく、利用する側、管理する側の利点もこうした配置が維持されてきた背景にはある。イエール大学の図書の配置変更にあたってもこの点が大きな議論の焦点となっていた。どちらがユーザーにとって使いやすいのか、どちらが図書の管理にとって都合がよいのか。

だがこのことは、単なる使いやすさの問題ではないことを示しておきたい。たとえば現実にいって、「商法」の棚の前で図書を選んでいる人物が、アラビア語やロシア語や日本語で書かれた「商法」の図書を必要とするであろうか。全くないとは言えないが、そうした本を読む能力をもっている研究者は少ないだろう。しかしこのことは、そうした多様な言語をもって「商法」をとらえる目が必要でない、ということを意味しているのではない。

たとえば原爆や沖縄戦の問題を調査する場合に、英語文献と日本語文献とがともに同じ棚に並んでいる、という状況ならどうだろう。特に時代を経るにしたがって、外国語による日本研究の著述の量も以前とは比べものにならないほど増えている。これらの問題を英語文献のみ、あるいは日本語文献のみで扱う方がおかしいだろうし、たとえ英語しかわからない人間がその棚を見ているにしても、そこに自分が読めない、理解できない言語で書かれた固有の体験や歴史が存在していることを意識し、英語という限られた知のなかで思考しているという限界性を感じとることは重要だろう。

こう考えれば、書かれた言語による壁を取り払い、テーマに応じて図書を配置する、という「思想」は、新たな知をめざした意欲的な取組みと言えなくもない。だがもちろん、それを利用する読み手があっての図書館であり、そうした「思想」を強要することもまた別種の枠を読み手に強いることとなる。また、そもそも主題分類を、書かれた言語にかかわらずすべての書物に適用するというのは、そうした分類を普遍的な基準とする思考に支えられている。イエール大学の場合、実際にこの日本語図書の棚の問題はその後一〇年ごとに再燃しているが、その基底にはこうした価値観や思想的な対立が横たわっているのである。

11　普遍主義と個別主義

デヴィッド・ロウの主張は、先に述べたように、一見朝河の論に似ている。あるいは朝河のレポートの内容を参考にしてもいるのだろう。ロウは現代の中国を対象とした研究者だが、彼は、中国の研究者が現在でもなお過去の儒者の伝統にしばられていること、そしてHY分類が、近代科学以前の分類であって論理的な根拠をもっていない点を批判している。[106]ただ、ロウの場合、HY分類の根ざしている中国の思想的な枠組みを指摘し、それを盲目的に適用することを批判する点では朝河と同じではあるが、彼はそれを「近代科学以前の分類」と見て、「論理的な根拠をもっていない」と批判する。ロウの場合、近代科学と論理の普遍性への無条件の信頼がそこにあり、それがイエール大学の分類や西洋の近代的な分類の適用を強力に主張する背景となっている。これが朝河との決定的な差異である。朝河の場合は、それぞれの固有の知を尊重しようとしていたのだから。

しかしイエール大学の分類は、それを盲目的にすべての言語の図書に適用すると、実際には非常に使いづらい、ということも現実問題としてあった。そもそも、古くは日本語図書の初期の受入れ段階から、こうした利用の便を考えて一ヵ所への配置が始まっていることがわかる。朝河の日本での購入が行なわれた翌一九〇九年の図書館の年次報告に既にこの問題がとりあげられているからである。

そしてこれらの［日本語の］図書を、そのあつかっているテーマごとに図書館にちらばらせるというのは、つまりそれが論理的であるという理由でそのように配置すると、大部分の学生にとってはたいそう不便なことになるだろう。(107)

ロウの主張に対して、多くの教員から、同様の批判や意見が噴出している。むろん日本語図書についてばかりではなく、サンスクリット語や中国語の文献を用いる教員からも批判は出ていた。もし実行されれば、たとえば中国の法律、経済、歴史などさまざまな局面に関心をもつ中国研究者は、図書館のそれぞれの領域にばらされた中国語図書をもとめて図書館中をかけまわらねばならないことになるからである。(108) また、実際に図書を扱うライブラリアンからの反論もあった。主題にそって図書を分散させるには、まず受け入れた日本語図書を、イエールの分類規則にそって分類するというやっかいな作業を図書館が行なわねばならないからである。(109)

ロウを全面的に支持したのは、同じ政治学科の弥永千利だった。彼もまた、世界が言語を超えた知の全体化、普遍化へと向かっているという認識に立っていた。(110) 現在から見れば、それは「西欧を中心とした」知の全体化にしか見えないものだが。彼らを中心に、図書を再配置するというこの案は実行に移されたのである。

この棚をめぐる議論が再燃するのは一〇年後である。また、棚の問題とともに、特定箇所に日本語文献が集まっていないために、日本語文献の辞書、辞典、年鑑類のレファレンス・ツールを集約的に備えた場所の必要性が持ち上がってもいる。(111)

一〇年の後、日本語図書を含む極東文献の収集や扱いをめぐる専門委員会で、この決議とは正反対の提案がなされている。この委員会には、むろんロウや弥永も加わっており、彼らは日本語・中国語図書を洋書とともに分散・配置する主張を変えていないが、他の委員がすべて反対に回ったのである。きっかけとなったのはフーバー図書館の中国図書担当の司書をつとめていたメアリー・ライトがイエール大学に教員として赴任してきたことだった。彼女は夫のアーサー・ライトとともにイェール大学の教員となるが、彼女たちは実際にこれらアジア言語の原書文献を多く使っている読み手の立場にたってその便宜をはかるべき、という立場に立つ。また、棚への返し間違いやタイトルのローマ字化のミスが一度起こるとその図書はまず見つからなくなるという現実的な理由もあった。[112]

ロウと弥永はあいかわらずイェール大学の分類が体現する知のあり方を支持し、それがイェール大学の教育方針とも合致していることを主張するが、ライトの反論は手厳しい。彼女は、あくまで図書館学は応用科学であって純粋科学ではないこと、その目的は学術文献を研究のために理性的に秩序立てて整えることにあるので、研究の実践性と対応していなくてはならないことを強調する。[113]

この意見は一九六〇年二月の委員会で多数決で可決されるのだが、ロウと弥永は反対の意見書を作成している。図書館全体を統括する知のルールにそれは例外を持ち込むことでもあり、言語で孤立した領域をつくることはイェール大学の教育研究理念とも合致しないと改めて述べている。[114] 一九六二年のツネイシの報告書では、教員はほぼ全員が、極東コレクションは一ヵ所に集めるべきであることに同意していると述べているが、[115] にもかかわらず最終的に大学がこの方針をとらなかったのは、このロウの述べた理念のゆえというよりも、実際にそれを行なうには七万ドル近い予算が必要である、という現実的な理由が大きかった。[116] すでに日本語図書だけでも三万冊、中国語、韓国語図書をあわせれば一〇万冊規模の図書をイェール大学は抱えていたのだ。

この棚の問題、CJK図書を一ヵ所に配置してほしいという教員側からの要望は、その後もたびたび図書館側によせられていることが一九七〇年の文書からはわかる。[117] とはいえ、この時期にはもうすでにこれら図書の数は二〇万冊を超えていた。もしもこれらを一ヵ所におくには、そのための場所もつくらねばならない。その実現の度はますます困難になっていた。後に見るように、図書のスペースの問題は、どの大学も共通に抱える深刻な問題となってゆく。そもそも一ヵ所に置くどころか、キャンパス内に図書がもう置けない、という事態に対応しなくてはならなくなるのである。

図書を動かしたことが賢明だったのか、そうでなかったのか。この議論はその後二〇年を経て、さらにまったく違った文脈におかれてゆくこととなる。このことは最後の章で再度ふれることとしよう。

第七章　書物の鎧
——国防予算と日本の書物

1　地域研究と国家戦略

今年、二〇〇六年の一月、ワシントンで開かれた国際教育についての全米学長会議で、ジョージ・ブッシュ大統領は大規模な外国語教育構想を明らかにしている。彼は米軍のイラクでの活動を前提として、アラビア語、ファルジー語、ウルディゥ語といった言葉を理解し、使える情報局員や、外交員の必要性を訴える。九・一一以降のテロと自由主義世界を脅かす脅威への長期的な対抗措置として、中東をはじめとするこれらの地域の言語教育へと国家予算を投入してゆくことを述べている。これら国家的な危機にかかわる地域の言語の専門家を育て、その国を「望ましい民主主義国家」へと変えてゆくための活動を担わせるという。こうした教育の成功事例として、彼がアメリカに柔順なプレスリー好きの首相を生み出した、かつてのアメリカの占領国の事例を引いたことは言うまでもない(1)。

国務省のスポークスマンによれば、この構想は「国家安全保障言語教育構想」(National Security Language Initiative: NSLI) と呼ばれ、アラビア語、中国語、ヒンドゥ語、ファルジー語など、特にアメリカにとって国家安全保障上関心の高い地域の言語教育について、幼稚園から大学までの各種言語教育コースを支援するもので、来

年からのこの計画に、大統領は一兆一四〇〇万ドルの予算を求めるという。(2)

これまでしばしば出てきた地域研究(Area Studies)の歴史は、こうしたアメリカの対外政策と切っても切れない関係にある。そして日本語蔵書をはじめとしてこうしたアメリカにとっての外国語蔵書は、この地域研究のなかで大きく成長してきたという経緯をもっている。今から五〇年ほど前、冷戦のさなかに、日本や中国、ロシアや東欧といった国家安全保障上のクリティカルな地域の言語教育や研究の振興をめざした国家的取組みが提案され、莫大な国家予算がつぎこまれた。これまでにもふれた国家防衛教育法(NDEA)がそれである。

これら地域研究と国家とのかかわりを考えるとき、「学問」や「教育」の自立性や客観性を無批判に信頼するほど愚かなことはないことがわかる。いかなる研究・学問であれ、強い政治的な力関係のなかにおかれているのはアメリカであれ日本であれ変わりはない。この力関係には、国家戦略といった国の政策レベルから、具体的に一人一人の研究者が論文を発表するためのシステムや、研究機関への就職する機会、奨学金の獲得の有無、といった学術レベルの政治まで含まれる。重要なのはこの両レベルが現実にはつながりあっているという点にある。研究所を設立し、学生のための魅力的な奨学金を設け、優秀な教育者を招き、すぐれた資料、図書を備える資金を大学が外部から得られるかどうか。こうした「知」の環境整備と、研究や教育の質・レベルがいやおうなくつながりあっている。それはもちろん出資者の意向を直接反映した研究が量産されるという単純な話ではない。地域研究全盛期の五〇年代から六〇年代にかけて、プリンストン大学、ハーバード大学で学位をとったエドワード・サイードのように、地域＝オリエンタルという研究領域・方法に潜在する典型的な構造と欲望を批判的にうきあがらせる手法をとる研究者も生まれている。もっとも、当時彼は英文学領域でもっぱら研究していた。だが、後に展開されるサイードのオリエンタリズム論が、こうした国家と教育プログラムとのかかわりを強く意識するなかで構想されていくその文脈を無視してはなるまい。

いかなるアラブ・イスラムの学者といえども、合衆国およびヨーロッパの学術雑誌や制度、大学の内部で進行していることを無視するわけにはいかない。だが、その逆は成り立たないのである。たとえば今日のアラブ世界では、アラブ研究の有力雑誌は一つも発行されていないし、アラブ世界に関する研究はもとよりのこと、非オリエント地域の問題に関しても、オックスフォードやハーバード、UCLAに匹敵しうるだけのアラブの教育制度は何一つ存在していない。(3)

アラブ世界にはない、アラブ世界についてのすぐれた研究・教育環境をアメリカがつくりだし、アラブ世界の学生たちさえもがそこで学ぶために合衆国に赴き、学び、かくしてアメリカを中心としたアラブ世界へのまなざしを身につけることとなるメカニズム。これは、先に述べた「知」のインフラの強力な吸引力とともに、そこから批判的な距離をとることの難しさを、そして無意識のうちに影響される思考やまなざしのあり方を考えさせる。新たな言語教育構想（NSLI）では、もはや危険ではない「日本」についての言語教育は重視されていないが、五〇年代から六〇年代の国防教育政策、NDEAのなかでは、日本は間違いなく重要な地域の一つであった。それゆえに日本語図書とその管理も、そのインフラの不可欠の一部分として機能していた。

本書では日本語の蔵書史をおいながら、リテラシー史という立場でアプローチを行なっている。それは米国内での蔵書史を、単にある本をどこが手に入れたといった単純な出来事の羅列として扱うものではない。国家や人種や地域の間に満ちている支配や対立の関係に深く根ざしたものとして蔵書、あるいは読む環境の歴史をとらえるスタンスをとって書き進めてきた。その時代に応じた教育や対外政策に対して国家規模の資本が投下され、「知」が構成されてゆく場をとらえてゆくことができるのが書物と読み手の関係史なのである。こうしたリテラシー史のアプローチをとることで、私たちを取り巻く教育や知を批判的に、歴史的にとらえかえすことができるのであり、それが読書や蔵書を歴史的に分析する方法の有効性と言えよう。

2　地域研究の第一波

一九四六年に、社会科学研究評議会（Social Science Research Council: SSRC）内に、地域研究を専門とする委員会が発足し、全米の大学、研究機関での地域研究・教育の現状調査を精力的に行なっている。アジア研究やロシア研究といった領域に、当時の大学や研究機関がどれだけの教育・研究能力をもっているのか、あるいはもつべきなのか、という点を軸にした数多くの調査報告をこの委員会は出している。[4]委員長となったのは、ミシガン大学のロバート・ホールであり、彼自身岡山で、複数の学問領域の専門家によって構成された地域研究の調査施設をつくったことについては第四章で述べたとおりである。この委員会は地域研究の草創期に、広範な調査をとおして重要な役割を果たしていくが、戦後まもなく、各地の大学では地域研究が、さまざまな外部資金の支援を得ることで設立されてゆく。

では、こうした地域研究の財源はどこからきていたのか。むろん大学独自の予算が基本としてあるが、これら地域研究のコース設立には、多額の外部資金が流れ込んでいた。戦前では、非西欧圏の研究に資金を提供する大規模な財団は、米国内ではロックフェラー財団くらいであった。中国・日本研究が戦前この支援を受けてきたことはこれまで述べたとおりである。一九四七年にはカーネギー財団もこうした支援を開始している。ロックフェラー財団がコロンビア大学のロシア研究所設立の際に行なった支援や、カーネギー財団が一九四八年にハーバード大学のロシア研究センター設立で行なった資金援助が、後の各地の地域研究所支援のモデルになっているという。研究と教育を兼ね、学部の言語教育から大学院レベルの研究者までつくることのできる複数の学問領域にまたがった研究所構想である。[5]

一九五一年にはフォード財団が莫大な資金提供プログラムをはじめる。一九六五年までに一億五〇〇〇万ドル以上の資金が国際関係領域に、そしてその半分が各地の大学の非西欧圏の地域研究促進のために投入されている。そして五九年には、フォード財団は最長一〇年の長期的な支援プログラムを展開してゆく。[6]

これらの財源によって、各大学の地域研究所が次々と設立される一九五〇年代末から六〇年代にかけて、地域研究が隆盛を迎えるわけだが、戦争直後のこの時期は、いわば第一期の地域研究の波といってよいだろう。また、すでに第三章で述べた戦時期の言語士官や占領地管理スタッフの養成に投じられた連邦予算も忘れてはなるまい。民政官養成学校（CATS）をはじめとして、これらの言語教育施設が、戦後の地域研究・地域言語研究所の設立へとつながっているケースも多い。

この第一波のなかで、日本研究や日本語蔵書構築がなされてくるのが、一九四五年にコロンビア大学と同じく、ロックフェラー財団の援助でワシントン大学（シアトル）にできる極東研究所や、[7]同時期に一〇万ドルの支援を受けてイエール大学にできる極東ロシア学科となるわけである。[8]同様にロックフェラー財団は、地域研究、特に言語教育に重点をおいてカリフォルニア大学（バークレー）やコロラド大学、スタンフォード大学、クレアモント大学にそれぞれ五万ドルを投じている。[9]一方でカーネギー財団からの一五万ドルに及ぶ資金を得てつくられるのがミシガン大学の日本研究所だったわけである。

日本研究所や日本学コース、そしてそれにともなう蔵書構築がこうしたなかで進められてゆくが、五〇年代の末になって、さらに大きな波が地域研究に訪れる。そこでは莫大な連邦予算の投入がなされるが、その要因となっているのは何だろうか。最初の連邦予算が日本研究につぎ込まれたのは日米間の戦争、そして占領にともなってのことであった。つまり常に国家にとって重要な地域の研究こそが研究の対象なのである。そしてこの第二の波を理解する鍵もやはり戦争にある。この場合の引き金として現在では決まって引きあいに出されるのが、一九五七年のソ連による人工衛星スプートニクの打上げ成功のニュースである。しかしながら、なぜこのニュースがそれほどまでに地域研究に多大な影響を与えることになったのか。これを理解するためには、当時の深刻な危機意識、米国内に蔓延していた恐怖、前線の兵士ばかりではなくすべての国民が否応なくそのうちにあった冷戦という名の戦争期についての説明が必要だろう。

その前に、ここで第一の地域研究の波のなかで生まれてきた日本語蔵書、ワシントン大学（シアトル）の蔵書史について述べておこう。

3　ワシントン大学の日本語蔵書史

ワシントン大学（シアトル）のアジアに関する教育は、一九〇九年、ハーバート・ゴウェンに始まる。彼は日本語を含むアジアの諸言語を一人で教えていたという。東洋研究学科が正式に発足したのが一九一四年である。日本語の専任スタッフとしては一九二七年にヘンリー・タツナミが採用されている。三〇年代には学科長のロバート・ポラールと中国学のナイト・ビッガースタッフとでロックフェラー財団からアジアの言語教育支援の助成金を得ている。ポラールが亡くなった後、一九三九年には新たに学科長として、当時北京のイェンチン大学で教鞭をとっていたジョージ・テイラーが招かれ、彼のもとでアジア研究のセンターが開始される。アジア・コレクションの蔵書は一九四〇年までは一万冊程度だったが、同年のロックフェラー財団からの支援で倍増する。[11]日本語の図書としては、戦争開始直前、ニューヨークの日本文化会館（Japan Institute）が一四〇〇冊に及ぶ法学関係の図書を寄贈している。[12]

とはいえ、ワシントン大学のアジア関係コースが飛躍的に成長するのは戦後になってからである。ワシントン大学は他大学よりもいち早く、占領期の日本に図書購入のエージェントとしてタツナミを送り込もうとする。しかしこれは連合国軍総司令部の許可が得られなかった。[13]だが翌年以降、極東方面、中国、日本をはじめモンゴルやチベット方面の研究をとおして、ロックフェラー財団やカーネギー財団の多額の支援を受けることとなる。テイラーは、戦時期にはワシントンの戦時情報局（ＯＷＩ）の要職につき、ルース・ベネディクトらとともに日本情報の分析にあたる人物だが、この経験を生かして、さまざまな学問分野の専門家たちが互いに領域を超えて特定地域の問題にとりくむ研究所構想を形にしてゆく。[14] これに対してロックフェラー財団からは極東ロシア研究所へ二五万ドルの支援、カーネギー財団はモンゴル・チベット研究に二二万ドルを、フォード財団も四〇万ドル近い資金を極東調査のために研究所に提供することとなり、学科長のテイラーも驚くほどの外部資金が入ってくる。[15]

こうして、一九四六年に極東研究所が設立され、一九四七年には極東図書館が設立されることとなった。主にロックフェラー財団の資金によってである。最初の大規模なアジア文献の購入もこの時になされていた。極東図書館の初代の学芸員となったのはルース・クレイダーである。

日本語コレクションとしては一九五〇年にマリウス・ジャンセンによって購入されたジョージ・カーのコレクションが基盤となっている。[16] ジャンセンは明治維新期の研究でも著名な業績をあげ、後にはプリンストン大学の日本語蔵書構築にもかかわることとなる。一方のカーはもとワシントン大学の客員スタッフである。その後ハワイ、台湾や沖縄といったフィールドでの調査に関心を向け、ハワイ大学で教鞭をとることとなる。そもそも彼はどうしてこの時期にまとまった量の日本語図書を抱えていたのだろう。

カリフォルニア大学（バークレー）の蔵書史について述べたとき、ちょうどその東アジア図書館の創始期にあたって、バークレーが西海岸の各大学とコレクションの構築について調整活動を行なっていたことにふれた。互いに個性を持った蔵書ができるよう、競合しないで購入活動を展開するためだが、こうした狙いもあり、バークレーは日本での図書購入に対するアドバイス委員会を、西海岸のワシントン大学やスタンフォード大学のスタッフを交えて構成する。カーはその委員を務めており、バークレーの購入図書の重複分がカーにまわった可能性も考えてよいだろう。こうした購入によって、一九五〇年にはワシントン大学の日本語図書は六五〇〇冊を超え、中国語図書は四万二〇〇〇冊を超えていた。[17] 図書の傾向としては、社会科学、特に現代の出版物に最初は焦点をあてていたが、[18] 五〇年代には明治期の図書や戦後の、特に歴史・伝記関連の領域に重点を移している。[19]

これら日本語図書自体の管理にあたっていたのは、松下巌《いわお》である。彼は一九一九年に日系企業の駐在員として渡米し、戦中は日系人収容所に収容され、戦後はワシントン大学で学びながら図書館業務を担っている。また、著述もいくつかあり、原稿ともども大学のアーカイブズに収められている。[20] 一九六二年には国家防衛教育法（NDEA）にもとづくアジア言語センターがワシントン大学に設けられ、図書購入についても同法による支援がなされている。[21] また、五〇年代のアジア財団やロックフェラー財団にひきつづき、六〇年代はフォード財団からの支援もなされている。

六八年に退職したクレイダーのあと極東図書館を担うのはカール・K・ローであり、彼のもとでワシントン大学は七〇年代から八〇年代にかけ、図書情報の電子化とネットワークを通した共有化に力を入れることとなる。そしてむろんこれにもフォード財団をはじめとした多くの資金が必要とされることとなる。これについては、次章で扱うことにする。

日本語に訳すとワシントン大学だが、中西部のワシントン大学（セントルイス）は日本語コース、図書館を展開しているがまったく異なる大学である。ちなみにこちらの大学は、一九六二年にアジア学コースを設け、スタンリー・スペクターを中心にカーネギーやフォード財団に働きかけ、中国語、日本語図書を購入しはじめている。[22] 東海岸や西海岸の規模の大きい日本語蔵書と比べれば規模は小さいが、アジア学では早くから大学院レベルの教育を展開し、次に述べるNDEAのもとで、政府の支援対象のセンターの一つとなってもいる。日本語蔵書は文学、歴史、宗教領域が充実している。[23]

4　第二のパール・ハーバー

話を一九五七年にもどそう。この年十月四日、人類初の人工衛星スプートニク打上げ成功というニュースが世界をかけめぐる。衛星とはいえ、実際には直径五八センチの小さな球体で、九五分かけて地球を回り、周期的な発信を出す程度の機能しか備えていなかった。ライカ犬を載せたスプートニク二号の打ち上げにソ連（現ロシア）が成功するのはこの一ヵ月後である。

この年の八月、ソ連は大陸間弾道弾（ＩＣＢＭ）の発射実験の成功を発表したばかりである。アメリカにとって、ソ連のＩＣＢＭの発射実験の成功、そして人工衛星打上げの成功は、冷戦時代において、現実的な意味で、科学的、軍事的にソ連がアメリカより優位にあることを示すものとなった。実際にはアメリカも同様の実験に成功するわけであり、単に時間の問題ではあったが、この出来事は、冷戦におけるアメリカの敗北、ソ連の勝利と核攻撃への恐怖をあおる格好のメディア・イメージとして流通することとなる。スプートニクに関する冷戦イデオロギーの色濃いレトリックが蔓延し、スプートニク・ショック、スプートニク・パニックといった言葉で表現されるような、教育や政策にまでわたる広範な影響を与えることともなる。[24] そうした典型例をあげてみよう。「スプートニクとアメリカの教育」と題する一九五八年の論である。

思慮深い合衆国民は皆、ロシア人が地上から五六〇マイルの軌道上に人工衛星をうちあげたドラマチックな成功が何を意味しているのか、についてしかるべき関心を寄せている。多くの人びとはこの歴史的な偉業が、軍事的にもつ意味合いについて憂えている。同様の衛星から私たちの街のまっただなかに水素爆弾が落ちてくることを、そして広島の千倍もの破壊と死がもたらされることを予見している。[25]

タイトルからわかるように、これはあくまで教育論である。すなわち、ソ連の衛星打上げ成功は冷戦の敗北とアメリカの滅亡とに結び合わされ、それを避けてソ連を追い抜くための科学技術レベルの獲得へ、そのための教育の充実、高度化へと結びつけられる。

ブルース・カミングスは先に言及したコロンビア大学やハーバード大学のロシア研究所設立と各種財団の資金供給、さらには地域研究への連邦予算の投入に際して、現実にCIA職員と大学研究者、社会科学研究評議会との間にあるつながりを明らかにしようとする論を展開しているが[26]、地域研究にはさまざまな局面で、こうした教育や研究領域と国家との接点が見いだしうる。

国家防衛教育法は、まさにこうしたスプートニク・レトリックと、それによって増幅された恐怖と不信の想像力のなかで、救済策として浮かび上がる「教育」イメージと連動する形で登場する。基本的には教育といっても科学技術教育に重点がおかれているが、この国家防衛教育法はその第六編に言語教育の増進を掲げ、言語・地域研究センターに文献を適切に配備することにも言及している[27]。このことが、日本語図書の購入・管理に予算を用いることを可能にするのである。

これにフォード財団やロックフェラー財団の支援も重なり、安全保障上重要な地域を研究する機関が次々設立され、それに伴いアジア・コレクションの数も急増してゆく。一九六〇年までは二〇にすぎなかったアジア図書コレクションを抱える研究図書館が、一九六五年には一気に倍増して五〇を数え、その一〇年後の一九七五年までには九三と、たったの一五年で五倍近い数にふくれあがっているのである[28]。

この流れのなかに、これまで述べてきた、各大学でのこの時期の蔵書の増加や新たな日本語図書館やアジア図書館の創設が位置づけられるわけである。東アジア研究ではイエール大学やシカゴ大学、ミシガン大学、コロンビア大学、コーネル大学、プリンストン大学といった機関がNDEAのもとで支援対象として選ばれている。

これら大学の規模の成長についても、各蔵書史で触れてきたとおりである。六〇年代に二〇万ドル近い資金を日本語図書に投入できたシカゴ大学や、同じく六〇年代にアジア図書館の蔵書が倍増してゆくプリンストン大学、また、古くから中国学や日本学コースを展開してきたコロンビア大学やコーネル大学といった大学もコースを増強・再編している。

NDEAばかりではなく、前章で述べた一九六二年から始まる公法四八〇号により、余剰農産物の途上国への売却の対価で外国語文献を購入する活動も展開されてゆく。公法四八〇号にはいくつかの項目があるが、多く用いられたのは、米国内の余剰農産物を海外に安価で供給し、それによって得た供給国の通貨をその国で積み立て、それをアメリカ、またはその供給先の国の文化事業への支援に利用するという項目である。この資金によって議会図書館をとおして、各国の外国語資料が各大学へともたらされることとなった[29]。また、一九六五年の高等教育法も図書環境の整備を掲げており、特に目録化を含めた外国語図書の整理活動を支援することとなった。しかしながら、書誌的に未整備であったこれら領域の外国語図書については、図書館員自体の絶対数、そして図書を扱う共通の目録規則を欠いていたがゆえにその処理は困難を極めた。それに対処するための全米プログラムや連邦予算の投入については、前章で述べたとおりである。

こうしたなか、新たに創設される日本語コレクションもあれば、逆に日本語蔵書の成長・維持をあきらめる大学も出てくる。たとえば同じ地域で似たような日本学コースや蔵書ができてくれば、あえて競合して維持する意味もなくなってくる。ノースウェスタン大学は、戦前からつくりあげてきた日本語コレクションの構築をストップする判断を下している。位置的には、近くにシカゴ大学、そしてイリノイ大学(アーバナ・シャンペイン)もあり、これらの大学はいずれも六〇年代に日本学コースや日本語図書コレクションを充実させていた。そうしたなかで下された判断といえよう。シカゴ大学の日本語蔵書史は既にふれたので、六〇年代に開始されたイリノイ大学の日本語蔵書史をここでは追っておくこととしよう。そしてその後、日本語蔵書の構築をやめるノースウェスタン大学の蔵書史をたどってみることにしたい。

5　イリノイ大学の日本語蔵書史

イリノイ大学（アーバナ・シャンペイン）は現在でも日本語図書館を抱え、日本学コースも展開しているが、歴史的に日本との関係を考える場合には、日本語図書をとおしての関係よりも、「図書館」をとおしての関係の方が知られていよう。イリノイ大学はその図書館学コースが伝統的に高い評価を受けており、米国図書館協会（ALA）との関わりも深く、同協会の過去の史料の保管場所ともなっている。イリノイ大学（アーバナ・シャンペイン）が全米図書館協会のアーカイブズを管理することとなるのは一九七三年からであり、シカゴに本部を置くALAと大学との間の契約で、有料でイリノイ大学が保存・管理を請け負っている。[30]

これまでに触れたように、日本は占領期において、国会図書館の新設や日本図書館学校の創設をはじめ、図書館の民主化・近代化についてアメリカの図書館界から大きな影響を受けてきた。こうした動きを追う場合に、イリノイ大学の米国図書館協会文書は不可欠の史料といえるだろう。

日本の国会図書館の設立にあたっては、米議会図書館のヴァーナー・クラップとアイオワ州立大学のチャールズ・ブラウンとが一九四七年の十二月に来日するが、[31]彼らの作成した案を実現するために、当時イリノイ大学図書館長であったロバート・ダウンズが同じく設立のアドバイザーとして一九四八年に招かれ、そのための報告書を作成するかたわら、日本の大学や図書館関係者らとも会う機会をもっている。また、一九五〇年に彼は日本図書館学校設立のために再度来日し、その設立にかかわることとなる。[32]日本側からも、東京大学総長の南原繁《なんばらしげる》や同図書館長の高木八尺、国際キリスト教大学や津田塾大学といった大学の学長が次々と占領期にイリノイ大学を訪れており、いわば図書館モデルとしての役割を果たしていたことがわかる。[33]また、このダウンズと日本の図書館とをつなぐ線の間に、ミシガン大学で図書館学を修め、当時国会図書館設立のスーパーバイザーとして動いていた福田直美がいたことも忘れてはなるまい。今日ダウンズに宛てられた福田の書簡は、羽仁五郎の書簡とともに設立当初の国会図書館のありさまや問題点を生き生きと伝えてくれる。

蔵書史に話をもどすと、イリノイ大学は、このダウンズが日本を訪れた折に日本語図書の購入にもあたっている。ただし、実際には大学からは特定の図書についての要望はよせられていない。[34] 実際に日本語図書を本格的に集めるのは六〇年代のアジア研究センターの設置からである。

一九六四年に非西欧圏の言語教育のための学科が生まれ、そこでスラヴ語・アジア言語の教育を展開することとなる。これには五年間、総額八〇万ドルに及ぶフォード財団からの支援があった。これをもとにアジア研究センターの設立、ラテン・アメリカ研究所の再編、といった地域研究がらみの研究環境が急速に整えられてゆく。アジア研究センターはここから毎年五万ドルの支援を、さらに国からの四万ドル近い支援も受けて成長することとなる。[35] あわせて、日本語図書管理のためのスタッフの雇用もはじまる。[36] アジア・コレクションは一ヵ所におかれ、学生らの手を借りて目録作成も進められた。といっても一九六五年段階では、まだ日本語図書は二一七タイトル、四八〇冊という小規模なものだった。[37]

しかしアジア文献には年額六万ドル以上がつぎこまれて急成長することとなり、六五年度だけで一万一〇〇〇冊以上のアジア文献が加わっている。[38] 日本文献は現代史、政治、経済領域の図書を当初集めていたが、日本学の教育スタッフの増加と日本語コースの増加に応じて日本語、日本文学関係の図書も求めている。[39]

まとまった購入としては、一九六九年にはヤマギワ・コレクションを購入している。[40] ヤマギワ・コレクションは、これまでにもミシガン大学での戦時期の日本語教育や戦後の日本研究所設立など、折に触れて出てきたジョゼフ・ヤマギワの蔵書である。江戸期を中心とした版本、絵草紙類をも含んでいる。彼はこの前年に亡くなっているが、生前から図書の行く末についてヤマギワと話し合っていたイリノイ大学が購入することとなった。[41] イリノイ大学は日本語図書自体の規模はそれほど大きいものとはいえないが、リテラシー史からとらえたとき、日本との多様な接点をかかえた大学といえよう。

6 ノースウェスタン大学の日本語蔵書史

ノースウェスタン大学は、これまで言及してきたように、戦前からいち早く日本語図書の収集を行なってきた大学である。現在では日本語図書の収集は行なっていない。大規模な日本語図書や中国語図書を維持してゆくことは容易ではない。訓練を受けたライブラリアンを抱え、それまでの図書を管理し、新たな図書を増やしてゆくために絶えず予算をつぎこんでゆかねばならない。そうしなければ実際に使えるワーキング・ライブラリーにはならない。そしてその利用者、つまり原書を利用し、その必要性を理解する教員・学生たちや大学で展開されている教育・研究コースと効果的に連携してゆかなければならない。

こうした連携が切れ、積極的な予算投入がなくなれば、図書館ではあっても、もはやワーキング・ライブラリーであることをやめ、時間の止まってしまった美術品の収蔵庫のようになってしまう。そういう意味ではノースウェスタン大学の日本語蔵書は、現在では時の止まってしまった空間となっている。

戦前のノースウェスタン大学の日本語蔵書は、著名な日本研究者であるケネス・コールグローヴのもとで発展していった。一九一九年にノースウェスタン大学で教職についたコールグローヴは、アメリカの対外政策、特に極東政策に関心を向けていた。このことが、日本の現代の政治体制や法制度の情報をいち早く集めはじめたきっかけとなっている。しかしながら、当時のアメリカでは、日本語を十分には理解できない学者にとって、日本の現代の法制度や政治について、英語に翻訳された資料・情報はきわめて限られた状況にあった。

コールグローヴはこのギャップを補うために、イエール大学の朝河貫一に一九二〇年代からしばしば手紙を書いて、現代日本の政治、法制度に関する文献情報から辞書にいたるまで何かと質問をしてアドバイスを得ている。[42] また、角田柳作をはじめ、当時のアジア・日本学研究者とも情報を交換しあっている。日本領事館へ直接問いあわせて日本研究者とのパイプとなってもらうこともしばしばだった。こうして、吉野作造や蝋山政道《ろうやままさみち》といった著名な日本の研究者とコンタクトをとり、法学、政治学にかかわる最新情報を得ている。[43] 彼は日本で当時発表されていた法学関係の論文を翻訳・紹介する必要性を痛感し、そのための翻訳プロジェクトも立ち上げている。[44]

こうしたプロジェクトには日本人の支援が不可欠だが、初期のノースウェスタン大学でコールグローヴの研究に協力し、かつ日本語図書の購入にも手を貸していたのが、当時シカゴ大学で学び後に関西大学教授となる武内辰治である。武内の研究は三五年に『日本帝国の戦争と外交』（英文）[45] として刊行されるが、彼はシカゴ大学で学んでいた当時、コールグローヴの必要とする日本語論文や記事を翻訳するアシスタントの仕事とともに、日本語図書の注文リストの作成も行なっている。[46] 彼は一九二九年にシカゴ大学の資金で調査のため日本に戻るが、その折にノースウェスタン大学の政治学科から二五〇ドルを託され、日本での図書の購入にあたっている。[47] また、先に述べた翻訳プロジェクトのために、彼はコールグローヴから紹介状を託され、美濃部達吉や吉野作造、尾崎行雄らから論文の翻訳許可をとるよう動いてもいた。[48]

こうした現代日本への関心と資料収集、情報交換を行なっていたからこそ、コールグローヴはまだ日本学の黎明期といえる一九三〇年代に、『日本の軍国主義』（*Militarism in Japan*）という同時代の日本を扱った著作を出すことができた。そしてこうした政治、法制度にわたる知識のゆえに、日本占領期にはマッカーサーのアドバイザーとして活動することとなる。

もう一つノースウェスタン大学が日本関係で著名となったのは、日本からの亡命者、労農党党首であった大山郁夫を受け入れたことによる。コールグローヴは以前から労農党の出版物に関心があって、それを手に入れるために日本の大山に連絡したことがあった。大山は一九三三年にアメリカを訪れた折にコールグローヴにコンタクトをとり、日本で連絡を受けた折にはちょうど警察に捕まって連絡ができなかったこと、そして出版物も押収されてしまったことを謝するところから関係が始まっている。コールグローヴは、日本で報道されている過激で暴力的なイメージとは異なる、静かで穏やかな、自分の会った大山の印象を後に書き残している。(49)

もともと大山は一九一〇年から一二年にかけて、ノースウェスタン大学にも近いシカゴ大学で法学、政治学を学んでおり、その後ドイツ留学を経て早稲田大学の政治経済学部で教鞭をとる。その後、大阪朝日新聞社の論説記者になり、さらに退社して一九一九年長谷川如是閑《によぜかん》らと雑誌『我等』を発行する。そこでの言論活動、そのなかで生み出された『科学としての政治学』をはじめとする代表的な政治学関係の著作の数々は知られているとおりである。その後マルクス主義にも近づきながら一九二六年には無産政党の労働農民党の委員長となる。そして一九二八年の第一回普通選挙で選挙に打って出るものの、同時に行なわれた左翼団体への大弾圧のなかで労農党も解散を余儀なくされている。翌年労農党は復活、一九三一年には、全国大衆党、社会民衆党との合同が実現しているが、日本のファシズムへの傾斜はこれら無産政党の性格自体をも変えてゆく。合同した新党の結成大会は「サンザン」であった。

有力な幹部党員と右翼団体との関係が党大会でバクロされたり、顧問の松谷与二郎の「満蒙権益擁護に関する意見書」がバクロされたりサンザンであった。その松谷が大会議長であった。しかし、これは偶発的なことではない。同党指導部の見解は「満蒙の権益を民衆の手に」(満蒙で流された血は、軍隊すなわち兵士たる民衆のものであるから、その権益は軍閥や資本家のものではなく、民衆のものだ、というのである)という驚くべきものであったからである。(50)

一九三二年の二月、険悪な情勢のなか身を案じるまわりのすすめもあって大山夫妻は日本を離れることとなる。前後して団琢磨《だんたくま》や井上準之助の暗殺、その年の五月には五・一五事件といった軍部による要人暗殺の起こっていた時期である。そしてこの一時的な外遊が、戦争をはさんで一六年に及ぶ亡命生活となるのである。

日本に戻るのが危険視されるなか、滞在している大山に対して、ジョン・デューイをはじめとする知識人たちに働きかけ、シカゴの移民帰化局をとおして滞在の延長許可をたびたび申請し、走り回ったのがコールグローヴだった。[51] 滞在期間の延長請願のたびごとにコールグローヴは、その広い人脈をとおして数多くの学者、政治家に働きかけては許可を得ていたが、今日のノースウェスタン大学のアーカイブズには、これら数多くの手紙が残されている。[52] 大山はノースウェスタン大学で一九三五年の夏期セミナーをはじめとする教育に携わるとともに、[53] コールグローヴの研究の言語面でのサポート、そして図書館の選書をも担うことになる。[54] この受入れの背景には角田柳作からコールグローヴへの強い勧めもあったことが、残された書簡類からうかがえる。[55]

7 時のとまった図書館

まだ日本との戦争のさなかにあった一九四四年、ノースウェスタンの地元新聞は、エヴァンストン病院で行なわれていた日本人教員の手術がうまくいったこと、そして輸血にかけつけた教員や学生たちの姿をまじえた患者の写真を掲載している。[56] この日本人教員とは、大山郁夫である。コールグローヴによれば、手術にあたった医師は料金を請求せず、病室も格安料金で提供している。[57] 大山には財産はなかったが友人・知人に恵まれ、看護費用はコールグローヴや知人が出してくれたので日系コミュニティからの支援も特に必要ないほどであった。

ノースウェスタン大学はシカゴ大学、ミシガン大学とともに、戦争にあたって日本語教育を展開していったことはこれまでにも述べた。大山も軍士官への日本語教育への参加を求められたり、日本国民へ向けたラジオ放送を米政府から依頼されたこともあったが、断っていたという。にもかかわらず、大山は周囲の尽力で収容所に送られることもなく生活を送っていた[58]。

大山はアメリカでこうした暖かい周囲の人びとにかこまれて生活していたが、一九四七年に日本へと帰国している。終戦後、各界から帰国を求める声があがり、帰国招請のメッセージも届いていたのだ[59]。そして帰ってきた大山はポツダム宣言の理念を支持し、戦後の平和運動へと献身することとなる。彼は戦後の日本で、いち早くアメリカの反動化をも視野に入れており、終始連合国軍総司令部にさえ批判的なスタンスを保ち、占領下での警視庁への呼び出し、留置といった事態を招いてゆくことにもなる[60]。

さてここで、彼の去った後のノースウェスタン大学の図書館に話を戻さねばならない。最初に日本語蔵書を手伝っていた武内は一九三一年には日本へと戻っている。そののち一九三四年からは大山が図書に関しては手伝うことができた。ちなみにこの大山の図書館時代に、ワシントンで大阪毎日新聞の特派員を勤めていたK・K・カワカミから七〇〇冊に及ぶ個人蔵書の寄贈も受けている[61]。戦後になって、大山の仕事を引きつぐのが、米議会図書館の日本語図書整理計画に参加したハリー・ハラダである。一九〇八年に渡米し、カリフォルニア大学などいくつかの大学で学んだあとシカゴ大学で学んでいた[62]。戦時期にはシカゴ大学の民政官養成学校（CATS）で教員たちをたばねる立場で働き[63]、その後ノースウェスタン大学の図書館に勤務することになる。ちなみにこの頃の日本語図書は、法学図書館、中央図書館（デアリング図書館）あわせて四〇〇〇冊程度であった[64]。そしてそれまでに特に名前を与えられていなかった日本語図書は、一九四九年にノーマン・ドワイト・ハリス日本語コレクションの名を冠さた[65]。

ノースウェスタン大学は、占領期は、タトルとの間で日本語図書の購入取引をいち早くはじめるとともに、コールグローヴがその発案にかかわったいう米議会図書館の日本語図書整理計画にハラダとツガワを送り込む。ツガワとの確執を抱えながらもハラダの献身的な努力の甲斐あって、六〇〇〇冊以上の日本語図書を手に入れることができたことは既に説明したとおりである。[66]

またマッカーサーの顧問として日本にあったコールグローヴも相当量の文書・図書をノースウェスタン大学に送っている。また、ＳＣＡＰの法律セクションのチーフであったアルヴァ・カーペンターも一九五二年に極東軍事裁判に関する資料を寄贈している。[67]

日本語図書はコレクションのもとともなったハリスからの提供資金や、コールグローヴが研究やプロジェクトをとおして獲得した外部資金によって少しずつ増やされていった。しかし一九五〇年代から六〇年代にかけて、どの大学も日本語蔵書の構築にしのぎを削り始める。ノースウェスタン大学に近い、規模の大きい大学も同様である。シカゴ大学は戦後急速に中国語・日本語コレクションをつくりあげ、アジア研究領域でも活発な研究を展開する。また、イリノイ大学も六〇年代には日本研究を立ち上げ、蔵書構築を始めている。こうした状況のなかで、ノースウェスタン大学は、それらとうまく差異化できるような日本学コースの構想を打ち出すにいたらなかった。それまでの日本学はコールグローヴに負うところが大きかったが、彼も五二年には大学を離れた。むしろ現代中国といったある程度限定的された領域に資金を集中して伸長しようという方向に向かっている。[68]

ノースウェスタン大学では少なくとも一九六七、六八年くらいまでの日本語図書については、カード目録も作成されているが、その後の図書については定かでない。むろん、これらはカード目録なので、現在の日本語図書をかかえる主要図書館のデータのように電算化はされていない。したがって、今日のオンライン・データベースからは「見えない」コレクションとなっている。逆にいえば現在、所蔵日本語図書のデータをオンラインで提供している大学は、それら日本語図書のデータを電算化するために多額の予算をつぎ込み、さらに日本語図書を扱えるスタッフに予算を投入することではじめて維持しているわけである。時の止まったこの日本語蔵書は、こうした外国語図書を維持してゆくための多大な労力と維持の困難さを物語っている。そしてまた「日本」情報がもっていた政治的、戦略的な意味の大きさとその変容をも物語っていよう

8　日本語図書館と冷戦

この章で述べてきたのは、端的にいえば日本語図書館や日本学の成長と、国家との関係、特に軍事・安全保障との関わりである。この両者がいかに切り離しがたい関係にあるかということを、いくつかの蔵書史をも交えながらとりあげてきた。これは、第三章でとりあげてきた軍の日本語教育、日本情報の収集や、第六章での軍・政府レベルでの日本文書、図書収集活動からも明らかなことではあるが、ここでは、それが冷戦という新たな「戦争」環境のなかで急激な成長を見せてゆく点を中心に見てきた。

それが地域研究の盛り上がり、そして中東や日本、アジア研究所を構築する各大学の方針の背景にある。こうした書物、蔵書という知の環境が、一見「文化的」、「学術的」な様相を呈しつつも、直接・間接的に国策の影響下にあるということは、常に意識しておかなくてはならない。私たちが依存している知の環境そのものが抱えているバイアス、偏り、意図は、そこから生み出される思考をも規制するものだからである。

地域研究はその地域の情報を集め、その領域の言語を扱う専門家をつくりだしてゆく。それは大学や学問領域ばかりではない。海軍日本語学校は、先に見たように多くの日本研究者や図書関係者を生み出したが、同時に戦後のＣＩＡや国家安全保障局（National Security Agency: NSA）にもむろん人材を供給することとなった。地域研究自体もまた、その成立や活性化にあたって、これら機関との直接的な関係があったことは先述したブルース・カミングスが批判的に言及している。また、六〇年代には、一方でこうした軍と地域研究とのつながりが問題にされてもくる。一九六四年、ワシントンのアメリカ大学の研究所が、国防総省やＣＩＡからの資金で行なったキャメロット計画は、この好例である。[69]

この計画では、四年間で一〇〇万から一五〇万ドルの助成金を受けて、ラテン・アメリカをはじめとする地域の内戦・内乱を扱い、それに対するその国の政策・対処策についても研究することになっていた。そして、陸軍省、国防総省や政府各機関がこの研究をバックアップすることとなっていた。アメリカの軍事的な役割に深くコミットした研究であり、簡単にいえば世界の各地域の内乱・内戦にどう対処するかという研究であった。この計画への参加・不参加をめぐって、研究の倫理的・政治的な意味合いが問われることになったわけである。[70]

日本の書物・蔵書という側面においても、こうした対外的な軍事・戦略とのかかわりをとらえてゆくことは可能である。ＣＩＡに吸収されてゆくワシントン文書センターが実際に膨大な日本語資料を集めていたこと、議会図書館にそれら図書が移管・整理されるにあたって、ＣＩＡからの文献の照会や問合せ（レファレンス）に応じることが条件であったことは第五章で述べた。また、冷戦期のカリフォルニア大学（バークレー）やコロンビア大学図書館の年次報告には、東アジア図書館にＣＩＡからのレファレンスが来ている事例も見られる。[71]

この時期の研究図書館とＣＩＡとの直接的なつながりは、イリノイ大学の米国図書館協会文書からも具体的にうかがうことができる。それはＣＩＡ図書館の図書選定にかかわるものである。ＣＩＡ図書館は、当然のことながら世界各地の情報収集のかたわら、多くの図書、文書を収集している。日本語図書、文書類も多く抱えていると思われるが、実際には公開されていないので詳細はわからない。六〇年代にＣＩＡに勤務した日本関係の専門家からも何人かから情報を提供してもらったが、日本語図書自体については詳しくはわからなかった。このＣＩＡ図書館の外国語資料収集プランの作成、研究図書館との購入調整のために、先のロバート・ダウンズはノースカロライナ大学のライブラリアン、ジェロルド・オーヌを一九五九年にＣＩＡに派遣している。[72]

オーヌの報告によれば、ＣＩＡ図書館は一九四七年に設立され、最初は危機管理局（Office of Emergency Management）の蔵書を引き継ぐ形で成立している。一九五九年当時で参考図書を一万タイトル、一般文献を八万二〇〇〇タイトル、冊数にすると一九万冊の資料を所蔵していた。[73]オーヌ派遣の目的は、一つはＣＩＡ図書館の図書の収集方針についてアドバイスすることであったが、同時に、多くの海外支所から絶えず外国語文献を収集しているＣＩＡと、米国内の研究図書館との間で、書誌情報の共有・交換や重複・利用済み図書、雑誌の交換といった協力体制を構築するというねらいももっていた。[74] 実際に、外国地域の逐次刊行物について、世界各地に支所を展開して迅速な収集をＣＩＡは展開していたため、そこから生み出される重複文献もかなりの量にのぼっていた。ＣＩＡ図書館から米議会図書館に渡される文献の量は当時、月に五〇〇〇点に達していたという。[75] したがって日本語文献を含め、研究図書館とこれら情報機関とがどのような関係にあったのか、あるべきなのか、どこまでの情報を提供し、協力すべきなのか、協力を拒否できるのか、といった問題がここには横たわっている。

海外の書物購入やその流れは、常にこうした対外的な危機意識と連動し、政治的な関係のなかにおかれてきた。図書の交流といえば平和的、文化的に聞こえもするが、蔵書史の実態から見えてくるのはむしろこうした側面である。先に公法四八〇号、すなわち海外への余剰農産物の支援を利用した図書購入・整理事業についてのべたが、この活動とてとうてい無垢なる援助事業とは言いがたい。これによってアメリカは日本をはじめとしたグローバルな食料市場を開拓することになるわけであり、またその際に生じる資金は、図書購入ばかりではなく、その国の市場を開拓するための研究にも当然投じられている。さらにはその資金は、供給先国では一九七四年までにその国の通貨にして二二億ドル相当が軍事費、警察費として用いられているという。その援助先のトップは南ベトナムであり、次いで韓国である。[76] だからこそ、書物の流れ、交流を「文化」、「友好」といった単純な枠組みでとらえるべきではないのだ。むしろ私たちはそこにはらまれた緊張関係、力関係をこそこうした書物と読み手の関係史から読み解いてゆくべきであろう。

日米間の書物の関係史を顧みれば、アメリカは占領期に日本の図書館の民主化・近代化のための支援を行なってきたことは確かである。一九四六年に来日した米国教育使節団による日本の図書館政策への提言にはじまり、民間情報教育局（ＣＩＥ）におけるその提言を実現するための研究委員会の設置、地域にまでいたる体系的な図書館サービス網の構築、図書情報の効果的な収集、運用計画の立案もなされてゆく。[77] しかし、民間情報教育局は一九四六年五月には大規模な改組・異動がなされ、反共色の濃い占領政策へと転換してゆく。この異動で新たにCIEの長となるのが、フーバー図書館の東京オフィスの項（第四章）で登場したドナルド・ニュージェントである。共産主義者か否かという白黒の線引きが、占領軍、そしてそれに従属する日本の組織でも人事や組織の重要な要因としてあからさまになってくる。(78)

すでに述べたとおり、一九四七年には国立国会図書館の設立のためにデルマー・ブラウンとヴァーナー・クラップが来日する。国会図書館設立にあたって奔走していた参議院の図書館運営委員長であった羽仁五郎とブラウンについて、中井正一《まさかず》は次のように書いている。

アメリカ国会図書館使節の招宴に金森館長とともに列席した。

参議院図書館運営委員長である羽仁氏はあいさつの席上で「自分は日本民主化のため、国立国会図書館の礎の下に身を横たえたい」とのべた。すると、使節の一人であるブラウン氏は「私は羽仁さんに申上げたい。貴方の席をちょっとあけて取って置いて頂きたい。私もその国立国会図書館のコーナー・ストーンの下に身を横たえたいと存じますから」とのべた。

皆笑ってしまったけれども、私には胸にしみじみとしみ透るものがあった。(79)

しかしこの中井にしても、この翌年、国会図書館の副館長就任にあたっては共産党員であることを理由に、衆参両議院の図書館運営委員会で意見が分かれ、人事が紛糾することとなる。(80) 日本においても米国内でもこうした教条的な線引きが色濃くなっていた。国会図書館創立の相談役ともなっていたGHQ民政局のジャスティン・ウィリアムズに向けて、ブラウンはこう書きおくっている。

私が支持する政党は、共和党と民主党との間で生涯揺れてきましたが、私自身はあるときは極端な保守派、あるときには共産主義者ともよばれてきました。あなたが日本から戻ってくればわかるでしょうが、現在の世界に中立という場所はもはやありません。もしも中立であろうとするなら極左はあなたを反動と呼ぶし、保守主義者はあなたを共産主義者と呼ぶでしょう。(81)

そしてまた図書館にも、書物を置く場所はあっても、中立という場所はなかった。

第八章　連携する日本語図書館
――蔵書どうしの関係史

1　蔵書の関係史という視点

これまで、書物の日米関係を、おもにアメリカの日本語蔵書の歴史をたどりながら追ってきた。日米間の書物の流れが、特定の大学や図書館、個人の独立した活動によるのではなく、それらが全体として歴史的、国際的な動向のなかで動いてきたことが見えてくる。そうであるがゆえに、アメリカ国内の日本語蔵書は、互いに関係しあい、作用しあいながら成長してきている。それは交換、重複図書の販売、書誌カードの交換、販売、大学間の貸借協力といった直接的な作用の場合もあるし、購入方針の調整や共同プロジェクトによる提携、それぞれの展開している教育コース、研究領域の設置や変化による間接的な作用の場合もある。そしてそれらが巨額の連邦予算や民間財団の動き、外国地域の研究動向と呼応しながら動いている。つまりそれぞれの蔵書は、孤立した点としてではなく、それらの相互の関係や、全体としての動きのなかで考えることで、逆にはじめて個々の蔵書がなぜ、どのように構成されてきたのかも見えてくる。こうしたリテラシー史からのアプローチをとりつつ、ここでは、そうした蔵書相互の関係や、全体としての活動に焦点を当てて考えてゆこう。

こうした点から考える時に、日本語蔵書をかかえる大学図書館どうしの連携した活動が重要な役割を果たしてきたことが見えてくる。この連携・協力体制は、全米レベル、あるいは中西部や東海岸といった地域、さらには近い大学どうしで、といったさまざまなレベルでなされてきている。まずは比較的小規模な近隣の大学どうしで構成された事例からみていこう。それによって連携の具体的なイメージがつかめようかと思う。

ここではまずデューク大学の日本語蔵書をとりあげよう。その前にデューク大学の日本語蔵書史を簡単に述べておきたい。デューク大学は一九三〇年代、国際関係でポール・ラインバーガー、極東史でポール・クライドが雇われた頃から日本学に関心を向けはじめている。とはいえ、デューク大学が実際に本格的な日本学や日本語図書の収集に着手するのは六〇年代の後半から七〇年代にかけてであり、比較的新しい蔵書といえる。(1) 具体的には一九六七年に日本史を専門とするバーナード・シルバーマンが雇われ、これを機に彼が中心となってその後五年、毎年一万二〇〇〇ドルを投入して日本語図書を増やしている。(2) これに加え、七〇年代には日本語・中国語の教員が採用され、比較地域研究が創設される。これは東アジアに焦点をあてた地域研究センターである。八〇年代にはさらにアジア太平洋研究所、そしてアジア・アフリカ言語文学コースの設立もなされ、大学院レベルの教育が可能となっている。(3) 蔵書自体は六〇年代後半からシルバーマンが構築した歴史関係に重点をおいた蔵書に、後に近代文学の主要作品を収集したコレクションが加わっている。現在では規模としては五万冊、日本語蔵書としては米国内では中規模の蔵書となっている。

さて、デューク大学は、近隣のノースカロライナ大学との間で図書館どうしの連携が七〇年以上前からなされてきている。それにには世界恐慌の折、縮減される予算の枠のなかで購入活動を行なわねばならなかった、という背景があるが、そうはいってもこの連携の実現が当時のライブラリアンたちの工夫と努力に負うところが大きいことはいうまでもない。ちなみに連携プロジェクトを組んだ当時のノースカロライナ大学の図書館長は、前章の日本の国立国会図書館創設にあたって大きな役割を果たしたロバート・ダウンズであった。両大学は一九三四年に図書の共同購入計画を立てて外部資金の獲得に成功する。しかし簡単に共同というが、どういう「共同」だったのだろうか。そしてとりたてて扱うほど難しいことだったのだろうか。

例えば、図書館どうし共同で図書購入にあたる場合の購入方針の作成・調整について考えてみよう。この共同購入の方針作成一つとっても、考えるほど簡単なことではない。近隣の図書館どうしは、互いに協力しあうことを一方で前提としながら、やはりそれぞれに競い合っているし、大学にしてもそうである。また、必要とする図書にしても重なる部分も大きいので、うまく購入領域を分担しあうのは難しい。たとえば一方の大学が美術領域の図書を中心に集め、もう一方の大学が哲学領域の図書を集めるといった取決めをする場合を想像してみればよい。たとえこうした分担をするにしても、大学に基礎的な学はたいてい展開されており、美術書あるいは哲学書がほとんどない図書館というのは、専門図書館としてならともかく、大学の中心としての総合図書館としては想像しがたいし、完全にそれを他の大学図書館に依存するのは、たとえ近い大学とはいえ利用者にとっても非常に不便となるだろう。

デューク大学とノースカロライナ大学の連携は、こうした場合の解決策の好例となるだろう。まず購入領域をそれぞれに分担するのは、誰しもが利用する基盤となる基礎文献ではなく専門領域の図書に限定し、そのうえで、それぞれの大学が展開している特徴のある教育コースの独自性を生かせるような領域に限定して合意をつくってゆく。たとえばノースカロライナ大学は図書館学や地学の著名な専門コースをもっているので、この領域の専門図書はデューク大学は集めない。そのかわり特色のある専門コースを展開している美術や東洋哲学の専門図書を集める責任を負う、という形で分担を構想する。(4)

もう一つこの連携で重要な点は、目録情報の共有をいち早く行なった点だろう。互いに図書カードを交換しあい、相手の蔵書、購入文献の情報を知らせあうことで、はじめてこうした調整は機能する。また、こうした情報の共有はその他の図書の相互貸借を行なう場合にも有用となる。

こうした分担構想に、前章で述べた地域研究は非常にうまくはまってゆく。外国の特定地域の言語による文献は明らかに高度な専門書に属するし、なおかつそうした図書はそれまでに所蔵している量も少ない場合が多いので、将来的な購入方針がデザインしやすい。そのうえ地域研究の場合、地域の地理的な境界で図書を分担しあうのも容易なためである。これは後に述べるアメリカ東海岸の大学図書館が行なった日本語蔵書構築の連携事例だが、たとえば北海道の文献はどの大学、四国はどの大学、といった形で分ければよいわけである。

デューク大学とノースカロライナ大学の場合も、こうした連携で、一九四〇年にはラテン・アメリカ領域の文献の共同購入を展開し、ロックフェラー財団から七万五〇〇〇ドルを得ている。そしてアジア領域については、一九七〇年にデューク大学が日本語文献を、ノースカロライナ大学が中国語文献の購入を担当することで合意している。むろん互いの大学には図書のすばやい貸借を実現する運搬ルートが準備され、貸借の条件も、必要な場合には長期貸借も可能なように改訂されてゆく。(5) その後この連携にはノースカロライナ州立大学も加わり、現在ではこれら大学の位置的な関係からトライアングル研究図書館ネットワーク(Triangle Research Library Network: TRLN)と呼ばれる連携網を構成しており、オンライン目録でも三大学の間でいち早く共有が実現している。(6) これら三大学の総蔵書データ二〇〇万件のうち、互いに重複しているものは、たったの七パーセントしかないという。(7)

2 協力の萌芽

つまり連携協力は、ある図書館の所蔵する重複図書を他の大学図書館へ交換、販売するといったケースのような、複数の蔵書を均質なレベルに近づけてゆく方向ばかりではなく、ここであげるような、それぞれの図書館が、より個性化してゆく方向と、両方向で可能だということである。言うまでもなく基本図書には前者が有効で、専門的な図書には後者の方策が有効となる。

そしてこれらの連携は、日本語図書の購入図書館自体の数の増加と、その購入規模の拡大に応じて、全米レベルでの連携や調整が必要とされるようになる。これまでにも、しばしばこうした広域にわたる連携プロジェクトについてはとりあげてきた。それらを振り返ってみればその必要性もおのずと見えてくる。日本語・中国語図書をめぐっては一九三五年、ニューヨークで開かれた東洋図書の分類方法についての会議がそうした取組みとしては早いものだろう。この会議については第七章でふれたが、ハーバード大学のイェンチン分類について紹介するカイミン・チウをはじめ、議会図書館の坂西志保、イエール大学の朝河貫一、コロンビア大学の角田柳作やジョージ・サンソムらがこの会議で分類やカタロギングの仕方について報告し、議論を行なっている。(8)

その後の大規模な図書館どうしの協力プロジェクトとしては、第五章で言及した占領地からの文献収集があげられよう。戦争でとだえてしまったヨーロッパからの文献を購入するために、議会図書館が中心となって、米国各地の研究図書館の購入希望を調査し、資金を集め、ヨーロッパで軍の協力のもと図書収集にあたった。そしてそれらを配分するための調整委員会も構成される。その委員長となるのが、先のデューク大学とノースカロライナ大学での連携プロジェクトを実現したロバート・ダウンズである。彼はこのときにはイリノイ大学に移り、米国図書館協会の長をつとめていた。(9)

この配分に当たってもやはり調整がきわめて重要となる。限られた収集文献を、不公平感がないように参加大学に分けてゆかねばならないが、その折の根拠には、たとえばその大学の既存の蔵書の特徴や抱えている教育領域を勘案し、さらには同じ地方の大学で重複することのないようにバランスをとる必要がある。したがってこのプロジェクトでは同時に各大学の希望収集図書の領域や時代、希望図書リストの有無や動かせる予算まで、細かい情報収集が同時になされていた。(10) この購入協力は一九四八年まで行なわれ、全米レベルでの図書館どうしの協力しあった購入や調整が可能であることを実践的に示したが、すでに述べたように占領下の日本においてはこうした連携はなされていない。

ただし中国語図書にかんしては、一九四四年に共同購入の合意がなされている。この計画にはシカゴ大学、コロンビア大学、ハーバード大学をはじめとした一三大学が集まって出資している。米国図書館協会（ALA）と研究図書館協会（ARL）が合同委員会を構成してプールされた資金を管理し、戦争の終了によって中国語図書が購入可能となるとともにその資金で購入するために動く体制がとられていた。[11]

全米レベルではないが、占領下の日本での図書購入に対しては、第四章でふれたカリフォルニア大学（バークレー）の呼びかけでできた西海岸の大学間のネットワークが形づくられていた。ここでも、先のデューク大学とノースカロライナ大学の間の連携のように、互いに集める日本語図書が重ならず各大学蔵書が独自性を出せるように、ということを考えて連携がなされていた。カリフォルニア大学（バークレー）はその東アジア図書館の立上げにあたって、一九四七年にスタンフォード大学、クレアモント大学、カリフォルニア大学（ロサンゼルス）、ワシントン大学（シアトル）に呼びかけ、各大学が構想している日本語蔵書の将来計画を知った上で、日本で予算を集中させる図書購入の領域をしぼることとなる。[12] そして古典領域に焦点をあてて三井コレクションの購入にいたるわけである。また、このなかでもスタンフォード大学とバークレーの両大学のアジア・コレクションは、この時ばかりではなく特徴ある連携関係を形づくることになるが、それについては後述しよう。

3　全米ネットワークの形成

しかし何といっても全米レベルの日本語・中国語図書をめぐる連携は、第四章、そして第六章でとりあげた一九四八年のアトランティックシティ、そして翌年のイエール大学で本格的に展開を見せる東洋蔵書についての全米東洋コレクション委員会だろう。ミシガン大学のジョゼフ・ヤマギワがこれに先立って全国の中国語・日本語図書の図書購入ルートや収集傾向、カタログや分類の現状、といった情報を各大学から集めている。ヤマギワとともに会議をオーガナイズしたのは、国立国会図書館設立の際に調査で日本を訪れたチャールズ・ブラウンである。

イエール大学での会議では、カリフォルニア大学（バークレー）からはエリザベス・ハフが報告をし、フーバー図書館からは東京オフィスを通した購入活動についてイケ・ノブタカが報告を行なった。ヤマギワは先の全国調査について報告を行なっている。米議会図書館からは、エドウィン・ビールによってワシントン文書センターをはじめとした軍のルートをとおしての膨大な図書収集が報告されている。また、第七章でふれたが、同じく議会図書館のアーサー・ハメルがこの席で同図書館のもつ中国語・日本語図書の目録カードの複製・販売を宣言することとなる。これはまた、日本語図書についての情報を共有しあい、全米規模の目録作成に取り組んでゆく連携活動の始まりでもあった。また、この会議は、アジア文献を扱うスタッフの養成や、図書の分類方法、全米のカタログ情報の作成方法など、その後実際に日本語蔵書にふりかかってくるさまざまな問題がすでに提起されているという意味でも注目されよう(13)。

第六章とやや重複するが、こうした共同での目録作成、つまり図書の情報を一つのセンターに各大学が送って集約し、全米に存在する日本語文献の目録を作成し、さらにその情報を各大学へと提供するユニオン・リスト作成計画へと向かってゆくわけである。すでに述べたように、カイミン・チウが提唱し、米議会図書館が中心となって一九五〇年から開始する全米プロジェクトである。

しかしながら、これを実現するためにはいくつかの壁があった。日本語図書を英語圏で目録にとる共通の方法を確定すること、その目録カードの情報を収集・複製・配布する方法、それを担う機関の設立、である。第一の共通ルールの作成・共有がなくてはすべてのプロセスに支障が生まれる。それゆえに、目録作成の方法について全米で調整し、共通ルールをつくるという形で各大学が協力しあうこととなる。これについては第七章で説明したが、五〇年代の末までに大きな労力をついやしてその原型が形づくられるわけである。

こうした努力にもかかわらず、このユニオン・リスト作成計画は、こと全米の大学間の実際の連携・協力という面ではまだこの段階では十分な成果をあげ得なかった。その理由については第六章で言及したとおりである。

このため、たとえば六〇年代に作成されたイエール大学図書館の報告書では「一九五八年に大学どうし共同で目録作成を行なう方式がつくられたものの、一九六二年まではどこの大学も実質的には共同して取り組んではいなかった」[14]としているし、同時期に福田直美も同様の指摘をしている。[15]むしろ日本語図書の目録カードや著者名ファイルを大学どうしで直接交換・販売する方が実際には役立っていたことが、多くの図書館文書からはうかがえる。

五〇年代末からは、占領期に続く、日本語図書の急激な増加の第二波がやってくる。新たな法制度のもとで外部資金が急増するこの時期、日本語図書だけでなく、アメリカ国内に流入するすべての外国語図書について、全米レベルでの情報共有の必要性はさらに高まってゆく。この時期にアジア言語の図書購入については、アジア学会（Association of Asian Studies: AAS）のもとで米国極東文献委員会（Committee on American Resources for the Far East: CALFRE）が、戦後の外国語購入やその情報を扱うファーミントン委員会と連携・協力し、図書の選定や購入・配布についての話合いをもつこととなる。[16]この米国極東文献委員会（ＣＡＬＦＲＥ）は、一九六七年に東アジア図書館協会（Committee of East Asian Libraries: CEAL）と名称が変わり、現在に至っている。一九五八年に生まれてからのこの米国極東文献委員会の活動の概要については、その一〇年後に報告書としてまとめられている。[17]

六〇年代における大学連携は、先に述べた集約的な目録情報の作成・配布という面で大きな変化を見せる。これが第六章であつかった世界規模の外国語図書データのマネジメントを含んだ全米収書目録計画（ＮＰＡＣ）だった。また、国家防衛教育法やフォード財団による大型の外部資金が、異なる大学の研究者どうしの、あるいは大学どうしの連携した地域言語教育・研究プロジェクトの立ち上げをうながすこととなった。このことが、それをサポートする図書館どうしの協力体制にも影響を与えている。政府や研究者の間でも、地域言語を扱う図書館の機能、抱える問題の重要性が次第に認識されてきた。また、こうした外部資金の獲得に向けて、先の米国極東文献委員会のような日本語蔵書を抱える図書館がつくっているグループが、共同の計画を申請するという動きも加速化する[18]。

六〇年代は日本語図書の購入という観点から見ればまさしく黄金期と言えるだろうが、六〇年代の末から、こうした急成長にブレーキがかかってくる。これには、日本の書物の問題というよりも、日米間と、さらにはそれをとりまく国際的な政治・経済状況の変化が大きく作用している。

4 購入危機

戦後のアメリカを基軸としたドル・金交換によるドルの固定価格制の維持を背景に展開されていた世界経済の枠組みは、七〇年代には経済体制の大きな変動に見舞われる。日本もまた単一為替レートのもとで包摂されていたその経済体制、いわゆるパックス・アメリカーナが衰退・崩壊してゆく時期でもある。アメリカのベトナム戦争への本格介入はドルの海外流出をうながすとともに、ドル危機を悪化させ、ついには一九七一年のニクソンの新たな経済政策発表を契機に、西欧、やがて日本も変動相場制へと移行する[19]。

日米貿易は一九六五年から日本の輸出超過に転換してゆくが、一方のアメリカは七一年には貿易収支がとうとう赤字へと転換することになる。日本は七〇年代をとおして、石油危機を乗り越えながら工業製品の対外輸出をのばすが、アメリカ国内を席巻する日本製品によって、鉄鋼、家電、自動車といった領域で日米間の貿易摩擦が発生してゆく。日本は国際収支の黒字を拡大させ、円高が進行してゆく。貿易摩擦に対して輸出の自主規制といった調整を必要としながらも、冷戦期をとおして日本の輸出の三割以上を対米輸出が占める状況が続いていた[20]。

こうした世界経済でのアメリカの経済力の後退、日米間の収支関係の変化、日本の急速な経済成長、円高といった事態は、実質的にアメリカ国内での日本書籍の購買力をそぎおとしてゆく。各大学図書館は、高騰してゆく日本の書籍の価格、移送費用、とどまるところを知らず増え続ける出版点数、そしてドルの力の弱まりといった、きわめて苦しい状況におかれてゆくこととなる。

各地の大学の日本語図書館やアジア図書館の年次レポートを見ると、六〇年代末からこうした問題が深刻化していることがうかがえる。たとえばカリフォルニア大学（ロサンゼルス）の図書館報告では、ほとんどの大学図書館が統計上、あるいは財政上、マイナス方向に向かっていることを指摘したうえで、下がってゆくドル価と回復の見えない厳しい不況、さらには国内外の重要な新刊書や定期刊行物の価格が軒並み上昇していることを指摘している。[21] あるいはイエール大学の年次報告では、日本の活発な出版状況と出版点数の増加についてふれ、中国語図書の価格上昇、そしてそれよりもさらにはげしい日本語図書の価格上昇について言及している。[22]

さらに七〇年代になると、購入状況の悪化と、それに対するなんらかの方策を求める声は、ほとんど悲鳴に近いものとなる。日本の書籍の出版状況を見ておくなら、一九六〇年と一九七〇年を比較してみると、書籍の出版点数では約一万三〇〇〇点から一・五倍の一万九〇〇〇点近くになっており、さらに七〇年代後半には倍の二万六〇〇〇点を超える増加を示すこととなる。また、書籍の平均価格は一九六〇年の四四一円から六五年にはほぼ倍増し、七〇年には三倍の一二七五円に達している。[23] 七〇年代の変化はさらにはげしい。特に一九七三年の後半からは紙の原材料の不足が問題となり、中東戦争による石油規制も重なった用紙不足が引き金となって、不況とインフレのなかで書籍価格は異常な上昇を見せる。[24] 七三年から七五年にかけて、書籍の平均定価は五〇パーセント以上の上昇を見せている。国内市場においてはこれがすぐに販売減につながることにはならなかったものの、海外での日本語書籍購入においては絶望的な状況をもたらしたといってよい。また、アメリカ国内より数倍高くつく輸送コストも日本語図書購入の問題となっていた。[25]

新刊書籍の平均定価の上昇は、あくまで平均であって、領域によっては二倍、三倍の価格変動も珍しくなかった。特に学術図書・参考図書や古書の価格上昇に各地の図書館は頭を悩ましている。[26] つまりアメリカ国内での図

	年	一冊当たりの平均価格（円）	一冊当たりの価格（ドル）	兌換レート 1ドル（円）	実質的な価格の上昇率（%）
日本	1968-69	2451.44	6.78	360	100
	1972-73	2638.00	9.49	278	139
	1977-78	3675.00	16.21	227	238
	年	一冊当たりの平均価格（台湾元）	一冊当たりの価格（ドル）	兌換レート 1ドル（台湾元）	
台湾	1968-69	178.00	4.45	40	100
	1972-73	149.20	3.73	39	86
	1977-78	341.55	10.35	33	233
	年	一冊当たりの平均価格（香港ドル）	一冊当たりの価格（ドル）	兌換レート 1ドル（香港ドル）	
香港	1968-69	20.00	3.38	5.92	100
	1972-73	46.05	9.21	5.00	273
	1977-78	55.33	12.16	4.55	360

図34 アジア図書の購入危機 書籍の生産国内での価格上昇と、兌換レートの変化。これをかけあわせて米国側で購入する際の実質的な価格上昇の割合を1968-69年を基準として示した。フーバー図書館東アジア・コレクションの年次報告から作成。

書館自体が財政的に苦しくなってゆくことに加え、日本語図書の価格高騰とドル価の低下といった事態が重なってゆくのである。同じだけの財源があっても、とうていそれまでと同じような蔵書のレベルは維持できなくなった。このことはフーバー図書館東アジア・コレクションのエミコ・モフィットらの作成した上の表でも歴然としている[27]（図34）。

どの大学図書館でも、やはり新刊図書、そして英語文献がやはり中心的な位置をしめており、図書館全体の購入予算のしわ寄せは古書や外国語図書の購入にゆきがちである[28]。しかしこうした傾向は、むろんそれぞれの図書館にとっても、全米の図書館全体としても、マイナスであることは言うまでもない。重要な英語の新刊図書に購入方針を縮減すれば、どの大学蔵書も独自性を失い、大学どうしの重複図書も増加する。したがって国レベルの対策、あるいは図書館どうしの全米レベルでのなんらかの取組みが必要になった。ここで歴史的に見て日本語蔵書の増加やその管理方法に対して大きな役割を果たすのが、日米間でつくりあげられる日米友好基金（The Japan United States Friendship

Commission）と国際交流基金（Japan Foundation）である。

5　友好という名の従属

ニクソン大統領のとった前述の経済措置は、同年のニクソンの中国訪問とあわせ、日本を含めた関係国に事前情報がほとんどなかったために、俗にニクソン・ショックとよばれるが、このことは同時に積極的な日米間の回路を構築することへの関心をも呼び起こした。同年外務大臣に就任する福田赳夫《たけお》は、対米文化交流の大型基金設置をもってこうした時局に対処することとなる。(29) 一〇〇億円の政府出資による基金をつくり、将来的にそれを積み増して一〇〇〇億円規模の基金にし、それをもとに永続的で安定的な財政基盤をもった交流事業援助を行なう構想が練られてゆく。翌年外務省はこれを国際交流基金設立案として提出し、五〇億円の出資が決まっている。

さて、こうした国際交流事業を担う団体としては、本書でもしばしば登場したKBS、すなわち国際文化振興会がすでに存在していた。国際文化振興会は、戦前、戦時期に「文化」という側面から日本の侵略戦争へと加担した側面ももっており、戦後はその自己批判、体制の組み直しから出発し、日本の図書については各種のレファレンス図書の作成事業を展開していた。この国際文化振興会の職員や蔵書をそのままひきつぐ形で、国際交流基金の組織が成立するのが一九七二年の十月である。この基金からは各大学の日本研究や日本語教育に向けた人材派遣、交換ばかりではなく、研究施設や図書整備にも支援がなされてゆく。(30)

一九七三年にはまた、首相の田中角栄がアメリカ訪問を機に、日本研究に力を入れるアメリカの一〇大学に、各一〇〇万ドルを政府予算から日本研究促進のために贈っているが、これも国際交流基金を経由し、報告も基金へとなされる形をとっている。(31) この資金には図書購入費も含まれていた。(32)

こうした一連の動きは、日本側からの資金がアメリカの日本研究、さらにはその日本語蔵書整備にまわりはじめたものである。それまでは、日米間の文化交流にしても、アメリカの資金がそのもとになっていた。戦後の国際交流事業としては、占領期の一九四九年のアメリカの軍事予算からなされた占領地統治救済費（Government Account for Relief in Occupied Area Fund: GARIOA）、いわゆるガリオア資金による留学プログラム、それをひきつぐ形で一九五二年からはじまるフルブライト計画も、アメリカ側の出資でなされていた。ガリオア資金は占領地の安定化のために振り向けられる陸軍省の軍事費であり、フルブライト計画のもととなった資産は、戦中、アメリカが世界各地に投資し、その地に残されていた軍需物資を現地通貨で売却した資金がもととなっている。これらが学生・研究者の交流をはじめとする国際交流に投じられてきたわけだが、このフルブライト計画にしても、これまでのべたアメリカの経済的な位置の変化のなかで六〇年代末には資金が半額に減り、一九七八年の福田首相の訪米を機に日本側が半分の資金分担を行なう形へと移行している。(33)

日本で国際交流基金が設立される一方、アメリカ側では日米友好基金が設立される。これには、アメリカ国内での日本研究者たちの活動があった。本書ですでに幾度か出てきたスタンフォード大学のロバート・ウォード、イエール大学のジョン・ホール（ともに、もとはミシガン大学日本研究所の主要メンバー）、ハーバード大学のエドウィン・ライシャワーらは、苦しい経済状況にあるアメリカ国内の日本研究所の維持のために各界に働きかけてきていた。こうした声を受けて、一九七二年にジェイコブ・ジャヴィッツが日米友好法案を議会に提出する。これは三〇〇〇万ドル規模の交流支援のための基金設立案だが、その財源は沖縄返還協定で日本がアメリカに対して支払う費用から捻出されることになっていた。(34) 沖縄の返還協定では、その第七条で日本がアメリカに、返還後三億二〇〇〇万ドルを支払うことになっていた。(35) 実際にはこればかりではなく、アメリカ側が支払うべき土地の復元費用四〇〇万ドルを肩代わりし、施設改善費としてさらなる支出がなされていた点も指摘されており、今日の際限ない在日米軍再編への過剰な日本側の負担や、負担する根拠さえも曖昧な「思いやり予算」の遠因としてもこの協定の意味が問われている。(36)

この日米友好法案は一九七五年に両院を通過して成立する。一八〇〇万ドルの信託基金と、一二万五〇〇〇ドル相当の円による基金とがこれに充てられた。この円は先のガリオア資金の返済金の一部である。ガリオア資金は一九六二年から一五年かけて、総額四億九〇〇〇万ドルがアメリカに返済されるが、この一部は文化交流事業にも用いられており、その残金がここに充てられている。同法は一九七五年十月にフォード大統領の署名をもって発効するが、それはちょうどアメリカ合衆国への天皇訪問と機を一にしていた(37)。

この基金は、日米両国の言語教育を含む高等教育の支援や教員・研究者の交換といった目的とともに、アメリカ国内の主要日本語蔵書の支援(また、日本国内の英語蔵書の支援)を柱の一つとしていた。日米友好基金と国際交流基金は、米国内の日本語蔵書構築や日本学の展開に大きくかかわるわけだが、これら資金がともに日本に発したものであり、双方向的に見えつつも実際には一方的、従属的な構図であったことが見えてこよう。

6 連携の推進剤

米国内の各大学を見舞っていた日本語蔵書の購入危機は、日米友好基金にとっての大きな課題となった。しかし、いくら多額の基金があっても、それを単に均等にばらまくだけでは効果はあがらない。そこで、大学どうしがうまく協力・連携しあいながら、全米レベルで最大限に購入資金を生かせる方法が重要となる。一九七七年、基金側から日本語蔵書をかかえる各大学図書館にむけ、この方法について検討するよう要請がなされた。大学間で協議しあった結果、いくつかの注目すべき提案が共同でなされることとなった。日本語蔵書をかかえる主要一〇大学が中心となった、四年間二〇万ドル規模の連携・協力購入プロジェクトである(38)。ではそこで、効果的な購入資金の生かし方として、具体的にどういう方策が提案されたのだろうか。

たとえば先の田中角栄の資金提供のように、日本語蔵書をかかえる主要一〇大学を支援することも一つの方策かもしれない。しかし、これまで述べたように、すでに六〇年代における日本研究の展開は全米に数多くの日本語蔵書や日本語コースを生み出しており、特定大学だけを援助すればよいというわけにもゆかない。かといってただ数多くの大学にばらまいても効果は薄い。

そこで構想されたのがコンソーシアム（Consortium）という単位である。アメリカ全体をいくつかの地域に区分し、それぞれの地域内で相互に協力しあう図書館共同体のようなものだと考えればよい。基本的には、日本研究での主要一〇大学に支援がなされるのだが、支援を受けた大学は、自身の大学だけのためにその資金で図書を購入するのではなく、購入した図書をその属するコンソーシアムの図書館に提供する。具体的には、コンソーシアム内の大学への貸出しに無償で応じ、遠方の大学から訪れる研究者にも経済的に支援する。そして先の一〇大学のうち、同一のコンソーシアム内にある大学どうしは、互いに購入図書が競合・重複しないように調整しあう。

たとえば東海岸コンソーシアムであれば、一〇大学に属するのはハーバード大学、イエール大学、コロンビア大学、プリンストン大学である。これらの大学が、互いに重複しあわないように調整しながら図書を購入することによってできるだけ多様な種類の日本語図書を購入する。同じコンソーシアムに属する大学は一つの大学さえもっていれば、無料で借りられるので、あえて購入する必要はない。むろん、図書購入はこれほど単純ではないが、先にデューク大学とノースカロライナ大学の連携の折に述べたように、地域研究は、こうした分担購入には比較的適した領域だといえる。たとえば地方史の書籍に関して、ハーバード大学は北海道と東北、関東の諸県、コロンビア大学は甲信越、東海、北陸の諸県、プリンストン大学は沖縄と九州という形で分担が合意されている。また、専門領域についても、たとえばハーバード大学は経済、金融関係、政党や選挙関係資料、政治家や経済人の伝記、中央地方自治資料に重点をあてる、といったように、各大学が重点をおく購入領域の調整も行なわれている[39]。

このコンソーシアムは、この東海岸、ミシガン大学とシカゴ大学を含む中西部のコンソーシアム、スタンフォード大学とカリフォルニア大学（バークレー）を含むカリフォルニア地域、そしてハワイ大学とワシントン大学（シアトル）は他の一〇大学とはやや離れているためにそれぞれにコンソーシアムを構成する。そしてそれぞれの地域に属するこれら以外の大学も、むろん基金で購入された図書については無償で貸借に応じてもらえるわけである。一九八九年には、一〇大学に加えて、資金の支援を受ける大学にカリフォルニア大学（ロサンゼルス）、カリフォルニア大学（サンディエゴ）、オハイオ州立大学が加わっている。[40]

また、これに合わせて、コンソーシアムに属する大学どうしで相互に蔵書の情報を共有・交換しあう動きも活発化する。これもやはりデューク大学とノースカロライナ大学の連携でなされていたことである。購入調整や互いの貸借関係を円滑にするには、蔵書情報の共有とその迅速なアップデートは不可欠である。また、全米レベルでの意見・情報交換のための大規模な会議も基金からの支援で開催されることとなった。一九八二年には、東部コンソーシアムに属する二五の大学による大規模な会議がコロンビア大学で開催され、西海岸でもスタンフォード大学でこうした会議が行なわれている。[41]

西海岸のカリフォルニア大学（バークレー）とスタンフォード大学との連携がこれ以前からなされていたことはこれまで述べたとおりだが、日米友好基金によってこの連携活動もいっそう発展してゆく。基金に向けた報告書のなかで、バークレーの東アジア図書館の長であったドナルド・シャイヴリーは、両大学の連携を理想的な事例として掲げているが、それもうなずけよう。[42] では具体的に、どのような連携活動を展開していたのだろうか。第三章で見たように、バークレーの東アジア図書館の初代責任者となるエリザベス・ハフと、フーバー図書館の東アジア・コレクションの司書メアリー・ライトは、日本占領下の中国での外国人収容所時代をも含め、古くからの知己で折に触れて協力しあっていたが、公式的な連携関係もまた日米友好基金以前から形成されている。いわば日米友好基金で形成される図書館連携活動の、ちょうどひな形のような関係が、この二つの大学の図書館の間で先行してつくりあげられていたのである。

7　スタンフォード大学とUCバークレー

先のシャイヴリーは、古くからある図書館どうしの協力の一例として、一九五一年にスタンフォード大学からカリフォルニア大学（バークレー）に教材として『大蔵経』二〇九冊が、三四年間にわたって長期的に教材として貸し出され、一九八五年に返却された事例をあげている。[43] また、東アジア・コレクションだけではなく、大学図書館レベルの協力関係によって、両大学は無料の貸借関係をも形づくってきていた。この関係は七〇年代、地域研究の隆盛とそれに伴う共同プロジェクトという形での連携を両大学に生んでいる。国家防衛教育法（NDEA）に向けての共同プロジェクトとしてスタンフォード大学とバークレーは、東アジア言語・地域研究センターを連携して立ち上げることになるが、これにともなって、一九七三年の暮れ、両大学の東アジア図書館のスタッフどうしが会合し、共同利用のための研究会を立ち上げている。[44]

ここでは、図書館相互貸借を効率化する方法や、購入領域の調整、購入している定期刊行物リストの交換、そして重複購入分のコストのカットといったことが話し合われており、アジア文献についての互いの蔵書情報を持ち寄って、両大学の蔵書目録を共同出版することも計画されている。これらは、いずれも後のコンソーシアムの構築・連携活動で踏襲される方策であり、その意味で、先に述べたように全米での連携活動のいわばひな形となっているわけである。[45] この両大学のアジア図書館のスタッフによる会合は翌年以降も定期的にもたれ、教員や生徒が互いの蔵書により便利にアクセスができるよう調整がなされてゆく。

一九七七年、日米友好基金からの支援三万ドルを両大学で分け合うが、以降、この両大学の連携プロジェクトはいっそう進められ、両大学での目録の刊行は、東アジア図書館シリーズとして刊行されることとなる。この成果は、七〇年代末から日本語文献のうちの社史目録、地方史目録、新聞目録、政府刊行物目録という形でまとまってゆく[46]。アメリカ国内では大学間での日本語文献の貸借は、現在のような文献の複写・デジタル配信の形にいたるまで古くから盛んになされてはいるが、その前提として、たとえばある雑誌の何号がどこの大学にあるか、といった情報が必須となる。日本でも現在のように全国の大学蔵書を結ぶ雑誌・図書のオンライン検索がない頃は、ある学術雑誌がどこの大学に所蔵されているのかを『学術雑誌総合目録』で探すというのが文献探しの初歩だった。

こうした各大学が所蔵する日本語雑誌のタイトル、所蔵号数といった情報をまとめた目録は、アメリカにも存在する。現在はむろんオンラインのデータベースを用いるが、単行本形式の目録では九二年に刊行された『北米東アジア図書館蔵総合雑誌目録[47]』がある。しかし、この目録も、この時に一度にできたわけではない。カリフォルニアでのこうした共同の目録作成と同様のプロジェクトが、それに先だってそれぞれのコンソーシアムで共同でなされてきており、それらの目録情報の成果が最終的にこのような形にまとまったわけである[48]。

もちろん、両大学の連携は、この二大学の間のみにとどまるものではない。六二年からバークレーの東アジア図書館日本セクションのカタロガーであった由谷英治《ゆたにえいじ》は、七九年から日本セクションの長となる。一方、フーバー図書館の東アジア・コレクションには、バークレーからハワイ大学の東西センターの図書館を経て六八年に着任したエミコ・モフィットが、七二年から日本セクションの責任者となっていた。ともにシアトル生まれの日系二世であり、かつともに戦前日本で高等教育を受けて戦後渡米した世代である。この二人が中心となり、フーバー図書館とバークレーの日本語コレクションの連携は、八〇年代には西海岸の他大学を含むより大きな連携ネットワークへと広がってゆく。これが西海岸アジア研究（Asian Studies on the Pacific Coast: ASPAC）をとおした活動となり、西海岸のアジア図書館どうしの情報交換、共同会議の場が形成されていった[49]。

さて、日米友好基金、そして国際交流基金をとおしての大学連携は、九〇年代にさらに変化をとげてゆく。一九九一年の秋、スタンフォード大学で、コンソーシアムの核となっている一三大学を含めた二〇大学が集まって会議が開かれることとなる。高額化する日本語図書と財政削減のなか、当初の一八〇〇万ドルの基金は八九年までに一五〇〇万ドルへと目減りしており、それまでと同様の支援方式は続けられなくなっていたのだ。

八九年には、先に述べたように、基金の支援を受ける大学は一〇大学から一三大学へと増えているが、そこで加わったカリフォルニア大学（ロサンゼルス）の蔵書史について触れておくこととしたい。カリフォルニア大学（ロサンゼルス）のアジア学、そしてその蔵書史は、カリフォルニア大学（バークレー）と深い歴史的な関わりがある。といってもこれまでの大学連携といった形としてではなく、バークレー出身のスタッフが直接的に創立に関わっていったという形でだが。

8 UCLAの日本語蔵書史

カリフォルニア大学（ロサンゼルス）、すなわちUCLAの日本語蔵書史は、戦争直後に始まる。中心になるのは海軍日本語学校を扱った第三章でも言及したリチャード・ルドルフである。バークレーで博士論文を書き終えたルドルフを、コロラドの海軍日本語学校校長として赴任したフローレンス・ウェインが一九四三年に教員として呼びよせたわけだが、戦後、彼はフルブライト奨学金により中国で研究する。UCLAはこのルドルフを一九四九年に長として迎え東洋研究を立ち上げるのである。UCLAはそれまでは中国学を含めて東洋に関する教育コースは弱く、数少ない中国学の教員も英語教材で教育している状態だった[50]（図35）。

図35 リチャード・ルドルフ Courtesy of The University of California, Los Angeles.

この東洋言語コースはスラヴ・近東のコースと同時期にできている。戦後における地域研究の第一期にあたる時期である。ルドルフによれば、当時はアジア言語の図書といえば中国語図

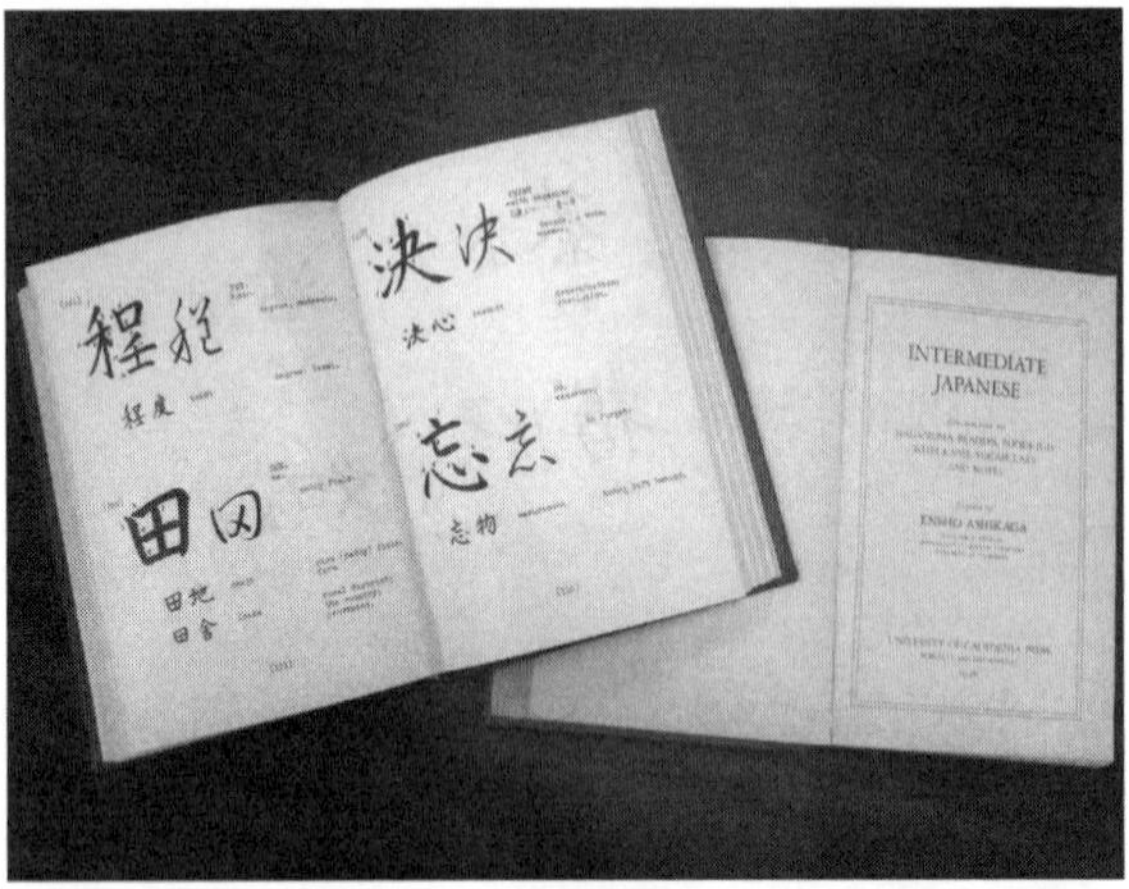

図36　足利の日本語テキスト　足利がコロラドの海軍日本語学校で教鞭をとっているときに、『標準日本語読本』の補助教材として作成したもの。

書が一冊（しかも政府刊行物が）あったくらいなので、文字どおり一から蔵書をつくりあげる必要があった。彼はＵＣＬＡに赴任するとすぐ、バークレーとコロラド大学とで一緒に働いてきた足利演正を日本語担当として呼び寄せる。足利は大阪の東本願寺派の寺院に生まれ、そもそもバークレーにはチベット語教育で呼ばれていたが、コロラド大学の海軍日本語学校では『標準日本語読本』をもとにいくつかの日本語教科書も編んでいる[51]（図36）。中国語についても足利と同じくバークレー、コロラドで一緒だったヨン・Ｃ・チウを呼んでいる。東洋言語コースは、まずはその国の言語を教えるところからスタートしている。足利が古典日本語を担当し、ルドルフが中国古典語・満州語を担当した。

そこでまず必要となったのは図書館の東洋コレクションの構築である。日本語図書については、足利が日本のディーラーとつながりをもっており、戦争直後からそのルートで購入することが可能であったという[52]。中国語図書はルドルフが中国滞在中から大学に送っていた。バークレーからの重複本も彼によって手に入れられたものの、日本語図書はすぐには増えてゆかない。四九年の米議会図書館の日本語図書整理計画には参加を希望していたが、送れるスタッフがまだいなかった[53]。

ＵＣＬＡの場合、日本語図書、中国語図書の購入については「買出し」の占める役割が大きい。特に占領期から五〇年代にかけて、実際に日本で図書を購入することがいかに有利であったか、ということは、各大学のこれまでの述べた購入活動から十分了解されよう。ルドルフは中国には共産党が政権を担う前年の一九四八年に訪れ、人類学、美術関係を中心に中国語文献を一万冊規模で購入しているし、[54]一九五三年、五六年、五九年、六一年と、たびたび日本を訪れては図書購入を行なっている。日本での購入は基本図書に焦点があてられていたものの、もと医学生であったルドルフ自身の科学史への関心もあって、蘭学関係の古書も関心をもって集めている。また、足利も五三年には日本に研究休暇で滞在しており、全集、叢書類をはじめとした人文系の基本図書や仏教関係の文献を二〇〇〇冊以上大学のために購入している。[55]一九五五年の報告によれば、その時点で中国語・日本語図書が五万冊規模に急成長していることがわかる。[56]

こうした成長の背景にはまた、日系人コミュニティからの協力もあったことがわかる。日本語教育コースに対しては、ロサンゼルスという場所もあろうが、日系人の学生も多く、また、子供に日本語を学ばせたいと考えている家庭も少なくなかった。大学の日本学、日本語教育への地域の人びとの関心が高く、そのために寄付や寄贈も多かったことをルドルフは指摘し、こうした例として、ロサンゼルス仏教各宗連盟からの多年にわたる寄付をあげている。[57]UCLAでは仏教学講座の設置にともない、仏書を充実する必要があったが、これについてはサンフランシスコの仏教会本部からの巨額の寄付が、また、ロサンゼルス仏教各宗連盟からも毎年一定額の寄付を仏書購入のために得ていた。[58]

UCLAの東洋言語学科は、地域研究の隆盛とともに五〇年代から六〇年代にかけてかけて大きく発展してゆく。最初八コースでスタートしたこの学科は一九五七年にはアラビア学コースを含む二一コースへと増え、六四年には足利を長として学部・大学院あわせて三九のコースを構え、三六〇人の学生を擁するまでに成長していた。[59]そしてそれに見合うように蔵書も増加を続けてゆく。

東洋コレクションが梅尾コレクションを購入したのはこの時期、一九六二年である。梅尾《とがのお》祥雲《しょううん》は高野山大学で図書館長や学長を歴任した真言宗の学僧であり、密教の学道史をはじめとした数多くの著述があるが、その蔵書から三四二タイトル、九六八冊に及ぶ図書が購入されたのである。この購入は、当時ロサンゼルス高野山別院に籍をおいていた祥雲の息子祥瑞を通じ、栂尾蔵書の整理・処分の情報を得た足利演正が交渉にあたり、和書をUCLAが、洋書は高野山大学図書館が購入することとなったものである。なお、このコレクションの写本や木版本は、複製出版されている。[60]

六〇年代にもあいかわらず世界各地への買出しが活発になされているが、規模の拡大と取次の機能の向上もあって中国語図書や日本語図書は、一定額の予算と購入方針を示して図書の選択・購入・発送を委託するブランケット・オーダーが中心となってゆく。[61]

この急成長には、国家防衛教育法（NDEA）からの資金、そしてこれまでふれた公法四八〇号による連邦予算の支援が大きな役割を果たしており、これらを近東やアジアの地域研究プログラムを拡大しようとするUCLAはうまく活用してゆく。こうしたなか、一九六〇年代初頭に、UCLAは図書館蔵書の拡大計画を宣言する。それによれば今後一〇年の間に、それまでの一五〇万冊の大学蔵書を三〇〇万冊に倍増し、バークレーに匹敵する図書館にするというのである。[62] 東洋図書館もこのもとで急速に成長している。五〇年代末には四万冊規模だった東洋図書館は六〇年代半ばに一〇万冊を超え、六九年の年次報告では一一万六〇〇〇冊に達していた。[63] また、これらの本を用いる人々も急増している。六一年から六七年にかけての変化を見ると、東洋図書館の利用者は四倍の二万人を超え、利用図書についても約一万五〇〇〇冊から三万六〇〇〇冊へと、倍以上に増えている。[64]

こうして地域研究の蔵書購入も活発化するが、地域研究の動向を調査してもいたUCLA図書館のロバート・ヴォスパーは、そうした莫大な規模の蔵書増加に対して、国家規模の協力、情報交換、あるいは集約的な図書情報の管理の重要性が十分に意識されていない点を危惧している。[65] こうした危惧に対応する形で、高等教育法にもとづく米議会図書館の全米収書目録計画（NPAC）が始動するわけである。ヴォスパーはこうした世界規模の図書情報の収集、図書購入に国家レベルの取組みが始まった一九六五年を記念すべき年として称讃しているが、[66]

皮肉なことにＵＣＬＡの図書予算の方はこの年から縮減の方向に向かってゆく。また、先の蔵書倍増計画も見直され、六八年には廃案となっている。[67] この時期の日本語図書における大きな変化としては、六四年に北京の輔仁大学図書館から移ってきた七万冊に及ぶ図書があるが、これはモニュメンタ・セリカ中国学研究所のＵＣＬＡへの移転にともなって移されてきた図書である。[68]

図書館の年次報告では、一九七一年にはアメリカ国内の多くの大学図書館が統計上、財政面で下り坂傾向にあることが示されているが、ＵＣＬＡも例外ではなく、図書館市場全体がとらわれていた不況のなかで苦しんでいる。特に過去の図書・文書類に予算が割けず、歴史系研究に深刻なダメージを与えつつあることが報告されている。[69] こうしたなかで、これまでに述べたような連携関係にはいってゆくわけである。

ＵＣＬＡの日本語蔵書が、ロサンゼルスの日系人共同体からの支援を受けてきた点についてはふれたが、ＵＣＬＡはまた、日系人・移民関係のオーラル・ヒストリーや史料収集も行なっている。日系アメリカ人調査計画（Japan American Research Project: JARP）がそれであり、特別コレクションとして管理されている。こうした日系人社会とのかかわりは、蔵書の流れにも重要な意味をもつ。ちょうど同大学調査にあたっていたおり、日本語部署で処理していたのは、日本語学園協同システムからの寄贈図書だった。戦争直後にロサンゼルスを中心にはじまった日本語学校である。そして、この学校の寄贈図書は、戦時中のツール・レイク（Tule Lake）にあった日系人収容所の日本語図書館も引き継いでいた。[70] 図書に付された貸出票には、戦中の貸出の日付が刻印されていた。

9　北米日本研究資料調整協議会

先に述べた一九九一年十二月のスタンフォード大学での会議を機に、全米日本研究資料調整協議会（National

Coordinating Council on Japanese Library Resources: NCC)[71]が生まれる。そしてこの協議会を通して、日米友好基金と国際交流基金によるそれぞれの図書館への直接的な購入支援は、現在の技術環境に見あった情報の共有体制づくりへとシフトしていくこととなった[72]。具体的には、資料購入ばかりではなく、日本語文献へのアクセスの改善や司書教育、さらにはそのための資金を得るための活動も含んでいる。二〇〇〇年からはカナダを含み「北米日本研究資料調整協議会」となった。そして図書購入についても、北米レベルでどこにどの図書が所蔵されたらよいのかを討議し、助言する役割を担うことが規約として定められている[73]。

購入活動をより具体的にみるには、この協議会の多巻セット購入プログラムを見てみるのがわかりやすいだろう。このプログラムでは、先の一三大学ばかりではなくどの大学でも、購入したい高額な多巻セットの図書を申し込むことができる。ただし、その図書は、北米のどの大学も所蔵していないこと、あるいはもっていても他大学への貸出しがなされていないことが条件となっている。これが認められれば、購入費用の五〇から七五パーセントを補助してもらえる。そしてそのかわり、その図書の目録情報をただちに公開し北米内の他大学からの貸出し希望に無償で応じることに同意しなくてはならない。

これによって、いまだアメリカのどの大学も所蔵していない日本語資料を重点的に購入できるとともに、その図書を効果的に利用しあえるわけである。この多巻セット購入プログラムでは、二〇〇四年までに二一三タイトルのセットが購入されたという[74]。しかし、もしも複数の大学が同じセットを申し込んでいたらどうなるのだろう。あるいは、申し込まれたセットにしてもすべてを認める予算はむろんないわけだが、どのようにしてある大学がそのセットを購入することが妥当だと判断するのだろうか。

そうした場合には、やはり既存のその大学の蔵書の特徴や教育プログラムが判断材料となる。たとえば明治期の日本文学を重点的に集めてきた図書館で、かつそれを積極的に用いた教育コースが展開されていれば、その図書をそこで購入するプラスの判断材料になってゆくわけである。もっとも、そうなれば既存の蔵書、教育研究プログラムが充実した主要な大学に購入が集中してしまう。したがって、大学の規模に応じたバランスや、地域的なバランスも考えながら、たとえば東海岸だけに購入が集中しないように配慮することも必要となる。また、単に所蔵していないという稀少性ばかりではなく、その図書自体の重要性も考慮しなくてはならない。

北米日本研究資料調整協議会（ＮＣＣ）のかかわる図書購入・収集支援としては、新たに米国内にできた大学や研究所の日本語蔵書構築や既存蔵書の拡充を支援する国際交流基金の事業がある。国際交流基金の行なうこの支援への予備審査、報告を行なうわけである。日本からの組織的な図書寄贈がある場合にも、こうした全米レベルの連携・調整が効力を発揮する。アメリカの日本美術研究者の要請により、九五年から日本ではじまった美術展カタログの収集プロジェクトがこうした事例となるだろう。美術展カタログは展覧会ごとに作成されている膨大な量の文献であるにもかかわらず、一般の書店をとおして流通するわけではないために収集が難しく、かつ海外研究者にとってのニーズも高い資料と言えるが、この文献の組織的な収集を行ない、日米の図書館へそれらを委託するプロジェクトである。こうした際の米国側の受入れ、調整や協力にもあたってきているのである。

これらの活動からわかるように、資料収集・購入にむけて、より洗練された連携体制が組まれてきていると言えるだろう。先に述べたように、この委員会の活動は、図書の購入調整にとどまるものではない。情報技術の急速な変化に対応して、日米間で可能となる蔵書情報の提供や共有、資料への新たなアクセス方式についても検討課題となっている。また、日本語資料を扱う専門家の養成、司書セミナーの企画・実施などの活動も展開しており、今後もこの委員会が大きな役割を担ってゆくことは間違いない。

10　目録の電子化と共有

大学どうしの情報の共有化、相互の利用という面で、八〇年代以降アメリカの日本語蔵書環境を激変させたのは、やはり図書情報の電子化とオンライン検索システムの普及である。すでに英語をはじめとする西洋語文献においては七〇年代にアメリカ国内でもこうしたサービスが開始されていたが、日本語や中国語、そして韓国語の、いわゆるCJK文献については、漢字・仮名データをいかに処理するかという技術的な壁ゆえに他の書誌データから取り残されていた。これに対し、一九七九年八月にコロンビア大学で開催された東アジアの図書館関係者による会議において、研究図書館協会（RLG）のなかでの電子データの共有計画にむけた連携がはかられることになる。[75]そして日本語図書のデータをも含んだデータベースの大学間を結んだオンラインでのアクセス・共有がはかられてゆく。

最初にこれが可能となるのが、RLIN《アーリン》（Research Libraries Information Network）と呼ばれるシステムで、この母胎となっているのは、これまでにもふれた、研究図書館協会である。この協会は二三の大学や研究機関からなり、情報資源の先端的な活用や含めた蔵書の発展・維持・アクセス面で協力しあってきた。もともとは一九七四年にハーバード大学、イエール大学、コロンビア大学とニューヨーク公共図書館とによって設立されたものである。当初の目的の重要な柱となっていたのは、図書館業務を大きく変えることとなるコンピュータ・ベースの書誌情報システムをつくることだった。[76]

このグループの調査の結果、スタンフォード大学が六〇年代末から七〇年代にかけて構築してきた図書館システムが有望視され、研究図書館協会がそこに加わって情報共有ネットワークの拠点となってゆく。そして今日の私たちにとっては親しいシステムのひな形が出来上がる。ユーザーが端末をとおして各大学の提供したデータベースにアクセスし、所蔵資料を調べるようなシステムと、そのもととなる書誌データを各図書館側がそこに作成・蓄積・提供できるシステムが出来上がってゆくのである。また、当初から図書館相互の貸出や、図書の購入発注の際の情報管理とも連動させることも構想されていた。[77]

一九七九年に米議会図書館と研究図書館協会は、東アジア言語の文献情報をこのシステムに組み入れる方法を検討することで合意し、技術的な問題の具体的な解決と資金の獲得に動き始める。実現すれば、これまで何度も構想されつつも障害にぶつかってきたユニオン・リストが、はじめて実質的に作成可能になることとなる。日本の書物を提供するインフラ自体が画期的な変化を迎えることははっきりしていた。イエール大学の金子英生や研究図書館協会、米議会図書館の関係者らによって日本での調査も実施され、八〇年に日本語、中国語、韓国語をRLINに組み込んだシステムの開発が始まった。[78]賛同する三六大学の誓約書が集められ、アンドリュー・メロン財団、フォード財団、そして全米人文科学基金ら四財団に総額一三〇万ドルに及ぶプロジェクトの提案を行なう。[79]

このプロジェクトの実現にむけて特別委員会が組織されるが、そこには先の金子や、いちはやく図書館の電子化サービスに取り組んできたワシントン大学（シアトル）のカール・ロー、米議会図書館やバークレーのシステム・アナリストたちに、日本からは及川昭文が参加している。大きな課題は、やはり漢字の入出力のインターフェースの開発だった。そしてまた、操作にあたっても図書館スタッフが数週間程度学べば使える程度の垣根の低さが要求された。

この開発は技術面ではトランステック社が請け負い、英語、中国語、日本語、ハングルに対応した端末シノターム（Sinoterm）を完成させる。キーボードには一七〇のキーがならび、四つの言語モードと繁体字や簡体字あわせて一万四〇〇〇の漢字に対応した初期セットを組み込んだものであった。一四大学がこれらを発注し、一九八三年の三月から各大学にこの端末が到着しはじめる。[80]そして九月、日本語や中国語文献のオリジナルの言語による書誌情報が、米議会図書館によってRLINに入力されることとなった。ここにはじめて、日本語による図書情報を電子データとして共有しあい、データの入力・蓄積やオンラインでデータの検索が可能になる環境が出現したわけである。そして一九八六年末には参加機関は二二に増え、CJK文献のデータ件数は三六万件近い数に上っている。[81]

11　電子データと書物

日本語図書のデータを含むこうした全米レベルの文献データベースは、現在ＲＬＩＮ以外にＯＣＬＣが存在する。日本語図書の情報についてはＲＬＩＮよりも遅れるが、そもそものオンラインのライブラリー・システムとしてはこちらの方が早く、規模も大きい。一九七一年にオハイオ州で設立され、オンラインによる共同目録システムとして一気に全米に広がっていった。名称はオハイオ大学図書館センター（Ohio College Library Center: OCLC）から同じくＯＣＬＣ、ただしオンライン・コンピュータ図書館センター（Online Computer Library Center: OCLC）へと八一年に変更されている。アメリカばかりではなくヨーロッパ、日本へも進出している。ＯＣＬＣは非営利ではあるが独立した企業形態をとっており、その意味では研究図書館どうしで共同でつくりあげられてきたＲＬＩＮとは性格を異にしている。

このシステムもまた、日本語データを扱うことができるように八〇年代に変わってゆく。ＯＣＬＣは参加大学の規模も大きく、現在では八四ヵ国、五万を超える図書館が参加するシステムであり、抱える情報件数も莫大である。その一方で、ＲＬＩＮは参加図書館は少ないものの、研究図書館で構築してきた詳細な書誌データと検索機能をはやくから評価されてきた。[82]

しかしながら、こうした書物をめぐる情報環境、技術は九〇年代以降も次々と変化してきている。近年では日本の国立情報学研究所と、このＯＣＬＣとのデータが互いにつながりあい、日米間で文献複写の電子データが行き交うようにさえなっている。[83] こうした現在の情報環境については、別の書物で扱うべきであろう。長期間にわたる蔵書史をたどってきた本書ではこれ以上は深入りできない。

ただ明らかなのは、こうしたシステムの導入には大がかりな資金が必要なことである。ハード面ばかりではなく、その大学が所蔵する日本語蔵書のデータを適切な形に電算化するプロセスが必要となる。したがって逆にこうしたシステムから取り残されることで、「見えない蔵書」もまた生じてくることとなる。

むろん図書情報の共有化、そしてネットワークで結ばれた大学間での図書や電子データの迅速なやりとりがもたらす恩恵ははかりしれない。それは疑いがないことだが、それによって書物やそれを所蔵することの意味自体が変わりつつあることも意識する必要があるだろう。書物はもはや特定の場所にあるという意味を薄れさせ、特定の場所をもたない、ある種共有されたデータのような存在へと移行してゆくのである。

ただし、ここで私が一貫して問題にしてきたのは、こうしたときに書物から剝がれおちてゆくもの、なのである。書物が特定の場所をもたない情報のような存在となるときに見えなくなるもの、個々の人びとの手を経て、固有の歴史をくぐり抜けてきたその書物が、その書物であることの意味なのである。そうした書物の固有性、その書物がそこにある理由や経緯のうちには、本書で明らかにしてきたように、まさにそれらを取り巻いてきた時間が、人びとが、あるいは国家がその歴史的な役割とともに刻みこまれているのである。

たとえば、時事通信政治部編『政治便覧』という小冊子が一九四七年十一月に刊行されている。コロンビア大学所蔵のこの図書には「納本」の判と「Pub Analysis」の判が押されている。さらには「Gift: Dept of the Army CAD」の書き込みと、一九四八年の日付が書き込まれている。占領期に刊行されたこの書物がいつ、どういう経緯でここにきたのかは、これらの書き込みと第二章の蔵書史とから見えてこよう。しかし、当然のことながら、一般のオンライン上の目録データからはこうしたことは知り得ない。あるいはデューク大学所蔵の谷口吉彦『大東亜経済の理論』は一九四二年、すなわち戦中に千倉書房から刊行された図書だが、陸軍大学校の蔵書印がつき、表紙には「WDC#219287」とある。すなわちワシントン文書センターの図書番号がつけられており、占領期に同センターに接収された図書が流れてきたものだということがわかる。

ここで、あらゆる書物の詳細情報をとるべきだと言いたいのではない。そんなことは現実的に不可能でもある。

ただ、共通の一義的なデータ、すなわち刊行年や出版社といった共通のフォーマットの普及は、一冊一冊のもつ固有の図書情報を無視することではじめて可能となるのである。これは情報の用途・目的が異なるのだから当然のことでもある。繰り返しになるが、こうした情報を目録データに反映させるべきであると述べているのではない。重要なのは、便利で効率的なデータベースにそぐわないデータもあるということ、そしてその書物に刻み込まれた固有の痕跡を、誰かがそこに行ってすくい上げることでこそ見えてくる問題があるということなのである。

終章　書物と場所、読者を問うこと
――はじまりに向けての結語

1　書物の場所をめぐって

本書で論じてきたのは、大まかにいえばアメリカ国内の日本語書物の歴史である。それがいつ、どのようにして日本から入ってきたのか、そしてその後それらの書物はどうなったのか。しかしながら、本書は、単にそれぞれの蔵書の歴史を述べることを最終的な目的としているのではない。私の関心は、書物と読み手との関係を歴史的に描き出すこと、書物を読む場の成立ちをさぐることにある。本書で展開した日本語書物をめぐる多様な問題系は、書物を読む場が生成する上での重要な要因を形づくっている。

そもそも「蔵書史」といった領域自体、その方法や問題意識は現在のところ明確とはいえない。なぜそれを問題にするのか、それによってどのようなことがわかるのか、そのためにどういう史料をとらえるべきなのか。この章では、この蔵書史の問題を、読書の場の生成、私たちの読む行為がいかにして形成されてきたのか、という問題へ、すなわちリテラシー史という問題意識のなかへ位置づけておきたい。私たちはこうした読みの場、読みの環境から自由になることはできない。いかに自由に書物を選び、好きなように読んでいると思っていても、その読み方はこうした書物環境にいやおうなく規定されている。私たちを取り巻いているこうした基本的な、いわば知のインフラを意識し、とらえること。そのことが、私たちの思考や感情の根本を批判的に問うてゆくことにつながってゆく。

だからこそ、ここで書物の歴史をとりあげ、追ってきているわけである。しかしながら、蔵書史といった言葉は、こうした問題意識や方法を必ずしも表わしてはくれない。また、この言葉はしばしば好事家的、衒学的な趣味、嗜好といったイメージを帯びることもある。したがって本書では、リテラシー史という用語を用いてきたわけである。そしてここでは、その問題領域や方法、そして有効性について明確にしておきたい。これは同時に、本書での調査、分析が、どういう点で新たな知を切りひらいてゆくことができたのか、できるのか、をはっきりさせておくことでもある。単にいまだ紹介されていない知識、ということでいえば、本書で述べてきた内容は、そのほとんどが新たな知見とも言える。少なくとも本書で扱った一次史料の大部分は、これまで日本ばかりではなくアメリカ国内でも使用されたことのなかった史料だからである。

しかし、これまで知られていない、あるいは史料が用いられていない、ということは、同時にそうした研究方法、調査方法自体がとられてきていない、ということなのである。つまり、本書で用いたアプローチ自体が、これまで顧みられなかった史料や人びと、事象に光をあてることとなったと言える。だが、単にそれがこれまで扱われていない、というだけのことならたいした意味はない。やはりそこには、こうした史料や人びと、事象を描き出すことの意味が、それによってそこに新たな、そして批判的な思考の場が見いだせなくてはならない。そのために、リテラシー史というアプローチの仕方とその有効性をこの章で明確にしておきたいのである。

その場合に鍵となるのが、「場所」である。本書の調査では、ある書物が、そこにある、ということの意味・理由・歴史をとらえるアプローチをとり、それを明らかにする史料や証言を収集する作業を行なった。書物がどこからどこへと流れてきたのか、さらにそれはどこにどう置かれているのか、こうした「場所」に関わる問いかけから、多様な問題を導き出してきた。この「場所」のもつ意味合いは、今日でもまた大きく変わりつつある。

まずそうした書物と「場所」をめぐる今日の状況をも視野に入れながら、もう少しこの「場所」の問題を考えてみよう。

2　レポジトリーとデポジトリー

日本語の書物ばかりではないが、近年アメリカ国内の大規模な研究図書館では書物の場所をめぐる大きな変化がおきてきている。それは図書館の遠隔書庫の存在である。各研究図書館にとって、書物の置き場所、図書館スペースの問題は常に悩みの種であった。つい広大なキャンパスから私たちは巨大な書庫をイメージしがちであるが、そしてむろんどの大学も巨大な図書館があることは確かだが、この問題を抱えていない大学はほとんどないといっても過言ではない。

日本語蔵書についてもこれは同様であり、アメリカ国内で日本語蔵書量から見た場合の上位一〇大学のうちで、日本語図書が一つの建物内にあるのは、シカゴ大学くらいである。他のいずれの大学も、他の建物や図書館に分散せざるをえなくなっている。しかしこのことは別に近年の問題というわけではなく、蔵書の形成期から続いている問題である。ところが、ここ一〇、二〇年内に大きな変化が起こっている。キャンパス外の遠隔地に近隣の複数の大学図書館や公共図書館が共同で巨大な書庫を建てるという流れである。こうした共同の遠隔書庫施設は、一九九九年の調査によると、一九二〇年から九〇年までにつくられたのは九館にすぎないが、九〇年以降、二九以上の施設が建設されている(1)。

こうした施設は現在レポジトリー、またはデポジトリーと呼ばれている。デポジトリーは意味が広く曖昧なために、こうした図書の収納に特化した共同の書庫はレポジトリーと呼んでいる(2)。ただ、より厳密に用語の違いを設け、単に複数の大学が合同して遠隔地に書庫を建設している場合にはデポジトリーと呼び、その参加図書館が互いに購入、貸借、目録作成といった面での連携が見られる場合にはレポジトリーと呼んでいるケースもある。[3]

要はキャンパスから離れた安価な土地を利用して、図書収納の専用施設をつくるわけである。収納専門なので、必ずしも閲覧室は必要ないし、そもそも「棚を見せる」施設である必要もない。つまり図書館の端末のオンライン目録から本を探し、その端末から申し込めば数日のうちにそこから図書がキャンパスに届く、というシステムであり、この場合もはや読者が棚を見るというプロセスは存在しない。

代表的な施設としては、一九八二年にできた、カリフォルニア大学の各校と州立図書館の蔵書を収めるカリフォルニア南北二つの施設(SRNFおよびSRSF)[4]や、二〇〇二年にできたコロンビア大学、プリンストン大学、そしてニューヨーク公共図書館が共同して利用しているリキャップ(ReCap)[5]、ワシントンDC地域の研究図書館が共同して利用するWRLC[6]などがある。

規模も大きく比較的新しくできたリキャップについていえば、プリンストンに位置し、合計で二〇〇〇平方メートルの収蔵面積をもち、三七五〇万冊の図書収蔵能力があるという。二〇〇二年から稼働しはじめており、二〇〇六年八月現在で五五〇万冊の図書を収蔵している。[7]この書庫の空間で意味を持つのは書物のサイズとバーコードである。タイトルや分類、言語は関係しない。そもそも棚の閲覧を前提としていないので、タイトルの背が見える必要もないし、閲覧室が必要なわけでもない。

リキャップは図書を預けてあるそれぞれの大学の蔵書データどうしが一つになっているわけではなく、今のところそれぞれの図書館の遠隔書庫として機能している。しかし、いうまでもなく複数の大学が共同して利用しあう施設の場合、利用大学どうしで互いに購入、貸借の協力をしあう体制を築く可能性も生まれてくる。つまりこれら大学どうし、ちょうど前章で見てきたように、重複購入をさけたり、得意領域を決めて購入分担を決めたりすることで、効果的な図書収集へと結びつけることもできるし、より機能的な貸借、複写にむけた体制を築くことも可能である。

レポジトリーという言葉は、こうした複数の図書館の連携しあった遠隔書庫について用いられる一方で、図書館関係では機関レポジトリー（Institutional Repository）と呼ばれるケースでも用いられる。これも最近の動向であり、こちらは物理的な書庫ではなく、雑誌や図書のデジタル・データをストックし、運用するケースである。日本のどこの大学でもそうだが、特に理系を中心として、現在では紙の雑誌ではなく電子ジャーナルの購入、利用が大きなウェイトを占め、それらを提供する商用データベースの購入予算が図書館や大学予算を圧迫している。これに対して、研究機関どうしがみずからの手で協力しあってそれぞれの出版物を電子化、共有しあうネットワークを構築することで、高額化・寡占化がすすむ商用データベースに対抗してゆく動きも見られる。アメリカ国内では研究図書館協会が中心となって一九九七年に活動を開始したスパーク（Scholarly Publishing and Academic Resources Coalition: SPARC）がこうした取組みを支援しており、代表的な機関レポジトリーもホームページや出版物をとおして紹介されている。(8)

いずれの場合も、棚、あるいは書物が、もはや物理的な形、スペースをもたない状況のなかで生まれてきている新たな読書環境にかかわっている。書物と場所をめぐる状況は、常に動いている。そしてこうした読書のインフラの変容は、書物自体の意味や読み方に影響を与えずにはおかない。

3　変わりゆく書物

日本語図書を洋書と同じ書架に配置すべきか、というイエール大学での棚をめぐる論争を先にとりあげたが、今日ではそうしたこと自体もはや問題となり得ないわけである。イエール大学もまた九八年に遠隔書庫を建設、すでに運用している。(9) 棚を行き来する、あるいは棚を見るという行為は、書物を読む行為の重要な一部分をなしている（いた）。棚を見る、棚を読むという行為をとおして、私たちはある書物に関係する新たな書物に出会い、書物どうしの関係を理解してゆく。棚自体が、さまざまなテーマや問題が互いにいかに関係しあい、存在しているのか、あるいはどういったことがどの程度関心を持たれているのか、ということを大づかみに把握するメッセージを担っているのである。

もっとも、私はこうした棚を読むプロセスをただ肯定的にとらえようとは思わない。棚は図書の分類を反映しており、そしてその分類自体は、けっして普遍的なものでもニュートラルなものでもない。このことは日本語図書の分類をめぐる議論を扱った際にも論じた点である。棚そのものが、特定の思想や偏見を宿していることさえそこではあり得るのである。

また、棚によらずに電子目録、データベースをとおしてのさまざまな検索、リスト化によって出会う新たな資料や、資料どうしのつながりにぶつかることも当然ある。したがって、棚やカード目録にただ郷愁を抱いて、その利点を数え上げる気はない。重要なのは、書物とその置かれた場所についての意識、とらえ方そのものが歴史的に変わってきた、そして変わってゆくということであり、そのことが決定的に書物自体の読み方や意味をも変えてしまい得るということである。実際に米国内で調査にあたっていたさなかにも、グーグル（Google）による、アメリカ国内の研究図書館、ハーバード大学、ミシガン大学、スタンフォード大学、ニューヨーク公共図書館、そしてイギリスのオックスフォード大学の図書館蔵書の電子化、公開プロジェクトにむけたデジタル化作業がはじまった。このグーグル図書館プロジェクト（Google Books Library Project, 旧称Print Library Project）はスタンフォード大学の八〇〇万冊、ミシガン大学の七〇〇万冊をはじめとした蔵書のデータ化を含む大規模なものだった。[10]現在（二〇〇六年）はカリフォルニア大学をはじめ、参加図書館もふえている。グーグルが出版社と提携して行なっているもう一つの書籍デジタル化計画、グーグル出版社プログラム（Google Print Publisher Program）とともに、著作権やどこまで公開するかをめぐっての議論が盛んになっているが、[11]すでに学生や研究者たちの間では頻繁に利用されてもいる。

実際に、私たちの書物への接し方や調査の仕方そのものが、ここ数年で大きく変わってきたことを実感する。現在では日本の各地大学が抱える資料の相互利用、貸借や複写にかかる時間は大幅に短縮され、蔵書情報の統合や共有も進んでいる。地方の研究機関でも、ある程度整備された図書館さえあれば、費用面でのハンディはあるものの、大都市圏とほとんど変わらない程度の迅速な情報収集が可能ともなってきた。文献複写にしても電子データでユーザーの手元に届けられるようになるのは時間の問題であり、海外との文献の相互利用もいっそう緊密になるだろう。(12)

遠隔地に収蔵された図書との目録情報を介した書物との関係、あるいは書物や雑誌自体のデジタル化されたデータ状の書庫とユーザーとの関係にしろ、それらはこれまでの「蔵書」、たとえば特定の機関や個人がそのもとに収蔵している書物といった概念そのものの更新をせまっている。あらたな読みの環境は、新たな知を生み出してもゆくだろう。したがって、既存の書物の形や読書の形を郷愁とともに神聖なものと見なすのではなく、また新たな読みの環境や技術を盲目的に賛美するのでもなく、書物と場所の関係とその歴史に、そしてそこにはらまれる問題に目を向けることこそが必要なのだ。

なぜ本書でリテラシー史を問題にしてきたのか。なぜ書物の内容や表現ばかりではなく、その書物がどこから来て、どこに、どのように置かれ、どう扱われてきたのか、本がどこで、どうやって手にはいるのか、読めるようになったのか、ということが重要なのか。それはこうした問題領域こそが、私たちの知の地平を形づくっているからであり、この地平のうえに学問領域や思考の制度がつくりあげられているからである。そして、その地平自体を批判的に、歴史的にとらえるプロセスのうちには、私たちをとりまく情報環境のかかえる問題を解きほぐし、考えてゆくための端緒が数多くはらまれている。

また、こうしたアプローチをとる背景には、より大きな研究状況、文脈の変化がある。ある時代の表現や、読書についてのこれまでの分析は、国民国家の形成やそのプロセスに潜む問題を意識的にとらえようとしてきた。

その有効性は否定できないし、私自身そうしたアプローチを行なってもきた。とはいえ、こうしたアプローチが国民国家論の枠組みにしばしばパターン化、単純化する傾向を帯びてきたこと、加えて今日、これまでの「国家」、「国民」という概念、境界を越える暴力的な力に対して関心を向けざるを得なくなってもいる。国家を越えて特権的な力を行使する多国籍企業や、食料、環境、金融といった多様な局面で大きな影響力を与える公的な国際機関の偏向、市場中心主義的な施策に対して、世界的な批判と関心の高まりがある。

例えばここで論じた情報環境の変化、書誌や文献の国際的なデジタル送信、共有といった問題にしても、世界のごく限られた特権的な一部分でのことであり、情報環境の世界的な格差が厳然として一方にはある。私たちはもはやグローバルな情報網の発展や現在の一部の先端的なメディア利用のみから読者や読書を語ることはできない。では、いったいどのようにして、こうした知の広がりができあがってきたのか。それぞれの地域、場所が、どのようにしてこうした情報の流通とかかわりあってきたのか。こうしたリテラシーを支配・制御してきた経済的、政治的な要因とはいかなるものなのか。あるいは国境を越えた知の流通、遍在がどのようにしてできあがってきたのか。こうした疑問こそが、リテラシー史について考えざるを得なくなってきた背景にはある。これらの問いへと向かってゆくことが、ここで行なってきたリテラシー史の調査、分析の狙いといってもよいだろう。

4　失われる書物、失われる記憶

それぞれの場所に、日本の書物がどのようにたどりつき、流通し、残ってきているのか、ということをたどるためには、その場所に向かい、その場所の本や史料と接するしかない。そしてその本に関わってきた人びとや場所の記録をそこで探すことになる。考えてみればこれは現在の読書環境とはまったく逆行する調査にほかならない。現在ではどこの大学が所蔵していようが、自分のいつも利用している図書館へと本を送ってもらう、あるいは複写されたデジタル・データ送ってもらうことができるわけであり、その場所へと移動する必要はない（例外的な図書もあるが）。むろんその図書が利用している図書館に所蔵されていれば、そもそもそうした余分な手続きさえ必要ない。

しかし、もしもたとえばコロンビア大学に所蔵されたある書物と、ミシガン大学にあるそれと同じタイトル、書誌データをもつ書物が、異なる場所と時間、人びととかかわってきたがゆえに「違った」書物であるという見方をとるならば、そしてその「違い」こそが書物と場所をめぐる問いをそのうちに抱えているととらえるならば、それぞれの場所の書物のもとへ赴いて調べてみるしかない。いずれにせよ蔵書史史料の構造や残り方、管理のされ方は場所や機関によってまちまちであり、先行する研究もないためにそれぞれの場所で実際に調査を行なうのは避けがたいことである。こうして、それぞれの場所に置かれた本に出会い、それらの本にそこでかかわってきた人びとの話に耳を傾け、その場所に残された史料に向かい合うことをとおして、書物がそこにあるということの意味を考え、反芻する調査となった。

このように、特定の場所がかかえている固有の書物のもとへと実際に足を運ぶ一方で、現在の情報、通信環境を最大限利用することがなければこの調査プロジェクトは全うし得なかったことも確かである。ホームページ上で公開された各大学図書館の情報をもとに電子メールであらかじめ司書やアーキビストとコンタクトをとり、研究目的や関係史料の所蔵状況についての情報をやりとりし、史料のファイルやボックスを事前に準備してもらう。同じくインターネット上で安価な航空券、宿泊場所を探し、支払う。大学や図書館の位置、交通情報もすべてホームページ上から得ることができる。これらすべての作業を、端末の前に坐ったままですませられる。

また、実際の調査にあたっては、膨大な量の外国語文書をその場で細かく読んでゆく余裕はない。そうした場合に、関係しそうな文書はすべてデジタルカメラに収め、あとで時間をかけて整理、検討することもできる。こうしたインフラや情報機器がなければ、ほんの五年から一〇年前であっても、ここで述べてきた書物の日米関係を明かす作業は、おそらく現在とは比較にならないほどの時間と費用が必要だったに違いない。その意味では、書物のある場所に実際に向かうことと、書物のない場所でそれらを利用することと、その両方の行為の交差したところで、この調査は展開されていったと言ってよいだろう。

とはいえ、こうした日本語書物をめぐる記録や記憶をたどる作業はさまざまな難題をもかかえている。この領域については刊行された研究や史料がほとんどないために、その場所に行ってそこに残されたさまざまな痕跡、書物そのものに刻まれた印、シール、書き込みや、そこで過去に働いていた人びとからの聞取り、大学や図書館に残された業務文書といったばらばらな痕跡を追う作業を行なわざるをえない。だがそこでは、蔵書ばかりではなく、図書にかかわった人びとや関連文書も動き、消えてゆく。残される史料もあるが廃棄される史料も多い。史料の残し方も一定しない。加えて、戦時期、あるいは戦後まもなく活動しはじめた各地の日本語図書館、アジア図書館にかかわった人びとは、かなり高齢となっている。調査を進めている最中にも、残念なことに亡くなってしまった人びともある。フーバー図書館による占領期の日本語図書収集活動を指示していたイケ・ノブタカ、カリフォルニア大学（バークレー）で三井コレクションの初期の整理に当たり、その後ハワイ大学に移った池弘子はともに昨年（二〇〇五年）亡くなってしまった。メリーランド大学プランゲ・コレクションの初期にその整理に当たり、イエール大学で長く日本語図書館にかかわった金子英生は、高齢と病のために聞取りをすることができない状態であったし、米議会図書館の坂西とも親しく、本書にもたびたび登場した福田直美も高齢のために、聞取りは思いとどまるようアドバイスを受けた。もう五年早く調査に来てくれていれば、といった話になったことも一度ではなかった。

その一方で、カリフォルニア大学（バークレー）で占領期、三井、村上コレクションの購入にあたったエリザベス・マッキンノンや、戦時期からコロンビア大学の図書館にかかわってきた甲斐美和、海軍の日本語学校、ワシントン文書センター、米議会図書館の日本語図書整理計画、岡山におかれたミシガン大学の研究所といった、本書の主要なテーマをとおしてかかわったフォレスト・ピッツ、スタンフォード大学とバークレーとの間での連携協力に長く古くから携わってきたエミコ・モフィット、由谷《ゆたに》英治といった数多くの人びとと出会い、話を聞くことができた。あるいは手紙や電話で情報を得ながら、さらにはそうした人づてに別の人を見つけ、といった作業を行ないながら、書物とその場所ですごしてきた人びとの固有の思いや記憶に接することができたのは幸運であったと言わねばなるまい。

消えてゆくのはこれら書物にかかわる過去の文書や人びとばかりではない。日本の書物そのものも、必ずしも増えるばかりではなく失われることも当然起こる。その意味で衝撃的であったのは、ハワイ大学の事例だった。二〇〇四年十月の集中豪雨、鉄砲水で、ハワイ大学の図書館の中枢ともいえるハミルトン図書館が甚大な被害を受けた。(13) 地下五階に及ぶこの図書館の被害のみで二〇億円以上の規模とされるが、二八〇万点に及ぶ政府刊行物文献や、一六万枚以上の地図類の消失は、数多くの歴史史料も含んでおり、金額ではとうてい表わせないという。アジア・コレクションもまた、地域の日系人史料や移民関連史料など、代替のきかないものもふくめて一万点以上が失われた。

メリーランド大学のプランゲ・コレクションをかかえるマッケルディン図書館も一九七〇年の六月、浸水によってコレクションの検閲文書が大きな被害を受けたことはすでにふれたが、(14) 自然災害や自然の劣化によっても図書は消えてゆく。また、目録の電子化がすすむなかて、目録から取り残された図書、あるいは取りこぼされた資料類が実質的に手の届かない「見えない」図書となってしまっている事例もあった。日本語書物がどこからもたらされ、いかに残されてきたのか、を追う本書の調査は、同時に、何が消えていったのか、何が見えなくなっていったのか、ということを否応なく知らされる調査でもあったわけである。

5　蔵書史資料へのアクセス

二〇〇三年九月末、日本からの六万五〇〇〇冊に及ぶ図書の寄贈契約をピッツバーグ大学が締結している。[15] そのうちの半分は日本語の書籍からなり、これまでなされた海外への日本語図書の寄贈としては最大級のものといえよう。[16] カリフォルニア大学（バークレー）による占領期の購入や、米軍による接収にはこれまで述べたようにもっと規模の大きいものもあったが、寄贈としてはこれほど規模の大きいものはなかった。

しかしながら、このことはほとんど日本国内では知られていない。この図書は、三井住友銀行の金融経済研究所から寄贈されている。旧三井銀行によって一九二八年に設立された金融経済研究所の蔵書であった。ではどういう経緯でこの図書は寄贈されたのだろうか。二〇〇〇年に慶応大学の玉置紀夫が客員教授としてピッツバーグ大学に滞在する。当時ピッツバーグ大学の東アジア図書館の責任者であった野口幸生《さちえ》は、財政学を専門とする玉置に、同大学の日本財政史関係の蔵書評価を依頼した。その折に、玉置が金融経済研究所蔵書の寄贈の可能性を、野口に示唆したという。

だが、三井側との交渉の糸口を見つけるのは難しかった。その後、三井銀行と住友銀行の合併にともなって金融経済研究所は閉鎖されることとなり、その蔵書を処理する必要が生じてくる。そして三井側から相談された玉置が、ピッツバーグ大学の日本学領域を担当するリチャード・スメサーストに寄贈の可能性を伝えることとなる。財政学・財政史に詳しい玉置は、この蔵書が日本ばかりではなく戦前の日本の植民地をも含めたアジアにおける財政学・経済史についての日本有数のコレクションであることを知っており、また、かつてピッツバーグ大学の客員研究員として同大学の蔵書に接した経験をもってもいた。そのため、ピッツバーグ大学への寄贈の橋渡しができたわけである。[17] その後、野口は三井住友銀行の金融調査室と交渉を続け、寄贈とその後の梱包や搬送費用の捻出に奔走することとなる[18]。

この寄贈は、量もさることながら、その質の上でアメリカの日本語蔵書史において重要な意味をもっている。戦前における日本語書籍収集は、これまで見てきたように歴史や宗教、文学、美術といった人文学領域、それも古典的な領域に少なからずウェイトが置かれてきた。戦後は近現代領域が中心となり、かつ社会科学系の図書に対するニーズも高まってゆくものの、経済、財政学に関連する日本語の専門図書、雑誌類を集中的に集めて構築されてきた蔵書は米国内でも比類のないものである。このうちの戦前分の日本語図書の一定数を無作為に選んで米国内の蔵書情報（ＯＣＬＣ）に照らし合わせてみたところ、その半ばが未だ目録に掲載されていないものであったという[19]。

とはいえこれだけの分量の図書であり、搬送だけで一〇万ドルが、そしてその後の整理や目録作成には三〇万ドルが見込まれたため、そう簡単に手に入れることもできなかった。搬送費用を支援してくれる機関を探した結果、三井住友グローバル・ファンデーションから八万ドルの支援を得ることが可能となった。同時に三井側のかかえる船舶会社を利用して搬送費を節約することで、ようやく大学まで搬送する見込みをつけることが可能となった[20]。現在はすでに同大学で公開されている。

さて、ごく最近行なわれたこの取引について説明してきたわけだが、この戦後最大の寄贈取引の経緯についての一次史料は、ピッツバーグ大学にあるわけではない。実際にはこの取引はほとんど電子メールによってやりとりされており、紙媒体の記録では残っていない。大学アーカイブズがこうした電子データをも視野に入れた総合的な文書保存体制をつくりあげるにはまだ時間がかかるだろう。また、寄贈元となった図書室が閉鎖されたことや、寄贈をとりもった人物が亡くなるといったこともあって[21]、特に大きな受入れイベントが催されるといったこともなかった。私がこの史料にたまたま接することができたのは、交渉にあたっていた野口が、その後コロンビア大学の日本語図書の責任者となっており、そのオフィスに足を運んでいたからだった。その端末に部分的に残されているデータをもらい、当時の話を聞くことで、かろうじてこれらの記録をとることができた。

リテラシー史にかかわる史料は、それを残してゆく意味、価値について、まだ広く認知されているとはとうてい言い難い。しかしそれら史料をとおしていかなることが見えてくるのか、ということは、本書を通して論じてきたとおりである。もっとも、ここで集め、論じてきた史料とて十分とはいえない。こうした失われ、あるいは記録として残りがたいデータや史料が多い上に、実際に大学に残されていても外部の研究者にはアクセスできない場合もある。幸い、多くの日本語図書館やアジア図書館の責任者、大学史料室のアーキビストたちの骨折りで、アーカイブズばかりではなく各オフィスや倉庫を含めた内部史料を多数提供してもらえた。

だが、大学によっては、内部史料についての外部からのアクセスを制限しているところもある。ハーバード大学の大学アーカイブズは五〇年を経た文書しか公開していないし、コーネル大学の図書館文書も外部研究者の閲覧ができないファイルを数多く含んでいた。私立大学や研究機関では、大学の予算情報などの含まれたデータを公開することに抵抗のあるところもある。したがって、ここで展開してきた議論や叙述には不完全な部分もあるし、それが今後さまざまな史料によって補われてゆくことを望んでいる。

6　読書論と歴史の出会う場所

本書は、リテラシー史からのアプローチの実践である。そしてこうした蔵書史やリテラシー史をなぜ考える必要があるのか、こうしたアプローチに必要となる史料やその問題点はどこにあるのか、といった点について論じてきた。ここで、ではなぜこうした研究に取り組むこととなったのか、その経緯についても述べておこう。それは同時に、なぜこうした研究をする必要があるのか、という説明を補足することともなるだろう。

私はこれまで、日本の近代文学領域をベースにして、読書・読者の研究を行なってきた。蔵書史や書物をめぐる環境について関心を持つのは、それが私たちの読み方をつくりあげる要因となっているからだ。これまでの研究は『読むということ』、および『メディアの中の読者』という二つの著書にまとめており、[22]今回の本は、こうした読書・読者について考える三番目の本となる。

方法やアプローチの上での変化について述べると、簡単にいえば表現と読者の関係というベースは変わっていないものの、大きな変化がいくつかある。それを大まかであれまとめるとするなら、書物と読者が出会う場所についての関心が強くなってきたことがあげられよう。最初は端的に小説をはじめとする言語表現と読者との関係に関心を焦点をあてていた。どのような表現が、どのように読者に作用するのか、という関心である。

しかし、こうした研究を続けるうち、いったいそれがどこにいる「読者」なのか、いったいいつ、どこで行なわれる「読書」なのか、あるいはそういう問いから切り離されたところで果たして読書は問題にできるのだろうか、という点に関心をもつようになった。これには、私自身が、都心のめぐまれた読書環境から、地方大学のそれまでとはずいぶん異なった読書環境に移ったことも影響しているし、折からの通信環境、情報環境の激変が、読書と場所の概念をリアルタイムで次々と更新していったことも影響している。いずれにせよ、地方に移り、その場所独自のさまざまな史料と出会えたこと、そしてそのことをとおして、自分自身が知らずにどっぷりとつかっていた「中央」という情報環境、読書環境の特殊さ、奇妙さを意識するようになったことは私にとってきわめて幸運なことだった。そうした「中央」に対する距離感自体が近年の情報技術とともに大きく変貌していったことを体感できたことも含めて。

また、先に述べたように、国境を越え、それぞれの場所の価値、歴史、意味を根底から塗り替えてゆく市場中心主義的なグローバリゼーションの活発化は、こうした情報と場所との関係を考える基本的な動機ともなっていった。同時に、場所固有の記録や記憶を残してゆく地域住民との共同作業を行なってきたこともまた、自身の調査方法、問題意識に大きく作用してきた。

書物対読者の関係を、普遍的な唯一の場所を前提として考えるのではなく、それぞれの場所、時に応じて変貌する、変貌しつつある場として考えること。その前提に立って、書物や情報が、いつ、いかに広がり、流れ、流通するのか、という問いを立てること。そしてそこで生まれる読者をめぐる問題を考えること。そうした考えへの過度的な試みとなったのが、二番目の著書『メディアの中の読者』だった。そこでは、地域に残された書物や史料に対する関心と、先端的なメディア状況に対する関心をともに持ちながら読書の問題を考え続けていた。

その結びの部分で、読書をめぐる研究の展開において、メディア・リテラシーと記録史料学（アーカイブズ）が批判的に交差する地点に今後の読書研究の可能性を見ていた（そして本書は、その実践でもある）。メディア・リテラシーへの関心、すなわち私たちの情報の理解の仕方、読み方自体がいかにして生み出されてきたのか、ということに常に批判的な目を向けるスタンスを重視すること。そして、記録史料学への関心、それぞれの場所に残された固有の史料や記憶に向かいあい、それらが残されてきた意味や残してゆくべき責任について問うこと。この二つの問いのもとに読書の問題を考えてゆく可能性を示していた。そしてこの二つの関心の交差するところに、ここでのリテラシー史という試みがあり、その具体的な実践として、書物の日米関係を明らかにする今回の論が位置するわけである。

7 リテラシー史の方法

アメリカ国内に日本語図書がいかに流れ込んだのか。誰によって、いつ、どのようにもたらされたのか。それはどういった理由によるのか。どういった人びとが何のために集め、どのような人びとがそれを用いたのか。そしてこれら書物はどのように整理、提供され、日本学や日本についての知にいかに作用していったのか。こうしたことを明らかにしてきたのが本書であった。そしてこれら一連の問題にかかわる要素は、実に多岐にわたって

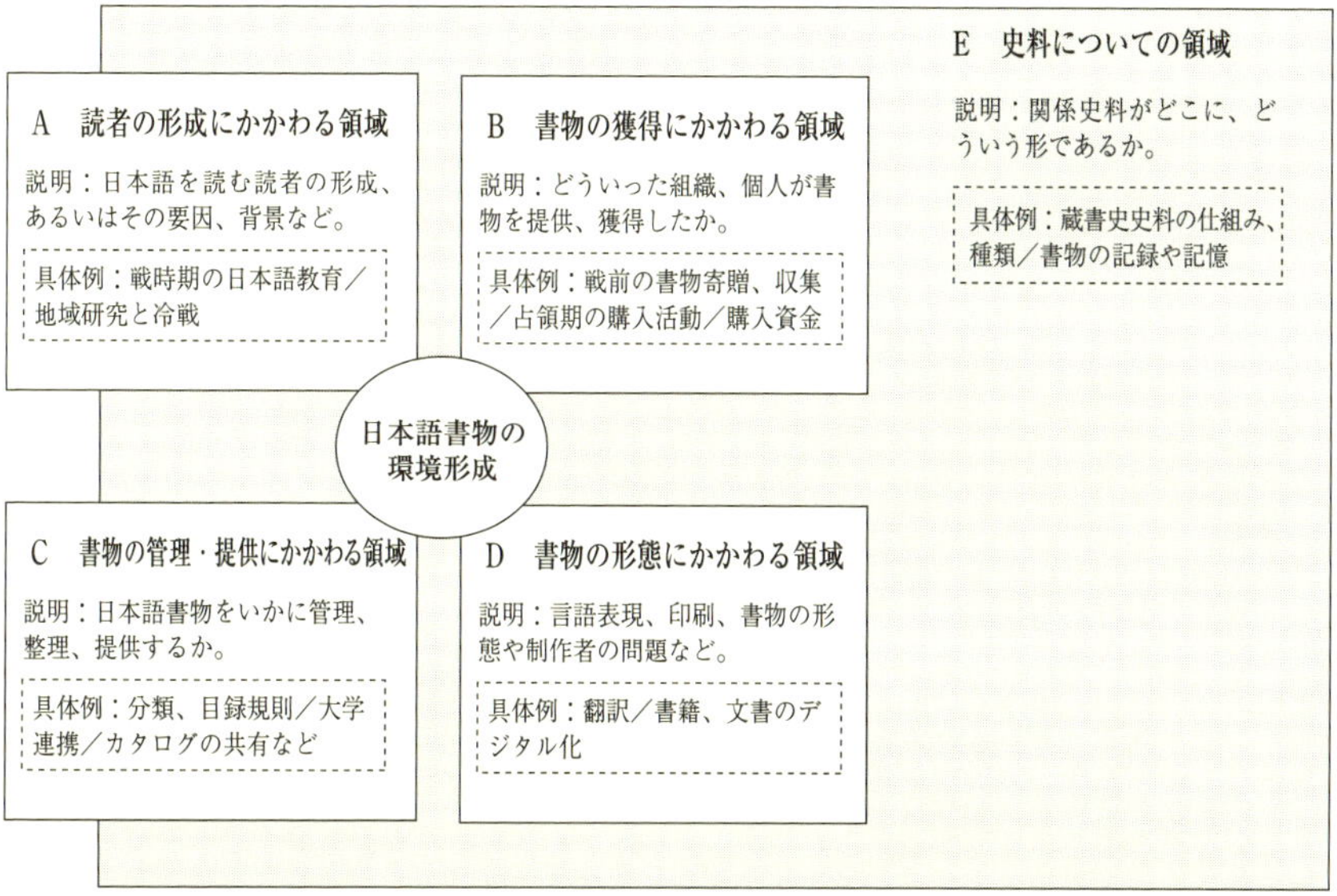
E　史料についての領域
説明：関係史料がどこに、どういう形であるか。
具体例：蔵書史史料の仕組み、種類／書物の記録や記憶
A　読者の形成にかかわる領域
説明：日本語を読む読者の形成、あるいはその要因、背景など。
具体例：戦時期の日本語教育／地域研究と冷戦
B　書物の獲得にかかわる領域
説明：どういった組織、個人が書物を提供、獲得したか。
具体例：戦前の書物寄贈、収集／占領期の購入活動／購入資金
日本語書物の環境形成
C　書物の管理・提供にかかわる領域
説明：日本語書物をいかに管理、整理、提供するか。
具体例：分類、目録規則／大学連携／カタログの共有など
D　書物の形態にかかわる領域
説明：言語表現、印刷、書物の形態や制作者の問題など。
具体例：翻訳／書籍、文書のデジタル化

図37　リテラシー史の問題領域1　米国内の日本語蔵書の形成史にかかわる本書のさまざまなテーマの関係は、おおよそ上のようにまとめられる。

いることがこれまでの章をとおして理解されるだろう。ここで明らかにしたかったのは、単にどの書物がいつ、どこに購入された、といった単純な事実関係ではない。リテラシー史はそうした単なる蔵書形成のみを追うのではなく、それが必要となった歴史的な背景や、それらを利用し、読む側の生成・変容をも視野に入れる。それゆえに、そこにかかわる問題領域は広い。日本語教育の問題や、書物の分類の問題、占領期の検閲や図書接収の問題、大学相互の連携や協力の問題、地域の共同体や国家間の確執をも含め、数多くの関連する問題をとりあげてきた。

ここで、これらの多岐にわたる問題領域が、いかに関係しあっているのか、ということを整理しておきたい（図37）。日本語蔵書の歴史をたどるこれら問題の中心的な問いとなるのは、日本語図書を読む環境がいかにしてつくりあげられてきたか、という点である。その問いを中心として、それに作用する主要な要因を、主に次の四つの問題領域に整理できるだろう。

まず、「A　読者の形成にかかわる領域」につい

て説明するなら、これは日本語を読む読者がいかに形成されたか、そしてそれはどういった必要性にもとづいていたのか、といった問題領域である。具体的には、戦時期の言語士官養成や日本語教育、戦後の地域研究が必要とされた冷戦期の問題などがこの領域に属する。

次に「B　書物の獲得にかかわる領域」についてだが、これはどういった個人、あるいは組織が、どのように書物を手に入れたのか、そしてまた逆に、それを提供したのはどういった人びとだったのか、その理由は何なのか、といった問題領域である。これは具体的には、各大学の図書購入・寄贈、米軍の日本語資料接収、日本の書店や取次の役割といった問題があげられよう。

「C　書物の管理・提供にかかわる領域」は、日本語書物をいかに整理・管理・提供するか、ということにかかわる問題の領域である。これは、この本でいえば日本語書物の分類や目録の問題、あるいはその電子化や情報共有、相互の協力といった問題、日本語図書をあつかう司書教育や図書館スペース・棚といった蔵書設備にかかわる問題もここに属するだろう。

「D　書物の形態にかかわる領域」は、活字や印刷といった書物の外側の形態や、具体的な言語表現についての問題、さらにはそれを製作した作者や出版社の問題であって、言うまでもなく既存の研究としてはもっとも一般的な文学研究の領域もここに属するといってよいだろう。ただし、本書ではこの領域についてはあまりふれていない。というのも、ここでは書物の日米間の流れをとらえることに重点をおいており、これら製作段階の問題や、表現の細部についての問題よりも、むしろAからCについての問題をまずもって明らかにする必要があったからである。むろんDの領域が日本語を読む環境をつくりあげるうえで重要であることは言うまでもない。

さらに、これら四つの領域すべてにかかわる問題として、それぞれの領域のもとになる史料についての問題領域がある。AからDにわたる問題の基礎的な史料がどこに、どのように存在し、それをどうすればうまく整理・

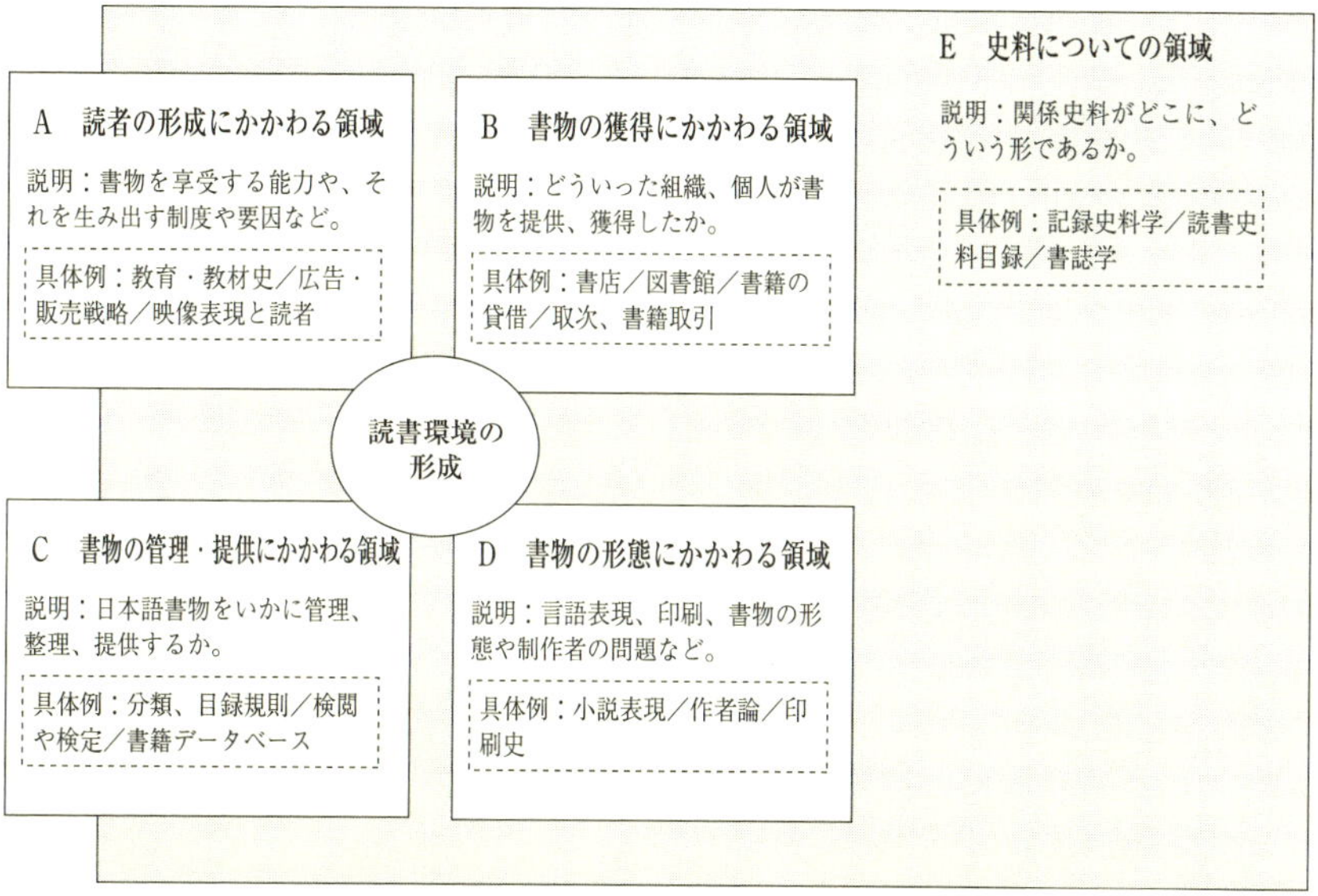
E　史料についての領域
説明：関係史料がどこに、どういう形であるか。
具体例：記録史料学／読書史料目録／書誌学
A　読者の形成にかかわる領域
説明：書物を享受する能力や、それを生み出す制度や要因など。
具体例：教育・教材史／広告・販売戦略／映像表現と読者
B　書物の獲得にかかわる領域
説明：どういった組織、個人が書物を提供、獲得したか。
具体例：書店／図書館／書籍の貸借／取次、書籍取引
読書環境の形成
C　書物の管理・提供にかかわる領域
説明：日本語書物をいかに管理、整理、提供するか。
具体例：分類、目録規則／検閲や検定／書籍データベース
D　書物の形態にかかわる領域
説明：言語表現、印刷、書物の形態や制作者の問題など。
具体例：小説表現／作者論／印刷史

図38　リテラシー史の問題領域2　読書環境の形成史にかかわる諸問題の関係として、より一般性をもたせた図にすると、上のようになる。

保存し、提供できるのか、といった問題である。具体的には、たとえばここでは各地の図書館に残された記録史料、個人やオフィスに蔵されている関連史料、取引にかかわる各種文書や新旧職員からの聞取り情報など、さまざまな情報が必要となったが、それら史料類の残り方や残し方についての問題がここに属する。

四つの問題領域と、それらすべてにかかわる五つ目の補完的な領域とを含めて、これら五つの領域に、本書の数多くのトピック、テーマを位置づけることが可能である。ただ、私自身は、これらの問題を、米国内の日本語書物の歴史という特殊な、限定された領域の問題としてのみ考えるつもりはない。これまで述べてきたように、これはリテラシー史という方法の一実践事例でもある。つまり、米国内の蔵書に限らず私たちの身の回りにある読書をめぐる諸問題を考え、とらえてゆくための端緒でもある。したがって、ここで図に示した問題領域を、より一般化されたリテラシー史の問題領域として、置き換えておきたい（図38）。

つまり、私たちの読書環境の形成という問題を中心として、AからDの領域をより一般的な問題領域として設定してみたわけである。いまだリテラシー史といった明確な方法も領域も存在するわけではないが、であるがゆえに便宜的で不完全なものであるにしても、ここでその対象や扱う問題どうしの関係を示しておいた方がよいであろう。書籍文化についての研究としては、特に近世を中心として研究も盛んに行なわれ、扱われるテーマも多岐にわたっている。書物文化にかかわるさまざまな論を目録化した労作『近世書籍研究文献目録』からもそれはうかがえる。[23]そこでも書籍文化にかかわる既存の研究領域を便宜的に分類・整理しようとはしているものの、やはりすでになされている研究を整理するという実際上の目的もあって、それら問題どうしがどう関係しあっているのか、といった枠組みは見えてこない。また、近世を対象としているがゆえの制約もある。たとえば近代において大きなウェイトを占めるここでのCの問題領域についてはほとんどふれられていない。

書籍文化の研究の進展は常々大きな刺激を与えられるが、対象やテーマの細分化は、書籍や読書の形態、歴史そのものへの細やかな分析を生み出す一方で、ややもすればそうした成果がいったいどういう意味を持ち、私たちの認識の枠組みをいかに更新してくれるのか、という意味づけや目的を曖昧にしてしまう危険性もある。私にとってこうした諸問題が意味を持つのは、それが書物のかつての実態を単に明らかにしてくれるかどうかということのみではなく、あくまでそれが私たちの読書、さらにはそこに根ざす知そのものの批判的なとらえなおしの契機となってくれるからである。

こうしたねらいのもとに問題領域を整理してゆくとき、たとえば日本文学の研究・教育がこれまで問題にしてきたことが、いかにせまい領域にすぎなかったか、といったことも理解できよう。私たちの読書を構成するのは、こうした広範な問題領域である。にもかかわらず、実際にはごく限られた一領域のみで研究や教育が展開されているのが実情である。国語教育や文学研究でも読書といったテーマはしばしば問題になるが、小説（しかも特定の教科書のなかのよく扱われる小説）の読み方のみを提示して、読書とは、読む行為とは、といったことを大上段に議論している自閉的な光景は見ていてつらいものがある。読書や読者についての研究は、ここで示したように、手つかずの領域が広大に広がっている。地域や国ごとに多様な史料も存在する。

私が読書、読者の問題を考え、調査するのは、あるいはそれについて教育の場で生かそうとしているのは、この領域を考えることが、ここで示したさまざまな問題領域、場所、出来事、人びとに出あう多様な通路を開いてゆくことになるからに他ならない。

8　リテラシー史の有効性

では、こうしたリテラシー史によるアプローチをとることで見えてきたこと、その成果はどういうところにあるのだろうか。それについて、本書で述べてきたことを振り返りつつ確認しておきたい。先に述べたように、そもそもほとんどの章の内容は、これまで十分調査されてこなかった史料にもとづいており、単なる事実関係や出来事としては大部分が新たに明らかにされた点ともいえる。したがってここでは、なかでも特にリテラシー史からのアプローチがなぜ重要となるのか、ということをうかがうことができる点に焦点をあててまとめておきたい。

序章は具体的な事例をあげながら、本書全体の構成や方法について述べているが、それとともに、特に米議会図書館と坂西志保の活動に焦点をあて、黎明期の米国内の日本語蔵書史をとりあげた。そして、リテラシー史の観点からとらえることによって、書物をめぐるさまざまな人びとや組織と蔵書とがつながりあったネットワークがいかにつくりあげられていったのか、という点を浮き彫りにすることができた。書物や蔵書を静止した点ととらえるのではなく、それがいつ、なぜ、どのようにつながりあっていったのか、というダイナミックな動きとしてとらえている。参考図書の作成や、移動図書館の存在も、こうしたなかで位置づけられよう。

第一章もまた戦前の日本語蔵書、特に当時数少ないものの、いち早く形成されてくる日本語蔵書を追っている。しかし、単にいつ成立したのか、といった問題だけではなく、そもそも蔵書が蔵書となる以前の問題、それらの図書がなぜそこにいたることとなったのか、といったプレ蔵書史といった点も提示できた。そうしたなかで、米国内での日系人コミュニティの動き、そこに及ぼされる国家間の緊張関係、といった点をもたどってきた。リテラシー史が単なる蔵書史ではなく、国際関係史でもあること、国と国、民族と民族の関係や、その表象も体現するものであることを示すこともできた。

単一の大学を素材として蔵書史を通史的に追った第二章では、日本語蔵書についての記録・記憶がもっとも豊富な場を取材することをとおして、リテラシー史をとらえるための史料の複雑さ、そしてそこにいたるための多様な道筋を示すことができた。また、書物は単にそこにあるだけでは蔵書として機能しない。日本語書物を整理・管理・提供する技術の重要性、そしてそれらをとおして蔵書が知の環境として機能するようになる条件を歴史的に明らかにしていった。

第三章は、戦時期の軍による日本語教育をとりあげた。蔵書や書籍の歴史自体ではないものの、リテラシー史からみれば、日本語能力の養成の問題は、日本語書物と読者の歴史的な関係を明らかにするもっとも重要なポイントの一つである。そして日本語リテラシーの成立が、いかにその後の日本学や日本語蔵書に大きな影響を与えたのか、について明らかにしている。と同時に、こうした外国語教育・研究に対する国家、軍の介入は、戦後をとおして共通した問題となる点であり、その意味でも重要な問題を掘り出している。

占領期の日本における日本語図書収集活動を追うのが第四章、第五章だが、特に第四章で扱った米大学図書館や研究機関による日本での図書購入、収集活動は、これまで史料的な制約もあってほとんど解明されてこなかった部分である。これに対して、リテラシー史の観点にたった史料収集を行なうことで、すなわち米国内の各地の大学文書や当事者の証言をとおして、活発な購入活動や日米間での人びとのつながりをとらえることができた。

また、国と国のはざまで活動した書籍エージェントの存在にも焦点をあてることとなった。

第五章では、軍による占領期の日本語資料接収の問題をとりあげている。この領域は前章とは逆にこれまで活発に研究されてきた領域でもある。しかし、これまでの研究は、リテラシー史からとらえるなら、資料自体の研究・調査に偏りすぎている。つまり、それらの資料が、全米各地の日本語蔵書とどう関係していたのか、あるいはどのようにそれらに作用していくのか、という歴史的な関係が見えてこない。リテラシー史の方法は、書物をめぐる人と人、場所と場所との関係を紡ぎ出す方法である。このような観点から、これまでとらえがたかったこうした関係と、そこでの書物の流れを明らかにしている。

第六章は、日本語書物の海外における分類・整理・管理の史的変遷を追っているが、これについてもまとまった研究は皆無といってよい。しかしこれこそが、日本語蔵書が単なる所蔵された書物から流通する書物へと転換していくうえでの必須の条件であり、だからこそ国家規模の予算投入やプロジェクトがこの問題にはかかわってくるわけである。また、こうした分類や管理の問題が研究方法や学問、思想体系の問題ともかかわりあっていることを提示してもいる。

リテラシー史はまた、書物自体ではなく、その書籍を購入・維持する資金が、どこから、何のために、どのように流れてきたのか、といった資金の流れも重要なポイントとしてとらえる。第七章では、冷戦期の地域研究と国防政策とのかかわりを主に扱いながら、これら資金と蔵書のかかわりを追っている。このことはまた蔵書の生成や変化のなかから、国家間の支配・従属関係をも浮きぼりにし、さらにはまた知の形成と国家との距離関係や、グローバルなモノと資金の流れを批判的にとらえなおす契機をもつくりだしてゆくこととなった。

第七章は、蔵書どうしの連携・協力関係を追っている。つまり、蔵書を独立した一個の点としてとらえるのではなく、それらが相互に影響しあい、実際に書物や人、情報が交換され、共有され、動いてゆく総体としてとらえる視点を提示している。また、前章での資金面での流れをとらえる場合にも、こうした複数の蔵書の連携した動きをとらえることは必須となる。一つの場所の蔵書史史料に限定した調査では見えにくいこの問題も、今回のリテラシー史によるアプローチによって明らかにできた。

そしていうまでもなく、いずれの章も、できるかぎり断片的な聞書きや既存の調査の引き写しではなく、実際に手に入れた史料類によって確認し、それに依拠して論じている。使用した文献、文書の複製は、すべて著者の手もとにあり、再確認が可能なものである。

9　JBCプロジェクト

ここでひとまず今回の調査・研究については区切りをつけることとなる。もっとも、本章のタイトルからもわかるように、これは確かに書物の日米関係を追ったひとまずの成果ではあるが、同時にリテラシー史に向けた取組みのはじまりでもある。米国内の日本語蔵書史に問題をかぎっても、まだまだ調査に時間をかけたいという思いもあった。米国内の史料に今回は重点をおいたが、対応する日本国内の機関が所蔵する史料を収集・整理する作業も必要だ。つまり、日本の書物を海外へと送り出していった側に残されたさまざまな史料、記録類や聞取り史料ももっと用いたかった。

たとえばミシガン大学岡山現地研究所のあった新池村には、先に少しふれたように、今も当時の記録、記憶が残っている。私が訪れた折に応対してくれたのは、現地研究所と村の仲介となった平松光三郎の孫娘にあたる女性だった。現地研究所が、当時レクリエーションを催して研究所に招いた村の子どもたちの一人でもある(24)。あるいは北海道の小樽商科大学には、バークレーの三井、村上コレクション購入にかかわったエリザベス・マッキンノンの家族に関する史料が残されている(25)。すでに見たように、マッキンノンの父ダニエル・マッキンノンは戦前ここで教鞭をとり、戦中に特高警察に逮捕・拘禁されて長い道のりをへて送還されることとなる。金沢の第四高等学校で学んでいた息子のリチャードもまた同じく送還される。このリチャードは戦後、ハーバード大学で学位をとり、折しも日本へと発つこととなったE・ライシャワーの後を受けて日本語を担当[26]、その後ワシントン大学（シアトル）で日本語、日本文学を教えることとなる[27]。日本の狂言の英訳でも知られている。ちなみに戦時期に恨みを呑んで日本を追われた父ダニエルは戦後、もう一度小樽に来日、かつてのように教壇に立つこととなる。これは教え子たちの募金活動によって一九六七年に実現した。北海道ばかりではなく、各地で教え子たちに歓迎された様子は、二号にわたって特集の組まれた同窓会誌からもうかがうことができる[28]。その折の写真や記録をながめながら、この家族の一人一人の波乱に満ちた軌跡が、書物の日米関係を、そしてリテラシー史自体を物語ってくれることを思わずにはいられなかった。

また、米国内にしても、主要な日本語蔵書については調査を行なったものの、南部や比較的新たな蔵書についてはたどれていない。また、カナダの蔵書と米国内の蔵書との関係やアジア、ヨーロッパの日本語蔵書の歴史とも、おそらくは多様な接点や関係を見いだすことができよう。

それでもここで一区切りをつけて刊行することにしたのはいくつかの理由がある。一つには、リテラシー史に関する取組み、問題領域やその有効性について、広く知ってもらいたいという思いである。同時に、ここでとりあげた書物の収蔵・取引・整理に関する内外の史料、特に失われがちな近現代のリテラシー史関係の各種史料への関心を高めたい、そして史料・情報収集の協力を広く仰ぎたいという思いもあった。

また、大学や図書館をはじめとして、多くの人びとの助力によって今回の調査は実現している。調査成果を一人で長期にわたって抱え込まずに、なるべく早い段階で広く公開し、その情報を多くの人びとに共有してもらうことは、史料や情報を提供してくれたこれら機関、人びとの助力や誠意に対して、しっかりと応えてゆくことでもあった。いずれにせよ、この調査は長期的な視野にたって取り組んでおり、本書の刊行は一つの節目にすぎない。

日米間の書籍の流れについて行なった今回の取組みについては、今後のより詳細な史料の収集とその整理、公開をもねらいとしたプロジェクトをすでに立ち上げている。米国日本語図書蔵書史調査プロジェクト（Japanese Book Collection Diachronic Research Project in the US: JBC Project）がそれであり、そのサイトからは、調査にあたった各大学のアーカイブズ、日本語図書館とを結び、今後も関係情報の収集と本書の補足情報の提供を行なってゆきたいと考えている。(29)

アメリカのそれぞれの大学に、いつ頃、どういう関係の日本語図書や雑誌が入ったか、といった歴史情報は、アメリカにおける日本語史料や日本学を研究しようとする日本文学や歴史学、社会学といったさまざまな領域の研究者にとって、有用な基礎データとなるだろう。むろん、米国内の日本語図書館や日本研究者に対しても、有効な情報源となるよう努めてゆきたい。

日本国内でも、国際交流基金図書室や、国立国会図書館をはじめとして、このプロジェクトに深くかかわる史料もまだまだ豊富である。日本側でかかわった人びとの聞取りや記録の収集・保存にも協力してゆきたい。リテラシー史に向けてのさまざまな取組みが、そして関心が、広く学問領域を超えて広がってゆくことを希望してやまない。

あとがき

日本語の書物は、日本国内ばかりではなく海外に広く存在する。いつ、なぜ、どのようにしてそれらの書物が海を渡ったのだろう。きっとそこにはさまざまな人々や組織の、日本語の書物をめぐる思いや、政治的・経済的な利害関係、国際間の緊張関係といった多様な問題が横たわっているに違いない。これらの問題を、書物の流れや、その残り方、扱われ方を歴史的にたどることで明らかにできないだろうか。それが本書の試みである。

蔵書史や書物史といった局限された領域で考えるのではなく、日本語の書物を読む能力や読む環境がどのように生まれ、変貌してきたのか、をもふくめて問題にしている。書物は書物のみで存在するのではなく、読者や書物を扱う能力との関係のなかで存在しているからである。

こうしたアプローチを表わす正確な言葉はいまだ存在しない。「リテラシー史」という言葉を新たにここでつくったのはそれゆえである。こうした観点から日米関係史を描き出した試みは、今までのところ存在しない。だが本書の試みは、単に日米関係史に局限されるものではない。読み手と書物との関係史を、そしてまた読書の生成・変容してゆく姿をダイナミックにとらえてゆくアプローチ自体を実践的に示し、その有効性を問うものでもある。

本書で用いた史料は、全米各地の大学図書館や公共大学、研究機関に散らばる記録史料類である。調査に入った図書館・文書館は五〇を超える。日本語の蔵書史にかかわる記録文書類を可能なかぎり集め、その数はデジタル・データをあわせて二万枚近くになった。用いた史料よりも削った史料の方がはるかに多いのは言うまでもない。多くの関係者からの聞取りも行ない、さまざまなエピソードや波乱に満ちた経験を幾度となく耳にしながらも、そのごく一部しか生かせなかったことは残念でならない。

先に述べたように、本書のアプローチ、問題意識自体はいまだ一般的とはいいがたい。にもかかわらず、アメリカで調査にあたっていた折、同じ問題意識を共有する人々と出会えたことは本書をまとめてゆく大きな力となった。図書館史とマイノリティ共同体での情報環境に関心を向けるアンドリュー（Andrew B. Wertheimer）、そしてアメリカでの日本語教育史の著書もあるアサト（Asato Noriko）さんとの出会いは、まさに本書の問題意識とつながってくる貴重な出会いであり、その成果はオランダでの国際学会（SHARP）での共同報告として実を結んだ。その司会をつとめてくれたケンブリッジ大学のコルニッキ（Peter Kornicki）さんは、ヨーロッパの日本語蔵書史ばかりでなく、広くアジアの図書流通史に関心を向けてもいた。こうした出会いや報告、議論のなかで、本書の基本的な姿勢が定まっていったと思う。

本書の出版にあたっては、新曜社の渦岡謙一さんに感謝したい。もともとは過去数年間に書きためた論文を本にする予定で、そのための書き下ろしの第一章が本書であつかったテーマだった。調査を進めるうちにどんどん史料がふえ、問題のスケールが大きくなり、とうとうその章は一冊の本の分量になってしまった。当初の予定の大幅な変更も含め、こちらの問題意識を汲んで柔軟に対応していただけたことで、この本をまとめることが可能となった。また、煩雑な本書の情報を、きびしいスケジュールのなかで形にしていただいた印刷所の方々の力に負うところも大きい。

最後に信州大学人文学部、私の所属する日本文学分野の教員、そして学生たちに感謝したい。海外での調査が行なえたのは、まわりの教育スタッフの協力があってのことだった。また、私の不在中にも学生だけで自主的にゼミを開き、レジュメを海外まで送ってくれる学生たちの熱心さやひたむきさがどれだけ私の励みになったことかわからない。一一年勤めた信州大学をこの春、後にすることになるが、ここで過ごした時間は、これからもずっと私を支えてくれる貴重な時間となることを疑わない。

一昨年から海外で移動に移動を重ねながらの調査だった。昨年もどってきてからも、いくどかまた海外での再調査や報告を行なっていたこともあって、日本にいながらもまだずっと旅が続いているような気がしていた。今この調査を一つの形にすることで、背負った荷物をひとまずおろして、続いていた旅にようやく小休止をいれられるような気がしている。

付記

本書は基本的には書き下ろしだが、以下の形で講演、報告を行なったものを含んでいる。

"Histories of Japanese Book Collections in University Libraries in the United States," Columbia University: Donald Keene Center, October 31, 2005.

"The Histories of Japanese Book Collections in the United State," Dartmouth College: Association for Japanese Literary Studies 14th, October 8, 2005.

"Acquiring Books from Occupied Japan: Examining Collection Building Efforts of North American University Libraries, 1945-1952," National Library of the Netherlands: Society for the History, Authorship, Reading & Publishing, July 12, 2006.

なお、本書の調査およびプロジェクトは、文部科学省海外先進教育研究実践支援プログラム「先端的読書環境の構築のための調査・研究」（二〇〇四―二〇〇五年度）、日本学術振興会科学研究費・基盤基盤研究C「米国大学図書館における日本語蔵書史の調査、及びその情報の利用、共有化についての研究」（二〇〇六年度より）の支援を受けている。

人名索引

さ　行

た　行

な　行

は　行

ま　行

や　行

ら・わ　行

事項索引

か　行

さ　行

た　行

な　行

は　行

ま　行

や　行

ら　行

わ　行

註

序章

(1) パンフレット自体には発行年の記載がないが、たとえばミシガン大学には1940年2月に送られてきている（Helmut Ripperger, Letter to William Warner Bishop, February 8, 1940. University of Michigan, Bentley Historical Library）。

(2) Japan Reference Library, *Traveling Library*. Library of Congress, Asian Reading Room.

(3) Helmut Ripperger, Letter to Shio Sakanishi, February 14, 1940. Library of Congress, Asian Reading Room.

(4) 日本国有鉄道編『日本国有鉄道百年史　第8巻』（日本国有鉄道、1971年12月）。

(5) Japanese Government Railway, *The Circulating Library of Japan*. Board of Tourist Industry. Northwestern University, University Archives.

(6) Yasaka Takagi, *A Survey of Japanese Studies in the Universities and Colleges of United States*, Honolulu: American council, Institute of Pacific Relations, 1935. Edward C. Carter, *China and Japan in Our University Curricula*, American Council, Institute of Pacific Relations, 1929.

(7) Naomi Fukuda, *Libraries for Japanese Studies, A Report of a Survey*, Tokyo: International House of Japan Library, 1963.

(8) Naomi Fukuda, *Survey of Japanese Collections in the United States*, Ann Arbor: Center for Japanese Studies, University of Michigan, 1980.

(9) Elizabeth T. Massey and Joseph A. Massey, *CULCON report on Japanese studies at colleges and universities in the United States in the mid-70s*, New York: Japan Society, for the Subcommittee on Japanese Studies, U.S.-Japan Conference on Cultural and Educational Interchange, 1977.

(10) Tsuen-Hsuin Tsien, "East Asian Library Resources in America: A New Survey," *AAS Newsletter* 16, 1971. "Trends in Collection Building for East Asian Studies in American Libraries," *College and Research Libraries*, September 1979.

(11) Tsuen-Hsuin Tsien, *Current Status of East Asian Libraries in the United States*, Washington D. C.: Center for Chinese Research Materials, Association of Research Libraries, 1976.

(12) 全米レベルの統計調査の場合、多くは各大学へのアンケートの回答にもとづいて作成されている。そうした各大学からの報告は、図書・雑誌の数え方や、未処理の蔵書の扱い方、蓄積データの正確さが大学ごと、調査の年代ごとにばらつきがある。本書では、できるだけ各大学の図書館文書の数値を直接用いるようつとめた。

(13) L. Y. Winston, and Teresa S. Young, *Asian Resources in American Libraries: Essay and Bibliographies*, New York： 1968. Teresa S. Young, Thomas C. Kuo, and Frank Joseph Shulman, *East Asian Resources in American Libraries*, New York: Paragon Book Gallery, 1977.

(14) Dian E. Perushek, *The State of Japanese Collections in United States Research Libraries, 1990: Prepared for the Japan-United States Friendship Commission*, March 1991. University of Washington, East Asia Library, Archives.

(15) コルニッキの作成しているウェブサイトでは、欧州各地の日本古典籍の図書データの検索のほか、いくつかのコレクションについてはその来歴に関するデータをも掲載している（http://basel.nijl.ac.jp/~oushu/, accessed August 2, 2006）。

(16)『坂西志保さん』編集世話人会編『坂西志保さん』（国際文化会館、1977年1月）。

(17)「英訳された啄木の「一握の砂」」（『函館新聞』1936年5月24日）、「英訳啄木の歌　在外・一女性の偉業」（『東京朝日新聞』北海道版、1936年5月24日）。

(18) Shio Sakanishi, *A Handful of Sand*, Boston: Jones, 1934. *Tangled Hair*, Boston: Marshall Jones Co., 1935. *Songs of a Cowherd*, Boston: Marshall Jones Co., 1936.

(19) Shio Sakanishi, *Kyogen: Comic Interludes of Japan*, Boston: Marshall Jones Co., 1938. *Japanese Folk-plays: The Ink-smeared Lady, and Other Kyogen*, Tokyo, Rutland, Vt.: C. E. Tuttle Co.［1960］.

(20) 中山太郎『日本盲人史』（昭和書房、1934-36年）、 加藤玄智『本邦生祠の研究』（明治聖徳記念学会、1931年12月）、小林勝『歌舞伎隈取概観』（ぐるりあそさえて、1931年）。

(21) Shio Sakanishi, "Notes on Japanese Accession 1936," *Report of The Librarian of Congress: For the Fiscal Year Ended June 30, 1936*, 1936.

(22) Greg M. Sinclair, *The Oriental Institute*, Honolulu: University of Hawaii, 1935., Cornell University, Division of Rare and Manuscript Collections.

(23) Mortimer Graves, Letter to Shio Sakanishi, March 23, 1932. Library of Congress, Asian Reading Room.

(24) Shio Sakanishi, Letter to Yasaka Takaki, December 22, 1933. Library of Congress, Asian Reading Room.

(25) 古いものではナホッドの書誌が著名（Oskar Nachod, *Bibliographie von Japan*, 1906-1926 : enthaltend ein ausfuhrliches Verzeichnis der Bucher und Aufsatze über Japan, die seit der Ausgabe des zweiten Bandes von Wenckstern "Bibliography of the Japanese Empire" bis 1926 in europaischen Sprachen erschienen sind, Leipzig : K. W. Hiersemann, 1928-）。ゆまに書房の日本研究欧文書誌集成にも収められている（ナホッド『日本帝国書誌』ゆまに書房、1998年8月）。

(26)［Japan Reference Library］, *Report on the Activities of the Japan Reference Library: May-November*, December 1, 1939. Library of Congress, Asian Reading Room.

(27) Kokusai Bunka Shinkokai, *A Guide to Japanese Studies*, Tokyo: Kokusai Bunka Shinkokai, 1937.

(28) Helmut Ripperger, Letter to Shio Sakanishi, February 5, 1940. Library of Congress, Asian Reading Room.

(29) Helmut Ripperger, Letter to Shio Sakanishi, February 14, 1940. Library of Congress, Asian Reading Room.

(30) Louis V. Ledoux, Letter to Shio Sakanishi, November 21, 1933. Library of Congress, Asian Reading Room.

(31) Hugh Borton, Serge Elisséeff, Edwin O. Reischauer, *A Selected List of Books on Japan in English, French, And German,* Committee of Japanese Studies, Washington, D. C. : ACLS, 1940.

(32) [Japan Reference Library], Japan Reference Library, March 20, 1941. Princeton University, Seeley G. Mudd Manuscript Library.

(33) この計画をすばらしいアイディアであるとし、加えるべき文献や項目についてアドバイスを行なっている(Joseph K. Yamagiwa, Letter to Shio Sakanishi, November 2, 1938. Library of Congress, Asian Reading Room)。

(34) 田中敬・毛利宮彦『内外参考図書の知識』(図書館事業研究会、1930年4月)。翻訳の経過については、Joseph K. Yamagiwa, Letter to Shio Sakanishi, November 21, 1938. Library of Congress, Asian Reading Room。

(35) University of Michigan, *Executive Committee Meeting: Academic Year 1958-59* No.2, February 2, 1959. Library of Congress, Asian Reading Room.

(36) Mortimer Graves, Letter to Shio Sakanishi, July 6, 1933. Library of Congress, Asian Reading Room.

(37) Robert Karl Reischauer, Letter to Shio Sakanishi, March 31, 1936. Library of Congress, Asian Reading Room.

(38) Robert B. Hall, Letter to Shio Sakanishi, December 28, 1936. Library of Congress, Asian Reading Room.

(39) Robert B. Hall, Letter to Shio Sakanishi, November 9, 1937. Library of Congress, Asian Reading Room.

(40) Welying Wan, "Fukuda Naomi," *CEAL Bulletin*, 56, June 1978, pp.24-25.

(41) 坂西と福田の交流は戦中、占領期も続いていた。占領期にミシガン大学のために図書の選定を日本で手伝っていた福田は、結核のために小布施の療養所に移るが、その業務を代わって行なったのは坂西である(Mischa Titiev, *Minutes of Meeting*, April 27, 1949. University of Michigan, Bentley Historical Library)。

(42) 坂西志保「米国に於ける東洋学　アメリカ通信(一)」(『三田評論』493号、1938年9月)。この論のコロンビア大学についての言及内容に対するハロルド・ヘンダーソンの批判、補足として、編集部「コロンビヤ大学に於ける東洋学」(『三田評論』498号、1946年2月)が同誌に掲載される。また、東洋学の紹介に積極的でないという批判に対して、朝河貫一は、現在はそうした活動ではなく西欧の比較法制史を専門領域として研究していることを坂西に書き送っている(朝河貫一。坂西志保宛の書簡。1939年1月1日付。

Library of Congress, Asian Reading Room)。

(43) Yasaka Takagi, *A Survey of Japanese Studies in the Universities and Colleges of the United States*, Honolulu: Institute of Pacific Relations, Hawaii 1935.

(44) たとえば、前田多門は日本文化会館の図書室が図書館としての認可を受けるにはどうすればいいか、どのようにアメリカの図書館のなかでのネットワークを広げていけばよいかを坂西に相談している(坂西志保宛の書簡、1938年11月17日付、Library of Cogress, Asian Reading Room)。

(45) A. W. Hummel, Letter to Masao Senda, December 4, 1938. Library of Cogress, Asian Reading Room.

(46) Shio Sakanishi, "Note on Japanese Accession 1931," *Report of The Librarian of Congress: For the Fiscal Year Ended June 30, 1931*, 1931. Washington D. C.: Library of Congress.

(47) 反町茂雄。坂西志保宛の書簡、1940年10月2日付(Library of Congress, Asian Reading Room)。

(48) Nancy Lee Swann, Letter to Kenzo Takayanagi, February 15, 1937. Princeton University, Seeley G. Mudd Manuscript Library.

(49) 横山重。坂西志保宛の書簡、1940年3月12日付(Library of Congress, Asian Reading Room)。

(50) 横山重。坂西志保宛の書簡、1937年12月30日付(Library of Congress, Asian Reading Room)。

(51) 横山重。坂西志保宛の書簡、1941年8月29日付(Library of Congress, Asian Reading Room)。

(52) Helmut Ripperger, Letter to Shio Sakanishi, July 8, 1938. Library of Congress, Asian Reading Room.

(53) 布川角左衛門。坂西志保宛の書簡、1937年12月29日付(Library of Congress, Asian Reading Room)。

(54) Helmut Ripperger, Letter to Shio Sakanishi, July 8, 1938. Library of Congress, Asian Reading Room.

(55) Helmut Ripperger, Letter to Shio Sakanishi, October 8, 1938. Library of Congress, Asian Reading Room.

(56) [Japan Reference Library], *Report on the Activities of the Japan Reference Library: May-November*, December 1, 1939. Library of Congress, Asian Reading Room.

(57) 同上。

(58) Helmut Ripperger, Letter to George Yamaoka, September 16, 1941. Library of Congress, Asian Reading Room.

(59) 同上。

(60) Arthur W. Hummel, *Annual Report of the Librarian of Congress: For the Fiscal Year Ended June 30, 1940*, 1941.

(61) 黒田は日本生まれで、渡米後は牧師を務め、戦時期にはミシガン大学の陸軍情報部言語学校でインストラクターをつとめていた（Personal Data, *Andrew Y. Kuroda* 1943-44, Northwestern University, University Archives）。

(62) Crosby Stuart Noyes, "The Noyes Collection of Japanese Prints Drawing etc." *Report of the Librarian of Congress*, Washington D. C.: Library of Congress, 1906.

(63) Library of Congress, *Annual Report of the Librarian of Congress*, Washington D. C.: Library of Congress, 1907.

(64) Andrew Y. Kuroda, "The U. S. Library of Congress and its Japanese Collection," Naomi Fukuda, *Survey of Japanese Collections in the United States, 1979-1980*, Ann Arbor: Center for Japanese Studies, The University of Michigan, 1981.

(65) さらに1940年、Division of Orientalia は Oriental Division に改称する（同上）。

(66) Luther H. Evans, Letter to the Secretary of War, February 26, 1946. University of Illinois at Urbana-Champaign, University of Illinois Archives.

(67) Joseph E. Hall, *Annual Report of the Cooperative Acquisitions Project in the Processing Department of the Library of Congress*, June 30, 1947. University of Illinois at Urbana-Champaign, University of Illinois Archives.

(68) Edwin G. Beal, *Duties and Functions of Research and Information Division*, January 17, 1946. Library of Congress, Manuscript Reading Room.

(69) Edwin G. Beal, Jr., [Report], *Minute of Group Meeting of National Committee on Oriental Collections And a Section of the Far Eastern Association*, April 7, 1949. Library of Congress, Asian Reading Room.

(70) Memo to Mrs. Brodie, March 18, 1944. University of Hawaii, Archives and Manuscripts.

(71) Baksoon Hahn, "A Study of East Asian Library at Yale University, History, Collection, Service," 1965. Yale University, East Asia Library, Director's Office.

(72) Yoshiko Yoshimura, *Censored Japanese Serials of the Pre-1946 Period: A Checklist of the Microfilm Collection*, Washington D. C.: Library of Congress, 1994.

(73) 高等教育法（Higher Education Act of 1965, Public Law 89-329, 79 STAT1219, Title II C）による。

(74) Rovert Vosper, *Report of the University Librarian to the Chancellor: 1969/70 & 1970/71*, 1971. University of California, Los Angeles, UCLA University Archives.

(75) 松本久夫が５月より米議会図書館の東京オフィスのフィールド・ディレクターとなる。これは1965年の高等教育法における目録作成協力計画の一環だった（"Newsletter," *Committee on East Asia Libraries* 26, November 15, 1968）。

(76) Miwa Kai, *Eastern States Library Conference*, September, 1982. Columbia University, Kai's Office.

(77) 田中宏巳編『米議会図書館所蔵 占領接収旧陸海軍資料総目録』（東洋書林、1995年2月）。

(78) Cecil H. Uyehara, under the direction of Edwin G. Beal, *Checklist of Archives in the*

Japanese Ministry of Foreign Affairs, Tokyo, Japan, 1868-1945, microfilmed for Library of Congress, 1949-1951, Washington D. C.: Photoduplication Service, Library of Congress, 1954. John Young, *Checklist of microfilm reproductions of selected archives of the Japanese Army, Navy and other government agencies, 1868-1945*, Washington D. C.: Georgetown University Press, 1959. Honda, Shojo. *Pre-Meiji works in the Library of Congress: Japanese mathematics*. Washington, D.C.: Library of Congress, 1982. Yoshiko Yoshimura, *Censored Japanese Serials of the Pre-1946 Period: A Checklist of the Microfilm Collection*, Washington D. C.: Library of Congress, 1994. 田中宏巳編『占領接収旧陸海軍資料総目録——米議会図書館所蔵』（東洋書林、1995年2月）。Honda Shojo, *Pre-Meiji Works in the Library of Congress : Japanese Literature, Performing Arts, and Reference Books: a Bibliography*, Washington, D.C. : Library of Congress, 1996. 米国議会図書館蔵日本古典籍目録刊行会編『米国議会図書館蔵日本古典籍目録』（八木書店、2003年2月）。

第一章

(1) Mortimer Graves, Letter to Katsuji Debuchi, June 29, 1933. Library of Congress, Asian Reading Room.

(2) Greg M. Sinclair, *The Oriental Institute*, Honolulu: University of Hawaii, August 23, 1935. Cornell University, Division of Rare and Manuscript Collection.

(3) Society for Japanese Studies, *Minute of the Annual Meeting*, February 14, 1935. Library of Congress, Asian Reading Room.

(4) Society for Japanese Studies, *Minute of the Annual Meeting*, January 24, 1933, February 16, 1933. Princeton University, Seeley G. Mudd Manuscript Library.

(5) Society for Japanese Studies, *Minute of the Annual Meeting*, February 15, 1938. Library of Congress, Asian Reading Room.

(6) 橋本求『日本出版販売史』（講談社、1964年1月）124頁。

(7) Kanichi Asakawa, Letter to Franz Boas, November 17, 1905. Yale University, Manuscript and Archives.

(8) Kanichi Asakawa, Letter to J. C. Schwab, March 19, 1906. Yale University, Manuscript and Archives.

(9) Hideo Kaneko, "Kanichi Asakawa and the Yale University Library", *Committee on East Asian Libraries Bulletin* 75, October 1984.

(10)「紐育に創設せらるゝ日本の文化的事業（上）角田柳作氏意見」（『紐育新報』1926年10月13日）。

(11)「紐育に創設せらるゝ日本の文化的事業（下）角田柳作氏意見」（『紐育新報』1926年10月16日）。

(12)「角田氏の文化学会と米紙　民衆教育機関として歓迎する」（『紐育新報』1927年1月1日）。

(13)『日米文化学会に御下賜、寄贈の図書（絵画、標本その他の文化資料を含む）目録』（1936年10月）。

(14) 渋沢と原田の間の蔵書構築をめぐる書簡については『渋沢栄一伝記資料』第40巻、渋沢栄一伝記資料刊行会、1951年6月）435-445頁。

(15) 同上。

(16) Harvard University, *A Guide to The Chinese-Japanese Library of Harvard University*, July 1932. Harvard University, Pusey Library, University Archives.

(17) ロイ・アカギ（赤木英道）は角田とともに1933年にはコロンビア大学で日本語コースを担当していた（Society for Japanese Studies, *Minute of the Meeting,* January 25, 1934. Library of Congress, Asian Reading Room）。

(18) Roy. H. Akagi, Letter to W. C. Lane, August 17, 1923. Harvard University, Pusey Library, University Archives.

(19) [Northwestern University], "Translations Reveal The Policy of Japanese Government," *Northwestern Alumni News* 11 (3), December 1931.

(20) この買出しはハリス基金の資金により行なわれている（Kenneth W. Colegrove, Letter to Effie A. Keith, June 18, 1929. Northwestern University, University Archives）。

(21) Yale University, *Bulletin of Yale University: Report of the Librarian of Yale University*, For the Academic Year 1933-34, 31 (7), December 1934.

(22) Hideo Kaneko, "Kanichi Asakawa and the Yale University Library," *Committee on East Asian Libraries Bulletin* 75, October 1984.

(23) Kanichi Asakawa, *To The Committee on The Far East 21 X '37, 1937*. Yale University, Manuscript and Archives.

(24) Columbia University, *Japan Culture Center at Columbia University,* 1931. Columbia University, Low Library, University Archives.

(25) 同上。

(26) Harvard-Yenching Institute: Purpose and Program 1928-1968, 1968. Harvard University, Harvard-Yenching Library, Japanese Section, Archives.

(27) Harvard University, *A Guide to The Chinese-Japanese Library of Harvard University,* July 1932. Harvard University, Pusey Library, University Archives.

(28) 藤井譲治編『ハーバード大学ロースクール図書館所蔵日本史関係資料　目録・解題』（雄松堂書店、1987年）。また、このコレクションについてはジェイムズ・カンダ「ハーバード大学法学部所蔵の日本文献」（『古文書研究』11号、1977年）の論がある。

(29) Greg M. Sinclair, *The Oriental Institute*, Honolulu: University of Hawaii, August 23, 1935. Cornell University, Division of Rare and Manuscript collection.

(30) 東洋文庫『伏見宮記念奨学会東洋文庫報告書』（1936年4月）。かつてのハワイ公共図書館（Library of Hawaii）におかれていた東洋文庫は、500冊近く残ってはいたが、それも1962年の年次報告によればハワイ大に移されている（G. Raymond Nunn, *Annual Report: Oriental Library, University of Hawaii 1961-1962, 1962*. University of Hawaii, Archives

and Manuscripts）。

（31） Kokusai Bunka Shinkokai, *Japanese Arts Through Lantern Slides*, Vol.1-6, Tokyo: Society for International Cultural Relations, 1937-1938.

（32） 幻灯史料については、拙著『メディアのなかの読者』（ひつじ書房、2002年5月）でその具体的な役割や保存の問題などを扱っている。

（33） 国際文化振興会『財団法人国際文化振興会　設立経過及昭和9年度事業報告書』（国際文化振興会、1935年7月）。

（34） Kokusai Bunka Shinkokai, *K.B.S. Quarterly: April 1937-March 1938,* 3（1-4）1938.

（35） コロンビア大学は1937年に寄贈を受けている（Catherine L. Laird, *Report of the Librarian of The East Asiatic Collection: for the year ending June 30, 1938*, July 7, 1938. Columbia University, C. V. Starr East Asian Library, Director's Office）。

（36） Robert B. Hall, Letter to Shio Sakanishi, November 9, 1937. Library of Congress, Asian Reading Room.

（37） Nancy Lee Swann, "The Gest Oriental Library," *Biblia* 8(1), March 1937.

（38） Robert Karl Reischauer, Letter to Shio Sakanishi, March 31, 1936. Library of Congress, Asian Reading Room.

（39） Robert Karl Reischauer, Letter to Shio Sakanishi, November 17, 1935. Library of Congress, Asian Reading Room.

（40） Nancy Lee Swann, Letter to Kenzo Takayanagi, February 15, 1937. Princeton University, Seeley G. Mudd Manuscript Library.

（41） Nancy Lee Swann, Letter to Fujio Mamiya, June 5, 1937. Princeton University, Seeley G. Mudd Manuscript Library.

（42） エドウィン・ライシャワー『ライシャワー自伝』（徳岡達夫訳、文藝春秋、1987年10月）109頁。

（43） 国際文化振興会『日本文化の特質』（日本評論社、1941年11月）。

（44） Kiyoshi Kuroda, Letter to Shio Sakanishi, September 27, 1938. Library of Congress, Asian Reading Room.

（45） Tamon Maeda, Letter to Herbert Putnum, December 5, 1938. The Library of Congress, Manuscript Reading Room.

（46） University of Hawaii, *Asian Studies Program, A Report on Japanese Studies: University of Hawaii at Manoa 1975-76*, Spring 1976. University of Hawaii, Archives and Manuscripts.

（47） Gregg M. Sinclair, Letter to David L. Crawford, August 30, 1938, and September 3, 1938. University of Hawaii, Archives and Manuscripts.

（48） Cheuk Woon Taam, Letter to Gregg M. Sinclair, April 7, 1940. University of Hawaii, Archives and Manuscripts.

（49） Gregg M. Sinclair, Letter to J. Russel Cades, September 21, 1943. University of Hawaii, Archives and Manuscripts.

(50) Director, Division of Plans and Policies, *Acquisition of Additional Interpreters and Translators of the Japanese Language*, January 14, 1942. National Archives at College Park, Maryland.

(51) Yukuo Uyehara, Letter to Gregg M. Sinclair, September 30, 1943. University of Hawaii, Archives and Manuscripts.

(52) Wai Chee Yee, *The Library in War Time: 1941-1942*, University of Hawaii, Archives and Manuscripts.

(53) Yukuo Uyehara, Letter to Gregg M. Sinclair, June 7, 1944. University of Hawaii, Archives and Manuscripts.

(54) バセル山本登紀子「過去を解き明かす」(『情報管理』45巻1号、2002年4月)。

(55) [University of Hawaii], Memo to Dean Bachman, Dr. Moore, Dr. Sakamaki, Dr. Taam, Mr Uyehara, March 26, 1945. University of Hawaii, Archives and Manuscripts.

(56) The Oriental Library, August 1959. University of Hawaii, Archives and Manuscripts. 著者名はないが、同時期のメモからストローヴァンが作成、池田が手を入れて作成したもの(Carl Stroven, Memorandum to Hiroko Ikeda, June 29, 1959. University of Hawaii, Archives and Manuscripts)。

(57) University of Hawaii, *Report on Progress of the Center for Cultural and Technical Interchange between East and West*, December 19, 1960. University of Hawaii, Archives and Manuscripts.

(58) G. Raymond Nunn, *Resource for Research on Asia at the University of Hawaii and in Honolulu*, Honolulu: University of Hawaii, 1965.

(59) 同上。

(60) Carl Stroven, Letter to Raymond Nunn, April 11, 1961. University of Hawaii, Archives and Manuscripts.

(61) Hirotake Arai, and Norio Gubu, *Catalog of Glenn Shaw Collection at the East West Center Library*, Honolulu: University of Hawaii, 1967.

(62) G. Raymond Nunn, *Oriental Collections at the University of Hawaii: Survey and Recommendation*, January 31, 1961. University of Hawaii, Archives and Manuscripts.

(63) Masato Matsui, and Katsumi Shimanaka, "Research Resources on Hokkaido Sakhalin and the Kuriles at the East West Center Library," *East West Center Occasional Paper* 9, 1967.

(64) University of Hawaii, *Organization: Staff and Functions of Asia Collection*, 1974. University of Hawaii, Archives and Manuscripts.

(65) 同上。

(66) Council for Japanese Studies, *A Guide to Japanese Studies,* Honolulu: Center for Asian and Pacific Studies, University of Hawaii at Manoa, Fall 1985.

(67) 同上。

(68) A. W. Hummel, "Divison of Orientalia," *Annual Report of the Librarian of Congress: For the Fiscal Year Ended, June 30, 1940*, 1941.

(69) Council on East Asian Studies, *A Statement of Immediate Needs for Improvement of Yale's East Asian Library*, November 13, 1962. Yale Univeristy, East Asia Library, Director's Office.

(70) "Horace W. Carpentier," *New York American*, February 1, 1918.

(71) [University of California, Berkeley], *Horace W. Carpentier*, The University of California, Berkeley, Bancroft Library.

(72) George M. Beckmann, "Far Eastern Collections in the East Asiatic Library of the University of California," *Far Eastern Quarterly* 14 (3), 1955.

(73) T. H. Tsien, Letter to Herman H. Fussler, November 11, 1963. University of Chicago, Special Collections Research Center.

(74) Daved T. Thackery, "The Far Eastern Library of the University of Chicago 1936-1978," Thesis, Chicago: University of Chicago, 1983.

(75) Hu Shih "Gest Oriental Library at Princeton University," *Princeton University Library Chronicle* 15, Spring 1954.

(76) ジェンクスによって1902年と1909年に図書購入の特別枠で図書購入を行なった(Richard C. Howard, "Area Collections in The Cornell University Libraries: The Wason Collection on China And The Chinese," *Bulletin, Cornell University Libraries* 193, 1975)。

(77) 同上。

(78) グリフィスに関しては、山下英一『グリフィスと福井』(福井県郷土誌懇談会、一九七九・八)、嶋田正他編『ザ・ヤトイ』(思文閣出版、1997年4月)、アーダス・バークス編『近代化の推進者たち』(梅渓昇監訳、思文閣出版、1990年2月)等に詳しい。

(79) Clerk L. Beck Jr., and Ardath W. Burks, "Additional Archives of The Yatoi," *Journal of Rutgers University Libraries*, June 1983.

(80) Richard C. Howard, "Area Collections in The Cornell University Libraries: The Wason Collection on China and The Chinese," *Bulletin, Cornell University Libraries* 193, 1975.

(81) 同上。

(82) Princeton University, *Princeton University Library Annual Report*, 1947.

(83) Princeton University, *Annual Report of the Librarian*, June 1956.

(84) Robert Vosper, Letter to Julian Boyd, February 1, 1950. University of California, Los Angeles, UCLA University Archives.

(85) Princeton University, *Annual Report of the Librarian*, June 1962.

(86) Princeton University, "The University Library and Area Studies," *Annual Report of the Librarian*, June 30, 1969.

(87) 同上。

(88) Rovert E. Ward, *Executive Committee: Minutes of the Meeting*, February 28, 1955. University of Michigan, Bentley Historical Library. ちなみにジャンセン自身の蔵書は、後にUCLAが購入した。

(89) Richard C. Howard, "Area Collections in The Cornell University Libraries: The Wason

Collection on China and The Chinese," *Bulletin, Cornell University Libraries* 193, 1975.

(90) Charles E. Tuttle, Letter to Gussie E. Gaskill, August 24, 1948. Cornell University, Division of Rare and Manuscript Collection.

(91) Richard C. Howard, "Area Collections in The Cornell University Libraries: The Wason Collection on China And The Chinese," *Bulletin, Cornell University Libraries* 193, 1975.

(92) Paul W. Chen, *Report to Richard C. Howard, Hendrik Edelman, Quarterly Report: December 1972*, January 2, 1973. Cornell University, Division of Rare and Manuscript Collection.

(93) Cornell University, *East Asian Librarian Annual Report: 1976-1977*, 1977. Cornell University, Division of Rare and Manuscript Collection.

(94) Cornell University, *Semi-annual Report: 1978-1979*, 1979. Cornell University, Division of Rare and Manuscript Collection.

(95) Gregg M. Sinclair, Memo to President Crawford, June 3, 1939. University of Hawaii, Archives and Manuscripts.

(96) 同様のパンフに以下のようなものがある。*Japan's Partner: USA! America Supports Japanese Aggression*, American Committee for Non-Participation in Japanese Aggression, 1939. Cornell University, Division of Rare and Manuscript collection.

(97) Henry L. Stimson, Letter to Gussie E. Gaskill, January 23, 1940. Princeton University, Seeley G. Mudd Manuscript Library.

(98) Roger S. Green, Letter to Nancy Lee Swann, January 24, 1939. Princeton University, Seeley G. Mudd Manuscript Library.

(99) Robert Karl Reischauer, Letter to Shio Sakanishi, March 31, 1936. Library of Congress, Asian Reading Room.

(100) 内政史研究会『福島慎太郎氏談話速記録』(内政史資料222-227集、1984年8月)。

(101) 三宮都「米国加州に於ける日本研究の現状」(国際文化振興会『設立経過及昭和九年度事業報告書』1935年7月) 171頁。

(102) 芦田勲。坂西志保宛の書簡、1940年12月18日付。国際文化振興会「日米図書交換事業」、同「日米図書交換事業国内規定」(1940年9月)。Library of Congress, Asian Reading Room.

(103) Nancy Lee Swann, Letter to Maeda Tamon, March 17, 1941. Princeton University, Seeley G. Mudd Manuscript Library. このサービスが他の大学に対してなされたことも、日本文化会館の報告書からうかがうことができる (Society for Japanese Studies, *Minute of the Annual Meeting*, February, 6, 1941. Library of Congress, Asian Reading Room)。

(104) Nancy Lee Swann, Letter to Maeda Tamon, March 16, 1940. Princeton University, Seeley G. Mudd Manuscript Library.

(105) Nancy Lee Swann, Letter to Maeda Tamon, April 15, 1941. Princeton University, Seeley G. Mudd Manuscript Library.

(106) Tamon Maeda, Letter to Shio Sakanishi, December 4, 1941. Library of Congress, Asian Reading Room.

(107) Ichiro Shirato, Letter to Nancy Lee Swann, December 1, 1941. Princeton University, Seeley G. Mudd Manuscript Library.

(108) Nancy Lee Swann, Letter to Maeda Tamon, December 5, 1941. Princeton University, Seeley G. Mudd Manuscript Library.

第二章

(1) 東洋館構想についての田口の手紙（Rikichiro Taguchi, Letter to Nicholas Murray Butler, February 4, 1927. Columbia University, Low Library, University Archives）に添付されているのが、同日付の構想文書（Rikichiro Taguchi, *A Movement for Reciprocity in Oriental and Occidental Education and for the Establishment of the House of Orient at Columbia University in the City of New York*, February 4, 1927, Columbia University, Low Library, University Archives）である。

(2) Nicholas Murray Butler, Letter to Rikichiro Taguchi, March 4, 1927. Columbia University, Low Library, University Archives.

(3) [Columbia University], *Memorandum of the Proposed Japanese House for President Butler's Perusal*, December 1927.

(4) [Columbia University], Japan Culture Center at Columbia University, 1931, Columbia University, Low Library, University Archives.

(5) 角田柳作「米国に於ける日本研究」（『図書館雑誌』226号、1938年9月）265頁。

(6) この時期の角田については、内海孝「角田柳作のハワイ時代　一九〇九年の渡布前後をめぐって」（『早稲田大学史記要』30号、1998年7月）、同「角田柳作のハワイ時代再論」（『早稲田大学史紀要』35号、1999年7月）を参照。

(7) 「紐育に創設せらるゝ日本の文化的事業（上）角田柳作氏意見」（『紐育新報』1926年10月13日）。

(8) 「紐育に創設せらるゝ日本の文化的事業（下）角田柳作氏意見」（『紐育新報』1926年10月14日）。

(9) 「角田氏の文化学会と米紙　民衆教育機関として歓迎する角田計画」（『紐育新報』1927年1月1日）

(10) 田部隆次「日米文化学会の成立、及び経過概要」（『日米文化学会に御下賜、寄贈の図書（絵画、標本その他の文化資料を含む）目録』[1936年10月] 所収）。

(11) 同上。青木菊雄、浅野孝之、一宮鈴太郎、黒板勝美、阪井徳太郎、関屋貞三郎が理事、事務所は三菱本館内におかれた。

(12) Japanese Culture Center of America, *Minute of the Organization Meeting held at Luncheon at the Down Town Association*, July 30, 1929. Columbia University, Low Library, University Archives.

(13) "Japanese Center to be Opened Here: 5,000 Books and Art Objects Donated and 30,000 Promised for Culture Library," *New York Times*, July 31, 1929.

(14) バトラーの言い分（Nicholas Murray Butler, Letter to Jerome D. Green, August 5, 1929.

Columbia University, Low Library, University Archives）に対して、グリーンが事情を説明している（Jerome D. Green, Letter to Nicholas Murray Butler, August 15, 1929. Columbia University, Low Library, University Archives）。

（15）角田柳作「米国に於ける日本研究」（『図書館雑誌』226号、1938年9日）265頁。

（16）Jerome D. Green, Letter to Nicholas Murray Butler, December 5, 1930. Columbia University, Low Library, University Archives.

（17）Jerome D. Green, Letter to Nicholas Murray Butler, January 14, 1930. Columbia University, Low Library, University Archives.

（18）Nicholas Murray Butler, Letter to Jerome D. Green, January 28, 1931. Columbia University, Low Library, University Archives.

（19）［Columbia University］, *Japan Culture Center at Columbia University*, 1931, Columbia University, Low Library, University Archives.

（20）"Columbia Forming Japanese Center: Many Rare Oriental Books are Donated to Aid International Cultural Project," *New York Times*, March 17, 1931.

（21）Sugimoto, Etsuko, *A Daughter of the Samurai*, Garden City, N.Y.: Doubleday, Page & Company, 1925.

（22）清岡暎一『回想八十年　清岡暎一君　聴き書』（福沢諭吉協会、1989年6日）64-70頁。

（23）Jerome D. Green, Letter to Nicholas Murray Butler, February 6, 1931. Columbia University, Low Library, University Archives.

（24）Jerome D. Green, Letter to Nicholas Murray Butler, February 19, 1931. Columbia University, Low Library, University Archives.

（25）［Columbia University］, *Japan Culture Center at Columbia University*, 1931, Columbia University, Low Library, University Archives.

（26）Hugh Byas, "Japanese Emperor to Receive Monroe: Will Discuss Columbia's Culture Centre Plan Tomorrow, Many Japanese Make Gifts," *New York Times*, March 4, 1931.

（27）Jerome D. Green, Letter to Nicholas Murray Butler, February 6, 1931. Columbia University, Low Library, University Archives.

（28）Society for Japanese Studies, *Minute of the Annual Meeting*, January 24, 1933. Library of Congress, Asian Reading Room.

（29）Society for Japanese Studies, *Minute of the Annual Meeting*, February 16, 1933. Princeton University, Seeley G. Mudd Manuscript Library.

（30）田部隆次「日米文化学会の成立、及び経過概要」（『日米文化学会に御下賜、寄贈の図書（絵画、標本その他の文化資料を含む）目録』［1936年10月］所収）。

（31）Society for Japanese Studies, *Minute of the Annual Meeting*, February 14, 1935. Library of Congress, Asian Reading Room.

（32）「移室拡張せる東洋文庫」（『紐育新報』1935年4月6日）。

（33）［Columbia University］, *Report of the Librarian of the East Asiatic Collection for the year ending June 30, 1938*, July 7, 1938. Columbia University, C. V. Starr East Asian

Library, Director's Office.

(34) Catherine L. Laird, *East Asiatic Collection*, July 9, 1936. Columbia University, C. V. Starr East Asian Library, Director's Office.

(35) 同上。

(36) 青年図書館員連盟目録法制定委員会編『日本目録規則　昭和17年』(間宮商店、1943年)。

(37) [Columbia University], *Report of the Librarian of the East Asiatic Collection for the year ending June 30, 1938*, July 7, 1938. Columbia University, C. V. Starr East Asian Library, Director's Office.

(38) [Columbia University], *Report of the Librarian of the East Asiatic Collection*, 1939. Columbia University, C. V. Starr East Asian Library, Director's Office.

(39) Osamu Shimizu, "Report on the Project for the Cataloging Japanese Books at Columbia University," *Notes on Far Eastern studies in America* 9, June 1941.

(40) ともに日系二世のスタッフでフルタイムではない(甲斐美和。著者による聞取り、2002年5月26日-)。

(41) Catherine L. Laird, *Report on 1939-1940*, 1940. Columbia University, C. V. Starr East Asian Library, Director's Office.

(42) Osamu Shimiz, "A Tentative Method of Cataloging Japanese Books in Western Libraries," Catherine L. Laird, *Report on 1939-1940*, 1940. Columbia University, C. V. Starr East Asian Library, Director's Office.

(43) Society for Japanese Studies, *Minute of the Annual Meeting*, February 6, 1941. Columbia University, C. V. Starr East Asian Library, Director's Office.

(44) Frank D. Fackenthal, Letter to Headquarter, U. S. Marine Corps, June 9, 1941. National Archives at College Park, Maryland.

(45) [Columbia University], *Annual Report of the East Asiatic Collection*, 1947. Columbia University, C. V. Starr East Asian Library, Director's Office.

(46) Tamon Maeda, Letter to Nancy Lee Swann, December 4, 1941. Princeton University, Seeley G. Mudd Manuscript Library.

(47) 甲斐美和。著者による聞取り、2002年5月26日-。

(48) Donald Keene, "Remembrances of Tsunoda Sensei," *Ryusaku Tsunoda Sensei*, [Columbia University], p.26.

(49) W. Theodore De Bary, "A Tribute to Ryusaku Tsunoda," *Ryusaku Tsunoda Sensei,* [Columbia University], p. 12.

(50) 同上。

(51) Dorothy Eggert, *East Asiatic Collection Annual Report*, 1943. Columbia University, C. V. Starr East Asian Library, Director's Office.

(52) 同上。

(53) 同上。

(54) 同上。

(55) 水谷渉三編『紐育日本人発展史』(紐育日本人会、1921年3月)。

(56) Edwin O. Reischauer, *Japan Society 1907-1982: 75 Years of Partnership across the Pacific*, New York: Japan Society, 1982.

(57) 吉田右子「アメリカ図書館協会と戦時情報局の戦時図書館政策　戦後アメリカの国際的情報文化政策の形成」(『占領期図書館研究』2号、2001年)。

(58) Dorothy Eggert, *East Asiatic Collection Annual Report 1942/43*, 1943. Columbia University, C. V. Starr East Asian Library, Director's Office.

(59) [Columbia University], *Annual Report of East Asiatic Collection For 1943/44*, 1944. Columbia University, C. V. Starr East Asian Library, Director's Office.

(60) 陸軍省から図書館に対して、敵国に関する技術、産業、軍事についての文献がどの程度あるのかについての調査がなされている (Carl H. Milam, Letter to Librarian, October 20, 1942. University of Michigan, Bentley Historical Library)。

(61) 甲斐美和。著者による聞取り、2002年5月26日～。

(62) Dorothy Eggert, *East Asiatic Collection Annual Report1942/43*, 1943. Columbia University, C. V. Starr East Asian Library, Director's Office.

(63) [Columbia University], *Annual Report of the East Asiatic Collection 1946-1947*, 1947. Columbia University, C. V. Starr East Asian Library, Director's Office.

(64) [Columbia University], *East Asiatic Collection Annual Report 1944/45*, 1945. Columbia University, C. V. Starr East Asian Library, Director's Office.

(65) [Columbia University], *East Asiatic Collection Annual Report 1945/46*, 1946. Columbia University, C. V. Starr East Asian Library, Director's Office.

(66) [Columbia University], *Annual Report of the East Asiatic Collection*, 1947. Columbia University, C. V. Starr East Asian Library, Director's Office.

(67) Haward P. Linton, *Oriental Collections USA and Abroad*, July 1950. Library of Congress, Manuscript Reading Room.

(68) ただ、米議会図書館もすでに所有している図書も多く、重複していない図書のみを選んで搬出する形をとっている ([Columbia University], *Annual Report of the East Asiatic Collection*, 1947. Columbia University, C. V. Starr East Asian Library, Director's Office)。

(69) 谷川建司『アメリカ映画と占領政策』(京都大学学術出版会、2002年6月) 319頁。

(70) [Columbia University], *East Asiatic Collection Annual Report 1947-1948*, 1948. Columbia University, C. V. Starr East Asian Library, Director's Office.

(71) Charles W. Mixer, Letter to Luther Evans, June 5, 1949. Library of Congress, Manuscript Reading Room.

(72) Harry Harada, Letter to Kenneth Colegrove, August 1, 1949. Northwestern University, University Archives.

(73) Harry Harada, Letter to Kenneth Colegrove, August 29, 1949. Northwestern University, University Archives.

(74) L. Carrington Goodrich, *The Department of Chinese and Japanese,* 1957. Columbia University, C. V. Starr East Asian Library, Director's Office.

(75) [Columbia University], *East Asiatic Library Annual Report 1959-1960*, 1960. Columbia University, C. V. Starr East Asian Library, Director's Office.

(76) [Columbia University], *East Asiatic Library Annual Report 1961-1962*, 1962. Columbia University, C. V. Starr East Asian Library, Director's Office.

(77) 名前がEast Asian Library (Asiatic→Asian) と変わる (*Annual Report of the East Asian Library: 1961-1962*, 1962. Columbia University, C. V. Starr East Asian Library, Director's Office)。

(78) Shigeru Yoshida, Letter to Grayson Kirk, May 29, 1952. Columbia University, Low Library, University Archives.

(79) 池田勇人「訪米を記念し、コロンビア大学東亜図書館に贈る」(1961年6月23日、甲斐美和提供)。

(80) 甲斐美和。著者による聞取り、2002年5月26日-。

(81) [Columbia University], *Annual Report 1965-66*, 1966. Columbia University, C. V. Starr East Asian Library, Director's Office.

(82) Charles W. Mixer, *East Asian Library: Annual Report for the Year 1966-67*, 1967. Columbia University, C. V. Starr East Asian Library, Director's Office.

(83) Donald Keene, Interview by the author, April 19, 2005.

(84) Miwa Kai, *East Asian Library: Japanese Section Annual Report, 1967-1968*, 1968. Columbia University, C. V. Starr East Asian Library, Director's Office.

(85) [Columbia University], *Japanese Section Annual Report 1968-69*, 1969. Columbia University, C. V. Starr East Asian Library, Director's Office.

(86) 青木利行「イエンチン図書館について」(『人文会ニュース』1992年9月)。

(87) W. Theodore De Bary, "A Tribute to Ryusaku Tsunoda," *Ryusaku Tsunoda Sensei,* [Columbia University], p. 9.

(88) Andrew B. Wertheimer, Japanese American Community Libraries in America's Concentration Camps, 1942-1946, Dissertation, Madison: University of Wisconsin-Madison, 2004.

(89) 浅野七之助『在米四〇年　私の記録』(有紀書房、1962年3月)。

(90) Allen Eaton, *Beauty Behind Barbed Wire*, New York: Harper & Bro., 1952.

第三章

(1) Navy Intelligent School Anacostia, *Words at War: The Story of Navy Language School*, 1949. University of Colorado at Boulder, Archives.

(2) Cedric Larson, "Book Across the Sea: Libraries of OWI," *Wilson Library Bulletin* 25(6), 1951, p.433.

(3) エリザベス・マッキンノンは、この章でも登場するデンゼル・カーと後に結婚して姓が

変わり、現在はエリザベス・マッキンノン・カーとなっている。

(4) "Navy Men Learn Japanese in Year," *New York Times*, December 12, 1943.

(5) "Japanese Language Forged Into Vital," *Daily Camera* (Boulder, Colorado), August 28, 1943.

(6) [University of Colorado], *USN and USMC Language Officers in Japan*, 1910. University of Colorado at Boulder, Archives.

(7) Navy Intelligent School Anacostia, *Words at War: The Story of Navy Language School*, 1949. University of Colorado at Boulder, Archives.

(8) 同上。

(9) A. E. Hindmarsh, *Navy School of Oriental Languages,* 1944. University of Colorado at Boulder, Archives.

(10) 同上。

(11) Edward Seidensticker, Letter to Susumu Nakamura, April 23, 1975. University of Colorado at Boulder, Archives.

(12) Hyakuzo Kurata, *The Priest and His Disciples : a play*, translated by Glenn W. Shaw, Tokyo : Hokuseido, 1922. R. Akutagawa, *Short Stories*, translated by Glenn W. Show, Tokyo: Hokuseido Press, 1938.

(13) Navy Intelligent School Anacostia, *Words at War: The Story of Navy Language School*, 1949. University of Colorado at Boulder, Archives.

(14) The Chief of the Bureau of Navigation, [Contract], April 26, 1941. University of Colorado at Boulder, Archives.

(15) [University of Colorado], *The Navy Japanese Language School* n.d. University of Colorado at Boulder, Archives.

(16) Serge Elisséeff, and Edwin O. Reischauer, *Elementary Japanese for University Studies: Vocaburaries, Grammer and Notes*, Cambridge: Harvard-Yenching Institute, 1941.

(17) A. E. Hindmarsh, *Navy School of Oriental Languages*, 1944. University of Colorado at Boulder, Archives.

(18) [University of California, Berkeley], *Florence Walne Farquer, University of California In Memoria*, 1946. University of Colorado at Boulder, Archives.

(19) Richard Rudolph, *Creating an Oriental Languages Department and Library*, Interviewed with Kenneth D. Klein, Oral History Program UCLA, Los Angeles: UCLA, 1985, p.32.

(20)『米国日系人百年史』(新日米新聞社、1961年12月) 294頁。

(21) [U. S. Navy], U. S. Navy Language School Contract, June 6, 1942. University of Colorado at Boulder, Archives.

(22) L. E. Denfeld, [Contract with The University of Colorado], December 21, 1942. University of Colorado at Boulder, Archives.

(23) Navy Intelligent School Anacostia, *Words at War: The Story of Navy Language School*, 1949. University of Colorado at Boulder, Archives.

(24) 同上。

(25) James A. MacAlpine, *Navy School of Oriental Languages Okrahoma Agricultural and Mechanical College*, July 1, 1946. University of Colorado at Boulder, Archives.

(26) [University of California, Berkeley], *Horrace W. Carpentier endowment fund*, n. d. University of California, Berkeley, Bancroft Library.

(27) Yoshi S. Kuno, [Memorandum on Japanese book lists], July 1921. University of California, Berkeley, Bancroft Library.

(28) Richard Rudolph, *Creating an Oriental Languages Department and Library*, Interviewed with Kenneth D. Klein, Oral History Program UCLA, Los Angeles: UCLA, 1985, p.35.

(29) Ferdinand Lessing, Letter to Monroe E. Deutch, January 19, 1936. University of California, Berkeley, Bancroft Library.

(30) [University of California, Berkeley], Statistics of Serials Received during the Year 1932-1939, Inclusive with distinction of country and number, 1939. University of California, Berkeley, Bancroft Library.

(31) Elizabeth Huff, *East Asiatic Library University of California Berkeley Author-Title and Subject Catalogue*, Massachusetts: G. K. Hall & Co. Publications, 1977.

(32) Elizabeth Huff, *Teacher and Founding Curator of The East Asiatic Library : From Urbana to Berkeley by Way of Peking: an Interview*, Berkley: Bancroft Library, University of California, Regional Oral History Office, 1977.

(33) George M. Beckmann, "Far Eastern Collections in the East Asiatic Library of the University of California," *Far Eastern Quarterly* 14(3), May 1955.

(34) [University of California, Berkeley], *Memorandum on Conversation with David H. Stevens, Rockfeller Foundation*, January 29, 1946. University of California, Berkeley, Bancroft Library.

(35) Donald Coney, Letter to Librarians on the East Coast: Oriental Language Material, September 9, 1947. University of California, Berkeley, Bancroft Library.

(36) Elizabeth Huff, Letter to Donald Coney, May 1, 1950. University of California, Berkeley, Bancroft Library.

(37) Bradley Winterton, "University's Rare Book Collections Speak Volumes," *Taipei Times*, June 9, 2002, p.24.

(38) Elizabeth Huff, Letter to Donald Coney, October 24, 1949. University of California, Berkeley, Bancroft Library.

(39) [University of California, Berkeley], *Notable Materials Added to the Library of California Berkeley 1950/1/1-1954/12/31*, 1955. University of California, Berkeley, Bancroft Library.

(40) Charles E. Hamilton, Letter to Richard G. Irwin, February 27, 1951. University of California, Berkeley, Bancroft Library.

(41) 鈴木知太郎・安井久善・杉谷寿郎「アメリカ合衆国訪書目録」(『語文』41号、1976年7月)。前田金五郎「在外江戸文学」(『専修国文』30号、1982年1月)、「カリフォルニア大学バークレー校蔵明和雑録紹介」(『混沌』6号、1974年)。長谷川強「海外資料調査旧三井文庫本三井コレクションの研究」(『国文学研究資料館報』22号、1984年3月)。長谷川強・渡辺守邦・伊井春樹・日野龍夫「カリフォルニア大学バークレー校旧三井文庫写本目録稿」(『調査研究報告』5号、1984年3月)。

(42) Richard H. Holton, and Bonnie C. Wade, Letter to Martin A. Trow, November 15, 1985. University of California, Berkeley, Bancroft Library.

(43) Oka Masahiko, "The Mitsui Collection at the University of California, Berkeley," *The Japan Foundation News Letter* 15 (5-6), 1977.

(44) [University of California, Berkeley], *Institute of East Asiatic Studies: Plans for Future Development*, March 16, 1951. University of California, Berkeley, Bancroft Library.

(45) [University of California, Berkeley], *East Asiatic Library: Scarpino Conversation*, February 1, 1957. University of California, Berkeley, Bancroft Library.

(46) Donald H. Shively, Letter to Harry Kendall, December 2, 1985. このプロジェクトによって目録が刊行されている(岡雅彦・児玉史子・戸沢幾子・石松久幸編『加州大学バークレー校所蔵江戸版本書目』ゆまに書房、1990年3月)。

(47) 中井万知子「カリフォルニア大学バークレー校　「三井プロジェクト」終了」(『カレントアウェアネス』119号、1989年7月)。

(48) Willam J. Hudson, Jr., *My Adventure in the United States Navy 1942-1946*, n. d. University of Colorado at Boulder, Archives.

(49) A. E. Hindmarsh, *Navy School of Oriental Languages*, 1944. University of Colorado at Boulder, Archives.

(50) Irwin L. Slesnick, and Carole E. Slesnick, *Kanji & Codes: Learning Japanese for World War II*, 2006, p.103.

(51) A. E. Hindmarsh, *Navy School of Oriental Languages*, 1944. University of Colorado at Boulder, Archives.

(52) Navy Intelligent School Anacostia, *Words at War: The Story of Navy Language School*, 1949. University of Colorado at Boulder, Archives.

(53) A. E. Hindmarsh, *Navy School of Oriental Languages*, 1944. University of Colorado at Boulder, Archives.

(54) Navy Intelligent School Anacostia, *Words at War: The Story of Navy Language School*, 1949. University of Colorado at Boulder, Archives.

(55) "General Statistics," A. E. Hindmarsh, *Navy School of Oriental Languages: History, Organization, and Administration*, 1944. University of Colorado at Boulder, Archives.

(56) メスキル海軍少尉「五月の卒業を前にして」(『The Flat Irony』3号、1946年4月)。

(57) University of Colorado, Archives, *Roger Pineau*, University of Colorado at Boulder, Archives.

(58) University of Colorado, Archives, *Willam J. Hudson*, University of Colorado at Boulder, Archives.

(59) A. E. Hindmarsh, *Navy School of Oriental Languages*, 1944. University of Colorado at Boulder, Archives.

(60) Dorothy Eggert, *East Asiatic Collection Annual Report*, 1943. Columbia University, C. V. Starr East Asian Library, Director's Office.

(61) 美羅海軍少尉「教育に対する攻撃」(『The Flat Irony』1号、1946年2月)。

(62) 日本語をローマ字化する動きについては、アメリカから招聘された教育使節団が、1946年3月にマッカーサーに提示した日本における教育改革方針にも盛り込まれ、同年の日米の新聞でもとりざたされていた問題である。この動向については、茅島篤「国字ローマ字化五ヵ年計画」(『工学院大学共通課程研究論叢』38巻2号、2001年)、同「ロバート・K・ホールの日本語改革についての一考察」(『アジア文化研究』6号、1999年6月)、「教育使節団のローマ字採用勧告への影響についての一考察」(『アジア文化研究』5号、1998年6月)に詳しい。

(63) 美羅海軍少尉「新日本の進路発見」(『The Flat Irony』3号、1946年4月)。

(64) 西原ゆき「愛する海軍士官の皆さんに幸いあれ!!!」(『The Flat Irony』3号、1946年4月)。

(65) 宣伝ビラに関してはコロラド大学のアーカイブズにも見いだすことができる(Navy Intelligent School Anacostia, *Words at War: The Story of Navy Language School*, 1949)。また、以下の研究にも多数言及・収録されている。鈴木明・山本明編著『秘録・謀略宣伝ビラ　太平洋戦争の“紙の爆弾”』(講談社、1978年)、大田昌秀『沖縄戦下の米日心理作戦』(岩波書店、2004年12月)。

(66) Irwin L. Slesnick, and Carole E. Slesnick, *Kanji & Codes: Learning Japanese for World War II*, 2006, Preface.

(67) こうした例としては、日本をアジアの解放者に見立てたプロパガンダ映画『桃太郎海の神兵』(監督瀬尾光世、企画海軍省報道部、1944年)が著名。桃太郎像の変化をおった研究として滑川道夫『桃太郎像の変容』(東京書籍、1981年3月)もある。

(68) [ATIS], *Brief History of ATIS Wartime Activities*, June 18, 1947. National Archives at College Park, Maryland.

(69) ATISの刊行物としては以下のものがある(同上)。*ATIS Publications, ATIS Bulletins, ATIS Inventories, ATIS Spot Reports, ATIS Current Translations, ATIS Enemy Translations, ATIS Interrogation Reports, ATIS Research Reports, Philippine Series Bulletin, Limited Distribution Reports, Advanced Echelon Reports, Philippine Series Translations, Interrogation Spot Reports, Miscellaneous*.

(70) ATIS SCAP, *Brief History of ATIS Wartime Activities*, June 18, 1947. National Archives at College Park, Maryland.

(71) 同学校作成の報告書では、卒業生の仕事として注目すべきものとして、*The Dictionary of*

Japanese Military and Technical Terms と *The Gazeteer of Japanese Place Names* があげられている（Navy Intelligent School Anacostia, *Words at War: The Story of Navy Language School*, 1949. University of Colorado at Boulder, Archives）。

(72) A. E. Hindmarsh, Memorandum to Lieutenant Colonel R. A. Boone, November 20, 1942. University of Colorado at Boulder, Archives.

(73) Robert John Matthew, *Language and Area Studies in the Armed Services: Their Future Significance*, n.p.: American Council on Education, n.d. University of Colorado at Boulder, Archives.

(74) ハーバート・パッシン『米陸軍日本語学校』（加藤英明訳、TBSブリタニカ）76頁。

(75) 同。

(76) ブルース・カミングス『朝鮮戦争の起源』（鄭敬謨・林哲訳、シアレヒム社、1989年2月）201頁。

(77) Navy Intelligent School Anacostia, *Words at War: The Story of Navy Language School,* 1949. University of Colorado at Boulder, Archives.

(78) John F. Embree, *A New Series of Courses on the Japanese People: Their Social Organization and Culture*, 1944, Cornell University, Division of Rare and Manuscript Collection.

(79) [University of Michigan], *Final Report of the Civil Affairs Training Program: Far East (Japan)*, December 15, 1945. University of Michigan, Bentley Historical Library.

(80) Fred Eggan, Letter to Earnest C. Colwell, August 1, 1945. University of Chicago, Special Collections Research Center.

(81) Japanese Language School, Michigan, *Japanese Language Program: University of Michigan, Yamagiwa, World War II*, Volume V, Michigan: University of Michigan, University Lithoprinters, Ypsilanti, 1945.

(82) John F. Embree, [Prints for a lecture], 1944, Cornell University, Division of Rare and Manuscript Collection.

(83) 同上。

(84) Fred Eggan, Letter to Earnest C. Colwell, August 1, 1945. University of Chicago, Special Collections Research Center.

(85) G. Raymond Nunn, *Oriental Collections at the University of Hawaii: Survey and Recommendation*, January 31, 1961. University of Hawaii, Archives and Manuscripts.

(86) David T. Thackery, "The Far Eastern Library of the University of Chicago 1936-1978," Thesis, Chicago: University of Chicago, June 1983.

(87) Harold L. Leupp, Letter to Robert Gordon Sproul, March 22, 1943. University of California, Berkeley, Bancroft Library.

(88) Howard H. Moore, Letter to Herman H. Fussler, November 11, 1952. University of Chicago, Special Collections Research Center.

(89) Berthold Laufer, *Descriptive Account of The Collection of Chinese, Tibetan, Mongol,*

and Japanese Books in the New Berry Library: East Asiatic Collection, Chicago: New berry Library, [1952].

(90) 神田信夫「欧米現存の満州語文献」(『東洋学報』48巻2号、1966年2月)、石田幹之助「欧米に於ける漢籍の蒐集」(『欧米に於ける支那研究』創元社、1942年6月)。

(91) T. H. Tsien, Letter to Herman H. Fussler, November 11, 1963. University of Chicago, Special Collections Research Center.

(92) David T. Thackery, "The Far Eastern Library of the University of Chicago 1936-1978," Thesis, Chicago: University of Chicago, June 1983, p.22.

(93) ジェイムズ・モリタ『アメリカの中の日本』(大学教育出版、2003年8月) 103頁。

(94) 中川秀彌「シカゴ大学極東図書館に勤務して」(『国立図書館月報』123号、1971年6月)。

(95) [University of Chicago], *Far Eastern Library*, June 1, 1961. University of Chicago, Special Collections Research Center.

(96) T. H. Tsien, Letter to Herman H. Fussler, November 11, 1963. University of Chicago, Special Collections Research Center.

(97) [University of Chicago], *Annual Report of the Far Eastern Library for 1963-64: General Statements from the Manual of the Far Eastern Library*, 1964. University of Chicago, Special Collections Research Center.

(98) [University of Chicago], *Annual Report of the Far Eastern Library for 1965-1966*, 1966. University of Chicago, Special Collections Research Center.

(99) T. H. Tsien, *Extraordinary Needs of the Far Eastern Library for 1966-1968*, October 25, 1966. The University of Chicago, Special Collections Research Center.

(100) T. H. Tsien, *A Report on the Far Eastern Library For 1968-69*, November 19, 1969. University of Chicago, Special Collections Research Center.

(101) David T. Thackery, "The Far Eastern Library of the University of Chicago 1936-1978," Thesis, Chicago: University of Chicago, June 1983.

(102) Katie Cumpsten, "Know Your Ally-Japan: The Role of Navy Language School Alumni in Establishing Japan Studies in America," December 2, 2005. University of Colorado at Boulder, Archives.

(103) オーテス・ケーリ編著『アジアの荒地から』(要書房、1952年) まえがき。

(104) ウォレン・ツネイシ「ある二世の「戦前」体験」(『OCS NEWS』527号、1996年5月10日)。

(105) オーテス・ケーリ編著『アジアの荒地から』(要書房、1952年) 2頁。

第四章

(1) Harold L. Leupp, Letter to Robert Gordon Sproul, April 29, 1943. University of California, Berkeley, Bancroft Library.

(2) 松島栄一「国宝流出」(『展望』1951年9月)。

(3) 岡村敬二『遺された蔵書』(阿吽社、1994年12月) 102頁。

(4) 松本剛『略奪した文化』(岩波書店、1993年5月) 96頁。

(5) A. W. Hummel, "Division of Orientalia," *Annual Report of the Librarian of Congress, for the Fiscal Year Ended June 30, 1939*, 1940.

(6) [Columbia University], *Report on 1940-1942*, 1942. Columbia University, C. V. Starr East Asian Library, Director's Office.

(7) Mary P. Pringle, *University of Hawaii Library: Statement for the Year Ending June 30, 1943*, 1943. University of Hawaii, Archives and Manuscripts. Kanichi Asakawa, *To the Committee on the Far East* 21 X, 1937. Yale University, Manuscript and Archives.

(8) 沖田行司『ハワイ日系移民の教育史』(ミネルヴァ書房、1997年1月)、やアサト・ノリコの研究 (Noriko Asato, *Teaching Mikadoism*, Honolulu: University of Hawaii Press, 2006.) を参照。

(9) Fredrick D. Sharp, Letter to Director of Libraries, 15 September, 1942. The University of Michigan, Bentley Historical Library.

(10) ジョン・シャイヴリーはハワイ大のアジア言語学科で修士号を得た後、コロンビア大学在学中に海兵隊情報部にリクルートされている。米議会図書館のこの業務の後、GHQ / SCAPでの勤務を経てCIAに移った (John R. Shively, "BIJ; COL, USMCR; CIA, 1910-2005," *Interpreter: Archives, University of Colorado at Boulder Libraries*, 114, August 1, 2007)。

(11) 日本でのジョン・シャイヴリーの滞在は6ヵ月を越えない予定であり、彼の滞在中は各大学は代表者を送れないという条件となっていた (Luther H. Evans, Letter to Donald Coney, August 1, 1947. University of California, Berkeley, Bancroft Library)。

(12) John R. Shively, *Library of Congress Representative in Japan, Report 1: Gift and Exchange of Publications*, November 1, 1947. University of Hawaii, Archives and Manuscripts.

(13) John H. Shively, *Library of Congress Representative in Japan, Report 2: Purchase of Publications*, December 29, 1947. Northwestern University, University Archives.

(14) 清水文吉『本は流れる』(日本エディタースクール出版部、1991年12月)。

(15) 荘司太郎『私家版・日配史』(出版ニュース社、1995年11月) 254頁。

(16) Association of Research Libraries, *ARL Committee on Post War Competition in Book Purchase*, December 12, 1944. University of Illinois at Urbana-Champaign, University of Illinois Archives.

(17) Robert B. Downs, "Wartime Co-Operative Acquisitions," *The Library Quarterly* 19(3), July 1949.

(18) Luther H. Evans, Letter to R. B. Downs, December 18, 1945. University of Illinois at Urbana-Champaign, University of Illinois Archives.

(19) Robert B. Downs, "Wartime Co-Operative Acquisitions," *The Library Quarterly* 19(3), July 1949.

(20) 同上。

(21) Joseph E. Hall, *Annual Report of the Cooperative Acqusitions Project in the*

Processing Department of the Library of Congress, June 30, 1947. University of Illinois at Urbana-Champaign, University of Illinois Archives.

(22) 合意書によれば、米議会図書館によってつくられた図書館合同施設の運営に際して、フーバー図書館が独自に人を送ることが同意されている（V. W. Clapp, R. B. Downs, and A. C. Eurich, [Agreement], February 12, 1946. University of Illinois at Urbana-Champaign, University of Illinois Archives）。

(23) エヴァンスは、合意書が交わされてはいるものの、ロバート・ダウンズも米議会図書館のヴァーナー・クラップも反対であったことを述べている（Luther H. Evans, [Memorandum], February 26, 1946. University of Illinois at Urbana-Champaign, University of Illinois Archives）。

(24) P. D. Perkins, Letter to Shio Sakanishi, November 23, 1939. Library of Congress, Asian Reading Room.

(25) 木村正明「GHQ　権力と構造」（思想の科学研究会編『日本占領軍　その光と影』上巻、現代史出版会、1978年8月）。

(26) Charles E. Tuttle, Letter to Effie A. Keith, January 4, 1947. Northwestern University, University Archives.

(27) 例えば、東京で国際文化振興会の青木、樺山らと会ったことが坂西宛の手紙でふれられている（P. D. Perkins, Letter to Shio Sakanishi, August 15, 1935. Library of Congress, Asian Reading Room）。また、京都での図書収集活動や坂西の翻訳活動を紹介していることが別の書簡からうかがえる（P. D. Perkins, Letter to Shio Sakanishi, December 4, 1935. Library of Congress, Asian Reading Room）。

(28) 図書カードの販売開始の連絡とそのサンプルは各大学に送られている。プリンストン大学のギャスキルに宛てられた書簡と、タトルのこの活動にふれたブラウンの報告を引いておく（Charles E. Tuttle, Letter to Gussie E. Gaskill, July 19, 1949. Cornell University, Division of Rare and Manuscript Collection. Charles H. Brown, *Members of the NCOC on the US and Abroad*, March 10, 1949. Yale University, Manuscript and Archives）。

(29) 日本出版貿易株式会社『創業三十年の回顧録』（日本出版貿易株式会社、1972年1月）。

(30) 望月政治『わが国出版物輸出の歴史』（日本出版貿易株式会社、1971年4月）56頁。

(31) Charles E. Tuttle, Letter to K. C. Leebrick, September 10, 1948. University of Hawaii, Archives and Manuscripts.

(32) タトルが市場価格よりも4、5倍も高い値で売ることとなっている理由については、東内の書簡からもうかがえる（Yoshio Higashiuchi, Letter to Nobutake Ike, March 11, 1952. Stanford University, Hoover Institute Library and Archives）。また、甲斐も当時のタトルやパーキンスの販売価格が高かったことを記憶している（甲斐美和。著者による聞取り、2002年5月26日-）。

(33) U. S. Navy, *U. S. Navy Language School Contract*, June 6, 1942. University of Colorado at Boulder, Archives.

(34) Tokyo Office of the Hoover Library, *Summary of the Activities of the Tokyo Office of*

the Hoover Library: November 1945-December 1947, 1948. Stanford University, Hoover Institute Library and Archives.

(35) 同上。

(36) 同上。

(37) Yoshio Higashiuchi, *Activity of the Tokyo Office of the Hoover Library for 1947*, January 28, 1948. Stanford University, Hoover Institute Library and Archives.

(38) Ike Nobutaka, Letter to Kenneth W. Colegrove, January 2, 1946. Northwestern University, University Archives.

(39) Tokyo Hoover Library Advisory Committee, *Minute of the Tenth Meeting*, December 19, 1949. Stanford University, Hoover Institute Library and Archives.

(40) Yoshio Higashiuchi, *Activities of the Tokyo Office of the Hoover Institute and Library on War, Revolution and Peace: January-June 1950*, July 1, 1950. Stanford University, Hoover Institute Library and Archives.

(41) 原田日記については幾度か東京オフィスと図書館との間でやりとりがなされている(Harold H. Fisher, Letter to Yoshio Higashiuchi, December 16, 1947. Stanford University, Hoover Institute Library and Archives. Harold H. Fisher, Letter to Hubert G. Schenck, March 31, 1949. Stanford University, Hoover Institute Library and Archives)。

(42) Tokyo Hoover Advisery Committee, *Minute of the Second Meeting*, January 28, 1948. Stanford University, Hoover Institute Library and Archives.

(43) Nobutaka Ike, Letter to Yoshio Higashiuchi, September 12, 1950. Stanford University, Hoover Institute Library and Archives.

(44) 竹林晶子「米国における日本近現代政治関係の個人史料」(『参考書誌研究』63号、2005年10月)。有馬学・中野等・松原孝俊「スタンフォード大学フーバー研究所所蔵日本関係史料目録 」(『東アジアと日本』2号、2005年2月)がある。なお、所蔵の古典籍についても以下の目録があるが、これらの古典籍は占領期の購入ではない。粕谷宏紀「スタンフォード大学フーバー研究所East Asian Collection蔵「江戸時代版本」目録」上・下、78-80号、1990年3月、1990年11月)。

(45) Yoshio Higashiuchi, Letter to Nobutaka Ike, March 11, 1952. Stanford University, Hoover Institute Library and Archives.

(46) Yoshio Higashiuchi, Letter to Harold H. Fisher, March 17, 1952. Stanford University, Hoover Institute Library and Archives.

(47) Donald R. Nugent, Letter to Harold H. Fisher, March 17, 1952. Stanford University, Hoover Institute Library and Archives.

(48) フィッシャーの手紙は、ブラウン(Harold H. Fisher, Letter to Delmer Brown, February 13, 1948. Stanford University, Hoover Institute Library and Archives)以外に、10日から13日にかけて同文で複数送られている(Letter to Yamato Ichihashi, Payson J. Treat, George Kerr, Arthur Wright, James T. Watkins IV, Claude A. Buss, George Mccune)。

(49) Japanese Foreign Office, *Bibliography of Representative Writings on Japanese*

Culture and Science（外務省情報部『日本代表圖書文献』外務省情報部渉外課文化班、1947年3月）。

(50) Tokyo Office of the Hoover Library, *Activities of the Tokyo Office of the Hoover Institute and Library on War, Revolution and Peace, for 1948*, January 28, 1948. Stanford University, Hoover Institute Library and Archives.

(51) Yoshio Higashiuchi, *Activities of the Tokyo Office of the Hoover Institute and Library on War, Revolution and Peace: January-June 1949*, July 1, 1949. Stanford University, Hoover Institute Library and Archives.

(52) Yoshio Higashiuchi, *Tokyo Hoover Library Advisory Committee: Minute of the Fifteenth Meeting*, September 27, 1950. Stanford University, Hoover Institute Library and Archives.

(53) Tokyo Hoover Library Advisory Committee, *Minute of the Tenth Meeting*, December 19, 1949. Stanford University, Hoover Institute Library and Archives.

(54) Yoshio Higashiuchi, *Tokyo Hoover Institute and Library Advisory Committee: Minute of the Sixth Meeting*, December 20, 1948. Stanford University, Hoover Institute Library and Archives.

(55) Tokyo Hoover Advisery Committee, *Minute of the Eighteenth Meeting*, July 27, 1951. Stanford University, Hoover Institute Library and Archives.

(56) Yoshio Higashiuchi, Letter to Harold H. Fisher, July 28, 1948. Stanford University, Hoover Institute Library and Archives.

(57) Mary C. Wright, Letter to Harold H. Fisher, July 2, 1948. Stanford University, Hoover Institute Library and Archives. Yoshio Higashiuchi, Letter to Mary C. Wright, May 19, 1949. Stanford University, Hoover Institute Library and Archives.

(58) 東内はハーバード大学やイリノイ大学が国会図書館に対して、民間情報教育局のニュージェントをとおして図書交換を始めたこと、つい最近も、この２つの機関が1000冊以上の重複出版物を交換のために送っている点について言及している（Yoshio Higashiuchi, Letter to Mary C. Wright, June 8, 1949, Stanford University, Hoover Institute Library and Archives）。

(59) 図書寄贈が日本の図書館とパイプをつくる有効な方法となることを、シェンクは大学に書き送っている（Hubert G. Schenck, Letter to Hobert Young, July 8, 1947. Stanford University, Hoover Institute Library and Archives）。また、後に東内は、西日本の各大学から数百ドル相当の図書の寄贈を受けたので、お返しにスタンフォード大学からも寄贈図書を送るよう要請している（Yoshio Higashiuchi, Letter to Harold H. Fisher, December 6, 1948. Stanford University, Hoover Institute Library and Archives）。

(60) Richard Rudolph, *Creating an Oriental Languages Department and Library*, Interviewed with Kenneth D. Klein, Oral History Program UCLA, Los Angeles: UCLA, 1985.

(61) Chitoshi Yanaga, Letter to Donald Wong, August 4, 1947. Yale University, Manuscript and Archives.

(62) Yoshio Higashiuchi, Letter to Nobutaka Ike, September 27, 1950. Stanford University, Hoover Institute Library and Archives.

(63) Yoshio Higashiuchi, Letter to Nobutaka Ike, May 26, 1951. Stanford University, Hoover Institute Library and Archives.

(64) Yasaka Takagi, *A Survey of Japanese Studies in the Universities and Colleges of the United States*, Honolulu: Institute of Pacific Relations, Hawaii 1935, p.13.

(65) Ike Nobutaka, *The Hoover Institution Collection on Japan: Collection Survey 3*, Palo Alto: National Press, 1958, p.9.

(66) John T. Ma, *Year End Report: to Richard F. Staar*, September 14, 1973. Stanford University, Hoover Institute Library and Archives.

(67) [Stanford University], *Annual Report of the East Asian and Western Language Collection*, June 30, 1974. Stanford University, Hoover Institute Library and Archives.

(68) これは74年の年次報告に出ている（[Stanford University], *Annual Report of the East Asian and Western Language Collection*, June 30, 1974. Stanford University, Hoover Institute Library and Archives)。また、この米議会図書館からの図書については、1977年に広島大学の中川剛が調査を行ない、部分的にリスト化したとの記録がある（[Stanford University], *Annual Report of the East Asian and Western Language Collection*, June 30, 1977. Stanford University, Hoover Institute Library and Archives)。

(69) [Stanford University], *Annual Report of the East Asian and Western Language Collection*, June 30, 1978. Stanford University, Hoover Institute Library and Archives.

(70) Raymon H. Mayers, *Annual Report of the East Asian and Western Language Collection*, June 30, 2001. Stanford University, Hoover Institute Library and Archives.

(71) Donald Coney, Letter to Peter A. Boodberg, November 12, 1945. University of California, Berkeley, Bancroft Library.

(72) ロックフェラー財団は即効性のある外国語教育への投資として25万ドルを準備し、地域研究コースとして、バークレー、ワシントン、コロラド、スタンフォード、クレアモントの各大学に5万ドルの支援を行なった（[University of California, Berkeley], *Memorandum on conversation with David H. Stevens, Rockfeller Foundation*, January 29, 1946. University of California, Berkeley, Bancroft Library)。詳しくは地域研究について論じた第七章を参照。

(73) Donald Coney, Letter to Robert Gordon Sproul, April 20, 1948. University of California, Berkeley, Bancroft Library.

(74) 同上。

(75) Donald Coney, Letter to Robert Gordon Sproul: Professor Brown's Japanese Book Buying Trip, December 29, 1948. University of California, Berkeley, Bancroft Library.

(76) Delmer M. Brown, Letter to Donald Coney, December 14, 1948. University of California, Berkeley, Bancroft Library.

(77) Elizabeth McKinnon Carr, Interview by the author, December 3, 2005-.

(78) 伊藤整『伊藤整全集 六巻』(新潮社、1972年8月) 135頁。
(79) Elizabeth McKinnon Carr, Interview by the author, December 3, 2005-.
(80) 苫米地英俊「切々たる願い今や達せらる」(『緑丘』57号、1967年9月、1965年7月号からの再掲載)。
(81) Elizabeth Huff, Letter to Donald Coney: Miss McKinnon's Trip to Japan, March 10, 1949. University of California, Berkeley, Bancroft Library.
(82) Susumu Uchiyama, Letter to Librarian, August 23, 1948. University of California, Berkeley, East Asian Library, Archives.
(83) 川島五三郎「跋にかへ本書目録編纂経過を述ぶ」(村上濱吉『明治文学書目』村上文庫、1937年4月)。
(84) Elizabeth Huff, Letter to Elizabeth McKinnon, December 13, 1948. University of California, East Asian Library, Archives.
(85) Donald Coney, Letter to Elizabeth McKinnon: McKinnon's Trip to Japan, March 10, 1949. University of California, Berkeley, Bancroft Library.
(86) Charles Tuttle, Letter to Elizabeth McKinnon, April 22, 1949. University of California, Berkeley, East Asian Library, Archives.
(87) Elizabeth Huff, Letter to Donald Coney: Miss McKinnon's Trip to Japan, March 10, 1949. University of California, Berkeley, Bancroft Library.
(88) 鶚軒コレクションのうち漢詩文は1950年に国会図書館が購入、また、バークレー以外にも東京大学がコレクションの一部を所蔵している。
(89) 名古屋の鶴舞中央図書館所蔵の深山文庫も、この今関の旧蔵書から来た版本のコレクションを所蔵している。これは戦後の古書店からの購入による。
(90) [University of California, Berkeley], *Draft of Press Release by the University*, November 16, 1950. University of California, Berkeley, Bancroft Library.
(91) Elizabeth Huff, *Mitsui Library: Appendix A*, July 18, 1949. University of California, Berkeley, Bancroft Library.
(92) Elizabeth Huff, *Teacher and Founding Curator of the East Asiatic Library : from Urbana to Berkeley by way of Peking, an Interview*, Berkeley: Bancroft Library, University of California, Regional Oral History Office, 1977.
(93) Elizabeth McKinnon Carr, Interview by the Author, December 3, 2005-.
(94) Robert Gordon Sproul, Letter to Douglas MacArthur, August 10, 1949. University of California, Berkeley, Bancroft Library.
(95) Douglas W. Bryant, Letter to Russel W. Barthell, September 19, 1949. University of California, Berkeley, Bancroft Library.
(96) Douglas W. Bryant, Letter to Robert Gordon Sproul, July 26, 1949. University of California, Berkeley, Bancroft Library.
(97) Elizabeth Huff, *Teacher and Founding Curator of the East Asiatic Library: from Urbana to Berkeley by way of Peking, an Interview*, Berkeley : Bancroft Library,

University of California, Regional Oral History Office, 1977, p.175.

(98) エレノア・ハドレー『日本財閥の解体と再編成』(小原敬士・有賀美智子訳、東洋経済新報社、1973年3月)、同『財閥解体　GHQエコノミストの回想』(田代やす子訳、東洋経済新報社、2004年7月)。

(99) Donald Coney, Letter to Robert Gordon Sproul, March 11, 1950. University of California, Berkeley, Bancroft Library.

(100) Marion A. Milczewski, *Report to Robert Gordon Sproul,* February 20, 1951. University of California, Berkeley, Bancroft Library.

(101) Oka Masahiko, "The Mitsui Collection at the University of California, Berkeley," *The Japan Foundation News Letter* 15(5-6), 1977.

(102) 秋山ひさ「外山正一とミシガン大学」(『神戸女学院大学』84号、1982年7月)。

(103)「ミシガン大学日本研究所の構想」(『山陽新聞』1951年4月1日)には、この研究所が、当分のあいだ前田多門によって援助を受けることが述べられている。

(104) Robert E. Ward, "Reflection on the Origins of the Center for Japanese Studies: A Tribute to Robert Burnett Hall," Center for Japanese Studies, University of Michigan, ed., *Japan in the World, the World in Japan*, Ann Arbor: University of Michigan, 2001.

(105) [University of Illinois], *Biographical Information: Joseph K. Yamagiwa*, 1969. University of Illinois at Urbana-Champaign, University of Illinois Archives.

(106) [University of Illinois], *The Joseph Yamagiwa Book Collection*, 1969. University of Illinois at Urbana-Champaign, University of Illinois Archives, 1969.

(107) Robert B. Hall, "Area Studies with Special Reference to Their Implications from Research in the Social Sciences," *Social Science Research Council Pamphlet* No. 3, 1947.

(108) Robert E. Ward, "Reflection on the Origins of the Center for Japanese Studies: A Tribute to Robert Burnett Hall," Center for Japanese Studies, University of Michigan, ed., *Japan in the World, the World in Japan*, Ann Arbor: University of Michigan, 2001.

(109) このシリーズからは、人類学、経済学、歴史学といった広い範囲の文献目録が出されている(R. E. Ward, *Bibliography of Political Science*, 1950. R. H. Brower, *Bibliography of Japanese dialects*, 1950. Beardsley, *Bibliography of Archaeology, Ethnology*, 1950. J. W. Hall, *Bibliography of History*, 1954. C. F. Ramer, *Bibliography of Economics*, 1956. R. B. Hall, *Bibliography of Geography*, 1956)。

(110) Joseph K. Yamagata, *Center for Japanese Studies, Administrative Committee: Minutes for Meeting*, February 26, 1948.

(111) ダウンズの書簡によると、この時期福田は長野県小布施村の新生療養所で静養している(R. B. Downs, Letter to R. K. Start, April 19, 1950. University of Illinois at Urbana-Champaign, University of Illinois Archives)。

(112) Robert B. Hall, Letter to Charles E. Tuttle, March 18, 1949. University of Michigan, Bentley Historical Library.

(113) Warner G. Rice, Letter to Charles E. Tuttle, April 14, 1949. University of Michigan,

Bentley Historical Library.
(114)［ミシガン大学］「ミシガン大学倶楽部会員名簿　ミシガン・メモリアル・フィーニック・プロゼイクト資金募集委員名」(1950年9月、University of Michigan, Bentley Historical Library)。
(115) Charles H. Brown, Letter to Joseph K. Yamagiwa, May 4, 1948. University of Michigan, Bentley Historical Library.
(116) Joseph K. Yamagiwa, and Charles H. Brown, *Organization Meeting: National Committee on Oriental Collections in the U.S.A. and Abroad,* August 5, 1948. Yale University, Manuscript and Archives.
(117) Joseph K Yamagiwa, *Minute of Group Meeting of National Committee on Oriental Collections and a Section of the Far Eastern Association*, April 7, 1949. Yale University, Manuscript and Archives.
(118) ライスのエヴァンス宛の書簡による (Warner G. Rice, Letter to Luther H. Evans, June 20, 1949. University of Michigan, Bentley Historical Library)。また、この後にオクノ・ヨウタロウが派遣されている (Warner G. Rice, Letter to Yotaro Okuno, December 12, 1949. University of Michigan, Bentley Historical Library)。
(119) Robert B. Hall, [Memorandum], April 17, 1953. University of Michigan, Bentley Historical Library.
(120) [University of Michigan], *Executive Committee Meeting Academic Year 1959-60* No.1, December 10, 1959. University of Michigan, Bentley Historical Library.
(121) G. Raymond Nunn, and Tsuen-Hsuin Tsien, "Far Eastern Resources in American Libraries," *The Library Quarterly*, 29 (1), January 1959.
(122) 鈴木幸久「図書館に生きて」(『鈴木幸久先生喜寿記念論集』「鈴木幸久先生喜寿記念論集」刊行会、2001年10月) 16頁。
(123) 石田寛「アメリカ地理学者による日本研究」(同編『外国人による日本地域研究の軌跡』古今書院、1985年1月) 48頁。石田はまた『続・牛歩遅遅』(古今書院、1982年8月)でミシガン大学岡山現地研究所について言及している。
(124)「ミシガン大学日本研究所の構想」(『山陽新聞』1950年4月1日)。
(125) John W. Hall (米田巌訳)「ミシガン大学日本研究センターにおける研究活動」(石田寛編『外国人による日本地域研究の軌跡』古今書院、1985年1月) 196頁。
(126) Robert E. Ward, [Memorandum], September 1, 1951. University of Michigan, Bentley Historical Library.
(127)「鎌田図書館」(坂出市史編纂委員会編『坂出市史』坂出市史編纂委員会、1952年10月)。ちなみにこの図書館は、市立図書館の新築にともない郷土博物館となり、市立図書館に移管前の旧蔵書を収蔵して現在にいたっている。
(128) Robert E. Ward, [Memorandum], September 1, 1951. University of Michigan, Bentley Historical Library.
(129)「ミシガン大研究室の移転式」(『山陽新聞』1952年9月25日)。

（130）Robert E. Ward, *Executive Committee: Minutes of the Meeting*, February 28, 1955. University of Michigan, Bentley Historical Library.

第五章

（1）奥泉栄三郎・古川純「日本占領期の極東米軍情報収集活動と組織」（『東京経大学会誌』109・110合併号、135頁。

（2）Harvard-Yenching Institute, *Meeting of the Board of Trustees held Monday November 19, 1945*, 1945. Harvard University, Pusey Library, University Archives.

（3）Robert B. Downs, “Wartime Co-Operative Acquisitions,” *The Library Quarterly* 19（3）, July 1949.

（4）シュツットガルトの世界大戦図書館から接収したコレクションは190ケースがドイツに返還された。また、ヒットラー以前のドイツ労働組合の9万8000点の資料、これもナチのプロパガンダのものを除いて、それ以前の組合印のあるものはすべて返還されている（同上）。

（5）Arthur W. Hummel, “Division of Orientalia,” *Annual Report of the Librarian of Congress: For the Fiscal Year Ended June 30, 1939*, 1939.

（6）［Columbia University］, *Annual Report of the East Asiatic Collection*, 1947. Columbia University, C. V. Starr East Asian Library, Director's Office.

（7）Edwin G. Beal, Jr.［Report］, *Minute of Group Meeting of National Committee on Oriental Collections and a Section of the Far Eastern Association*, April 7, 1949. Yale University, Manuscript and Archives.

（8）今まど子「CIEインフォメーション・センターの図書館」（『図書館学会年報』42巻1号、1996年3月）。

（9）Joseph K. Yamagiwa,［Report］, *National Committee on Oriental Collections in the U.S.A.* and Abroad, August, 5, 1948. Yale University, Manuscript and Archives.

（10）Collas G. Harris, Letter to Luther Evans, June 2, 1946. Library of Cogress, Manuscript Reading Room.

（11）アクセッション・リストの一覧を見るかぎり、1945年3月17日、および24日以来、同年だけで30のリストが作成されている（Washington Document Center, *Index to Accession Lists*, Febrary 21, 1946. National Archives at College Park, Maryland）。

（12）Washington Document Center, *Accession List: German Document* No. 1, August 7, 1946. National Archives at College Park, Maryland.

（13）Greg Bradsher, “The Exploitation of Captured Japanese Records,” *Disclosure*, November 2002.

（14）井村哲夫「GHQによる日本の接収資料とその後（二）（『図書館雑誌』75巻8号、1981年8月）。

（15）Greg Bradsher, “The Exploitation of Captured Japanese Records,” *Disclosure*, November 2002.

(16) E. H. F. Svensson, *Notification of Shipment of Japanese Documents*, November 4, 1946. National Archives at College Park, Maryland.

(17) 田中によれば、NARSの56年、57年のCIA文書のなかの所蔵資料リストには、日本接収資料らしいものが数百点以上含まれているとしているが（田中宏巳編『米議会図書館所蔵占領接収旧陸海軍資料総目録』東洋書林、1995年2月）、これについては未確認。

(18) NARSは現在の国立公文書・記録管理局（National Archives and Records Administrations: NARA）。NARAは1934年にNational Archives Establishment（NAE）として生まれ、1949年にNARS、1985年には現在のNARAへと組織が変わっている。

(19) 福島鋳郎「接収公文書返還の周辺」（『出版研究』6号、1975年）、住谷雄幸「占領軍による押収公文書・接収資料のゆくえ」（『図書館雑誌』83巻8号、1989年8月）。

(20) John Young, *Checklist of Microfilm Reproductions of Selected Archives of the Japanese Army, Navy and Other Government Agencies, 1868-1945*, Washington, D. C.: Georgetown University Press, 1959.

(21) 返還やマイクロ化の経緯については、米議会図書館の年次報告や（Matsumoto Hisao, *Library of Congress Information Bulletin,* November 23, 1973）、『国立公文書館報』（2号、1974年3月）、『北の丸ニュース』（9号、1979年9月）を参照。

(22) Masaaki Chiyo, "Record and Related Documents from the Allied Occupation of Japan in the Washington, D. C. Area: The Program of the National Diet Library For Microfilming and Acquiring Valuable Research Materials," prepared for Presentation at the Panel, *China and Japan Within the Mid-Atlantic States Region, Library and Archival Resources in New York, Philadelphia and Washington, Mid-Atlantic Region, AAS Twelfth Annual Meeting*, December 29, 1983. University of Maryland, Hornbake Library, Maryland Room.

(23) Harry Harada, Letter to Kenneth Colegrove, July 27, 1949. Northwestern University, University Archives.

(24) Cultural Affairs Division, *Report on WDC Library Project: Tab-B Appendix*, April 12, 1946. National Archives at College Park, Maryland.

(25) WDC Chief, *Report on WDC Library Project*, March 31, 1946. National Archives at College Park, Maryland.

(26) Cultural Affairs Division, *Report on WDC Library Project: Tab-B Appendix*, April 12, 1946. National Archives at College Park, Maryland.

(27) 外務省情報部『日本代表図書文献』（仁科芳雄・和辻哲郎・山本忠興監修、外務省情報部渉外課文化班、1947年3月）。

(28) WDC Chief, *Report on WDC Library Project: O. C. Special Acquisition Section*, March 31, 1946. National Archives at College Park, Maryland.

(29) 同上。

(30) A. S. Knight, *Report to A. C. of S., G-2, War Department: Report on Washington Document Center Library Project*, May 20, 1946. National Archives at College Park, Maryland.

(31) WDC Chief, *Report on WDC Library Project: O. C. Special Acquisition Section*, March 31, 1946. National Archives at College Park, Maryland.
(32) 同上。
(33) 大滝則忠「戦前期出版警察法制下の図書館」(『参考書誌研究』2号、1971年1月)。
(34) 恩田温「旧上野図書館の収書方針とその蔵書」(『図書館研究シリーズ』5号、1964)。
(35) 鹿野政直「アメリカ国会図書館収蔵の日本関係文書について」(『史観』7号、1966年3月)。
(36) 住谷雄幸「占領軍による押収公文書・接収資料のゆくえ」(『図書館雑誌』83巻8号、1989年8月)。
(37) 外垣豊重「米国側発禁図書の返還とその経緯について」(『国立国会図書館月報』187号、1976年10月)。
(38) 住谷雄幸「占領軍による押収公文書・接収資料のゆくえ」(『図書館雑誌』83巻8号、1989年8月)。また、当時の返還の動きやそれをめぐる記事、文献については福島鋳郎「接収公文書返還の周辺」(『出版研究』6号、1975年10月) が詳しい。
(39) Charles Hamilton, Letter to Elizabeth Huff, September 5, 1949. University of California, Berkeley, Bancroft Library.
(40) Harry Harada, *Japanese Books in Library of Congress*, January 1, 1950. Northwestern University, University Archives.
(41) Harry Harada, Letter to Kenneth Colegrove, August 30, 1949. Northwestern University, University Archives.
(42) Harry Harada, Letter to Kenneth Colegrove, August 15, 1949. Northwestern University, University Archives.
(43) William C. Dickerman, Letter to Warner G. Rice, August 17, 1949. University of Michigan, Bentley Historical Library.
(44) Harry Harada, Letter to Kenneth Colegrove, August 1, 1949.
(45) 正式な依頼状はこの5月に作成発送されている。たとえばコロンビア大学については26日付の依頼状が残っている (Luther Evans, Letter, May 26, 1949. Columbia University, C. V. Starr East Asian Library, Director's Office)。
(46) Warner G. Rice, Letter to Wilbur K. Pierpoint, June 15, 1949. University of Michigan, Bentley Historical Library.
(47) Warner G. Rice, Letter to Luther H. Evans, June 20, 1949. University of Michigan, Bentley Historical Library.
(48) Forrest R. Pitts, Letter to the Author, March 10, 2002.
(49) Warner G. Rice, Letter to Yotaro Okuno, December 12, 1949. University of Michigan, Bentley Historical Library.
(50) Charles W. Mixer, Letter to Luther Evans, June 5, 1949. Library of Cogress, Manuscript Reading Room.
(51) Luther Evans, Letter to James T. Babb, June 25, 1949. Library of Cogress, Manuscript

Reading Room.

(52) George Oakley Totten, "In War and Peace: Japanese Studies and I," *Japan in the World, the World in Japan*, Ann Arbor: Center for Japanese Studies, University of Michigan, 2001.

(53) Harry Harada, *Japanese Books in Library of Congress*, January 1, 1950. Northwestern University, University Archives.

(54) 同上。

(55) クレアモント大学からはフランシス・ヴォイディヒが派遣されている（Harry Harada, Letter to Jens Nyhol, October 1, 1949. Northwestern University, University Archives）。

(56) Donald Coney, Letter to Luther Evans, June 1, 1949. Library of Cogress, Manuscript Reading Room.

(57) Harry Harada, Letter to Kenneth Colegrove, August 29, 1949. Northwestern University, University Archives.

(58) William C. Dickerman, Letter to Warner G. Rice, August 17, 1949. University of Michigan, Bentley Historical Library.

(59) Harry Harada, Letter to Jens Nyholm, December 1, 1949. Northwestern University, University Archives.

(60) Elizabeth Huff, Letter to Donald Coney, May 10, 1950. University of California, Berkeley, Bancroft Library.

(61) Harry Harada, Letter to Kenneth Colegrove, August 1, 1949. Northwestern University, University Archives.

(62) 後にイエール大学は議会図書館の推薦で日系の一世を1名ワシントンで雇用している（Harry Harada, Letter to Kenneth Colegrove, August 20, 1949. Northwestern University, University Archives）。

(63) Harry Harada, Letter to Kenneth Colegrove, August 1, 1949. Northwestern University, University Archives.

(64) Harry Harada, Letter to Kenneth Colegrove, August 29, 1949. Northwestern University, University Archives.

(65) Harry Harada, Letter to Kenneth Colegrove, July 27, 1949. Northwestern University, University Archives.

(66) Harry Harada, Letter to Kenneth Colegrove, September 17, 1949. Northwestern University, University Archives.

(67) Library of Congress, "Japanese Sorting Project," *The Library of Congress Information Bulletin* 9(3), January 1950, p.17.

(68) [Northwestern University], "Deering Library Receives Japanese Books From The Library of Congress," News Item for *The Daily Northwestern*, February 1950. Northwestern University, University Archives.

(69) [Columbia University], East Asiatic Library Annual Report, 1950. Columbia University, C. V. Starr East Asian Library, Director's Office.

(70) Elizabeth Huff, Letter to Donald Coney, May 10, 1950. University of California, Berkeley, Bancroft Library.

(71) [Northwestern University], *Northwestern Library News*, June 30, 1950.

(72) これについては吉村敬子が清水治のメモ（Osamu Shimizu, Memorandum, June 7, 1958）によって記している（Yoshiko Yoshimura, *Censored Japanese Serials of the Pre-1946 Period: A Checklist of the Microfilm Collection*, Washington D. C.: Library of Congress, 1994, p.224）。一方、琉球大学側には、1955年11月に米議会図書館から図書1622冊、逐次刊行物5000余点が寄贈された記録がある（『琉球大学附属図書館三十周年略年表』琉球大学附属図書館、1981年6月、5頁）。

(73) John T. Ma, *Annual Report of the East Asian and Western Language Collection*, June 30, 1972. Stanford University, Hoover Institute Library and Archives. [Stanford University], *Annual Report of the East Asian and Western Language Collection*, June 30, 1974. Stanford University, Hoover Institute Library and Archives.

(74) 藤代真苗。著者による聞取り、2005年7月20日–。

(75) モニカ・ブラウ『検閲　禁じられた原爆報道』（立花誠逸訳、1988年2月、時事通信社）56頁。

(76) これらの事情については、奥泉栄三郎「戦時教化・宣伝刊行物の行方」（『現代の図書館』19巻2号、1981年）の論がある。

(77) プランゲ自身についての論は少ないが、奥泉栄三郎「『トラ・トラ・トラ』の行方とその周辺」（『出版研究』30号、1999年）が詳しい。

(78) Gordon W. Prange, Letter to Harry C. Byrd, May 7, 1946. University of Maryland, Hornbake Library, Maryland Room.

(79) GHQ参謀第二部編『マッカーサーレポート』（現代史料出版、1998年10月）。

(80) Gordon W. Prange, Letter to Charles A. Willoughby, November 11, 1947. University of Maryland, Hornbake Library, Maryland Room.

(81) 鈴木幸久「図書館に生きて」（『鈴木幸久先生喜寿記念論集』鈴木幸久先生喜寿記念論集刊行会、2001年10月）7頁。

(82) 奥泉栄三郎「『トラ・トラ・トラ』の行方とその周辺」（『出版研究』30号、1999）。

(83) これら書簡は、大島康作・藤原夏人・中村淳一「プランゲ文庫誕生の一コマ」（『参考書誌研究』60号、2004年3月）にごく一部分ではあるが訳出されている。

(84) Gordon W. Prange, Letter to Harry C. Byrd, December 21, 1950. University of Maryland, Hornbake Library, Maryland Room.

(85) Harry C. Byrd, Letter to Gordon W. Prange, February 10, 1948. University of Maryland, Hornbake Library, Maryland Room.

(86) Gordon W. Prange, Letter to Harry C. Byrd, January 24, 1948. University of Maryland, Hornbake Library, Maryland Room.

(87) Gordon W. Prange, Letter to Harry C. Byrd, April 30, 1951. University of Maryland, Hornbake Library, Maryland Room.

(88) Orland Ward, Letter to Gordon W. Prange, May 29, 1951. Edward M. Almond, Letter to Gordon W. Prange, May 1, 1951. University of Maryland, Hornbake Library, Maryland Room.

(89) フランク・シャルマン「メリーランド大学マッケルデン図書館東亜図書部所蔵　連合国日本占領期の刊行物と未刊資料」(奥泉栄三郎・吾妻洋子訳、『国立国会図書館月報』204号、1978年3月)。

(90) Gordon W. Prange, Letter to Harry C. Byrd, November 28, 1949. University of Maryland, Hornbake Library, Maryland Room.

(91) Gordon W. Prange, Letter to Harry C. Byrd, January 17, 1950. University of Maryland, Hornbake Library, Maryland Room.

(92) Gordon W. Prange, Letter to Harry C. Byrd, November 28, 1949. University of Maryland, Hornbake Library, Maryland Room.

(93) 同上。

(94) Gordon W. Prange, Letter to Harry C. Byrd, December 29, 1949. University of Maryland, Hornbake Library, Maryland Room.

(95) プランゲは、図書の搬送にかかる費用が、米国内の西海岸から東海岸への搬送費用だけであることをバードに書き送っている(Gordon W. Prange, Letter to Harry C. Byrd, May 10, 1950. University of Maryland, Hornbake Library, Maryland Room)。

(96) Gordon W. Prange, Letter to Harry C. Byrd, January 17, 1950. University of Maryland, Hornbake Library, Maryland Room.

(97) Gordon W. Prange, Letter to Harry C. Byrd, January 10, 1950. University of Maryland, Hornbake Library, Maryland Room.

(98) Gordon W. Prange, Letter to Harry C. Byrd, January 17, 1950. University of Maryland, Hornbake Library, Maryland Room.

(99) Gordon W. Prange, Letter to Harry C. Byrd: Tentative Schedule of Professor Harold H. Fisher, May 13, 1950. University of Maryland, Hornbake Library, Maryland Room.

(100) Gordon W. Prange, Letter to Harry C. Byrd, November 2, 1950. University of Maryland, Hornbake Library, Maryland Room.

(101) Gordon W. Prange, Letter to Harry C. Byrd, May 10, 1950. University of Maryland, Hornbake Library, Maryland Room.

(102) 奥泉栄三郎「戦時教化・宣伝用刊行物の行方」(『現代の図書館』19巻1号、1981)。

(103) W. M. ゲヴェーアがプランゲから機密の書類を送られてきたことをある学生が耳に入れ、それを届け出たことから調査がはじまっている(Ernest A. Barlow, Letter to Commander-in Chief: Request for Investigation, March 7, 1950. University of Maryland, Hornbake Library, Maryland Room)。これに対して、ゲヴェーアは機密書類を受け取ったなどとは言っていないことをプランゲに書き送っている(W. M. Gewehr, Letter to Gordon W. Prange, April 12, 1950)。

(104) R. S. Bratton, Letter to Assistant Chief of Staff, G-2, May 2, 1950. University of Maryland, Hornbake Library, Maryland Room.

（105）［University of Maryland］, *Presentation to The Ford Foundation: A Proposal Concerning The Japanese Collection of the University of Maryland*, 1966. University of Maryland, Hornbake Library, Maryland Room.

（106）同上。

（107）［University of Maryland］, *Annual Report: 1967/68*, 1968. University of Maryland, Hornbake Library, Maryland Room.

（108）Gordon W. Prange, Letter to Lee Wornbake: The Japanese Collection in the University Library of the University of Maryland, January 21, 1964. University of Maryland, Hornbake Library, Maryland Room.

（109）フォード財団は、特定の図書館コレクション単独の支援を目的としたタイプの支出は財団の基準からはずれることを伝えている（William H. Nims, Letter to Howard Rovelstad, November 17, 1966. University of Maryland, Hornbake Library, Maryland Room）。

（110）Howard Rovelstad, Letter to Leslie Bungaard, September 30, 1964. University of Maryland, Hornbake Library, Maryland Room.

（111）慶応大学との正規の合意は1965年1月になされている（Leslie Bungaard, Letter to Takeshi Hashimoto, January 6, 1965. University of Maryland, Hornbake Library, Maryland Room）。この日本図書館学校の創設の経緯については根本彰「占領期日本におけるジャパン・ライブラリースクールの創設」（『東京大学大学院教育学研究科紀要』41巻、2001年）の論がある。

（112）奥泉栄三郎。著者による聞取り、2005年6月8日-。

（113）［University of Maryland］, *Annual Report: 1971/72*, 1972. University of Maryland, Hornbake Library, Maryland Room.

（114）Jack A. Siggins, "On Damage to East Asia Collection by Basement Flooding, July 9, 1970," *Preliminery Report*, June 14, 1970. University of Maryland, Hornbake Library, Maryland Room.

（115）Theodore McNelly, Letter to George Callcot, January 24, 1973. University of Maryland, Hornbake Library, Maryland Room.

（116）［University of Maryland］, *Annual Report: 1973/74*, 1974. University of Maryland, Hornbake Library, Maryland Room.

（117）Robert E. Ward, and Frank J. Shulman, *The Allied Occupation of Japan, 1945-1952 : an Annotated Bibliography of Western-language Materials*, Chicago: American Library Association, 1974.

（118）フランク・ジョゼフ・シャルマン「メリーランド大学マッケルデン図書館東亜図書部所蔵 連合国日本占領期の刊行物と未刊行資料」（奥泉栄三郎・吾妻洋子共訳『国会図書館月報』204号）。

（119）冊子体の目録としてプランゲ・コレクション所蔵の雑誌については、奥泉栄三郎編『占領軍検閲雑誌目録・解題』（雄松堂書店、1982年）が刊行されている。

（120）奥泉栄三郎「プランゲ文庫　負から正の文化遺産へ」（『図書館雑誌』1989年8月、83

巻8号）。

(121) プランゲ・コレクションについては、それを用いた数多くの研究がすでに展開されている。近年では山本武利を中心とした記事情報データベースの作成、インターネットを通した公開プロジェクトもなされているし、山本は『占領期メディア分析』（法政大学出版局、1996年３月）をはじめ活発な研究を展開している。また、文学領域では横手一彦『被占領下の文学に関する基礎的研究　資料編』（武蔵野書房、1995年10月）、同論考編（武蔵野書房、1996年２月）などの調査がつみあげられている。

(122) Jack A. Siggins, *Publishing and Censorship Politics of the Occupation Government in Japan: 1945-1952*, University of Maryland, Hornbake Library, Maryland Room.

第六章

(1) [University of California, Berkeley], *Report on The Conference on Classification on Oriental Books in American Libraries*, 1935. University of California, Berkeley, Bancroft Library.

(2) Joseph K. Yamagiwa, and Charles H. Brown, *Member of the NCOC in the United States and Abroad*, March 1, 1949. Yale University, Manuscript and Archives.

(3) Joseph K Yamagiwa, *Minute of Group Meeting of National Committee on Oriental Collections and a Section of the Far Eastern Association*, April 7, 1949. Yale University, Manuscript and Archives.

(4) Edwin G. Beal, [Memorandum], March 16, 1952. Library of Cogress, Manuscript Reading Room.

(5) A. Kai-ming Chiu, *Harvard-Yenching Library: a Classified Catalogue of Chinese Books in the Chinese-Japanese Library of the Harvard-Yenching Institute at Harvard University*, Cambridge: Harvard-Yenching Institute, 1938-.

(6) A. K. Chiu, Letter to David H. Clift, January 28, 1948. Yale University, East Asia Library, Director's Office.

(7) Harvard-Yenching Institute, *General Information Facilities for Study Fellowships*, 1932. Harvard University, Pusey Library, University Archives.

(8) Harvard-Yenching Institute, *Purpose and Program 1928-1968*, 1968. Harvard University, Pusey Library, University Archives. なお、エリセーエフについては倉田保雄『エリセーエフの生涯』（中央公論社、1977年４月）が詳しい。

(9) Eugene W. Wu, "A. Kaiming Chiu and the Harvard-Yenching Library," *CEAL Bulletin* 74, June 1984.

(10) A. Kaiming Chiu, *A Classification Scheme for Chinese and Japanese Books*, Washington, D.C.: Committees on Far Eastern studies, American Council of Learned Societies, 1943.

(11) Eugene W. Wu, "A. Kaiming Chiu and the Harvard-Yenching Library," *CEAL Bulletin* 74, June 1984.

（12）同上。

（13）Harvard-Yenching Institute, *Meeting of the Board of Trustees held Monday November 13, 1950*, 1950. Harvard University, Pusey Library, University Archives.

（14）Elizabeth Huff, "Recollections of Dr. Chiu VI," *Journal of East Asian Libraries* 55, March 1978.

（15）西洋人名の場合、その番号化にはカッター番号（Cutter Number）がよく用いられる。

（16）松見弘道「王雲五『中外図書統一分類法』の構成と展開」（『図書館界』21巻1号、1969年5月）。

（17）具体的な表わし方については、ウルス・アップ「練習付き四角号碼入門」（『電子達磨』2号、1992年2月）が詳しい。

（18）著者名ファイルについては、米議会図書館の希望に対して、コロンビア大学がそれを提供してもよいことを申し出ている（Haward P. Linton, *Oriental Collections USA and Abroad*, July 1950. Library of Congress, Manuscript Reading Room）。

（19）Serge Elisséeff, "The Chinese-Japanese Library of the Harvard-Yenching Institute," *Harvard Library Bulletin* 10（1）, Winter 1956.

（20）Harvard University, *A Guide to the Chinese-Japanese Library of Harvard University*, July 1932. Harvard University, Pusey Library, University Archives. 岸本は姉崎正治の娘婿であり、宗教学を当時ハーバードで学び、後に東京大学付属図書館の館長になる。

（21）ハーバードでは日本語３コースと美術・文化に重点をおいた日本文明史の講義が展開されていたという（Society for Japanese Studies, *Minute of the Annual Meeting*, Febrary 14, 1935. Library of Cogress, Asian Reading Room）。

（22）Robert G. Sewell, "Old and Rare Japanese Books in US Collections," *College and Research Libraries*, May 1978.

（23）Harvard-Yenching Institute, *Meeting of the Board of Trustees held Monday November 14, 1944*, 1944. Harvard University, Pusey Library, University Archives.

（24）Harvard-Yenching Institute, *Meeting of the Board of Trustees held Monday November 19, 1945*, 1945. Harvard University, Pusey Library, University Archives.

（25）マクヴェイ山田久仁子「ハーバード・イェンチン図書館の歴史および日本語コレクションの特質」（『インテリジェンス』6号、2005年11月）。

（26）Harvard University, *Agenda Corporation Meeting Agenda Trustees Meeting*, December 15, 1945. Harvard University, Pusey Library, University Archives.

（27）Harvard-Yenching Institute, *Meeting of the Board of Trustees held Monday November 14, 1949*, 1949. Harvard University, Pusey Library, University Archives.

（28）Harvard-Yenching Institute, *Meeting of the Board of Trustees held Monday November 13, 1950*, 1950. Harvard University, Pusey Library, University Archives.

（29）ハーバード大学「ペツォルド旧蔵の巻物コレクション」（『通信　春 2002 ハーヴァード大学日本研究所』8巻1号、2002）。

（30）磯部にはこの頃のイェンチン研究所を紹介した「ハーバード大学　ハーバード燕京協

会を中心にして」(『アジア経済』4巻1号、1963年1月)がある。
(31) Y. T. Feng, Letter to Shigeharu Isobe: Mr. D. W. Bryant's Visit to Japan, March 15, 1963. Harvard University, Harvard-Yenching Library, Japanese Section.
(32) [Harvard University], *Checklist for Plannig Study*, November 3, 1965. Harvard University, Harvard-Yenching Library, Japanese Section.
(33) 岡雅彦・青木利行編集『ハーバード燕京図書館和書目録』(ゆまに書房、1994)。
(34) 青木利行、ジェームス・チャン「ハーバード・イェンチン図書館のたより」(『通信 春 1999ライシャワー日本研究所』5巻1号、1999)。
(35) A. Kaiming Chiu, *A Union Catalogue of Chinese Books in American Libraries: Advantages, Problems, and Method*, March 28, 1951. Cornell University, Division of Rare and Manuscript Collection.
(36) Edwin G. Beal, [Memorandum], March 16, 1952. Library of Congress, Manuscript Reading Room.
(37) Library of Congress Processing Department, "Preliminary Rules and Manual for Cataloging Chinese, Japanese, and Korean Materials," *Cataloging Service Bulletin* 42, July 1957.
(38) Charles E. Hamilton, Letter to Richard G. Irwin, February 27, 1951. University of California, Berkeley, Bancroft Library.
(39) [University of California, Los Angeles], *Problems Pertaining to the Cataloguing the Oriental Collection*, January 30, 1950. University of California, Los Angeles, UCLA University Archives.
(40) [Stanford University], *Annual Report of the East Asian and Western Language Collection*, June 30, 1979. Stanford University, Hoover Institute Library and Archives.
(41) A. Kaiming Chiu, *Printed Cards for Far Eastern Books from Harvard University Chinese-Japanese Library: 1938-1963*, March 22, 1963. Harvard University, Harvard-Yenching Library, Japanese Section.
(42) Frances Dzo Wang, "The Far Eastern Library of the University of Washington: A Descriptive study of its Resources and Services," Thesis, Seattle: University of Washington, 1959, p.5.
(43) 朝河貫一については、阿部善雄『最後の「日本人」 朝河貫一の生涯』(岩波書店、1938年9月)や、朝河貫一研究会編『朝河貫一の世界』(早稲田大学出版部、1993年9月)があり、書簡集に朝河貫一書簡編集委員会編『朝河貫一書簡集』(早稲田大学出版部、1990年10月)、著書の訳としては朝河貫一著、矢吹晋訳『入来文書』(柏書房、2005年8月)朝河貫一著、矢吹晋訳『大化改新』(柏書房、2006年7月)などがある。
(44) 金子英生「イエール大学図書館と朝河貫一」(『調査研究報告書』11号、1990年3月)。
(45) Kanichi Asakawa, Letter to Franz Boas, November 17, 1905. Yale University, Manuscript and Archives.
(46) 阿部善雄『最後の「日本人」 朝河貫一の生涯』(岩波書店、1938年9月)61頁。

(47) Kanichi Asakawa, Letter to J. C. Schwab, March 14, 1906. Yale University, Manuscript and Archives.

(48) Hideo Kaneko, "Kanichi Asakawa and the Yale University Library," *CEAL Bulletin*, December 1984.

(49) Kanichi Asakawa, Letter to J. C. Schwab, January 4, 1907. Kanichi Asakawa, Letter to J. C. Schwab, May 13, 1907. Yale University, Manuscript and Archives.

(50) Kanichi Asakawa, Letter to J. C. Schwab, March 19, 1906. Yale University, Manuscript and Archives.

(51) Kanichi Asakawa, Letter to J. C. Schwab, June 16, 1906. Yale University, Manuscript and Archives.

(52) Kanichi Asakawa, Letter to J. C. Schwab, November 8, 1906. Yale University, Manuscript and Archives.

(53) 金子英生「イエール大学図書館と朝河貫一」(『調査研究報告書』11号、1990年3月)。

(54) 同上。

(55) Yale University, *Bulletin of Yale University: Report of the Librarian of Yale University, for the Academic Year 1933-34*, December 1934. Yale University, Manuscript and Archives.

(56) Yale University, "Japanese and Chinese Collections: Professor Asakawa Report," *Bulletin of Yale University, Report of the Librarian of Yale University, For the Academic Year 1934-35*, December 1935. Yale University, Manuscript and Archives.

(57) 国文学研究資料館文献資料部「イェール大学蔵・日本コレクション目録」(『調査研究報告書』第11号、1990年3月)。これのもととなっているのが、朝河の作成した目録である(Kanichi Asakawa, *Gift of the Yale Association of Japan*, 1945. Yale University, East Asia Library, Director's Office)。

(58) [Yale University], *The Far Eastern Collection*, December 15, 1932. Yale University, Manuscript and Archives.

(59) Kanichi Asakawa, *To the Committee on the Far East*, December 21, 1937. Yale University, Manuscript and Archives.

(60) [Yale University], *Report of the Librarian 1944-1945: Asakawa Collection*, 1945. Yale University, Manuscript and Archives. 朝河はまた、1923年の関東大震災の折のアメリカからの図書寄贈にも貢献している。ハーバード大学やミシガン大学のアーカイブズには、この図書の消失に対して、寄贈図書の収集を呼びかける書簡類が多数の残されているが、そこには朝河からの書簡もまた残されている。

(61) [University of California, Berkeley], *Report on The Conference on Classification on Oriental Books in American Libraries*, 1935. University of California, Berkeley, Bancroft Library.

(62) [Library of Congress], *Prof. Asakawa's Classification Scheme of Japanese and Chinese Books on Language and Literature: Adopted by the Yale University Library*,

March 6, 1917. Library of Cogress, Asian Reading Room.

(63) 森清「和洋図書共用十進分類表案　I. 総表」(『図書館研究』1巻2号、1928年4月)、同「和洋図書共用十進分類表案　II. 相関索引」(『図書館研究』1巻3号、1928年7月)。

(64) Chitoshi Yanaga, David N. Rowe, and Richard L. Walker, Letter to Ottemiller, Associate Librarian Sterling Library, November 30, 1951. Yale University, Manuscript and Archives.

(65) 朝河はしばしばスタッフが足りないこと、目録を作成する時間がないことを訴えている (Kanichi Asakawa, *Difficulties Encountered and Complaints Heard*, July 16, 1943. Yale University, Manuscript and Archives)。

(66) D. Livingston, Letter to James T. Babb, Re: Chinese-Japanese Collection, November 21, 1947. Yale University, Manuscript and Archives.

(67) D. Livingston, Letter to James T. Babb: Re: Prof. Asakawa's Dissertation on Japanese Names, September 18, 1946. Yale University, Manuscript and Archives.

(68) [Yale University], *The Chinese and Japanese Collection: Preliminary Report and Tentative Suggests on the Project to Set up a System of Classifying and Cataloging*, December 29, 1947. Yale University, Manuscript and Archives.

(69) D. Livingston, Letter to James T. Babb, November 21, 1947. Yale University, Manuscript and Archives.

(70) Kanichi Asakawa, *Petition to the Library and the Administration of Yale University to Reconsider the Recent Decision to Adopt New Systems of Transliterating Japanese Sounds and of Classifying Japanese Books*, April 16, 1948. Yale University, Manuscript and Archives.

(71) Hartley Simpson, Letter to Stuart C. Middleton, December 7, 1948. Yale University, Manuscript and Archives.

(72) ヤマギワがこのとき行なっていたアンケートに対して、イエール大学が当時作成していた報告書からこのことがうかがえる ([Yale University], [Report to Joseph K. Ymagiwa], March 18, 1949. Yale University, Manuscript and Archives)。

(73) ロウは大学の図書館長宛にコース新設にあたっての図書購入を要請し、購入方針を提示している (David N. Rowe, Letter to James T. Babb, September 13, 1946. Yale University, Manuscript and Archives)。

(74) 同上。

(75) 同上。

(76) Chitoshi Yanaga, Letter to David H. Clift, August 4, 1947. Yale University, Manuscript and Archives.

(77) Chitoshi Yanaga, *Memorandum on Visits to Harvard, Columbia, and the Library of Congress: to James T. Babb, and David H. Clift*, February 26, 1948. Yale University, Manuscript and Archives.

(78) この段階ではイエール大学からは、ジョージ・トッテンらを、そして後から弥永を送ることとなっていた (Luther Evans, Letter to James T. Babb, June 25, 1949. Library of

Cogress, Manuscript Reading Room)。

(79) Chitoshi Yanaga, David N. Rowe, and Richard L. Walker, Letter to Ottemiller, Associate Librarian Sterling Library, November 30, 1951. Yale University, Manuscript and Archives.

(80) ツネイシは1950年からそれまで目録の作成を担当しており、この年司書となった([Yale University], *Bulletin of Yale University*, July 1953. Yale University, Manuscript and Archives)。

(81) ツネイシは収書方針として年間300の新しいタイトルを増やすこと提示している(Wallen M. Tsuneishi, Letter to James T. Babb, April 22, 1953. Yale University, Manuscript and Archives)。

(82) [Yale University], *Bulletin of Yale University*, July 1959. Yale University, Manuscript and Archives.

(83) John K. Musgrave, Yale University Library Committee on Far Eastern Collection, November 3, 1959. Yale University, Manuscript and Archives.

(84) Warren M. Tsuneishi, *Project staff needs*, November 23, 1961. Yale University, Manuscript and Archives.

(85) 東アジアの地域研究において、イエール大学をトップ・ランクにもってゆくことをめざして6人のスタッフが新たに採用されている(Warren M. Tsuneishi, Development of the Far Eastern Collection, May 2, 1962. Yale University, Manuscript and Archives)。

(86) Baksoon Hahn, *A Study of East Asian Library at Yale University, History, Collection, Service*, July 1965. Yale University, Manuscript and Archives.

(87) 同上。弥永は1956年から57年にかけてフルブライト奨学金で日本に行ったが、その折に購入した図書508冊が寄贈された。

(88) 64年からツネイシの所属が東アジア・コレクション(East Asian Collection)の司書となっており、名称が変更されたことがわかる([Yale University], *Bulletin of Yale University*, December 1, 1964. Yale University, Manuscript and Archives)。

(89)「一昨年の購入」となっており、1966年から67年にかけて購入されていることとなる(Yale University Library East Asian Collection, *Annual Report 1968/1969*, June 2, 1969. Yale Univeristy, East Asia Library, Director's Office)。

(90) 同上。

(91) Yale University Library East Asian Collection, *Annual Report 1976/77*, June 15, 1977. Yale Univeristy, East Asia Library, Director's Office.

(92) Yale University Library East Asian Collection, *Annual Report 1972/1973*, June 25, 1973. Yale Univeristy, East Asia Library, Director's Office.

(93) 鈴木孝庸「資料紹介　イエール大学蔵平家物語長門本について」(『新潟大学国語国文学会誌』46号、2004年7月)。「資料紹介　イエール大学蔵の當道資料について　付『四宮殿伝記』翻刻」(『新潟大学人文学部　人文科学研究』1-5号、2004年8月)。小峯和明編『『平家物語』の転生と再生』(笠間書院、2003年3月)。福田秀一「イエール大学図書館蔵奈良絵本伊勢物語脱葉・錯簡の復元を中心に」(『国文学研究資料館報』16号、1981年3月)。

(94) Special Committee on Cataloging Oriental Materials, A. L. A. Division of Cataloging and Classification, [Report], April 1955. Cornell University, Division of Rare and Manuscript collection.

(95) *Cataloging Rules of the American Library Association and the Library of Congress: Additions and Changes, 1949-1958*, Wasington, D. C. :Library of Congress, 1959.

(96) Association of Research Libraries, *Farmington Plan Handbook*, revised to 1961, and abridged by Edwin E. Williams, Cambridge, MA: Harvard University Printing Office.

(97) Robert Vosper, "International Book Procurement: or, Farmington Extended Farmington," *College And Research Libraries* 21, March 1960.

(98) Philip J. McNiff, *Report of the Subcommittee on Far Eastern Resources*, June 1, 1959, University of Illinois at Urbana-Champaign, University of Illinois Archives.

(99) 中林隆明「アメリカのアジア・アフリカ資料の収集　PL 480 計画とNPACを中心として　—」(『アジア・アフリカ資料通報』14巻3号、1976年6月)。

(100) 高鷲忠美・岩下康夫「全米収書目録計画（NPAC）　誕生から終焉、そして再生へ」(『図書館学会年報』37巻2号、1991年6月)。

(101) マツモトヒサオ「米国における共同目録作業（NPAC）と東京における活動」(『学術月報』21巻11号、1989年2月)。

(102) 同上。

(103) T. H. Tsien, *Present Status and Personnel Needs of Far Eastern Collections in America*, September 1, 1964. University of Chicago, Special Collections Research Center.

(104) 同上。

(105) G. Raymond Nunn, *Oriental Collections at the University of Hawaii: Survey and Recommendation*, January 31, 1961. このコースには日本語図書のための特別プログラムももうけられていたという（Emiko Mashiko Moffitt, Interview by the author, June 21, 2005-)。

(106) David N. Rowe, Letter to James T. Babb, January 11, 1949. Yale University, Manuscript and Archives.

(107) [Yale University], *Bulletin of Yale University: Report of the Librarian*, July 1, 1908-June 30, 1909, August 1909. Yale University, Manuscript and Archives.

(108) Isidore Dyen, Letter to James T. Babb, January 12, 1949. Yale University, Manuscript and Archives.

(109) D. Livingston, Letter to James T. Babb: Classification of Oriental language material, Febrary 21, 1949. Yale University, Manuscript and Archives.

(110) Chitoshi Yanaga, *Memorandum on the Japanese Collection*, February 15, 1949. Yale University, Manuscript and Archives.

(111) John K. Musgrave Jr., *Yale University Library Committee on Far Eastern Collection*, November 3, 1959. Yale University, East Asia Library, Director's Office.

(112) Mary C. Wright, *The Cataloging and Shelving of Books in Far Eastern Languages*

in the Yale University, December 1959. Yale University, Manuscript and Archives.

(113) Nelson I. Wu, Samuel Martin, and Arthur J. Wright, *Majority Report of Sub-Committee on Far Eastern Library Resources: Proposal for Re-shelving*, January 1960. Yale University, East Asia Library, Director's Office.

(114) David N. Rowe, Chitoshi Yanaga, and John E. Ottemiller, *Proposal for Re-shelving Library Materials on China, Japan, Korea*, March 18, 1960. Yale University, Manuscript and Archives.

(115) Warren M. Tsuneishi, *Developement of the Far Eastern Collection*, May 2, 1962. Yale University, Manuscript and Archives.

(116) James T. Babb, Letter to George W. Pierson, March 10, 1960. Yale University, Manuscript and Archives.

(117) Bernice Field, Letter to Rogers, April 14, 1970. Yale University, East Asia Library, Director's Office.

第七章

(1) U. S. Department of State, "Remarks by President Bush to the U.S. University Presidents Summit on International Education, January 5, 2006," http://www.state.gov/r/summit/58734.htm, accessed August 23, 2006.

(2) U. S. Department of State, "National Security Language Initative, Briefing by Dina Powell, and Barry Lowenkron, January 5, 2006," http://www.state.gov/r/pa/prs/ps/2006/58733.htm, accessed August 23, 2006.

(3) エドワード・サイード『オリエンタリズム 下巻』(今沢紀子訳、平凡社、1993年6月) 277頁。

(4) Robert B. Hall, Area Studies : *With Special Reference to Their Implications for Research in the Social Sciences*, New York: SSRC, 1947. Charles Wagley, *Area Research and Training: A Conference Report on the Study of World Areas*, New York: SSRC, 1948.

(5) Chauncy D. Harris, "Area Studies and Library Resources," Tuen-Hsuin Tsien, and Howard W. Winger,ed., *Area Studies and the Library*, Chicago: University of Chicago Press, 1966, p.7.

(6) 同上。

(7) L. P. Sieg, Letter to David Stevens, December 12, 1945. University of Washington, East Asia Library, Archives.

(8) David N. Rowe, Letter to James T. Babb, September 13, 1946. Yale University, Manuscript and Archives.

(9) [University of California, Berkeley], *Memorandum on Conversation with David H. Stevens, Rockfeller Foundation*, January 29, 1946. University of California, Berkeley, Bancroft Library.

(10) [University of Washington], *Draft 2004-05*, 2005. University of Washington, East Asia

Library, Archives.

(11) Felicia J. Hecker, *International Studies at the University of Washington: the first ninety years*, Washington, Seattle: Henry M. Jackson School of International Studies, 1999.

(12) Society for Japanese Studies, *Minute of the Annual Meeting*, February 6, 1941. Library of Cogress, Asian Reading Room.

(13) Raymond B. Allen, Letter to Douglas MacArthur, November 19, 1946. University of Washington, East Asia Library, Archives.

(14) Deborah L. Illman, *UW Showcase : a Century of Excellence in the Arts, Humanities, and Professional Schools at the University of Washington,* Seattle: Office of Research, University of Washington, 1997.

(15) Felicia J. Hecker, *International Studies at the University of Washington: the first ninety years*, Washington, Seattle: Henry M. Jackson School of International Studies, 1999.

(16) Ruth Krader, "The Far Eastern Library, University of Washington," *The Far Eastern Quarterly* 15, August 1956.

(17) Ruth Hale Gershevsky, *Far Eastern Library*, October 23, 1950. University of Washington, East Asia Library, Archives.

(18) Ruth Hale Gershevsky, Letter to Joseph K. Yamagiwa, March 11, 1949. University of Washington, East Asia Library, Archives.

(19) Ruth Krader, "The Far Eastern Library, University of Washington," *The Far Eastern Quarterly* 15, August 1956.

(20) [University of Washington], Matsushita Iwao, n.d. University of Washington, Special Collection Division.

(21) A. D. Fisken, Letter to Gosebrink, November 29, 1961. University of Washington, East Asia Library, Archives.

(22) J. T. Rimer, Memorandum, September 8, 1975. Washington University, University Archives and Film & Media.

(23) Andrew J. Eaton, Letter to President, Commemorative Association for the Japan World Exposition (1970), October 27, 1975. Washington University, University Archives and Film & Media.

(24) Barbara Barksdale Clowse, *Brainpower for the Cold War: the sputnik crisis and National Defense Education Act of 1958*, Westport, Conn.:Greenwood Press, 1981, p.17-27.

(25) Earl J. McGRATH, "Sputnik and American Education," *Teachers College Records* 59 (7), p.379.

(26) Bruce Cumings, "Boundary Displacement: Area Studies and International Studies During and After the Cold War," *Bulletin of concerned Asian scholars* 29(1), 1997.

(27) Public Law 85-864, 85th Congress, H. R. 13247, September 2, 1958, Title VI Language Developement.

(28) Tsuen-Hsuin Tsien, *Current Status of East Asian Libraries in the United States,*

Washington D. C.: Center for Chinese Research Materials, Association of Research Libraries, 1976.

(29) [Princeton University], *Annual Report of the Librarian*, June 30, 1962. Princeton University, Seeley G. Mudd Manuscript Library.

(30) Frolra D. Colton, and Maynard Brichford, *Deposit Agreement*, June 14, 1973. University of Illinois at Urbana-Champaign, University of Illinois Archives.

(31) この折の事情については、酒井悌・鈴木幸久「ヴァーナー・W・クラップと国立国会図書館」(『図書館シリーズ』20号、1987) に詳しい。

(32) 占領初期の図書館員の来日については、根本彰「占領初期における米国図書館関係者来日の背景　ALA文書ほかの1次資料にもとづいて」(『日本図書館情報学会誌』45巻、1999年)、図書館学校の設立との関係については、裏田武夫「まぼろしの東大ライブラリー・スクール――GHQ文書ファイルにもとづいて」(『東京大学情報図書館学研究センター紀要』1号、1982、根本彰「「まぼろしの東大ライブラリー・スクール」再考　占領期におけるアメリカ図書館学の導入過程解明の手がかりとして」(吉田政幸・山本順一編『図書館情報学の創造的再構築』勉誠出版、2001年7月) の論がある。

(33) R. B. Downs, Letter to Naomi Fukuda, January 20, 1950. University of Illinois at Urbana-Champaign, University of Illinois Archives.

(34) George, Letter to R. B. Downs, August 9, 1948. University of Illinois at Urbana-Champaign, University of Illinois Archives.

(35) [University of Illinois], *Center For Asian Studies*, June 1964. University of Illinois at Urbana-Champaign, University of Illinois Archives.

(36) フォード財団からの資金では臨時の図書館職員の雇用がなされ、政治科学、歴史のスタッフの推薦で日本の図書・雑誌類を購入している (Earnest Wolf, *Asian Division, Far Eastern Library*, University of Illinois at Urbana-Champaign, University of Illinois Archives)。

(37) L. H. Miller, *Annual Report 1964/65: to A. H. Trotier*, June 30, 1965. University of Illinois at Urbana-Champaign, University of Illinois Archives.

(38) Robert B. Downs, *University of Illinois Annual Reports July 1, 1965-June 30, 1966*, 1966. University of Illinois at Urbana-Champaign, University of Illinois Archives.

(39) L. H. Miller, *Annual Report 1966/67: University of Illinois Library Special Language Department*, June 30, 1967. University of Illinois at Urbana-Champaign, University of Illinois Archives.

(40) [University of Illinois], *The Joseph Yamagiwa Book Collection*, 1969. University of Illinois at Urbana-Champaign, Asian Library, Archives.

(41) Hanako Yamagiwa, Letter to Robert B. Crawford, January 6, 1967. University of Illinois at Urbana-Champaign, Asian Library, Archives.

(42) たとえばコールグローヴは、法制度についての日本語で書かれた書誌について質問したり (Kenneth Colegrove, Letter to Kanichi Asakawa, July 20, 1927. Northwestern University, University Archives)、用いるべき日英、英日辞書について指示を仰いでいる

(Kenneth Colegrove, Letter to Kanichi Asakawa, March 31, 1928. Northwestern University, University Archives)。

(43) シカゴの副総領事をとおして吉野作造にコンタクトをとっているが (Kenneth Colegrove, Letter to Sakuzo Yoshino, June 1, 1928. Northwestern University, University Archives)、吉野は病後で体力的に厳しいため蝋山政道が紹介されることとなる (H. Ichikawa, Letter to Kenneth Colegrove, August 20, 1928. Northwestern University, University Archives)。

(44) Kenneth W. Colegrove, Letter to Tatsukichi Minobe, June 9, 1929. Northwestern University, University Archives.

(45) Tatsuji Takeuchi, *War and Diplomacy in the Japanese Empire*, Garden City, N.Y.: Doubleday, Doran & Co., 1935.

(46) Kenneth W. Colegrove, Letter to Sterling Tatsuji Takeuchi, December 18, 1928. Northwestern University, University Archives.

(47) Sterling Tatsuji Takeuchi, Letter to Kenneth W. Colegrove, June 13, 1929. Northwestern University, University Archives.

(48) Sterling Tatsuji Takeuchi, Letter to Kenneth W. Colegrove, June 21, 1929. Northwestern University, University Archives.

(49) Kenneth Colegrove, "Professor Oyama: Japanese Scholar And Statesman," *Northwestern University Alumni News*, June 1933.

(50) 大山郁夫記念事業会『大山郁夫伝』(中央公論社、1956年11月) 247頁。

(51) Kenneth W. Colegrove, Letter to John Dewey, April 11, 1934. Northwestern University, University Archives.

(52) Kenneth W. Colegrove, Letter to W. MacCormack, March 31, 1935. Northwestern University, University Archives. 同様の手紙は数多い。

(53) Kenneth W. Colegrove, Letter to Baker Brownell, March 28, 1935. Northwestern University, University Archives.

(54) 大山にコールグローヴが必要な領域、テーマのリストを渡して、一定額のなかで大山に図書を選定してもらう形をとっている (Kenneth W. Colegrove, Letter to Ikuo Oyama, August 22, 1939. Northwestern University, University Archives)。

(55) Ryusaku Tsunoda, Letter to Kenneth W. Colegrove, January 25, 1939. Northwestern University, University Archives.

(56) "Dr. Oyama's Operation is Successful," *Daily Northwestern*, April 4, 1944. "N. U. Coeds Donate Blood to Japanese Scholar," *The Chicago Sun*, April 24, 1944.

(57) Kenneth W. Colegrove, Letter to Roy Hoco Ikeda, April 27, 1944. Northwestern University, University Archives.

(58) 大山郁夫記念事業会『大山郁夫伝』(中央公論社、1956年11月) 247頁。

(59)「大山郁夫氏帰国招請メッセーヂ」(『日本文化人連盟会報』1号、1946年1月)。

(60) 大山郁夫記念事業会『大山郁夫伝』(中央公論社、1956年11月) 247頁。

(61) Kenneth Colegrove, *The Harris Japanese Collection*, August 3, 1954. Northwestern University, University Archives.

(62) Kenneth Colegrove, Letter to Addison Hibbard, February 9, 1943. Northwestern University, University Archives.

(63) [Northwestern University], "C. A. T. School Trains Army Officers," *Northwestern Alumni News* 24 (4), Febrary 15, 1945.

(64) David Jolly, Letter to Joseph K. Yamagiwa, April 1, 1949. Northwestern University, University Archives.

(65) ノーマン・ハリス (Norman Waite Harris) はノースウェスタン大学の図書購入の資金を提供した人物であり、ドワイトはその息子でノースウェスタンの政治学科教授にあった。彼はまた外国語の日本関係文献を寄贈してもいる (*Northwestern Library News* 4(12), December 9, 1949)。

(66) [Northwestern University], "Deering Library Receives Japanese Books From The Library of Congress," News Item for the Daily Northwestern, Febrary 1950. Northwestern University, University Archives.

(67) Kenneth Colegrove, *The Harris Japanese Collection*, August 3, 1954. Northwestern University, University Archives.

(68) James Sheridan, *Report of the Committee on Non-Western Library Acquisitions: to Simone E. Leland*, May 20, 1966. Northwestern University, University Archives.

(69) Irving Louis Horowitz, ed., *The Rise and Fall of Project Camelot: Studies in the Relationship Between Social Science and Practical Politics*, Cambridge, Mass.: M.I.T. Press, 1967.

(70) Immanuel Wallerstein, "The Unintended Consequences of Cold War Area Studies," Noam Chomsky, et al, *The Cold War & the university: toward an intellectual history of the postwar years*, New York : New Press, 1997.

(71) [Columbia University], *East Asiatic Library Annual Report: 1956-1957*, 1957. Columbia University, C. V. Starr East Asian Library, Director's Office.

(72) R. B. Downs, Letter to Jerrold Orne, July 7, 1959. University of Illinois at Urbana-Champaign, University of Illinois Archives.

(73) Jerrold Orne, [Report on C. I. A. Library], September 1959. University of Illinois at Urbana-Champaign, University of Illinois Archives.

(74) 同上。

(75) 同上。

(76) スーザン・ジョージ『なぜ世界の半分が飢えるのか』(小南祐一郎・谷口真理子訳、朝日新聞社、1980年3月) 250頁。また、彼女はフーバー図書館の資料収集にもフーバーが各国を回って行なっていた食料支援がその機会となっていたことを指摘している。

(77) 今まど子「日本占領と図書館」(『中央大学文学部紀要』147号、1992年4月)。根本彰「占領初期における米国図書館関係者来日の背景」(『図書館学年報』45巻1号、1999年3月)。

(78) 渡辺喜蔵「ニューディーラーの退場」(思想の科学研究会『共同研究/日本占領』徳間書店、1972年12月)。
(79) 中井正一『論理とその実践　組織論から図書館像へ』(てんびん社、1972年11月) 93頁。
(80) Goro Hani, Letter to Charles H. Brown, April 26, 1948. University of Illinois at Urbana-Champaign, University of Illinois Archives.
(81) Charles H. Brown, Letter to Justin Williams, May 26, 1948. University of Illinois at Urbana-Champaign, University of Illinois Archives.

第八章

(1) Kristina Troost, *Budget Analysis Project FY 2004/2005: Collection History and Overview*, 2005. Duke University, East Asian Collection.
(2) [Duke University], *Report to the President 1967-1968*, 1968. Duke University Libraries University Archives.
(3) Kristina Troost, *Budget Analysis Project FY 2004/2005: Collection History and Overview*, 2005. Duke University, East Asian Collection.
(4) Patricia Buck Dominguez, and Luke Swindler, "Cooperative Collection Development at the Research Triangle University Libraries: A Model for the Nation," *College & Research Libraries* 54(6), November 1993.
(5) [Duke University], *Duke/UNC-CH Agreement for Extended Loans for East Asian Language Research Material*, January 4, 1982. Duke University, East Asian Collection.
(6) Kai Miwa, *Eastern States Library Conference: Report*, July 1982. Columbia University, C. V. Starr East Asian Library, Director's Office.
(7) Patricia Buck Dominguez, and Luke Swindler, "Cooperative Collection Development at the Research Triangle University Libraries: A Model for the Nation," *College & Research Libraries* 54(6), November 1993.
(8) [University of California, Berkeley], *Report on The Conference on Classification on Oriental Books in American Libraries*, 1935. University of California, Berkeley, Bancroft Library.
(9) Luther H. Evans, Letter to R. B. Downs, October 18, 1945. University of Illinois at Urbana-Champaign, University of Illinois Archives.
(10) 9月11日にアンケートが各大学に発送され、45の回答を受け取っている([University of Illinois], *ARL Committee on PostWar Competition in Book Purchase*, October 12, 1944. University of Illinois at Urbana-Champaign, University of Illinois Archives)。
(11) [University of Chicago], *Memorandum on the Project for the Cooperative Purchasing of Current Chinese Publications for American Libraries*, March 28, 1944. University of Chicago, Special Collections Research Center.
(12) Donald Coney, Letter to Librarians on the East Coast: Oriental Language Materials , September 9, 1947. University of California, Berkeley, Bancroft Library.

(13) Joseph K Yamagiwa, *Minute of Group Meeting of National Committee on Oriental Collections and a Section of the Far Eastern Association*, April 7, 1949. Yale University, Manuscript and Archives.

(14) Baksoon Hahn, *A Study of East Asian Library at Yale University, History, Collection, Service*, June 1965. Yale University, Manuscript and Archives.

(15) Naomi Fukuda, *Libraries for Japanese Studies*, Tokyo: Internationl House of Japan Library, 1963.

(16) Wiilam S. Dix, *Progress Report on Farmington Plan Revision: to ARL Members and Farmington-plan Participants*, March 22, 1959. University of Illinois at Urbana-Champaign, University of Illinois Archives.

(17) Association for Asian Studies, Inc., *Library Resources on East Asia*, Chicago: Palmer House, March 1967.

(18) CALFREの会議で８大学がNDEAへの共同プロジェクトの提案について話合いがもたれている（Elizabeth Huff, *East Asiatic Library Annual Report 1958-59*, 1959. University of California, Berkeley, Bancroft Library）。

(19) 五百旗頭真「パックス・アメリカーナ後退期の日米関係」（『現代日本社会７　国際化』東京大学出版会、1992年6月）。

(20) 小野直樹『戦後日米関係の国際政治経済分析』（慶応義塾大学出版会、2002年4月）は、自主規制が規制国側に有利に働く経済政策でもあることを指摘している。

(21) [University of California, Los Angeles], *Report of the University Librarian to the Chancellor 1969/70 & 1970/71*, 1971. University of California, Los Angeles, UCLA University Archive.

(22) Hideo Kaneko, *Annual Report: 1969/1970*, June 11, 1970. Yale University, East Asia Library, Director's Office.

(23)『出版データブック 改訂版　1945～2000』（出版ニュース社、2002年5月）にもとづく。

(24) 当時の紙不足についての記事やデータについては、植松達也「1973(昭和48)年の「紙不足」」（『百万塔』110号、2001年10月）。

(25) Hideo Kaneko, *Annual Report: 1977/78*, June 20, 1978. Yale Univeristy, East Asia Library, Director's Office.

(26) Hideo Kaneko, *Annual Report: 1974/75*, June 30, 1975. Yale Univeristy, East Asia Library, Director's Office.

(27) [Stanford University], *Annual Report of the East Asian and Western Language Collection: Cost Estimate Produced by Curators and Deputy-Curators*, June 30, 1979. Stanford University, Hoover Institute Library and Archives.

(28) [University of California, Los Angeles], *Report of the University Librarian to the Chancellor 1969/70 & 1970/71*, 1971. University of California, Los Angeles, UCLA University Archives.

(29) 国際交流基金15年史編纂委員会編『国際交流基金15年のあゆみ』（国際交流基金、1990

年3月)。

(30) 同上。

(31) この10大学はカリフォルニア大学(バークレー)、シカゴ大学、コロンビア大学、ハーバード大学、ハワイ大学、ミシガン大学、プリンストン大学、スタンフォード大学、ワシントン大学、イエール大学。

(32) 青木利行「イエンチン図書館について」(『人文会ニュース』1992年9月)。

(33) 近藤健『もうひとつの日米関係　フルブライト教育の四十年』(ジャパン・タイムズ、1992年10月)。

(34) Francis B. Pyle, *The Japan United States Friendship Commission: A History of the Commission Commemorating the 20th Anniversary, 1975-1995*, Washington, D. C., Japan United States Friendship Commission, 1995.

(35)「沖縄返還協定」(琉球諸島及び大東諸島に関する日本国とアメリカ合衆国との間の協定、1971年6月17日)。

(36) 我部政明「「思いやり予算」の原型　沖縄施政返還における財政取り決めの合意形成過程」(『国際政治』120号、1999年2月)、同『沖縄返還とは何だったのか』(日本放送出版協会、2000年6月)。

(37) Francis B. Pyle, *The Japan United States Friendship Commission: A History of the Commission Commemorating the 20th Anniversary, 1975-1995*, Washington, D. C., Japan United States Friendship Commission, 1995.

(38) 4年間、年2万ドルの共同の提案がなされている([Columbia University], *Joint Proposal to the Japan-United State Friendship Commission*, September 10, 1977. Columbia University, C. V. Starr East Asian Library, Director's Office)。

(39) 青木利行「イエンチン図書館について」(『人文会ニュース』1929年9月)。

(40) Francis B. Pyle, *The Japan United States Friendship Commission: A History of the Commission Commemorating the 20th Anniversary, 1975-1995*, Washington, D. C., Japan United States Friendship Commission, 1995.

(41) Miwa Kai, *Eastern States Library Conference, Eastern Consortium of East Asian Libraries, Japan-United States Friendship Commission, A Composite Report*, July 1982, Columbia University, C. V. Starr East Asian Library, Director's Office.

(42) [Stanford University], *Annual Report of the East Asian and Western Language Collection*, June 30, 1986. Stanford University, Hoover Institute Library and Archives.

(43) Donald Shively, *Stanford Berkeley Cooperative Efforts*, July 20, 1988. University of California, Berkeley, Bancroft Library.

(44) [Stanford University], *Annual Report of the East Asian and Western Language Collection*, June 30, 1974. Stanford University, Hoover Institute Library and Archives.

(45) 同上。

(46) この計画では共同でいくつか目録が作成されている(*Checklist of Japanese Company Histories*, 1978. *Checklist of Japanese Local Histories*, 1978. *Checklist of Japanese*

Newspapers, 1978. *Checklist of Japanese Government Documents*, 1985)。

(47) Yasuko Makino, and Mihoko Miki, *National Union List of Current Japanese Serials in East Asian Libraries of North America*, Subcommittee on Japanese Materials, Committee on East Asian Libraries, Association for Asian Studies, 1992.

(48) [Stanford University], *Annual Report of the East Asian and Western Language Collection*, June 30, 1976. Stanford University, Hoover Institute Library and Archives.

(49) Donald H. Shively, *Final Report to the Japan-United States Friendship Commission: Coordinated Japanese Acquisition and Library Use Services at Berkeley and Stanford*, June 26, 1986. Stanford University, Hoover Institute Library and Archives.

(50) Richard Rudolph, *Creating an Oriental Languages Department and Library*, Interviewed with Kenneth D. Klein, Oral History Program UCLA, Los Angeles: UCLA, 1985, p.65.

(51) Ensho Ashikaga, *Intermediate Japanese, Selections from the Naganuma Readers, Books II-IV with Kanji, Vocabulary and Notes*, Berkeley: University of California press, 1946. *List of 500 kanji which Appear in Book 1 Naganuma Readers, Including the Kana Symbols*, Berkeley: University of California Press, 1944.

(52) [University of California, Los Angeles], *Oriental Committee Meeting Notes*, October 23, 1949. University of California, Los Angeles, UCLA University Archives.

(53) Rovert Vosper, Letter to Luther Evans, September 2, 1949. Library of Congress, Manuscript Reading Room.

(54) Man-Hing Yue Mok, *The Oriental Collection in the Library of the University of California at Los Angeles*, 1955. University of California, Los Angeles, UCLA University Archives.

(55) 同上。

(56) 同上。

(57) Richard Rudolph, *Creating an Oriental Languages Department and Library*, Interviewed with Kenneth D. Klein, Oral History Program UCLA, Los Angeles: UCLA, 1985, p.181.

(58) 足利演正「文化交流のかけはし　UCLAが所蔵するまでのいきさつ」(森重樹編『カリフォルニア大学所蔵　栂尾コレクション顕密典籍文書集成　別巻』(平河出版社、1981年9月)。

(59) University of California Berkeley, East Asian Language and Culture, http://sunsite.berkeley.edu/uchistory/general_history/campuses/ucla/departments_e. html, accessed August 19, 2006.

(60) 足利演正「文化交流のかけはし　UCLAが所蔵するまでのいきさつ」、金益杉「ひとこと　栂尾蔵書復刻に際しそのお祝いのことばとして」(森重樹編『カリフォルニア大学所蔵　栂尾コレクション顕密典籍文書集成　別巻』平河出版社、1981年9月)。

(61) Lawrence Clerk Powell, *Report of the University Librarian to the Chancellor:*

1959/60, 1960. University of California, Los Angeles, UCLA University Archives.
(62) Rovert Vosper, *Report of the University Librarian to the Chancellor: 1961/62*, 1962. University of California, Los Angeles, UCLA University Archives.
(63) Nab-Hing Yue Mok, *Oriental Library Annual Report, July 1968-June 1969*, August 4, 1969. University of California, Los Angeles, University Archives.
(64) Nab-Hing Yue Mok, *Oriental Library Annual Report, July 1967-June 1968*, July 22, 1968. University of California, Los Angeles, University Archives.
(65) Rovert Vosper, *Report of the University Librarian to the Chancellor: 1962/63*, 1963. University of California, Los Angeles, UCLA University Archives.
(66) Rovert Vosper, *Report of the University Librarian to the Chancellor: 1965/66*, 1966. University of California, Los Angeles, UCLA University Archives.
(67) Rovert Vosper, *Report of the University Librarian to the Chancellor: 1967/68*, 1968. University of California, Los Angeles, UCLA University Archives.
(68) Rovert Vosper, *Report of the University Librarian to the Chancellor: 1963/64*, 1964. University of California, Los Angeles, UCLA University Archives.
(69) [University of California, Los Angeles], *Report of hte University Librarian to the Chancellor: 1969/70* & *1970/71*, 1971. University of California, Los Angeles, UCLA University Archives.
(70) 加藤新一編『米国日系人百年史』(新日米新聞社、1961年12月) には、ツール・レークの図書館と、その一部が日本語学園共同システムに寄贈されたことが触れられている(320頁)。ロサンゼルスにはまた、天理教の図書館であるひのもと文庫もあり、図書目録も刊行されている (ひのもと文庫『ひのもと文庫図書分類目録』天理教アメリカ伝導庁、1953-60年)。
(71) NCCの名称は、2000年1月8日の理事会で、National Coordinating Council on Japanese Library Resourcesから、いくつかのプログラムの例外を除きカナダも含めるためNorth American Coordinating Council on Japanese Library Resourcesに変更された。
(72) マルラ俊江「北米日本研究資料調整協議会 (NCC) の活動概要」(『大学図書館研究』73号、2005年3月)、野口幸生「最近の情報環境とNCCの動向について」(『カレントアウェアネス』272号、2002年6月)。Sachie Noguchi, "Faculty Involvement in the North American Coordinating Committee on Japanese Library Resources (NCC) : The Background," *Journal of East Asian Libraries* 124, June 2001.
(73) 規約についてはNCCのホームページを参照 (http://www.fas.harvard.edu/~ncc/newsletters.html)。
(74) また、既にある図書館が所蔵していても非常に重要だと認められる場合は、地理的配分を考慮して重複を認める場合もあるという (マルラ俊江「北米日本研究資料調整協議会 (NCC) の活動概要」(『大学図書館研究』73号、2005年3月) 36頁)。
(75) [Stanford University], *Annual Report of the East Asian and Western Language Collection*, June 30, 1979. Stanford University, Hoover Institute Library and Archives.

(76) Research Library Group, Inc., *Request for Proposal*, 1981. University of Washington, East Asia Library, Archives.

(77) 同上。

(78) Hideo Kaneko, *Annual Report: 1979/80*, June 15, 1980. Yale University, East Asia Library, Director's Office.

(79) Hideo Kaneko, *Annual Report: 1979/80*, June 15, 1980. Yale University, East Asia Library, Director's Office.

(80) Gary Y. Wang, Letter to Karl K. Lo, December 28, 1982. University of Washington, East Asia Library, Archives.

(81) 野口幸生「RLINとOCLCのCJKシステム　参加図書館の立場からの比較分析」(『書誌索引展望』11巻2号、1987年5月)。ただしこのデータは、日本語による情報を含まないローマ字のみのデータをも含んでいたという。

(82) 同上。

(83) 栃谷泰文「グローバルILL/DDフレームワーク　その理念と背景」(『大学図書館研究』2003年3月)。

終章

(1) Lizanne Payne, "Depositories and Repositories: Changing Models of Library Storage in The USA," *Library Management* 26(1), 2005.

(2) Bernard F. Reilly, Jr., *Developing Print Repositories: Models for Shared Preservation and Access*, Washington, D. C.: Council on Library and Information Resources, June 2003.

(3) Lizanne Payne, "Depositories and Repositories: Changing Models of Library Storage in The USA," *Library Management* 26(1), 2005.

(4) The Southern Regional Library Facility, The Northern Regional Library Facility.

(5) The Research Collections and Preservation Consortium: ReCap.

(6) The Washington Research Library Consortium.

(7) ReCAP: The Research Collections and Preservation Consortium, http://recap1.princeton.edu/about/general.html, accessed October 3, 2006.

(8) SPARCの方針や関連文献は同ホームページで公開されている (http://www.arl.org/sparc/about/index.html, accessed October 3, 2006)。

(9) LSF, Library Shelving Facility.

(10) John Markoff, and Edward Wyatt, "Google is Adding Major Libraries to Its Database," *New York Times*, December 14, 2004.

(11) Jonathan Band1, "The Google Print Library Project: A Copyright Analysis," *ARL Bimonthly Report* 242, October 2005. http://www.arl.org/newsltr/242/google.html, accessed August 23, 2006.

(12) 栃谷泰文「グローバルILL/ DDフレームワーク その理念と背景」(『大学図書館研究』2003年3月)。

(13) バゼル山本登紀子「楽園を襲った「ハロウィーンイブ鉄砲水」 ハワイ大学マノア校ハミルトン図書館災害復旧報告」(『情報管理』、46巻3号、2005年9月)。

(14) Jack A. Siggins, "On Damage to East Asia Collection by Basement Flooding, July 9, 1970," *Preliminary Report*, June 14, 1970.

(15) Rush G. Miller, and Shoji Saito, *Deed of Gift*, September 30, 2003. Columbia University, C. V. Starr East Asian Library, Sachie Noguchi.

(16) 正確には和図書3万3498タイトル、洋図書1万701タイトル、和雑誌1096タイトル、洋雑誌295タイトルからなる(ULS, Teisoh「運送契約書」2004年1月6日)。

(17) Sachie Noguchi, *How the University was Contacted to the Institute Regarding the Mitsui Collection*, [2004]. Columbia University, C. V. Starr East Asian Library, Sachie Noguchi.

(18) 三井住友銀行側では金融調査室の鷲尾義弘が窓口となって交渉にあたっていた(鷲尾義弘、野口幸生宛の電子メール、2003年12月2日付)。

(19) 戦前の5712点の図書のうちに220点を選んでのサンプル調査で、107点がOCLCに収録されていたとされる(Sachie Noguchi, "Former Mitusi Bank Institute of Banking and Financial Research Collection: Some Perspective," Katherine Carlitz, *Minite of SRBC Meeting*, June 3, 2003)。

(20) 正確には和図書3万3498タイトル、洋図書1万701タイトル、和雑誌1096タイトル、洋雑誌295タイトルからなる(ULS, Teisoh「運送契約書」2004年1月6日)。

(21) 玉置紀夫はピッツバーグ大学に対するこの蔵書寄贈が完了する以前、2003年11月に不幸にして亡くなった。

(22) 和田敦彦『読むということ』(ひつじ書房、1997年10月)、同『メディアの中の読者』(ひつじ書房、2002年5月)。

(23) 鈴木俊幸編『近世書籍研究文献目録』(ぺりかん社、1997年11月)。

(24) 平松光三郎の孫にあたる平松尚子。新池村はもと都窪郡賀茂村の小部落であったが、現在では郡村名ともに存在しない。

(25) 小樽商科大学の百年史編纂室では、マッキンノン関係の行政文書、写真類が管理されている。

(26) Harvard-Yenching Institute, Meeting of the Board of Trustees Held Monday November 15, 1948, [1948]. Pusey Library, Harvard University Archives.

(27) McKinnon, D. Robert「心暖まる金沢の一夜」(大谷敏治記『緑丘』58号、1967年11月)。

(28) 小樽商科大学同窓会誌『緑丘』は1967年、2号にわたって「マッキンノン先生特集号」を出している(57号、1967年9月、および58号、1967年11月)。

(29) 米国日本語図書蔵書史調査プロジェクト(The Japanese Book Collection Diachronic Research Project in the US: JBC Project)。プロジェクトのホームページ(http://fan.shinshu-u.ac.jp/~jbcp/index.html)では、今後関連史料、情報を提供してゆくこととなっている。

関連年表

1906	明治39	朝河貫一、イエール大学、米議会図書館のために日本で図書収集を行なう。
1911	44	日米通商航海条約改正調印。
1914	大正3	姉崎正治、ハーバード大学に招聘され、図書を寄贈する。
1915	4	ウォルター・スウィングル、米議会図書館のために日本で図書購入（さらに18年から19年にも）。
1918	7	朝河貫一、帰朝し、イエール大学日本人会で東洋博物館構想を提案、協力を要請。
1920	9	ハワイ大学、原田助を迎えて日本学コースを設置。
1923	12	関東大震災。
1924	13	アメリカの移民法が改正され、日本人の移民・渡航が制限される。
1926	15	角田柳作、日米文化学会構想を発表。翌年日本へ向かい、各界の協力を要請。
1928	昭和3	米議会図書館で東洋書籍を扱う部門が独立。ハーバード大学に東洋研究のためのイェンチン研究所が設置される。
1929	4	ノースウェスタン大学、武内辰治を通して日本で図書購入。 世界恐慌はじまる。
1930	5	ハワイ大学に東洋研究学科が設置される。
1931	6	米国学術団体評議会、日本学振興のための専門委員会を設置。日米文化学会からコロンビア大学に日本語図書が正式寄贈される。 満州事変勃発、日本による中国侵攻。
1932	7	坂西志保、米議会図書館の東洋部門を担当。大山郁夫、日本を発ってアメリカへ。亡命生活のはじまり（–1947）。
1933	8	日本学サマー・セミナーがハーバード大学で開かれる。イエール大学、日本からの図書寄贈を受ける（–1934）。
1934	9	日本で国際文化振興会が設立される。日本学サマー・セミナーがカリフォルニア大学で開かれる。イエール大学日本人会が中心となって収集したコレクションがイエール大学に到着（–1935）。
1935	10	高木八尺による日本学・日本語蔵書調査報告の刊行。ロバート・ライシャワー、日本研究コース設置に向けプリンストン大学へ赴任。日本学サマー・セミナーがコロンビア大学で開かれる。カリフォルニア大学、フェルナンド・レッシングを図書購入のために日本へ派遣。
1936	11	ミシガン大学に極東研究所が設置される。ハーバード大学へ日本の同窓会から図書、基金の寄贈。ハワイ図書館に東洋文庫が設置される。ハワイ大学に東洋研究所が設置される。
1937	12	坂西志保、米議会図書館の図書収集のため日本へ。ミシガン大学、日本文化についてのサマー・セミナーをはじめる。プリンストン大学、ゲスト・コレクションを購入。ハーバード大学、極東言語学科を設置。 盧溝橋事件、日中戦争の開始。
1938	13	米議会図書館の東洋部門に日本セクションが置かれる。ニューヨーク日本

		文化会館の開設。角田柳作、図書収集のために日本へ。コロンビア大学で日本語図書目録化計画がはじまる。
1940	昭和15	米国学術団体評議会による日本参考書誌の刊行。ニューヨーク公共図書館のカール・クープ、図書収集のため来日。日本参考図書館が稼働。 日米通商条約の破棄。
1941	16	ハワイ大学、軍のために集中日本語コースを開く。日本人、日本企業の在米資産凍結。日本文化会館閉鎖。コーネル大学で、日本語能力、教授法についての全米会議。海軍日本語学校、ハーバード大学とカリフォルニア大学（バークレー）で開始される。プレシディオに軍事情報部言語学校ができる。極東学会が結成される。 日本、対米英宣戦布告。
1942	17	大統領令9066号の発令、日系人の強制移転。海軍日本語学校、コロラド大学に移る。坂西志保、日本へ送還。米東洋学会で共同の目録作成計画が提案される。ファーミントン・プランの開始。
1943	18	ワシントン文書センター設置。ミシガン大学に陸軍日本語学校が開設される。シカゴ大学、ラウファー・コレクションを購入。
1944	19	連合国軍通訳翻訳局が生まれる。ミシガン大学、ノースウェスタン大学、シカゴ大学に民政官養成学校ができる。
1945	20	ワシントン文書センター、資料収集チームを日本へ派遣。フーバー研究所、東京オフィスを設置(−1952)。ハーバード大学、堀越文庫を入手。ワシントン大学（シアトル）、極東研究所を設置。 日本、ポツダム宣言を受諾。
1946	21	ワシントン文書センターに送られてきた書籍類が米議会図書館へ移動。コーネル大学、極東研究学部を設置。イエール大学、極東ロシア研究を開設。
1947	22	米議会図書館のジョン・シャイヴリーが日本に派遣される。チャールズ・タトル、米国への日本語図書の取次をはじめる。カリフォルニア大学（バークレー）、東アジア図書館を設置。ミシガン大学日本研究所が設置される。国会図書館開設のためにヴァーナー・クラップ、チャールズ・ブラウンが訪日。
1948	23	カリフォルニア大学（バークレー）、エリザベス・マッキンノンを図書購入のため日本に派遣、村上コレクション購入。全米東洋コレクション委員会の設置。朝河貫一死去。国立国会図書館設立のためにロバート・ダウンズが訪日。
1949	24	米議会図書館と六大学派遣スタッフによる日本語図書整理計画の実施。カリフォルニア大学（バークレー）、三井コレクションを購入。米議会図書館によるユニオン・リスト作成計画が協力大学とともに開始される。
1950	25	ミシガン大学日本研究所が岡山に現地研究所を置く(−1955)。ゴードン・プランゲ、民間検閲部蔵書をはじめとする図書を米国に発送開始。ハーバード大学、ペツォルド・コレクションを購入。 朝鮮戦争がはじまる。
1951	26	慶応大学に日本図書館学校が設置される。フォード財団、国際関係、地域研究に資金援助を開始。 マッカーサー罷免される。サンフランシスコ平和条約調印。相互安全保障法の成立。
1952	27	フーバー研究所東京オフィスが閉鎖。フルブライト計画の開始。

1954	昭和29	公法480号（農産物貿易促進援助法）が成立。
1957	32	ソ連が人工衛星の打上げに成功。ハーバード大学、東アジア研究センターを設立。日本語図書目録用の統一マニュアルが出る。
1958	33	国家防衛教育法（NDEA）の成立。アメリカが接収した旧陸海軍関係文書が日本へ返還される。
1960	35	タトル商会と日本出版貿易株式会社が業務提携。メリーランド大学、プランゲの送った図書類の整理をはじめる。 ベトナム戦争はじまる。
1961	36	ハワイ大学、ホーレー・コレクションを購入。
1962	37	ハワイ大学東西センター図書館が開館。UCLA、栂尾コレクション購入。 キューバ危機。
1963	38	福田直美による日本語蔵書の全米調査報告が出る。
1964	39	キャメロット計画、地域研究の政治性をめぐって問題化。
1965	40	高等教育法の成立。米議会図書館、東京に支所を設置。
1966	41	全米収書目録計画の開始。イエール大学、米議会図書館より重複図書の大規模購入。
1967	42	米国極東文献委員会、東アジア図書館協会へと名称変更。
1968	43	全米収書目録計画の一環として、東京に米議会図書館の支所を置く（-1981）。
1969	44	イリノイ大学、ヤマギワ・コレクションを購入。
1970	45	メリーランド大学マッケルディン図書館浸水、日本語図書に被害。
1971	46	ツェンによるアジア図書館についての全米調査。その後76年、79年にも調査、報告書刊行。
1972	47	国際交流基金の設立。 ニクソン大統領訪中。アメリカ、ベトナム北爆を開始。
1973	48	米議会図書館で見つかった接収文書の返還（-1974）。田中角栄、全米10大学にそれぞれ100万ドルを日本研究のために贈る。
1974	49	内務省発禁図書の返還が日米間で合意を見る、76年に返還開始。アメリカで研究図書館協会が結成される。
1975	50	日米友好法案の成立。日米友好基金の発効。
1978	53	連邦人文科学振興基金がメリーランド大学日本語蔵書整理のために助成。
1979	54	プランゲ・コレクションと正式に命名され、日本に寄贈される。

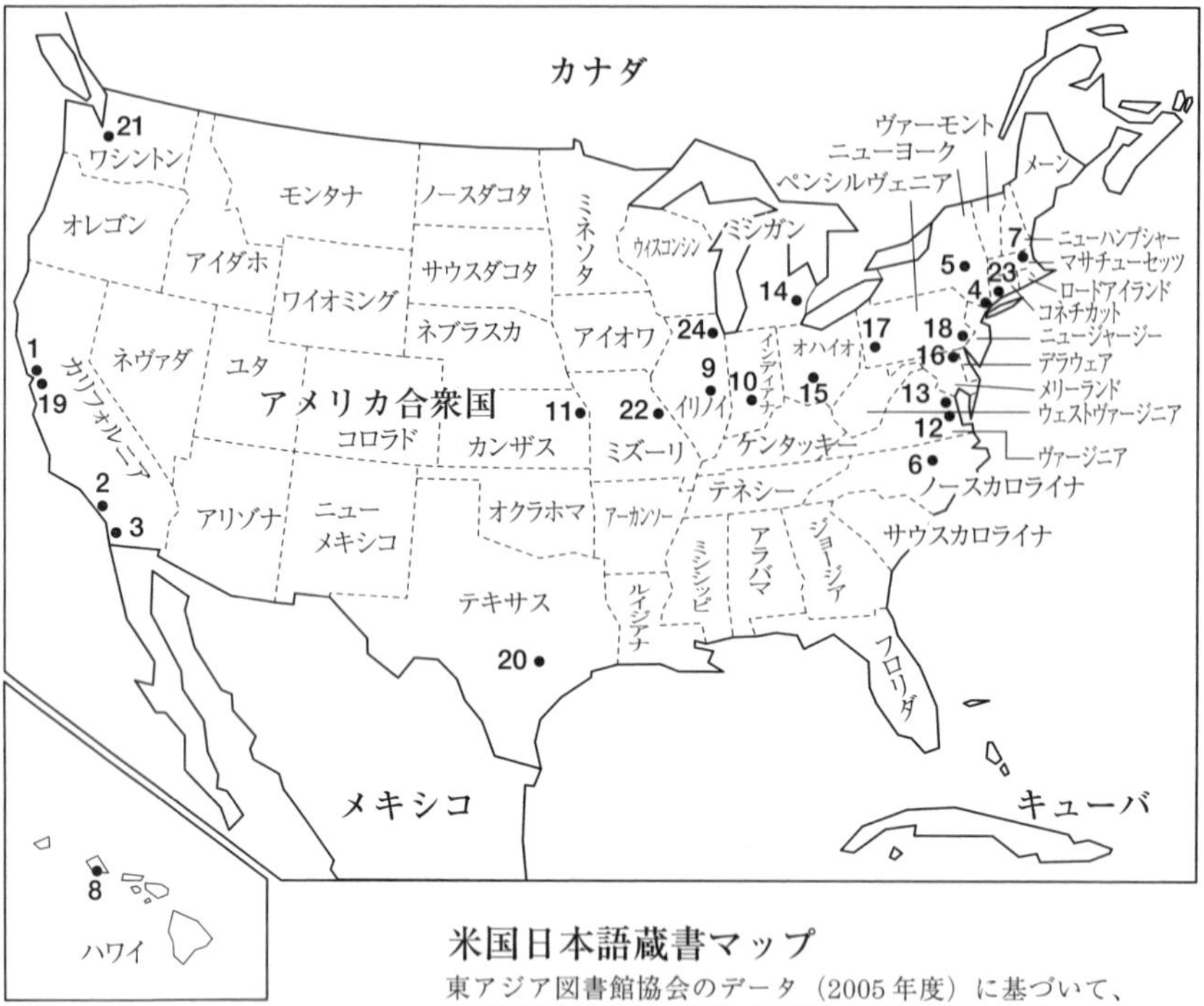

米国日本語蔵書マップ

東アジア図書館協会のデータ（2005年度）に基づいて、
5万冊以上の日本語蔵書を所蔵する図書館を示した。

番号	大学、または図書館名	日本語図書蔵書数	番号	大学、または図書館名	日本語図書蔵書数
1	カリフォルニア大学バークレー	356,968	13	メリーランド大学	64,094
2	カリフォルニア大学ロサンゼルス	167,805	14	ミシガン大学	287,408
3	カリフォルニア大学サンディエゴ	53,844	15	オハイオ州立大学	102,345
4	コロンビア大学スター東アジア図書館	273,522	16	ペンシルヴァニア大学	65,070
5	コーネル大学	140,539	17	ピッツバーグ大学	114,168
6	デューク大学	51,539	18	プリンストン大学	177,032
7	ハーバード・イェンチン図書館	288,726	19	スタンフォード大学	178,204
8	ハワイ大学	122,643	20	テキサス大学	59,372
9	イリノイ大学アーバナ・シャンペイン	68,132	21	ワシントン大学	132,957
10	インディアナ大学	68,659	22	ワシントン大学セントルイス	50,880
11	カンザス大学	74,264	23	イエール大学	246,687
12	米議会図書館	1,149,363	24	シカゴ大学	203,458

情報提供、調査協力者一覧

本書の調査は、数多くの人々からの情報提供や調査協力によってはじめて可能となった。長時間にわたる聞取りや、電話や手紙を通しての情報・史料提供を含め、以下の方々に心から感謝したい（括弧内は現在、またはかつての関係機関）。

青木利行（ハーバード大学）／石田寛（ミシガン大学）／石松幸久（カリフォルニア大学バークレー）／伊東英一（米議会図書館）／奥泉栄三郎（シカゴ大学）／甲斐美和（コロンビア大学）／加藤紀子（カリフォルニア大学バークレー）／小出いずみ（国際交流基金、渋沢栄一記念財団）／小竹直美（スタンフォード大学）／小峯和明（立教大学）／坂口英子（メリーランド大学）／佐々玲子（日本協会）／芝麻子（ワシントン大学セントルイス）／鈴木伸介（チャールズ・E・タトル出版）／鈴木登美（コロンビア大学）／中村治子（イエール大学）／仁木賢司（ミシガン大学）／野口幸生（コロンビア大学）／野口契子（イリノイ大学アーバナ・シャンペイン）／平井孝典（小樽商科大学）／平林尚子（岡山現地研究所）／藤代真苗（米議会図書館）／牧野泰子（プリンストン大学）／マクヴェイ山田久仁子（ハーバード大学）／マルラ俊江（UCLA）／モレル金子幸子（ワシントン大学セントルイス）／由谷英治（カリフォルニア大学バークレー）／渡辺雅子（メトロポリタン美術館）／Asato, Noriko（ネブラスカ大学）／Anderer, Paul J.（コロンビア大学）／Bazzell, Yamamoto Tokiko（ハワイ大学マノア）／Bhasker, Usha T.（ニューヨーク公共図書館）／Brown, Charlotte B.（UCLA）／Cartwright, James（ハワイ大学マノア）／Chang, Tony（ワシントン大学セントルイス）／Cumpsten, Katie（コロラド大学）／Hammond Ellen H.（イエール大学）／Han, Jean（カリフォルニア大学バークレー）／Harootunian, Harry D.（ニューヨーク大学）／Harrison, Scott Edward（ワシントン大学）／Hays, David M.（コロラド大学）／Heinrich, Amy Vladeck（コロンビア大学）／Keene, Donald（JLS、コロンビア大学）／Knoch, Enno Henry（JLS、CIA）／Kornicki, Peter（ケンブリッジ大学）／Kotas, Frederic（コーネル大学）／Kramer, Paul J.（JLS、CIA）／Meyer, Daniel（シカゴ大学）／Kyuma-Chin, Teruko（ワシントン大学）／Leadenham, Carol A.（スタンフォード大学）／Leonard, Kevin B.（ノースウェスタン大学）／Lundquist, John M.（ニューヨーク公共図書館）／Mack, Ted（ワシントン大学）／McKinnon, Elizabeth Carr（カリフォルニア大学バークレー）／Moffitt, Emiko Mashiko（スタンフォード大学、カリフォルニア大学バークレー）／Neal, Kathryn（カリフォルニア大学バークレー）／Noda, Michiyo（ニューヨーク日系人協会）／Perrone, Fernand Helen（ルトガース大学）／Pitts, Forrest R.（JLS、ミシガン大学）／Roma, Mary F.（ニューヨーク大学）／Rudolph, Deborah（カリフォルニア大学バークレー）／Sewell, Robert（ルトガース大学）／Smith II, Henry D.（コロンビア大学）／Tanaka, Kenneth K.（メリーランド大学、シカゴ大学）／Treat, John Whittier（イエール大学）／Troost, Kristina（デューク大学）／Tsiang, Amy Ching-Fen（UCLA）／Walker, Paula（ワシントン大学）／Wei, Karen（イリノイ大学アーバナ・シャンペイン）／Wertheimer, Andrew B.（ハワイ大学マノア）／Wijsman, Paul（ライデン大学）

訳語、略号一覧表

Allied Translator and Interpreter Section, Southwest Southwest Pacific Area	ATIS, SWPA	南西太平洋連合国軍通訳翻訳局
American Committee for Non-Particiation in Japanese Agression		日本の侵略戦争への加担反対を訴える会
American Council of Learned Societies	ACLS	米国学術団体評議会
American Library Association	ALA	米国図書館協会
American Oriental Society		米東洋学会
Army Japanese Language School	AJLS	陸軍日本語学校
Army Specialized Training Program	ASTP	陸軍特別教育コース
Asian Studies on the Pacific Coast	ASPAC	西海岸アジア研究
Association for Asian Studies	AAS	アジア学会
Association of Research Libraries	ARL	研究図書館協会
Beinecke Rare Book and Manuscript Library		バイネキ稀覯書図書館
Center for Cultural and Technical Interchange Between East and West		東西センター
Center for Japanese Studies	CJS	日本研究所
Central Inteligence Agency	CIA	中央情報局
Central Inteligence Group	CIG	中央情報グループ
Central Liaison Office		中央連絡局
Circulating Library of Japan		日本巡回図書館
Civil Affairs Division	CAD	民政部（陸軍省）
Civil Affairs Region		民事部
Civil Affairs Training School	CATS	民政官養成学校
Civil Censorship Detachment	CCD	民間検閲部
Civil Information and Education Section	CIE	民間情報教育局
Civil Information Section	CIS	民間諜報局
Commemoration Association for the Japan World Exposition		日本万国博覧会基金
Committee of East Asian Libraries	CEAL	東アジア図書館協会
Committee on American Resources for the Far East	CALFRE	米国極東文献委員会
Counter Intelligence Corps	CIC	対敵諜報部
Eastern Consortium of East Asian Libraries		東アジア図書館東海岸コンソーシアム
Far Eastern Association		極東学会
Four Corner System		四角号碼検字法
Foreign Trade Division		外国貿易局
G-2		参謀第二部
Government Account for Relief in Occupied Area Fund	GARIOA	占領地統治救済費
Higher Education Act, Title IIC		高等教育法
Japan Foundation		国際交流基金
Japan Institute		日本文化会館
Japan Reference Library		日本参考図書館
Japan Society		日本協会

Japanese American University Quarterly		日米大学学窓
Japanese Association		日本人会
Japanese Book Sorting Project		日本語図書整理計画
Japanese Cultural Center		日米文化学会
Japanese Culture Center of America		日米文化学会（アメリカ）
Japanese Students and Alumni of ColumbiaUniversity		コロンビア大学日本人学友協会
Japan-United States Friendship Commission		日米友好基金
Joint Army-Navy Intelligence Center, Pacific Ocean Areas	JICPOA	太平洋方面統合情報局
Los Angeles Buddhist Federation		ロサンゼルス仏教各宗連盟
Militery Intelligence Service Language School	MISLS	軍事情報部言語学校
Miltary Government Division		軍政庁
Multi Volume Sets Project		多巻セット購入プログラム
Mutual Security Act	MSA	相互安全保障法
National Archives and Records Administration	NARA	国立公文書・記録管理局
National Archives and Records Services	NARS	国立公文書・記録管理室
National Commiettee on Oriental Collections in the U.S.A. and Abroad		全米東洋コレクション委員会
National Coodinating Council on Japanese Library Resources	NCC	全米日本研究資料調整協議会
North American Coordinating Council on Japanese Library Resources	NCC	北米日本研究資料調整協議会
National Defense Education Act	NDEA	国家防衛教育法
National Endowment for the Humanities	NEH	国立人文科学基金/連邦人文科学振興基金
National Endowment for the Humanities		連邦人文科学振興基金
National Program for Acquisitions and Cataloging	NPAC	全米収書目録計画
National Security Agency	NSA	国家安全保障局
National Security Language Initiative	NSLI	国家安全保障言語教育構想
Natural Resources Section	NRS	天然資源局
Navy Japanese Language School	NJLS	海軍日本語学校
Navy School of Oriental Languages	NSOL	海軍東洋言語学校
Nippon Club		日本クラブ
Office of Emergency Management		危機管理局
Office of Naval Intelligence	ONI	海軍情報局
Office of Strategic Service	OSS	戦略局
Office of War Information	OWI	戦時情報局
Ohio College Library Center	OCLC	オハイオ大学図書館センター
Online Computer Library Center	OCLC	オンライン・コンピュータ図書館センター
Press, Pictorial & Broadcasting Division	PPB	出版、映画、放送部
Research Libraries Information Network	RLIN	RLIN（アーリン）
School of Military Government		軍政庁学校
Social Science Research Council	SSRC	社会科学研究評議会
Society for International Cultural Relations	KBS	国際文化振興会
Society for Japanese Studies		日本学会
Subject Heading		主題項目

Triangle Research Library Network	TRLN	トライアングル研究図書館ネットワーク
U S Department of Agriculture		米国農務省
United States - Japan Conference on Culturaland Educational Interchange	CULCON	日米文化教育交流会議
Washington Document Center	WDC	ワシントン文書センター
Women Accepted for Voluntary Emergency Service	WAVES	海軍女性予備隊
Yale Association of Japan		イエール大学日本人会

著者紹介

和田敦彦（わだ　あつひこ）

1965年、高知県生まれ。

1994年、早稲田大学大学院文学研究科博士課程単位取得退学。

1996年、信州大学人文学部助教授、現在に至る（2007年3月より早稲田大学教育学部に移行）。

2005年3月から翌年1月にかけて、コロンビア大学客員研究員。

博士（文学）。

著書：『読むということ』（ひつじ書房、1997年）、『メディアの中の読者』（ひつじ書房、2002年）、『モダン都市文化　デパート』（編著、ゆまに書房、2005年）、『ディスクールの帝国　明治30年代の文化研究』（共著、新曜社、2000年）、『日本のアヴァンギャルド』（共著、世界思想社、2005年）ほか。

新曜社

書物の日米関係
リテラシー史に向けて

初版第1刷発行　2007年2月28日©

著　者　和田敦彦
発行者　堀江　洪
発行所　株式会社新曜社
〒101-0051　東京都千代田区神田神保町2-10
電話(03)3264-4973(代)・FAX(03)3239-2958
URL　http://www.shin-yo-sha.co.jp/

印刷　銀　河　Printed in Japan
製本　イマヰ製本
ISBN978-4-7885-1036-4　C1000